Die Dringlichkeit, das Visier zu öffnen und die Grenzen des Fachs zu überschreiten, hat sich in den letzten Jahren in nahezu allen geisteswissenschaftlichen Disziplinen erwiesen. Auch die Literaturwissenschaft begibt sich inzwischen, im Gefolge der »Cultural Studies«, auf den Weg zu neuen Gegenstandsbestimmungen, insbesondere im Rahmen ihrer Auseinandersetzung mit Erkenntnissen der Anthropologie und der Ethnologie.

Die in diesem Band versammelten Studien dokumentieren für deutsche Leser die Herausforderung der traditionellen Textwissenschaft durch einen erweiterten Kulturbegriff sowie den Wandel ihrer Fragestellungen, der eine kulturwissenschaftliche »Wende« ihrer gebräuchlichen Methoden und Deutungsmuster nach sich zieht.

Doris Bachmann-Medick ist Mitarbeiterin am Sonderforschungsbereich »Die literarische Übersetzung« an der Universität Göttingen. Publikationen u. a.: ›Die ästhetische Ordnung des Handelns. Moralphilosophie und Ästhetik in der Popularphilosophie des 18. Jahrhunderts‹ (1989); (Hg.), ›Übersetzung als Repräsentation fremder Kulturen‹ (1996).

Doris Bachmann-Medick (Hg.)

Kultur als Text

Die anthropologische Wende in der Literaturwissenschaft

Mit Beiträgen von
James Clifford
Vincent Crapanzano
Phyllis Gorfain
Richard Handler / Daniel A. Segal
Christopher L. Miller

Fischer Taschenbuch Verlag

Originalausgabe
Veröffentlicht im Fischer Taschenbuch Verlag GmbH,
Frankfurt am Main, Oktober 1996

Gesamtherstellung: Clausen & Bosse, Leck
Printed in Germany
ISBN 3-596-12781-5

Gedruckt auf chlor- und säurefreiem Papier

Inhalt

III. Die Politik kultureller Differenzen

Anhang

Doris Bachmann-Medick

Einleitung

Literaturwissenschaft in kulturwissenschaftlicher Absicht

»Die Landschaft schien durchdrungen von Mythen und Legenden, von außergewöhnlichen Abenteuern, Hoffnungen und Ängsten von Generationen eingeborener Seefahrer.« Dieser Ausschnitt aus Bronislaw Malinowskis Ethnographie *Argonauten des westlichen Pazifik*[1] ist nur eines von unzähligen Beispielen für literarisch-ethnographische Texte. Es zeigt frappierende Ähnlichkeiten zur Beschreibungsrhetorik in Joseph Conrads Roman *Heart of Darkness*, wo freilich nicht auf die Trobriand-Inseln, sondern auf den Unterlauf der Themse angespielt wird: »Der Gezeitenstrom fließt auf und ab in seinem niemals endenden Dienst, voll von Erinnerungen an Menschen und Schiffe, die er heimgetragen hat...«[2]

Beide Beschreibungen bringen zum Ausdruck, wie in die Wahrnehmung von Natur und Landschaft Geschichte(n), Mythen, Legenden und Erinnerungen gleichsam eingeschrieben sind. An dieser Überformung durch Zeichen und Textspuren werden Markierungspunkte des kulturellen Gedächtnisses ablesbar: Kultur als Text. Handelt es sich bei solchen Beschreibungen eigentlich um ethnographische oder um literarische Texte? Greifen hier überhaupt noch Gegenüberstellungen wie etwa Rhetorik der authentischen Kulturbeschreibung versus Rhetorik der literarischen Erfindung, Augenzeugenschaft versus Fiktionalisierung?

Ein Ineinanderwirken von Ethnographie und Literatur auf der Ebene der Texte selbst ist jedenfalls keineswegs neu. Neu hingegen ist eine Interpretationshaltung, die Ethnographien im Licht der Literatur und

Literatur im Licht ethnographischer Einstellungen untersucht, um damit – über die Disziplinengrenzen hinaus – zu Grundlagen der Konstituierung kultureller Bedeutungen vorzustoßen. Berührt werden dabei Fragen der Überschneidung und Überlagerung von Sinnbereichen zwischen verschiedenen Kulturen ebenso wie der Erschließung von Texten im Hinblick auf interkulturelle Vergleichbarkeit. Wie weit ist die Metapher von »Kultur als Text« methodisch zu konkretisieren? Wie können ethnologische und literaturwissenschaftliche Verfahren wechselseitig fruchtbar gemacht werden sowohl für die Interpretation ethnographischer Forschungen, kultureller Fremderfahrung und Erkenntnisgewinnung als auch für die Interpretation literarischer Texte – nicht zuletzt um kritisch zu beleuchten, wie kulturelle Ereignisse und Vorgänge mit Textspuren und textuellen Strategien verknüpft sind?

Diese Frage nach der Entwicklung gleichsam ethno-literarischer Interpretationsmethoden, wie sie bereits für einen sogenannten »New Anthropologism«[3] in Anspruch genommen werden, drängt sich nicht nur angesichts von quasiethnographischen Kulturbeschreibungen in literarischen Texten auf. Sie reagiert auch auf die vielfältigen Versuche interkultureller Literaturvermittlung und kulturenübergreifender Inszenierung, mit denen eine heutige, globalisierte Welt der Vermischung von Kulturen immer häufiger konfrontiert ist: Literatur, Texte, Filme, Medien sind Träger kultureller Darstellung und Kodierung, wie sie für Prozesse des Kulturentransfers entscheidend sind. Durch sie werden Traditionen und Überzeugungssysteme, Schlüsselsymbole und -praktiken sowie Fremd- und Selbstbilder ausgebildet und für die praktische interkulturelle Auseinandersetzung geradezu aufbereitet bzw. hierfür strategisch einsetzbar gemacht. Die Probleme der »Textualisierung« von Kulturen sind in diesem weltweiten Medienzusammenhang freilich nicht nur solche des Literaturenkontakts, sondern vielmehr auch solche der Steuerung durch Medientechnologie, der Überlagerung und Deplazierung kultureller Text- und Symbolisierungstraditionen sowie der Durchsetzungskraft und Autorität von Texten im Gefüge der kulturellen und politischen Hierarchie. Hier allerdings stoßen die Kompetenzen philologischer Textinterpretation, aber auch die Reichweite textueller Strategien an deutliche Grenzen. Um diese Grenzbereiche jedoch produktiv ausloten zu können, ist eine kulturwissenschaftliche Erweiterung der Textwissenschaften erforderlich. Dazu ist ein ethnologisch-anthropologischer[4] Problemhorizont bahnbrechend, der durch eine gleichsam komplementäre literarische und rhetorische Wende in der gegenwärtigen Ethnographie selbst den Weg für eine solche Erweiterung bereitet.[5]

Ethnologische Einsichten und Untersuchungsverfahren fordern neue Perspektiven der Literaturinterpretation heraus. Dies gilt nicht nur für die einschlägigen Fälle kulturenüberschreitender Umdeutung – wie etwa der Rezeption des Hamlet-Stoffes in einer afrikanischen Stammesgesellschaft[6] oder einer südindischen, kathakalischen Tanz-Performance von Shakespeares *King Lear*[7] –; es gilt auch keineswegs nur für die Gattung der Reiseliteratur und ihre ethnographischen Einsichten bzw. Ausblendungen wie etwa in Günter Grass' eurozentrischem Indienbericht[8]. Verlangt wird vielmehr eine Neusicht literarischer Texte überhaupt: Literarische Texte sind Medien kultureller Selbstauslegung, deren Horizont die Auseinandersetzung mit Fremdheit bildet. Die Literaturwissenschaft erschließt neue Fragehorizonte, wenn sie sich wie die Ethnologie die Praxis einer »defamiliarization by cross-cultural juxtaposition«[9] zu eigen macht. Solche verfremdende Neusicht beginnt bereits mit der Frage, ob europäische literarische Texte nicht auch Dimensionen enthalten, die dem »Horizontverschmelzungs«-Anspruch der europäischen Hermeneutik widerstreben. Auch literarische Texte werfen je spezifische Fremdheitsprobleme auf – dies nicht erst bei Kafka – und machen auch auf kulturinterne Brüche und Fremdheiten aufmerksam. Sich auf solche Fremdheiten und Sperrigkeiten einzulassen, statt sie wegzuinterpretieren, heißt, die Texte aus ihrer selbstverständlichen Einbindung in ein Verstehensparadigma zu lösen, das an die Kontinuität des Überlieferungszusammenhangs gekoppelt ist. Solche Neusicht literarischer Texte bezieht sich freilich nicht nur auf deren Fremdheitsüberschüsse, sondern auch auf die Teilhabe dieser Texte an zeitlich-historisch und geographisch-räumlich genau lokalisierbaren kulturellen Diskursen und Kontexten. Mit Blick auf kulturelle Diskurse sind die als fest angenommenen Grenzen literarischer Texte aufzubrechen und die Tätigkeit des Interpretierens zu einer kritischen Auseinandersetzung mit einem umfassenderen Korpus kultureller Texte weiterzuentwickeln. Hierfür bilden die Vorstellung einer »Kulturpoetik« (Stephen Greenblatt) sowie die Metapher von Kultur als Text wichtige Eckpunkte.

Kultur als Text – was heißt das? Kultur gilt in der interpretativen

Kulturanthropologie nicht mehr nur als einheitliches Gesamtgefüge, das in der Summe von Normen, Überzeugungen, kollektiven Vorstellungen und Praktiken aufgeht. Kultur ist vielmehr eine Konstellation von Texten, die – über das geschriebene oder gesprochene Wort hinaus – auch in Ritualen, Theater, Gebärden, Festen usw. verkörpert sind. Solche Ausdrucksformen sind höchst aufschlußreich, wenn es darum geht, das Netzwerk historischer, sozialer, geschlechtsspezifischer Beziehungen im Licht ihrer kulturellen Vertextung, Symbolisierung und Kodierung zu rekonstruieren. Ziel ist es, im Horizont der Metapher von Kultur als Text Zugang zu den Selbstbeschreibungsdimensionen einer Gesellschaft zu gewinnen. Erst indem man auch Handlungen, Ereignisse und soziale Situationen als »Texte« betrachtet, werden sie – über ihre Situationskontingenz hinaus – für den kulturellen Prozeß der Objektivierung von Bedeutungen erschlossen.

Doch die Bedeutung von Kultur als Text geht über den Kunstgriff einer aufschlußreichen Metapher hinaus. Sie enthält ein Programm neuer kulturwissenschaftlicher Untersuchung und Analyse. Kultur als Text aufzufassen heißt, ein gemeinsames Feld abzustecken, das nur durch disziplinenübergreifende Fragestellungen zu bearbeiten ist: Kultur ist ein Bereich, der – ähnlich wie ein Text – zu verschiedenen Lesarten aufruft. Die Aufmerksamkeit richtet sich auf die interpretierenden Bedeutungsverdichtungen der kulturellen Darstellungsformen selbst sowie auf die rhetorischen Strategien bei der Darstellung von Kulturen. Der kultur- und literaturanthropologische Diskussionszusammenhang, der in diesem Band vorgestellt werden soll, reicht denn auch von referentieller Texthermeneutik bis hin zur Untersuchung der Macht kultureller Diskurssysteme.

Die kulturwissenschaftliche Diskussion, die durch eine Disziplinenvermischung und »blurred genres«[10] gekennzeichnet ist, fand in den letzten Jahren vor allem in den USA statt. Dementsprechend sind die vorliegenden Beiträge zum größten Teil Übersetzungen aus dem Amerikanischen. Wenn im Buchtitel von anthropologischer »Wende« die Rede ist, dann in Anspielung auf die Kette vielfältiger *turns* des amerikanischen kulturwissenschaftlichen Diskurses. Anthropologische »Wende« bedeutet das Aufgreifen neuer methodischer Impulse, die zur Entdeckung ethnographischer Dimensionen in literarischen Texten selbst ebenso führen wie zu einem kritischen Überdenken traditioneller Interpretationskategorien und Kanonbildungen. Für die jüngste Diskussion hierzulande könnte sich daraus eine Umsetzungsmöglichkeit für ihre begründete Forderung ergeben, nicht nur die Literaturwissenschaften, sondern die Geistes- bzw. Humanwissenschaften überhaupt als Kulturwissenschaften auszuweisen.[11] Eine »Anthropologisierung der Wissenschaften«[12] gilt in diesem Zusammenhang als besonders erfolgversprechend. Entscheidend ist freilich, in welcher Richtung eine solche Anthropologisierung erfolgt. Die Forderung, die Literaturwissenschaften als Kulturwissenschaften auszuarbeiten, bleibt eine bloße programmatische Erklärung, solange nicht auch Arbeitsperspektiven für eine veränderte Herangehensweise an Texte selbst entwickelt werden. Und noch dann bleibt ein Anthropologisierungsanspruch so lange unscharf, wie man sich nicht einem Forschungszweig zuwendet, in dem sowohl die verschiedenen Kulturen als auch die kulturellen Dimensionen der Lebenswirklichkeit, ja auch der wissenschaftlichen Tätigkeit selbst zum Hauptgegenstand der Untersuchung geworden sind: der Ethnologie. So wird im vorliegenden Band unter Anthropologisierung der Literatur und Literaturwissenschaft ausdrücklich eine ethnologische Wende verstanden.

Die hier vorgestellten Ansätze einer Konvergenz zwischen Ethnographie und Literaturwissenschaft machen eine Neuausrichtung des kulturwissenschaftlichen Diskurses sichtbar, die freilich noch keineswegs breit etabliert ist. Der vorliegende Band ist ein Arbeitsbuch; er will Richtungen aufzeigen und anregen, in die fruchtbar weitergearbeitet werden könnte. Nicht zuletzt geht es auch darum, konstruktive Auswege aus der vielbeschworenen »Krise der Literaturwissenschaft« sowie aus Sackgassen postmoderner Theorie und poststrukturalistischer Selbstrückbezüglichkeiten zu finden. Dazu ist gerade die empirische Rückbindung der Ethnographie bei gleichzeitiger Betonung ihres Textcharakters richtungweisend: ihre erfahrungsnahe Analyse von Kulturen als Symbolsystemen und Lebensweisen, die konkrete Wege auch für eine fundierte kulturelle Analyse literarischer Texte absteckt, indem sie die Aufmerksamkeit auf die jeweilige kulturspezifische Verortung dieser Texte ebenso lenkt wie auf die Bedingungen ihrer interkulturellen Erfahrbarkeit und Wirksamkeit. Es geht also ausdrücklich nicht darum, ethnographische Methoden auf die Literaturinterpretation »anzuwenden«, sondern den Untersuchungshorizont für Literatur zu erweitern: Literarische Texte kommen als kulturelle Darstellungsformen, ja gleichsam als Formen von »autoethnography«[13] in den Blick und sind somit auf die in ihnen selbst enthaltenen Repräsentationsweisen und Strategien kultureller Selbst- und Fremderfahrung abzuklopfen. Solche Horizonterweiterung ist um so dringlicher in einer Zeit, wo die neuen Weltliteraturen, die Literaturen der Dritten Welt, die »hybriden« Literaturen der sich vielfältig überschneidenden Kulturen der Diaspora das vertraute Modell von Nationalliteraturen ebenso vehement aufrütteln wie den universellen Geltungsanspruch westlicher Literaturstandards und ihres Kanons.[14] Auch in diesem Kontext soll der vorliegende Band somit nicht als ein »Rezeptbuch« neuer Methoden betrachtet werden, sondern als ein Aufriß von Fragestellungen, die zu einer konstruktiven Irritation literarischer Interpretationseinstellungen und überkommener Kanonbildung führen können. Im Vordergrund steht die Herausforderung, literarische Texte auf ihre jeweilige Lesart und Schreibweise von Kulturen zu befragen.

Die angestrebte kulturwissenschaftliche Blicköffnung ist hierzulande durch das Projekt einer Interkulturellen Germanistik bereits in deutlichen Schritten vorangetrieben worden.[15] Das Problem der Fremdheit und kulturellen Fremderfahrung, das sie nachdrücklich als einen wichtigen Gegenstand und Kontext literarischer Texte und ihrer kulturspezifischen Rezeption aufgeworfen hat,[16] wäre freilich mit Blick auf die Ethnologie in den Detailanalysen wie in den theoretisch-methodologischen Fragen einer interkulturellen Hermeneutik noch genauer weiterzuverfolgen. Wenn eine anthropologische Wende in der Literaturwissenschaft auch darin zum Ausdruck kommt, daß man gerade die Untersuchung »fremder« Literaturen und Kulturen als eine neue Herausforderung begreift, dann wäre zunächst die Germanistikfixierung zugunsten einer Auseinandersetzung mit den Literaturen der Welt aufzugeben. Interkulturelle Literaturwissenschaft hieße dann, die Methoden der kulturellen Interpretation im überdisziplinären Zusammenhang zu reflektieren, die Grenzen zwischen den philologischen Disziplinen komparatistisch aufzubrechen, den traditionellen Kanon in Frage zu stellen und Universalisierungen abzubauen. Die ethnologisch-anthropologische Wende in der Literaturwissenschaft hat schließlich neben ihrem methodischen auch einen kulturpolitischen Akzent: »Wir müssen den Westen anthropologisieren: deutlich machen, wie exotisch seine Konstitution der Wirklichkeit gewesen ist [...].«[17]

Grundlegend hierfür ist die anthropologische Karriere eines Kulturbegriffs, die mit einem Plädoyer für die Verschiedenheit und Besonderheit von Kulturen begonnen hat und nun gleichsam das Ende des Kulturbegriffs selbst einläutet, indem die Vorstellung von Kulturen als abgrenzbaren und homogenen Ganzheiten aufgegeben wird. Anstelle von kultureller Identitätsbildung ist in den letzten Jahren sehr viel eher die Vervielfältigung von Traditionslinien zum Programm gemacht worden, gerade auch im Hinblick auf die Konstruktion des Eigenen durch die Wahrnehmung von Fremdheit und Alterität. Diese hier nur grob angedeutete Ausdifferenzierung des Kulturverständnisses ist eine wichtige Leitlinie für das Projekt einer Begründung und Ausarbeitung der Kulturwissenschaften. Dabei übernimmt nun die Ethnologie nicht nur eine herausgehobene Position[18] – ohne daß hier von einer Rangordnung der Disziplinen die Rede wäre –, sondern gerade ihre Verknüpfung mit den Literaturwissenschaften markiert wichtige Ecksteine des neuen interdisziplinären Feldes: »Die neuere Ethnographie und die radikale literarische Praxis verfolgen dasselbe Ziel: die Entwicklung eines nichtessentialistischen Kulturverständnisses.«[19] Damit zielt die Demonstration und zugleich Forderung einer ethnologischen / anthropologischen Wende in der Literaturwissenschaft nicht allein auf die Anwendung neuer Interpretationsmethoden. Sie richtet sich umfassender auf die Grundlagen der Kulturwissenschaften selbst, indem sie auf ein verändertes, nichtessentialistisches und auf Kulturenvermischung ausgerichtetes Kulturverständnis hinarbeitet, während sie ihre Aufmerksamkeit zugleich auf die literarischen Strategien kultureller Selbstprofilierung lenkt. Für beide Richtungen ist es deshalb förderlich, »literarische Theoriebildung und Ethnographie zusammenzubringen«.[20]

Ansätze und historische Vorläufer einer anthropologisch-ethnologischen Literaturwissenschaft

Der umfassendere Rahmen, in dem die entsprechenden Fragestellungen entwickelt wurden und werden, ist das anglo-amerikanische Feld der *cultural studies*. Von hier aus wird zunächst der spezifisch deutsche Begriff von Kultur als Bildungszusammenhang entschieden in Frage gestellt. Dieser läßt auch noch im Versuch seiner anthropologischen Neuausrichtung als »Ausdruck menschlicher Möglichkeiten, die sich auf verschiedene Weise verwirklichen«[21], den Universalisierungshorizont einer Kultur *des* Menschen durchscheinen, ganz im Anschluß an die aufklärerischen anthropologischen Bestimmungen des 18. Jahrhunderts. Zwar soll die erwähnte Tendenz zu einer »Anthropologisierung des Wissens« und speziell zum »Forschungsschwerpunkt einer literarischen Anthropologie [...], der sich in den letzten Jahren abzeichnet«[22], der Forderung entgegenkommen, europazentrische Kategorien zu überschreiten.[23] Es scheint jedoch fraglich, ob dieses interkulturelle Ziel erreichbar ist, ohne das humanistisch-philosophische Anthropologieverständnis durch ein ethnologisches zu ersetzen bzw. zu erweitern. Denn allzuleicht wird mit den Ansätzen der philosophischen Anthropologie eine europäische Literaturtheorie aufgebaut, die über ihre Einsichten in eine allgemeine Conditio humana auch ihren eigenen und sehr spezifischen Geltungsanspruch der Begründung einer generellen Theorie der Kultur verallgemeinert: »Solche fundamentalen und umfassenden anthropologischen Fragestellungen bedeuten, daß Literatur eine Rolle in der Entwicklung einer Theorie der Kultur spielt, die nicht nur das historisch und politisch Spezifische umfaßt, sondern auch die universell gültigen Wahrheiten menschlicher Existenz.«[24] In einer Verlängerung des universalistischen Paradigmas heißt es weiter: »Die anthropologischen Ziele solcher Lektüre machen den Leser mit den Konstanten menschlichen Verhaltens vertraut wie etwa Liebe, Haß, Freundschaft, Furcht usw.«[25] Vorsichtiger und skeptischer in der Voraussetzung menschlicher Konstanten scheint dagegen Wolfgang Isers Ansatz einer Literarischen Anthropologie, indem er die Literatur an die »Plastizität des Menschen«[26] rückbindet und eine Historisierung fordert. Aber auch Iser bleibt im Bereich der politisch und kulturkritisch indifferenten Daseinsanalyse, die gemeinsame anthropologische Grundmuster entdeckt. Solche werden dann in Form menschlicher Dispositionen und Potentiale – wie etwa der Neigung zum Fiktiven und Imaginären – zur Grundlage der Literarischen Anthropologie erklärt.[27]

Im Licht eines ethnologischen Anthropologieverständnisses zeigen sich die Gefahren einer ethnisch, sozial und geschlechtsspezifisch indifferenten Verallgemeinerung von menschlichen Grundausstattungen. Neben der Neigung, den Menschen als Mann und Europäer vorauszusetzen, ist hier problematisch, daß auch die Geschichte westlicher Hegemonie und Kolonisation, die in den Anthropologisierungsanspruch selbst eingeschrieben ist, gerade nicht aufgedeckt wird, sondern sich auf der Ebene von evolutionistischen Dichotomisierungen sogar noch fortzusetzen scheint. Denn ausgehend von einer Entgegensetzung zwischen Lebenswelt und Monument, zwischen kulturellem Gedächtnis und kommunikativem Alltagsgedächtnis, zwischen Rede und Schrift wird eine kulturelle Evolution vorausgesetzt und »die evolutionäre Errungenschaft der Schrift«[28] zur vorrangigen Kulturleistung erklärt. Damit leisten gegenwärtige Ansätze einer Anthropologisierung der Kultur- und Literaturwissenschaft leicht einem Kulturverständnis Vorschub, das seine anthropologische Fundierung doch wiederum auf überdauernde kulturelle Textdokumente fixiert.

Eine ethnologisch orientierte Literaturanthropologie dagegen untersucht, wie literarische Texte an umfassenderen Vorgängen der Symbolisierung teilhaben, die ausdrücklich an kulturelle Praktiken sozialer Gruppen, an ethnische und geschlechtsspezifische Differenzen und politische Machtgefüge rückverwiesen sind. Damit kann sie an ein Diskussionsfeld anschließen, das hierzulande bereits stärker Fuß gefaßt hat: an die »Historische Anthropologie«[29]. Die Ausbildung einer ethnologischen Perspektive bedeutet auch für die Literaturwissenschaft eine Öffnung hin zu Ausdrucksformen, in denen die Verschiedenheit von Lebensweisen und Alltagssituationen ausgestaltet wird, eine Hinwendung auch zu Oralität, zu Fremdkulturellem, zur kritischen Selbstreflexion der europäischen Kultur und des europäischen Literatur- und Kulturverständnisses. Dabei geht es – im Unterschied etwa zu Theorien des kulturellen Gedächtnisses – keineswegs darum, bestehende Dichotomien wie kulturelles Gedächtnis / kommunikatives Gedächtnis, fest / flüssig, Monument / Lebenswelt, Schriftlichkeit / Mündlichkeit weiter zu befestigen, sondern sie vielmehr in Frage zu stellen. Auch unter diesem Gesichtspunkt steht eine Literaturwissenschaft in ethnologisch-anthropologischer Absicht der Tendenz entgegen, kulturelle Kritik bzw. eine kritische Literaturwissenschaft durch einen eher modischen »Konjunkturbegriff« der Anthropologie bzw. Literaturanthropologie[30] zu ersetzen, dies um so mehr, als sie die Text-Geschichte des Kolonialismus und den jüngsten Diskurs des Postkolonialismus zu ihren Bezugspunkten macht.

Denn statt um eine allgemeine, kulturenübergreifende Theorie des Humanen geht es – ähnlich wie in der Ethnologie – um »cultural critique« (Michael Fischer / George Marcus), um eine Kritik ethnozentrischer Positionen durch eine Analyse kultureller Differenzen, wie sie über ihre erfahrungsnahe Repräsentation in Texten besonders greifbar werden. Literarische Texte für ein Aushandeln solcher interkultureller Differenzen im Wahrnehmen, Denken und Handeln in Anspruch zu nehmen statt sie auf Einheits- und Identitätsstiftung zu verpflichten – darauf zielt eine ethnologisch orientierte Literaturwissenschaft, indem sie nach Untersuchungsperspektiven jenseits der überkommenen Verengung auf Nationalliteraturen sucht und dabei kulturelle Hierarchien und deren Text-Kanonisierungen in Frage stellt.

Diese bisher nur angedeutete Untersuchungsperspektive findet konkrete Anhaltspunkte weniger in der deutschen Diskussion als im Feld der amerikanischen *cultural studies*, die seit dem Zweiten Weltkrieg die folgenreichen Vorstöße zur Revision des Kulturbegriffs von seiten des Birmingham Centre for Contemporary Cultural Studies[31] weiterentwickelt haben: Für sie ist Kultur nicht nur die Bildungssphäre, sondern – anthropologisch gewendet – der ganze, vielschichtige, aber keineswegs einheitliche soziale Prozeß, die alltäglichen Lebensweisen und die unterschiedlichen Vorstellungen, durch die Menschen ihr Leben wahrnehmen, erfahren und gestalten. Um aber mit einem solchen Kulturverständnis konkrete kulturelle Praktiken und Äußerungen untersuchen zu können und (interkulturelle) Vergleichskriterien zu gewinnen, haben die *cultural studies* vor allem das methodische Instrumentarium der Semiotik eingesetzt. Damit konnten sie wesentlich dazu beitragen, die Auffassung von Kultur als Text zu entwickeln und von hier aus auch eine anthropologische Wende der Literaturwissenschaft zu befördern: Kultur ist eine eigene Praxis der Signifikation, die Bedeutung produziert; Kultur ist das jeweils »selbstgesponnene Bedeutungsgewebe«[32], in dem die Menschen ihre Handlungen ständig in Zeichen übersetzen. In einer Zeit der Globalisierung von zunehmend sich verselbständigenden Zeichen in Werbung und Medienkommunikation wird es besonders wichtig, verfestigte Zeichenkomplexe aufzusprengen, indem man minutiös den lokalen, oft widersprüchlichen Handlungs-, Ereignis- und Textzusammenhängen nachgeht, in denen sich kulturelle Zeichen und Symbole herausbilden. Literarische Texte sind hierzu besonders aufschlußreich. Sie führen vor, wie Symbole mit konfliktreichen Handlungen und Situationen verknüpft sind, wie sie gleichzeitig aber auch über die Waffe des Wortes und die Macht der

Bilder weiter funktionalisiert werden können für gesellschaftliche und politische Interessen sowie für ethnische Selbstdarstellung. So gewann die Kultursemiotik aus der direkten Auseinandersetzung mit multiethnischen sozialen Gruppen und ihren kulturellen Ausdrucksformen – besonders in den USA – ihre größte ethnisch-soziale und politische Stoßkraft, welche einen ethnologischen Problemhorizont für die Kultur- und Literaturwissenschaften unausweichlich herausforderte.

Für die Diskussion hierzulande gilt freilich eine gänzlich andere Ausgangssituation. Hier wären erst einmal Gegenkonzepte zu einer dominanten Tradition aufzuspüren, wie sie im deutschsprachigen Bereich bis in die Gegenwart hinein der Entwicklung einer Literaturanthropologie eher im Weg gestanden hat: »Eine deutsche Besonderheit: Der Gegensatz von Dichtung und Literatur«, so Wolf Lepenies[33], hat dazu geführt, daß in Deutschland vor allem seit dem 19. Jahrhundert die folgenreiche Abtrennung eines hohen, geistigen Bereichs der Dichtung von der gesellschaftsnahen Literatur stattgefunden hat. Die Privilegierung von Dichtung hat in der Folge literaturanthropologische Fragen im ethnologischen Sinne immer wieder zurückgedrängt zugunsten einer Anthropologie des Allgemein-Menschlichen – dabei hätte es durchaus fruchtbare Ansätze gegeben, die dem entgegenstanden, man denke nur an Herders Anthropologie[34], um ein besonders prominentes Beispiel zu nennen, oder – um die Wende zum 20. Jahrhundert – an die Versuche etwa von Hugo von Hofmannsthal und Thomas Mann, die Anbindung der Literatur an die Lebenswelt aufzuwerten und zu befördern. So charakterisiert Rudolf Borchardt in seiner »Rede über Hofmannsthal« (1902), an die Wolf Lepenies seine Argumentation anschließt, die Literatur als anthropologisches Selbstzeugnis, »als kolossaler Bericht über das Dasein der Welt [...]. Der Tag ist ihre Farbe, die Zeit ihr Gehalt.« Die Literatur »ist in überwiegendem Maße nichts als fest angeschautes Leben, die obenhin in Erfindung verkleidete Nachricht über ein beschlossenes Dasein, das des indischen Soldaten, des märkischen Bauern, des schlesischen Webers, des armen Edelmanns, des Predigers, des bürgerlichen Fräuleins. Ueber alle diese gleichmäßig verlangt uns zu erfahren, ist uns zu unterrichten der erste der beste. Die Literatur, die vor hundert Jahren für alles ähnlich gerichtete Bedürfnis die bezaubernde Form der Utopie, und nur die eine hatte, ist heut, wenn sie in diese unsere Stadt hineingreift, im innersten Wesen nicht weniger Ethnographie, als wenn sie Kandahar und East End festzuhalten strebt.«[35] Borchardt geht allerdings noch davon aus, daß die Literatur zeitspezifische geistige Typen ausbildet und über diese als kulturelle Moralisierungsinstanz wirksam wird. Doch immerhin, so Lepenies, »Kandahar – das war Literatur als Ethnographie, in der Tat, aber East End – das war Literatur auch als Soziologie. Es war nicht zuletzt die entschiedene Abtrennung der Dichtung von der Literatur, die eine solche Gleichsetzung möglich machte.«[36] Wo diese Abtrennung fehlte, z. B. in anderen europäischen Ländern wie Frankreich und England sowie in den USA, konnte eine Literatur und Literaturwissenschaft in ethnologischer und soziologischer Absicht durchgängiger Fuß fassen, während dies in Deutschland bisher nur punktuell möglich war.

Auch wenn somit die Vorstellung von Literatur als einer Form von Ethnographie und von Literaturwissenschaft als einer ethnologisch inspirierten Kulturwissenschaft hierzulande mit vielfältigen historischen Blockierungen rechnen muß, ist sie doch keineswegs neu. Während hier die weltkulturelle Öffnung der Literaturen durch Herders Kulturrelativismus im Durchgang durch das 19. Jahrhundert eher national und volkskundlich verengt wurde und somit nicht weiter vorangetrieben werden konnte, sind in den USA hingegen gerade die deutschen historistischen Ansätze Herders, Humboldts und Diltheys aufgegriffen und mit interkulturellem Vorzeichen weiterentwickelt worden. Nach den ersten Vermittlungsschritten durch Franz Boas, dem aus Deutschland stammenden »Begründer« der amerikanischen Kulturanthropologie, gingen daraus wichtige Anstöße für die Entwicklung und praktische Ausübung einer literarischen Anthropologie hervor. Eine besonders profilierte Position ist hier der »Ethnokritizismus«, der sich aus der Beschäftigung mit indianischer Literatur, vor allem mit Fragen von Mündlichkeit und Schriftlichkeit sowie mit rituellen Elementen der Volkskultur herausgebildet hat.[37]

In Europa hingegen wurden vereinzelte Ansätze einer literarischen Anthropologie eher vom literarischen Diskurs selbst angestoßen als von einer Auseinandersetzung mit ethnischen Gruppen. Ein wichtiger Diskussionsstrang für die Konvergenzen zwischen Anthropologie und Dichtung – im Umkreis von Symbolismus und Mythentheorie zu Beginn des 20. Jahrhunderts – fand hier seinen Niederschlag in Begegnungen zwischen Ethnologen und Dichtern wie z. B. zwischen Leo Frobenius und Ezra Pound, zwischen Claude Lévi-Strauss, Michel Leiris und André Breton.[38] Noch vor der Ausbildung der Ethnographie als empirischer Wissenschaft durch Bronislaw Malinowski konnten Schriftsteller wie T. S. Eliot, James Joyce und William B. Yeats in den 20er Jahren des 20. Jahrhunderts vor allem auf James G. Frazers *The Golden Bough* als einer Fundgrube kulturenvergleichender Mytheninterpretation zurückgreifen.[39] Doch ähnlich wie in den gleichzeitigen Ansätzen des theatralischen *myth criticism* bzw. der Ritualisten der Cambridge School wurden hier die ethnologischen Forschungen eingesetzt, um Mythos und Ritual unter den Bedingungen ihres modernistischen Verlusts auf der Basis einer ursprungsorientierten Geschichtsphilosophie in der Literatur wiederzubeleben (Northrop Frye, Réne Girard). Erst die neuere Variante des *myth criticism* vertritt eine auf Oralität (Legenden, Volkserzählungen, Märchen) basierende funktionale (und volkskundliche) Sicht von Mythen unter dem Aspekt der sozialen Funktion von Erzählungen, womit sie wichtige Bausteine zur Entstehung des Narrativismus bereitgestellt hat.[40]

Der zweite Strang einer ausdrücklich methodischen Konvergenz, wie er im Strukturalismus und in der linguistischen Wende zur Ausprägung kam, richtete sich auf die strukturalen Beziehungen zwischen dem System der Literatur und der dieses umfassenden Kultur. Das Paradebeispiel einer gemeinsamen Analyse von Charles Baudelaires Gedicht »Les chats«[41] durch Roman Jakobson und Claude Lévi-Strauss konnte zwar die strukturelle Logik des Textganzen nach binären Beziehungen von Rhythmus und Syntax erfassen, nicht jedoch die einzelnen mit menschlichem Handeln und Geschichte verknüpften Prozesse der Hervorbringung kultureller Symbolisierung. Aus Strukturähnlichkeiten wurde hier das Ziel abgeleitet, sowohl fremde »Lebensformen [...] zu formalen Systemen von Entsprechungen neu anzuordnen«[42] und sie damit interkulturell übersetzbar zu machen als auch eine Verwissenschaftlichung von Literatur zu erreichen, so etwa in formalisierten Mythen- und Märchenanalysen (Vladimir Propp, Claude Lévi-Strauss).

Im Durchgang durch die poststrukturalistische Kritik schwenken die gegenwärtigen Ansätze einer Literarisierung der ethnologischen Forschung sowie einer Ethnologisierung der Literaturwissenschaft jedoch eher in die Bahnen der Semiotik und der Hermeneutik ein, geht es ihnen doch um kulturelle Konstruktion, die nicht so sehr an Strukturähnlichkeiten und universaler Grammatik, als vielmehr an den unterschiedlichen Vorgängen der Herausbildung und Selbstauslegung kultureller Erfahrungen ansetzt. Anschlußmöglichkeiten für die gegenwärtigen Ansätze einer anthropologischen Wende in der Literaturwissenschaft finden sich also eher in den ausdrücklich erfahrungsorientierten, interkulturellen Kontextualisierungen von Texten, wie sie unter dem Vorzeichen des *ethnocriticism* seit den 70er Jahren in den USA in Anknüpfung an die frühen ethnographischen und ethnolinguistischen Forschungen von Franz Boas, Edward Sapir und Benjamin Whorf entstanden. Mit dem Ziel einer Kanonerweiterung richten sich diese Ansätze auf die Entdeckung und Übersetzung vor allem indianischer Texte und interpretieren orale Erzählformen als literarische Genres kulturell-ethnographischer Erfahrungsartikulation.[43] Schon diese Ansätze eines »ethnohistorical literary criticism«[44] problematisieren eine auf westliche Begrifflichkeit ausgerichtete Repräsentation anderer Kulturen.

Doch keineswegs nur die Fremdheit von Stammeskulturen fordert eine »literarische Anthropologie« heraus, sondern auch neue Erfahrungsfelder und ihre literarische Ausgestaltung innerhalb der eigenen Kultur, so etwa im Bereich der Großstadtliteratur[45]. Ein einschlägiges Beispiel ist hier die besondere Form der Ethnologisierung der Literatur, die aus der Beziehung von Schriftstellern (James T. Farrell, Nelson Algren und Richard Wright) zur Chicago Urban Sociology zwischen 1915 und 1945 hervorgeht.[46] Ihre Erfahrung von Fremdheiten, Unsichtbarem und Entgegenlaufendem innerhalb der eigenen Kultur, die sie in »regionalen Romanen« mit größter Genauigkeit aufdecken, führt zu Neufassungen auch der realistisch-naturalistischen Romanform. Die Konvergenzen zwischen Literatur und Ethnographie zielen hier nicht nur auf die Entdeckung neuer sozialer und ethnischer Themen für die Literatur: Großstadt, Straßenleben, Slums, Armut, Afroamerikaner, Proletariat, Bauern usw. Zur anthropologischen Wende gehört gerade auch, daß die Chicago School of Sociology selbst mit »literarischen« Darstellungsformen, Methoden und Materialien arbeitete: mit Interviews, Selbstzeugnissen, Autobiographien, Briefen. Die Hauptkonvergenzpunkte liegen somit in der gemeinsamen Aufmerksamkeit auf rhetorische Probleme der Kulturenbeschreibung, auf die Einbindung in weitere, textübergreifende Diskurse und Machtbeziehungen sowie in einem gemeinsamen Überdenken der Frage der Repräsentation durch eine Neubestimmung der literarischen Kunstmittel.

Diesem eher methodischen Strang der ethnographisch-literarischen Reflexion entspricht in Europa vor allem die Ausprägung eines »ethnographischen Surrealismus«[47] im Kontext des Modernismus: Französische Anthropologen wie George Bataille, Roger Caillois und Michel Leiris agierten in den 20er Jahren als Schriftsteller und entwickelten ausdrücklich eine Poetik und Rhetorik des Fremden. Während der *myth criticism* an Bedeutungsganzheiten orientiert war, wurden hier eher Ansätze für ein Aufsprengen holistischer Repräsentationen vorangetrieben. Dazu hat die modernistische Perspektive die Fragmentarisierungen von Großstadt- und Kriegserfahrungen ebenso aufgegriffen wie die Aktivitäten des Unbewußten. In einem engen Zusammenwirken zwischen Kunst, Literatur und Ethnologie kamen hier die kreativen Spielräume zur Sprache, die aus solcher Unterbrechung von Erfahrungskontinuitäten sowie aus der Anerkennung des Konstruktcharakters kollektiver Bedeutungssysteme zu gewinnen sind. Hier wurden wichtige Weichen gestellt für eine Konvergenz zwischen Ethnologie und Literatur(wissenschaft), an die gerade heute wieder angeschlossen wird: So ist entscheidend, daß die Ethnologie / Ethnographie selbst nicht nur auf eine empirische Wissenschaft der »teilnehmenden Beobachtung« fremder (Stammes-)Kulturen verengt wurde. Als eine kulturkritische Einstellung der kulturellen Fremdsetzung und Verfremdung überhaupt blieb sie vielmehr auch für andere Human- und Kulturwissenschaften offen.[48] Dem entspricht eine spezifische Form der Textualisierung bzw. eine Repräsentationsweise, die nicht Einheit und Ganzheit suggeriert, sondern Brüche und Schnittstellen sichtbar werden läßt: die Collage. In Ethnologie wie in Literatur kommt es zur Ausbildung einer »ironischen teilnehmenden Beobachtung«[49] im Sinne einer ethnographisch-surrealistischen Infragestellung westlicher Text- und Kulturhierarchie. In diesem Zusammenhang ist es kein Zufall, daß Antonin Artaud mit seiner Konzeption des »Theaters der Grausamkeit« die Tradition des westlichen Theaters gerade durch Rückgriff auf das balinesische Theater erneuern wollte.[50]

An diesen Diskurs, der nicht die empirische Kulturuntersuchung, sondern Kultur als kollektives Bedeutungskonstrukt, künstliche Kodierung und Erzählzusammenhang im Blick hat, lassen sich die späteren Ansätze einer Narrativik der 80er Jahre anschließen, die dann in die textualisierte Ethnologie hinüberführen.[51]

Kultur als Text. Herausforderungen der interpretativen Kulturanthropologie

Die hier nur angedeuteten, immer wieder abgerissenen Ansätze und Diskussionsstränge zu Konvergenzen zwischen Anthropologie und Literatur(wissenschaft) lassen sich durch die Entwicklung der Kulturanthropologie seit den 60er Jahren bis heute neu gewichten, aber auch für eine systematischere Ausarbeitung der neueren Kulturwissenschaften fruchtbar machen. Die folgenreichsten Öffnungen zur Literaturwissenschaft in methodischer Hinsicht hat zweifellos die interpretative Richtung der Kulturanthropologie seit den 60er–70er Jahren (»interpretive turn«) erbracht, die eine Kette weiterer Konzeptualisierungsschritte (»turns«) ausgelöst hat. Ein wichtiges Bindeglied zwischen beiden Disziplinen stellte sich her, als die interpretative Kulturanthropologie ihre Haupttätigkeit, die Untersuchung und Beschreibung anderer Kulturen, vorrangig zu einem Problem der Hermeneutik erklärte. Dies entsprach einem Kulturbegriff, der Kultur weder in Verhaltensnormen noch in gesellschaftlichen Funktionen aufspürt, sondern in semiotisch vermittelten Darstellungsformen, die soziales Handeln in enger Verknüpfung mit kulturellen Selbstauslegungen zum Ausdruck bringen. Kultur ist das von den Mitgliedern einer Gesellschaft »selbstgesponnene Bedeutungsgewebe«, durch das Handlungen permanent in interpretierende Zeichen und Symbole übersetzt werden.[52] Das kulturhermeneutische Problem, wie man die mentale Welt fremder Kulturen wahrnimmt, versteht oder jedenfalls darstellt, kann sich für die Literaturwissenschaft angesichts ihrer Texte durchaus ähnlich stellen. Sind nicht auch Texte konstruktiv irritierend, wenn man sie als »gesellschaftliche Ausdrucksformen« begreift, »die zunächst rätselhaft scheinen«?[53]

Zu den Anfängen der Entwicklung einer interpretativen Kulturanthropologie gehört Clifford Geertz' Auseinandersetzung mit dem Literaturwissenschaftler Lionel Trilling eben über diese Frage, wie historisch entfernte literarische Texte (z. B. von Jane Austen) bzw. kulturell entfernte fremde Gesellschaften (z. B. balinesische Lebensweisen und Vorstellungswelten) unter gänzlich andersartigen Rezeptionsbedingungen überhaupt verstanden werden können. In beiden Fällen – dies ist die methodisch und hermeneutisch weiterführende Einsicht – schwindet das Vertrauen auf ein Verstehen im Sinne empathischer Horizontverschmelzung: »Was wird aus dem Verstehen, wenn das Einfühlen entfällt?«[54] fragt Clifford Geertz. Anstelle direkter, d. h. unmittelbarer Verstehenszugänge zu fremden Texten, Kulturen oder Weltbildern betont Geertz vielmehr einen Zugang, der die »interpretative Karriere«[55] solcher kultureller Ausdrucksformen miteinbegreift. Dies bedeutet zweierlei: Zum einen sind Texte (und fremde Bräuche) erst über eine Vermittlungsachse der Herausbildung kultureller Kodierungen verstehbar, über eine lange Kette von Übersetzungsprozessen, über ihre zunehmende Aufladung mit wechselnden Symbolen und Bildern, über ihre Überlagerungen mit neuen Bedeutungsschichten. Textinterpretation bezieht sich auf eine symbolisch vorstrukturierte Welt.[56] Die daraus bezogene Anreicherung der Texte geschieht jedoch stets im Austausch mit jeweils veränderten sozialen Kontexten. Da zeigt es sich zum andern, daß es nicht hinreicht, Texte und kulturelle Praktiken für bloße Objekte von Interpretation zu halten. Sie sind vielmehr selbst kollektiv verankerte Deutungsinstanzen und tragen als solche dazu bei, handlungsorientierende und gefühlsausbildende »Konzepte« zu entwickeln.

Für die Literaturwissenschaft ist damit zunächst entscheidend, daß die unmittelbare Begegnung zwischen Text und Leser / Interpret gleichermaßen unterbrochen und auf eine semiotische Vermittlungsebene gelenkt wird. So kann die Aufmerksamkeit auf Anhaltspunkte für Selbstauslegungsprozesse innerhalb von Texten wie innerhalb von Ritualen oder Gesellschaften selbst gerichtet werden, nämlich auf deren eigene semiotische »Überdeterminierung«. Diese Herausforderung, auch vertraut gewordene bzw. kanonische Texte wieder fremd zu machen, sie mit ethnologischem Blick gleichsam neu zu produzieren, kann Geertz' Andeutung einer »neuen Philologie«[57] aufgreifen. Danach sind Texte nicht wiederum durch Texte zu erklären, sondern durch die Frage, wie sich in der Textsymbolik der jeweilige *soziale* Prozeß der Bedeutungskonstituierung niederschlägt. Mit der Vorstellung von Kultur als Text wird freilich das soziale Leben ebenfalls in seiner »Lesbarkeit« vorausgesetzt, wobei Geertz – im Anschluß an Ricœurs Text-Hermeneutik – dem (fixierten) Text auch für die sozialwissenschaftliche Interpretation Vorrang vor (flüchtigen) Diskursereignissen zuerkennt.[58] Bedeutungskonstituierend sind danach weder die Absichten eines Sprechers, eines Handelnden oder eines Autors, noch ist es die jeweilige aktuelle Handlungssituation, sondern vielmehr ein demgegenüber objektivierterer Sinnhorizont des Textes. Wenn Geertz die Möglichkeit eines Verstehens ohne Einfühlung behauptet, dann mit Blick auf ebendiese »semantische Autonomie« eines öffentlich zugänglichen Handlungs- oder Ausdrucks»textes«. Dessen Bedeutungen erschließen sich gerade nicht durch Rückführung auf seine beschränkten Entstehungsbedingungen und Autorintentionen, sondern durch die von ihm ausgelöste Eröffnung verschiedener Lesarten und neuer Bezüge.

Ein bereits klassisches Beispiel hierfür ist Geertz' bekannter Essay über den Hahnenkampf auf Bali. Die soziale Praxis des balinesischen Hahnenkampfs ist als Text betrachtet für Geertz kein bloßes Interaktions- oder Kommunikationsereignis, sondern eine ausgestaltete »Kunstform«[59], die dem Paradigma westlicher Literatur und Kunst nicht nachsteht. Wie ein Schauspiel ist der Hahnenkampf dadurch charakterisiert, daß er nicht in der Flüchtigkeit seiner aktuellen Inszenierungssituation aufgeht, sondern immer wieder erneut die losen Bedeutungsfäden von Alltagserfahrungen an Brennpunkten bündelt, ins Bewußtsein hebt und darstellt, ohne daß Konsequenzen im wirklichen Leben befürchtet werden müßten. Seine Funktion ist »der von *King Lear* und *Schuld und Sühne* bei Leuten mit anderem Temperament und anderen Konventionen zu vergleichen [...]; er greift deren Themen – Tod, Männlichkeit, Wut, Stolz, Verlust, Gnade und Glück – auf, ordnet sie zu einer umfassenden Struktur und stellt sie in einer Weise dar, die ein bestimmtes Bild von ihrem eigentlichen Wesen hervortreten läßt.«[60]

An dieser idealtypischen Sichtweise fällt zwar der Eurozentrismus ebenso ins Auge wie das Problem, daß sogar Handlungen als Texte objektiviert und damit von den Handlungssubjekten gleichsam abgelöst werden. Aufschlußreich ist jedoch der Einblick in innerkulturelle (auch literarische) Metakommentare, die die Mitglieder einer Gesellschaft selbst produzieren und damit zugleich gesellschaftliche Schlüsselpraktiken und Knotenpunkte des lokalen Wissens statt universale Wahrheiten zum Ausdruck bringen, so beispielsweise ihr jeweils spezifisches Verständnis von Person und Emotionalität, aber auch von Statushierarchie. Genau in diesem Bereich der (Selbst)Darstellung durch gezielte Bedeutungsbündelung in Texten oder sozialen Praktiken, so Geertz, findet die Konstitution kultureller Symbolisierung statt. Gerade hier werden kulturelle Bedeutungen, die gleichsam in den Tiefenstrukturen einer Gesellschaft verborgen sind, öffentlich und allgemein zugänglich, ja sogar anschaubar und dadurch vor allem auch über verschiedene Kulturen hinweg vergleichbar gemacht.

Für die Literaturwissenschaft bedeutet diese Kulturhermeneutik, daß auch literarische Texte als Medien begriffen werden können, die bereits selbst verdichtete Formen ethnographischer Beschreibung und Kulturauslegung enthalten, oftmals allerdings verkleidet im Gewand von Fremderfahrung. Um sie analysieren zu können, ist die ethnologisch-semiotische Kulturauffassung noch methodisch zu präzisieren. Entscheidend ist ihr Versuch, emotionale wie kognitive Tiefenstrukturen von Bedeutungen zu rekonstruieren, und zwar ausgehend von lokalem Wissen, von überschaubaren Praktiken mit dem Ziel einer Genauigkeit der Einzelbeschreibungen[61] – ganz im Unterschied zu den verallgemeinernden Abstraktionen des Strukturalismus. Geertz' ethnographische Methode der »dichten Beschreibung«, d. h. mikroskopisch vorgehender und doch theorienaher »Generalisierungen im Rahmen eines Einzelfalls«[62], z. B. kultureller Schlüsselrituale, wird auch für die Literaturanalyse fruchtbar. Sie zielt u. a. darauf, kulturelle Selbstauslegungen in ihren Widersprüchlichkeiten herauszukristallisieren (vgl. den Beitrag von Phyllis Gorfain in diesem Band).

Die von Geertz selbst vorgeschlagene »neue Philologie«, die anstelle der geschlossenen Ganzheit eines (literarischen) Werkgefüges die Interpretationsoffenheit des Textes betont, kann mit Geertz' eigenem Ansatz und seinem synekdochischen Verständnis von Kultur als Text allein allerdings nicht auskommen. Denn ein solcher Ansatz läßt die Vorstellung einer Geschlossenheit von Kulturen und Texten gleichsam durch die Hintertür doch wieder herein, insofern er aus Institutionen oder Schlüsselpraktiken ein kohärentes Kulturganzes ableitet: sei es die »Lesart« der balinesischen Gesellschaft aus dem pragmatischen Schlüssel»text« des Hahnenkampfs oder die Erschließung der marokkanischen Gesellschaft aus dem Basarprinzip. Kultur als Text bedeutet hier allzuleicht ein Zusammenziehen auf eine bestimmte kulturelle Bedeutung, den Verlust von Subjektivität wie von Unmittelbarkeit der Kommunikation. Ausgeblendet bleiben die Situationsmomente des Handelns ebenso wie die oft widersprüchlichen lokalen Stimmen einer Kultur (zur Geertz-Kritik vgl. den Beitrag von Vincent Crapanzano in diesem Band).

Demgegenüber bringt etwa die Auseinandersetzung mit Bachtins

Konzept der Vielstimmigkeit weiterführende Einsichten in die Perspektivenvielfalt der Handlungswelt. Sie bringt keine kulturelle Gesamtbedeutung, wohl aber verschiedenste, oft widersprüchliche Vorgänge kultureller Bedeutungsproduktionen ans Licht. So bietet sich auch die Möglichkeit, literarische Texte neu zu betrachten als Medien, in denen Selbstdeutungen oft in Form einer »Übertreibung von Kulturen« stattfinden, nach der Annahme – so James Boon –, daß jede Gesellschaft stets ihre Gegenbilder in sich enthält und kultiviert.[63] Jedenfalls wird besonders in literarischen Darstellungen vor Augen geführt, wie die Personen gerade in ihren Handlungen, in konkreten Situationen und Umständen eine Vielfalt, ja Gegenläufigkeit von Deutungsperspektiven zum Ausdruck bringen. (Der Beitrag über Jane Austen in diesem Band ist dafür ein treffendes Beispiel.) So richten sich auch die Interpretationsbemühungen nicht nur auf einen semantischen Bedeutungsgehalt, sondern eher auf die spezifischen Weisen des Verstehens selbst, das heißt auf »Paradigmen«, wie sie die jeweiligen Kulturen und Gesellschaften zur Erklärung und Einordnung von Ereignissen ausbilden.[64] Wie solche Gebrauchsformen des Verstehens in literarischen Texten dargestellt oder gar entwickelt werden, wird durch einen ethnographischen Blick sichtbar. Er zeigt, daß literarische Texte in das Wirkungsfeld der kulturellen Verstehenspraktiken eingebracht werden können, die wichtige Schienen für die soziale Interaktion wie für den Verkehr zwischen verschiedenen Kulturen bereitstellen.

Eine derartige Perspektive verlangt jedoch, von der Fixiertheit *der* Texte und *auf* Texte zur Vitalität des Diskurses überzugehen, um die pragmatischen Dimensionen der kulturellen Inszenierung und Kommunikation über Geertz' bedeutungslastige Kulturanthropologie hinaus zur Sprache bringen zu können.

Kultur als Darstellung (Performance)

Schon bei Geertz lockert sich die semiotische Strenge des auf dem Textmodell beruhenden Kulturbegriffs, insofern er »nicht Bedeutungen als solche im Blick hat, sondern die inszenatorische Manifestation von Bedeutungen, die in ihrem Vollzug auf sich selbst verweisen«[65]. Entschieden und konkret wird diese Lockerung aber erst in der symbolischen

Ethnologie, die zwar an die Vorstellung von Kultur als Text anschließt, jedoch weniger ein System von Bedeutungen meint als vielmehr Kultur als Prozeß aufgrund von symbolischen Praktiken. Gezielte Symbol- und Ritualinterpretation rückt den pragmatischen Handlungsbezug kultureller Darstellung verstärkt in den Vordergrund. Mit dieser »performativen Wende« (»performative turn«) dringt ein dynamisches Element in die Textauffassung. Hier wurde Victor Turners Anthropologie besonders für die Symbolanalyse richtungweisend, die seit jeher ein ausgewiesenes Feld auch der literaturwissenschaftlichen Interpretation ist. Turner dynamisiert die Symbolanalyse, indem er – im Gegensatz zum Strukturfunktionalismus – Symbole nicht als Funktionsgrößen für ein gesellschaftlich-soziales System betrachtet, sondern sie eingebunden sieht in prozessuale Formen wie soziales Drama und Ritual mitsamt ihren erzählenden Ausdrucksformen. Ethnographie und auch Literaturwissenschaft haben das gemeinsame Ziel, »die Symbole gewissermaßen in Bewegung einzufangen«.[66] Symbole derart im Prozeß der Symbolbildung und Bedeutungskonstitution zu betrachten heißt aber auch, Veränderungsanstöße in den Blick zu nehmen. Dies gilt ebenso für Rituale: Auch Rituale sind keine passiven repetitiven Bräuche, sondern handlungsorientierende Praxisformen, bei denen den jeweils Handelnden ein Spielraum kultureller Interpretation, Innovation und Veränderung bleibt – ein Spielraum, wie er in Literatur und Theater besonders weitgehend ausgelotet wird.

Übergreifender Kontext dieser pragmatisch-semiotischen Kulturanthropologie ist eine »Anthropologie der Erfahrung«[67]: Erst auf der Ebene von Ausdruck und Darstellungsformen werden Erfahrungen wie auch kulturelle Bedeutungen überhaupt zugänglich. Hier werden sie hergestellt und in Umlauf gebracht. Besonders greifbar wird dies an den Formen der Narrativität, in denen die Menschen ihre Erfahrungen verarbeiten und mitteilen. Narrativität in Dramen und Geschichten setzen die kulturellen Erfahrungen einem nicht abschließbaren Prozeß des Wiedererzählens und der Neuinterpretation aus. Solche Erzählstrukturen von Erfahrung zeigt etwa Renato Rosaldo am Beispiel von Jagdgeschichten der Ilongot-Kopfjäger auf, an denen er verdeutlicht, wie Erzählkonventionen und soziale Poetik geradezu eine erfahrungsbildende Kraft entfalten können.[68] Nicht nur an diesem Punkt ist die Ethnographie der Erfahrung für die Literaturwissenschaft anregend, sie zeigt auch, wie Texte, Bilder und Aufführungen (*performances*) neben expressiven auch strategische, erfahrungs- und handlungsorganisierende Wirkungen entfalten: Kultur wird produziert und reproduziert, indem sie repräsentiert.

Welche konkreten Implikationen hat nun eine solche Anthropologie für die Literaturwissenschaft? Victor Turner hat diese selbst ausdrücklich benannt und in vergleichenden Überkreuzanalysen zwischen Anthropologie und Literaturwissenschaft bearbeitet.[69] Wenn Turner Literatur und empirische Wirklichkeit verknüpft sieht, dann nicht in Form eines Abbilds, sondern dadurch, daß die empirische Wirklichkeit selbst nach kulturellen Kategorien organisiert ist, z. B. nach narrativen Mustern,[70] die in Literatur, Theater und Ritual allerdings in neue, ungewohnte Konstellationen gebracht werden. Im Zusammenhang einer vergleichenden Symbologie hat Turner ein komparatistisches Instrumentarium ausgearbeitet, um literarische Texte mit anderen kulturellen Darstellungsformen wie Ritualen vergleichbar zu machen – ein konkreter Vorstoß, die Grenzziehungen zwischen mündlichen und schriftlichen Traditionen zu überdenken, ein Vorstoß aber auch, die Untersuchung westlicher Literatur auf nichteuropäische Bezugsfelder hin zu öffnen: Wieweit kann durch eine anthropologische Lesart etwa Dantes *Purgatorio* als ein Bericht über einen rituellen Prozeß neu verstanden werden?[71]

Aber auch für die Analyse anderer literarischer Texte ist die gezielte Aufmerksamkeit auf Symbole, Rituale und soziales Drama in ihren allgemeinen (idealtypischen) Vollzugsformen fruchtbar (vgl. meine Fallstudie in diesem Band). Initiations- und Übergangsrituale sind durch die drei Stadien der Trennung, der liminalen Übergangsphase und der Wiederangliederung gekennzeichnet, soziale Dramen hingegen durch Bruch mit normengeleiteten sozialen Beziehungen, durch anwachsende Krise, den Versuch der Lösung und schließlich durch Reintegration oder endgültigen Bruch. Aus diesem Verlaufsschema des sozialen Dramas als eines Konfliktlösungsmodells und eines Modells für soziale Transformation kann auch die Interpretation von Konflikten in der Literatur genauere Anknüpfungspunkte an entsprechende Phasen des sozialen Prozesses selbst gewinnen.

Dies betrifft nicht nur Drama und Theater, sondern etwa auch die Analyse klassischer Entwicklungs- und Bildungsromane im Hinblick auf die dort ausgestalteten Initiationsriten und Übergangsrituale im Lebenszyklus von Individuen. Aber auch auf die Übergangsprozesse ganzer Gesellschaften kann sich neue Aufmerksamkeit richten, so zum Beispiel in James Fenimore Coopers *The Last of the Mohicans*.[72] Dort wird die Liminalität der »nationalen Adoleszenz« in der Frontier-Situation der Herausbildung der amerikanischen Nation literarisch auf den Spielraum abgeklopft, der zu einer Aufrechterhaltung der verschiedenen Kulturen statt zu kultureller Verengung hätte führen können. Neben solcher Übergangsliminalität ganzer Gesellschaften und nicht nur individueller Entwicklungen ist Turners Liminalitätskonzept auch zur Aufdeckung spezifischer literarischer Repräsentationsweisen fruchtbar zu machen. So ist etwa für Virginia Woolfs Roman *Between the Acts* die »Vielstimmigkeit sowie die Ablehnung von Konzepten wie ›Identität‹ und ›einheitliches Selbst‹«[73] kennzeichnend. Modernistische Ambivalenzen der Weltsituation, der Geschlechterbeziehungen und der Kunst selbst kommen hier in einer liminalitätsbewußten Repräsentationsform zum Ausdruck: in einer Ästhetik des Schweigens, der Brüche, der Widersprüche und Diskontinuitäten auf der Ebene des Textes. Von da aus ist es kein weiter Weg zur Ästhetik des Dekonstruktivismus und ihrem Problem der Repräsentation, die freilich dort nicht mehr in der Bedeutungsreferentialität von Symbolen ihr Zentrum hat, sondern die Texteinheit durch Strategien der Rhetorik und Macht aufgebrochen sieht.

Während man aus der interpretativen und erfahrungsbezogen-performativen Richtung der Kulturanthropologie wichtige methodische Anstöße für eine erweiterte Hermeneutik der Literaturinterpretation gewinnt, ändert sich diese Akzentsetzung durch die verstärkte Rezeption der Kritischen Theorie und der Diskursanalyse Foucaults. Der Faktor der Macht kommt ins Spiel und bewirkt damit auch für die Literaturanalyse eine Politisierung. Gerade die ethnographische Selbstreflexion ist hierfür richtungweisend: der Versuch, von den harmonistischen Grundannahmen des Verstehensproblems in der Zielvorstellung interkultureller Verständigung freizukommen. Dazu kommt die Einsicht, daß die kultursemiotische Behauptung einer Übersetzbarkeit der Kulturen bzw. einer (formalen) Vergleichbarkeit ihrer kulturellen Ausdrucksformen zu wenig dem kulturhierarchischen Machtgefüge Rechnung trägt, das in die kulturellen Inszenierungen ebenso hineinwirkt wie in die damit äußerst problematischen (ethnographischen) Darstellungen des Fremden.

Die Vorstellung von Kultur als Text wird im Fortgang des kulturanthropologischen Diskurses immer komplexer, da verstärkt die Kritik am Textbegriff sowie die Herstellungsbedingungen von Texten zum Tragen kommen: Das Fragmentarische, Gebrochene des aktuellen Dialogs und der kontextuellen bzw. situativen Eingebundenheit der Kommunikation, ja ihre Verzerrungen durch Repräsentation sind gerade auf die darin wirksamen Machtbeziehungen hin zu überdenken. Aber auch das im Zuge des *linguistic turn* erkannte Primat der Texte und der Zeichen, die textuelle Vermittlung von Wirklichkeitserfahrungen und die Verselbständigung von Signifikanten in Form von Zeichenketten, abgelöst von historischer Erfahrung, führen zur viel beschworenen Krise der Repräsentation. Diese hat jedoch der anthropologischen Wende in der Literaturwissenschaft wichtige Impulse vermittelt. Denn als eine ethnographische Untersuchung des ethnographischen Erkenntnisinteresses selbst blieb die Reflexion nicht mehr nur auf die Beschreibung anderer Kulturen beschränkt. Sie konnte vielmehr über eine Selbstreflexion der eigenen Tätigkeit wichtige Elemente der Kulturdarstellung ebenso freilegen wie Grundbedingungen der (ethnographischen und literarischen) Textproduktion, nicht zuletzt aber auch folgenreiche Grundlegungen für die Kulturwissenschaften. Es ist die Debatte über *Writing Culture*, die ihre Aufmerksamkeit nicht länger auf die in Monographien synthetisierten Ergebnisse der Forschung richtet, sondern auf die komplexen Forschungsbedingungen und auf den Textcharakter der Kulturdarstellung selbst: Der Prozeß der kulturellen Kodierung des Schreibens wird dabei zu einem herausgehobenen Gegenstand ethnographischer Untersuchung.

›Writing Culture‹ – Probleme der Repräsentation von Kulturen und die Literarisierung der Ethnographie

Die ethnographische *Writing-Culture*-Debatte folgt der poststrukturalistischen Forderung nach einer Selbstreflexivität, die sich kritisch den eigenen Verfahrensweisen der Darstellung anderer Gesellschaften, der ethnographischen Interpretation und ihrer Beschreibungsrhetorik zuwendet und die somit nicht mehr länger auf fremde Lebensweisen und Vorstellungswelten fixiert ist.[74] Das spezifische Umfeld dieses Diskurses – die neuen politischen Erfahrungen der Dekolonisierung und die Machtverluste der Ethnographie nicht nur in Amerika – kann hier nicht eingehender behandelt werden.[75] Wichtig ist jedoch die Erfahrung, daß die Existenz authentischer oder gar exotischer Kulturen immer mehr schwindet, daß ihre Erforschung und Beschreibung durch eine westliche Wissenschaft aufgrund der kolonialen und postkolonialen Bedingungen und Machtungleichheiten immer fragwürdiger wird. Die verstärkte Selbstbesinnung auf die Wissenschaftsgeschichte sowie auf die subjektiven und politischen Implikationen eines Forschungsprozesses, der eben nicht gänzlich durch die Metapher der »teilnehmenden Beobachtung« abgedeckt ist, erstreckt sich bis hin zu einer kritischen Reflexion der Verfahrens- und Schreibweisen in der Ethnographie. Von hier aus wird in der Ethnographie ihrerseits eine »literarische Wende« vollzogen. »Die Frage der Repräsentation lautet nun nicht mehr: ›Wie läßt sich die Bedeutung von Symbolen entziffern?‹, sondern: ›Wie ist es möglich, durch den Prozeß des Schreibens Bedeutung zu vermitteln?‹«[76] Nicht die Interpretation kultureller Bedeutungen, sondern die Untersuchung der Textabhängigkeit von Kulturrepräsentationen steht im Vordergrund. Diese literarische Wende kann lange vor dem Aufkommen der interpretativen Anthropologie durchaus an Vorläufer anknüpfen, die das Wechselverhältnis von Ethnographie und Literatur buchstäblich verkörpert haben: In einer Gegenbewegung zu den Objektivitätszwängen der »teilnehmenden Beobachtung« gab es vor allem seit den 30er Jahren Versuche, der subjektiven Seite der Feldforschungserfahrung gerade durch eine poetisch-schriftstellerische Verarbeitung Gehör zu verschaffen, so bei den Ethnologinnen und Ethnologen Edward Sapir, Ruth Benedict, Zora Neale Hurston, Laura Bohannan usw. Wurde dort noch eine strikte Trennung zwischen Faktum und Fiktion als unüberwindlich vorausgesetzt und über das Verfassen ethnographischer Romane ins Feld der Literatur ausgewichen – so etwa in Laura Bohannans *Rückkehr zum Lachen*[77] –, betont dagegen die *Writing-Culture*-Debatte sowohl die fiktionalen, allegorischen Elemente der wissenschaftlichen Darstellung als auch die fiktionalen Dimensionen des Faktischen selbst.

So schreiben Ethnographen nach James Clifford »pastorale Allegorien«, indem sie die von ihnen beschriebenen Gesellschaften zu überschaubaren Gemeinschaften fiktionalisieren, durchaus ähnlich wie in realistischen Romanen. In ihren realistischen Kulturporträts behaupten sie zwar, daß – garantiert durch Augenzeugenschaft – Bedeutungen in beobachteten Ereignissen verankert seien. So versuchen sie, »eine Lebensform als ganze mit Hilfe ausgiebiger und detaillierter Beschreibung ›realer‹ alltäglicher Ereignisse und Situationen zu schildern, die dem jeweiligen Autor aus eigener unmittelbarer Anschauung zugänglich sind«.[78] Dabei verlieren sie jedoch aus dem Blick, daß solche Wirklichkeitsbeschreibungen mit rhetorisch-literarischen Strategien, mit Metaphern und Tropen, mit »bedeutungsstarken« Geschichten und Texttraditionen aufgeladen werden müssen, um den Eindruck eines kohärenten Bedeutungsganzen zu erwecken.[79] Um diese »zusätzlichen Bedeutungen« aufzudecken, die in Ethnographien immer stillschweigend mittransportiert werden – nicht zuletzt als rhetorische Aufbereitung des ethnographischen Materials –, kommen die Text- und Literaturwissenschaften mit ihren Theorien von Metapher, Trope, Allegorie, Synekdoche, Realismus, Fiktion verstärkt ins Spiel. Dies zeigt sich im Umkreis der *Writing-Culture*-Debatte auch bei dem Historiker Hayden White und seiner Analyse der Tropenorientierung der Geschichtsschreibung in ihrer Abhängigkeit von Metapher, Metonymie, Synekdoche und Ironie sowie von literarisch-erzählstrategischen Elementen und einer Plot-Struktur.[80] Nicht die Authentizität von Geschichte(n) oder fremden Kulturen, sondern der ethnographische Prozeß selbst, also Fremderfahrung und Niederschreiben bzw. Repräsentation derselben, wird zum Untersuchungsgegenstand.

Vorherrschend ist das Unbehagen an dem Dilemma, daß Ethnographien niemals die Fülle der Erfahrung und der teilnehmenden Beobachtung vermitteln können, geschweige denn das weite Spektrum der Selbstäußerungen von Mitgliedern der beschriebenen Gesellschaft. Am Ende steht nur deren selektive Übersetzung in einen ethnographischen Text. Realistische Genrekonventionen der ethnographischen Monographie – wie allwissender Erzähler, erlebte Rede, ethnographisches Präsens usw. – wurden zum Problem, sobald das Bewußtsein vom Konstruktcharakter der ethnographischen Texte aufkam.[81] Da der Ganzheitsanspruch von Kulturdarstellungen aufgrund des fehlenden »archimedischen Punktes« immer fragwürdiger wird und eine Beschränkung auf »Teilwahrheiten« (»partial truths«) sowie eine fragmentarische Evokation vielstimmiger Perspektiven zur methodischen Tugend erhoben wird, beginnt die Suche nach neuen literarischen Darstellungsmöglichkeiten. Die Einsicht, daß die Repräsentation fremder

Kulturen stets durch unsere eigenen, vertrauten Begriffe und durch die Definitionsmacht der westlichen Wissenschaft verzerrt zu werden droht, führt dabei zu einer Kritik an der westlichen Konzeption des Textes selbst: Mit deren Fixierung auf objektivierende Begrifflichkeit gehen wesentliche, nicht textualisierbare »Überschüsse« des Kulturellen verloren, so etwa Sinneswahrnehmungen, Geräusche, Gerüche usw. – Dimensionen von Erfahrung, wie sie auch in Literaturanalysen leicht aus dem Blick geraten. Das Experimentieren mit neuen Darstellungsformen wie Collage, Fragment, Gedicht, Dialog usw. als Forderung der literarisierten Ethnographie öffnet dagegen den Blick für die Hierarchien der Darstellungselemente innerhalb von Texten und betont mit politischem Akzent deren Analogie zu Hierarchisierungen in der Gesellschaft und zwischen Kulturen.

An erster Stelle steht deshalb die Kritik der ethnographischen Darstellungstradition: Daß die Ethnographie in ihrem Realismus konstruiert und autorisiert ist, daß sie nach dem Modell des realistischen Romans auch dessen Beschreibungsautorität übernimmt und dabei die problematische Trennung zwischen Beobachter und Beobachtetem aufrechterhält, ist eine Einsicht, die neues Licht wirft auf den prekären Status textueller Autorschaft und Autorität. Wenn Clifford Geertz in Anlehnung an Foucault fragte, was in der Anthropologie ein »Autor« sei,[82] dann ist diese Frage in der Anthropologie neu. Denn deren Objektivitätsanspruch hatte den Aspekt der subjektiven Autorfunktion eher ausgeblendet, wenngleich er in allen Monographien mehr oder weniger versteckt im Spiel gewesen war. In seinen eigenen Arbeiten legt Geertz allerdings eine geringere Sensibilität gegenüber der Autor-Frage an den Tag. Umstritten ist Geertz' Darstellung der balinesischen Gesellschaft aus der Perspektive der Autorität des Ethnographen, die keinen Dialog mit wirklichen Menschen zuläßt, das Fremde ohne Brüche darstellt und zu Typisierungen und Verallgemeinerungen führt. Der interpretierende Autor macht sich unsichtbar, ohne freilich seine Autorität aufzugeben.

Die Frage nach der ethnographischen Autorität, wie sie über Geertz hinaus von James Clifford paradigmatisch ausgearbeitet worden ist,[83] betrifft den weiten Bereich der Kontrollmacht gegenüber Bedeutungen. Sie gewinnt besonderes Gewicht angesichts einer Welt der »generalisierten Ethnographie«[84], in der die Repräsentation fremder Kulturen, das Wissen über andere Kulturen nicht länger dem westlichen

Monopol zu unterliegen scheinen, in der die Menschen sich gegenseitig in den verschiedensten Interpretationszusammenhängen ausdeuten und unter synkretistischen Kulturbedingungen operieren, die nicht mehr unabhängige, klar gegeneinander abgrenzbare Kulturen erkennen lassen. Trotz dieser Ausweitung des weltweiten Kommunikationsnetzes, der auch literarische Texte ausgesetzt sind, ist es aber noch immer eine Frage der Autorität, wenn etwa in westlichen Metropolen darüber entschieden wird, welche fremdsprachigen Texte gedruckt und übersetzt werden und welche Literaturen der »Peripherie« zum Kanon der Weltliteratur zu rechnen sind.

Neben dieser kulturtheoretischen Infragestellung bedeutet die Kritik ethnographischer Autorität aber auch auf der konkreten Ebene einzelner Textanalysen eine deutliche Herausforderung an die Literaturwissenschaft. Sie legt nahe, auch das literarische Darstellungsspektrum von faktographischem Stil bis hin zu pathetischer Einfühlungsästhetik auf die jeweilige Autor- und Erzählerautorität hin zu untersuchen. Hubert Fichtes ethnopoetische Versuche verkörpern hier einen beispielhaften Anwendungsfall. So hält etwa seine collagenartige Darstellung einer arabischen Kamelmarktszene die Sperrigkeit fremder Kultureindrücke aufrecht. Sie steht damit in deutlichem Gegensatz zur moralisierenden Einfühlungsästhetik, wie sie in Elias Canettis Kamelmarkt-Erzählung in *Die Stimmen von Marrakesch* (1967) durchscheint. Fichtes bruchstückhafte Auflistung des Disparaten anstelle von Ganzheitseindrücken und zusammenhängenden Erzählbögen entspricht dem ethnographischen Prinzip, statt einer geschlossenen Repräsentation aus der Hand eines »allwissenden Erzählers« im Leser eher offene Textassoziationen im Sinne von Evokationen zu erwekken.[85] Gegen die hegemoniale Praxis kultureller Interpretation wird hiermit eine Beschreibungs- und Interpretationsautorität in Frage gestellt, mit der sowohl in der Ethnographie als auch in der Literatur und Literaturwissenschaft Machtpositionen im Weg über Auslegungskompetenzen legitimiert werden – und zwar Machtpositionen auch gegenüber den Forschungsobjekten und, etwa von auktorialer Erzählerseite, sogar gegenüber dem Dargestellten innerhalb der Texte selbst. Ethnographische Autorität stellt sich her über das Zum-Schweigen-bringen der Anderen, die nicht selbst sprechen, sondern repräsentiert werden. Das daraus entstehende Spannungsverhältnis hat auch in der Literatur bereits verschiedenste Verarbeitungsformen gefunden. Hier sind nicht nur die postkolonialen Literaturen außerhalb Europas einschlägig (vgl. den Beitrag Christopher Millers zur frankophonen Literatur Afrikas in diesem Band), sondern auch das Spannungsverhältnis zwischen Selbstbeschreibung und Fremdzuschreibung im Bereich der Ausländer- bzw. Migrantenliteratur hierzulande.[86]

Wenn also im Zusammenhang einer Kritik an der Asymmetrie der Repräsentation, an der *one-way-description* der realistischen Anthropologie im Zuge politischer und ökonomischer Machtungleichheit zu neuen literarischen Darstellungsformen gegriffen wird, kann und sollte solche Umdeutung nicht ohne Rückwirkungen wiederum auf die Literaturwissenschaft bleiben. Besonders die Theorie der Tropen und Metaphern verdient hier Beachtung. Im Durchgang durch die Geschichtswissenschaft und die Ethnologie hat man in ihnen nicht nur Kunstmittel auch für die wissenschaftliche Darstellung erkannt, sondern vor allem auch lebensweltlich wirksame, pragmatische »Handlungsschablonen«[87]. Auf solche kreative, handlungsorientierende Kompetenz der Metapher, die über die Leistungsfähigkeit einer bloßen Gedankenfigur in Texten hinausgeht, ist auch die Literaturwissenschaft verwiesen. Sie könnte an Prozesse der kulturellen Metaphorisierung anschließen, um die literarischen Metaphern gezielter und kritischer in die Transformationskraft von Merkmalsübertragungen eingreifen zu lassen, wie sie im Alltag etwa von der Übertragung militärischer Metaphern in den Bereich der medizinischen Krankheitsbekämpfung und in den sportlichen Wettkampf ausgehen.[88] Auch die Neueinschätzung von Allegorien hat Folgen für die Literaturwissenschaft. Allegorien, so Fredric Jameson, sind der heutigen Zeit angemessener als die vereinheitlichende Praxis von Symbolen, weil sie diskontinuierlich sind, weil sie im Unterschied zu einer symbolischen Repräsentation eher Brüche und Verschiedenheiten ausdrücken.[89] Allegorien sind damit Darstellungsmittel, welche die Tradition der realistischen Kulturbeschreibung unterlaufen.[90] Als rhetorische Darstellungsformen, die sich selbst interpretieren, laden sie selbst realistische Beschreibungen mit Geschichten und Bedeutungen auf, die auf gemeinsame inhaltliche Bezugspunkte verweisen. So ist für die Ethnographie die historische Allegorisierung in Form des »ethnographischen Präsens« charakteristisch, mit dem man die beschriebenen Kulturen wie zeitlose Inseln erscheinen läßt, die freilich auf der Achse des westlichen Fortschrittsdenkens in eine Position der Vergangenheit und Ungleichzeitigkeit gerückt werden.[91]

Auch das für die Literaturwissenschaft so zentrale Verhältnis von Fiktion, Rhetorik und Realität ist zum Reflexionsgegenstand der Ethnologie geworden.[92] Fiktion ist eben kein Gegenbegriff zur Realität, sondern betrifft geradezu deren Eigenschaft als Konstrukt statt als etwas Gegebenes. Fiktionalität und Partialität der Kultur wie ihrer Darstellung werden zum Ausgangspunkt für eine Neusicht der Kulturrhetorik: Rhetorik in Sprache und Texten kann – über die Bekräftigung kultureller Überzeugungssysteme hinaus – Spielräume des Unbestimmten und Potentiellen in einer Kultur aufzeigen. Sie kann sprachliche Ausdrucksformen im Weg über Allegorien, Metaphern, Fiktionen, Dialoge usw. für die Aktivierung eines kulturellen Handlungspotentials erschließen: »Rhetorik ist der Ort, an dem Sprache kulturelle Arbeit leistet.«[93] Dies regt die Literaturanalyse dazu an, auf Ansätze einer Denaturalisierung zentraler kultureller Kategorien und Schlüsselkonzepte (wie Familie, Natur, Ehe, Liebe, Pflicht, Ordnung, Gewalt usw.) in den Texten selbst zu achten, auf ihre Erfahrungsprägung durch Fiktionalisierung. Der Durchgang durch die ethnologische Reflexion stellt dabei die Rückbindung an empirische Machtverhältnisse, an kulturelle Hierarchien und soziale Konflikte sicher – eine wichtige Voraussetzung, um den Bedingungsrahmen der jeweiligen Kulturrhetorik, ihrer fiktionalen Elemente sowie ihrer Konzepte, Verfahren und »Paradigmen« des Verstehens zu markieren. Dadurch können etwa auch die literarisch-rhetorischen Kunstmittel des Dialogs, die bisher allzu harmonistisch an Bachtins Konzept die Vielstimmigkeit und Heteroglossie von Texten und sozialer Wirklichkeit betonten, als machtdurchsetzte Praktiken erkannt werden, die für soziale und politische Absichten einsetzbar sind. Das Feld der Kolonialliteratur, der Migrantenliteratur, der Literaturen der »Dritten Welt« sowie der Frauenliteratur ist hierfür besonders aufschlußreich.

Was man aus dieser experimentellen Richtung der Anthropologie gewinnen kann, ist eine Ethnographie des Schreibens selbst, sind Einblicke in das Verhältnis zwischen Schreiben und Selbststilisierung (»self-fashioning«) auch im Hinblick auf literarische Texte. Kultur, die Kultur der Anderen und Fremden, ist immer auch eine Frage der Darstellbarkeit (durch Texte). Dabei ist die Pluralität der Repräsentationen und Interpretationen (auch von Texten) entscheidend, wie sie nicht zuletzt der Vervielfältigung von Identitäten infolge von Globalisierung und Migration entspricht: »poetics of displacement«[94]. Festzuhalten ist, daß über der Vielfalt von Auslegungsmöglichkeiten gerade auch Konflikte von Interpretationen innerhalb eines Felds von Machthierarchien aufbrechen (an denen literarische Texte teilhaben).[95] Die ethnologische Erweiterung der Literaturwissenschaften ist somit auch aus kulturpolitischen Gründen ein Desiderat. Gefordert ist eine Abkehr von der Fixierung auf Einzeltexte, eine Einsicht in die »Überdetermination« von Literatur aufgrund ihrer Einbindung in umfassendere diskursive Zusammenhänge und Bedeutungsnetze, die sich der Kontrolle des Autors entziehen. Dazu gehören vor allem auch spezifische Verwendungszusammenhänge, Praktiken und Rituale: »Der wichtigste Beitrag der Ethnographie zur Literatur- und Kulturtheorie [...] besteht in ihrer Bereitschaft, ein weites Spektrum von Interaktionen und Aktivitäten in ihre Konzeption von Kultur einzubeziehen.«[96] Gerade von dieser Ebene aus ist es fruchtbar, literarische Äußerungen nicht auf einen kulturell einheitlichen Gesamtzusammenhang zu beziehen, wohl aber auf die Rangordnung der Textsorten in einer Gesellschaft, aus der heraus sich der autoritative Stellenwert, die spezifische Autorität des jeweiligen Textes bestimmen läßt.

Anthropologisierung der Literaturwissenschaft kann damit auch bedeuten, Marginalisierungsprozesse im Literaturkanon zu analysieren und zu revidieren. Dies umfaßt die hegemoniale kulturelle Repräsentation des Westens gegenüber nichteuropäischen Kulturen, bei der die Festschreibung kultureller Differenzen als Dichotomien – wie sie Edward Said an der essentialistischen Repräsentation des Orients aufzeigt[97] – von der Literaturwissenschaft durchaus befördert worden ist.

Postkoloniale Literaturen – Konzepte von Weltliteratur

Im postkolonialen Diskurs erreicht die ethnologische Wende in den Kulturwissenschaften eine politische Zuspitzung. Postkoloniale Einstellungen schließen an diejenige kritische Selbstreflexion der Ethnologie an, die sich auf deren historische Symbiose mit dem Projekt des Kolonialismus richtet. Doch während die *Writing-Culture*-Debatte mit Blick auf Texte und rhetorische Strategien argumentiert und z. B. den

Vorschlag macht, die Geschlossenheit ethnographischer Texte dialogisch aufzubrechen, weist der postkoloniale Diskurs entschieden über Fragen der textuellen Repräsentation sowie über eine Ethnographie des Schreibens hinaus. Angestrebt wird eben nicht bloß eine »Dekolonisierung auf der Ebene des Textes«[98], sondern die Auseinandersetzung mit dem Problem politischer und emanzipatorischer Äußerungsformen unter den konkreten historischen Handlungsbedingungen der Dekolonisierung seit Mitte dieses Jahrhunderts. An die Stelle von Kulturpoetik im Sinne einer Auffassung von Kultur als rhetorisch und poetisch vermittelter Repräsentationsform, tritt Kulturpolitik, verbunden mit der Forderung, pragmatische Strategien für ein Aushandeln kultureller Differenzen zu entwickeln.

In dieser Richtung hat die »postkoloniale Wende« eine politische Neubestimmung des Kulturbegriffs vorangetrieben, die auch für literaturwissenschaftliche Forschung wichtig wird. Vorbereitet durch die dekonstruktivistische Kritik an zentristischen Begriffen, am Essentialismus (z. B. Identität, Realität, Geschichte) und an dichotomischen Konstruktionen kommt – bahnbrechend durch Edward Saids Orientalismuskritik – die enge Verflechtung von kultureller und literarischer Definitionsgewalt und ungleicher weltweiter Machtverteilung deutlicher in den Blick. Nicht selten wird eine Revision der Literaturgeschichte angestrebt, wenn man die lange ausgeblendete Frage verfolgt, wie gerade auch Literatur in kolonialistische Zusammenhänge verstrickt war und ist. So ist es der Untersuchung wert, (ethnische) Stereotypenbildungen und Selbst- und Fremdbilder in der Literatur auf ihre Zuträglichkeit für Praktiken des Kolonialismus zu befragen, bis hin zu den damit verknüpften Praktiken der Dichotomisierung und Kulturabgrenzung. Die Entgegensetzung zwischen Orient und Okzident ist hier eine modellhafte Orientierungsachse. Sie diente in der westlichen Geschichte jahrhundertelang dazu, das europäische Bild von sich selbst zu profilieren, es zu privilegieren und gerade mit Hilfe des »Paradigmas« der Entgegensetzung zwischen Selbst und Anderen einen überdauernden hegemonialen Diskurs zu begründen.

Für die Literaturwissenschaft verlangen solche epistemologischen Begleiterscheinungen des Kolonialismus, so Said, eine neue Aufmerksamkeit auf die spezifisch europäischen Weisen der Repräsentation des Anderen. Ausgangspunkt sind die Grundverknüpfungen zwischen Kultur, Texten (insbesondere Romanen) und Imperialismus, die »leisen

Allianzen zwischen kulturellen Texten und Imperialismus«.[99] Daraus entsteht eine ganz neue Lesart literarischer Texte, die – im Unterschied zur bisher untersuchten Beziehung von Literatur und (Sozial-)Geschichte – gezielt die imperiale Verortung europäischer wie nichteuropäischer literarischer Texte in den Blick nimmt. Sie fragt, wie koloniale und postkoloniale Erfahrungen literarisch verarbeitet werden, wie dabei regionale Differenzierungen sowie das Spannungsverhältnis zwischen kulturellem Zentrum und Peripherie ins Spiel kommen. Auch europäische Romanliteratur im Kontext von Imperialismus zu untersuchen liegt schon deshalb nahe, weil die literarische Tradition nicht selten als direkter Handlanger bei der Formierung kolonialer Autorität und Herrschaft eingesetzt worden ist.[100] Außerdem ist die Literatur ein wichtiger Ort, an dem sich das europäische Selbst herausgebildet hat (gerade in Absetzung vom nichteuropäischen Anderen) und von wo aus es universalisiert wurde.

Edward Said revidiert die Frage nach der Beziehung von Literatur und kultureller Identität. Er vermeidet die Rede von statischer kultureller Identität als Grundlage imperialer Dichotomisierungen und »Essentialisierungen«. Statt dessen betont er »kontrapunktische Phänomene«[101] und schlägt für die Literaturanalyse eine entsprechende Lesart vor: »Beginnen wir damit, das kulturelle Archiv nicht als univokes Phänomen neu zu lesen, sondern *kontrapunktisch*, mit dem Bewußtsein der Gleichzeitigkeit der metropolitanischen Geschichte, die erzählt wird, und jener anderen Geschichten, gegen die (und im Verein mit denen) der Herrschaftsdiskurs agiert.«[102] »Kontrapunktisches Lesen« bezeichnet eine Lesart, die ein kulturelles Archiv re-interpretiert, indem sie imperialistische Verstrickungen der Texte und ihren gleichzeitigen Widerstand dagegen herausarbeitet. So weist Said etwa auf Joseph Conrads Kritik und zugleich Teilhabe am Diskurs des Afrikanismus in seinem Schlüsselroman *Heart of Darkness* hin, auf dessen bei aller Imperialismus- und Rassismuskritik doch eigene Schattierung eines Rassismus auf der Ebene der Sprache und der Darstellung der »wilden« Afrikaner. »Kontrapunktisches Lesen« betont das, was im Text ausgeschlossen ist oder was hinter dem Rücken des Autors – z. B. im historisch-politischen Kontext – an den Text anschließt: »Afrika darstellen heißt in den Kampf um Afrika eintreten, der wiederum zwangsläufig mit dem späteren Widerstand, der Entkolonisierung verbunden ist.«[103]

Auch in diesem Zusammenhang wird es notwendig, die Metapher von »Kultur als Text« zu modifizieren. Kultur geht nicht in Text auf und Text nicht in Kultur, sonst könnte nicht davon gesprochen werden, daß Texte auf kulturell Ausgeschlossenes verweisen, das dennoch in ihnen enthalten ist. Entscheidend ist wiederum der Aspekt kultureller Repräsentation. Er verliert allerdings seine darstellungsästhetische Harmlosigkeit. Als machtaufgeladener Begriff verweist er auf die Teilhabe der literarischen Texte an imperialen Strukturen. In diesem Zusammenhang trifft die ethnographische Kritik der Repräsentationsautorität auf die literarische Autorität in besonderem Maße zu. Wenn gefragt wird, wie etwa in Romanen Autorität konsolidiert wird, die Autorität des Autors, des Erzählers, des Interpreten, der Gesellschaft, so mag dies – wie bei Said – zu der harten These führen, daß »der Roman, als kulturelles Artefakt der bürgerlichen Gesellschaft, und der Imperialismus ohne einander nicht denkbar sind«[104]. Jedenfalls wird nach der (Selbst-)Positionierung der Literatur innerhalb der umfassenderen Welt gefragt, eine Frage, die sich aus den Texten selbst ableiten läßt und die heute gezielt gestellt wird. Um diesen Fragehorizont abzustecken, ist die Ethnographie unverzichtbar. Sie fördert die Einsicht, daß literarische Repräsentationen von Außereuropäischem, etwa bei Kipling, Forster, Conrad, Melville usw. – ähnlich wie die Ethnographie – mit Kategorien von Zeitlosigkeit, Statik, Wesenhaftigkeit und kultureller Vereinnahmung gearbeitet haben und dies möglicherweise noch immer tun.

Vergleichende Literaturwissenschaft erhält unter postkolonialem Vorzeichen einerseits wichtige Anhaltspunkte für methodische Innovation. Andererseits bleibt sie an die vergleichende, kulturenüberlagerte Entstehungssituation der Texte selbst rückgebunden. Dies gilt insbesondere für die neueren postkolonialen Literaturen, in denen – aufgrund ihrer lebensweltlichen Ausgangsbedingungen und ihrer Bezüge auf Migration und Diaspora – oft gebrochene oder verdoppelte Identitäten Ausdruck erhalten. Auf dieser Grundlage kommen oftmals auch Texte der europäischen Literaturgeschichte in eine deplazierte Lage (z. B. bei Salman Rushdie, Vikram Seth, V. S. Naipaul, Chinua Achebe), indem in intertextueller Manier europäische Literaturzitate in nichteuropäische Zusammenhänge verlagert und dezentrierend umgeschrieben werden. Entscheidend ist, daß sich diese Bezugnahmen den bestehenden Ungleichheiten der Kulturen aussetzen und auf Umverlagerungen zwischen Zentrum und Peripherie drängen.

Solche Anstöße fördern einen kritischen interkulturellen Austausch und Vergleich von Literaturen, der auf die »Verflüssigung« von Identitäten im Weg über eine spezifische Ausgestaltung von Differenzen zielt, nicht zuletzt um einem kulturellen Essentialismus, z. B. der Afrikanisierung Afrikas, der Orientalisierung des Orients, zu entgehen. Der so auf den Weg gebrachte Diskurs kultureller Differenzen, dessen Spuren auch in literarischen Texten aufzufinden sind, läuft allerdings – im Unterschied zu einem dichotomischen Verständnis – über ein eher pragmatisches Differenzkonzept. Es ist auf Aushandeln statt auf fixierte Unterschiede bezogen und gibt der Möglichkeit der Infragestellung und des Widerspruchs in konkreten Interaktionssituationen Raum.[105] Indem Literatur entsprechende Interaktionsverläufe darstellt und reflektiert (etwa bei Amitav Ghosh; vgl. dazu den Beitrag zur Weltliteratur in diesem Band), kann sie ansatzweise der Verhärtung bestehender Differenzen entgegenwirken. So läßt sich etwa die Konstruktion ethnischer Differenzen aus sprachlichen Polarisierungen herleiten. Dies zeigt sich am Beispiel postkolonialer Schriftstellerinnen, die mit ihrer gemischten kulturellen Identität aus dem Gefängnis der kolonisierten Sprache auszubrechen versuchen, indem sie überkommene europäische Erzählmuster und literarische Traditionen in einer *métissage* von Stilen und Kulturen ganz neu verarbeiten.[106]

Einem solchen Versuch, festgeschriebene Differenzen ins Wanken zu bringen, entspricht die zunehmende Abkehr vom (holistischen) Werkcharakter der Literatur als einem Werkzeug kultureller Identifikation. Statt dessen wird mehr und mehr die Durchlässigkeit literarischer Texte für ein verzweigtes Spektrum kultureller Zugehörigkeiten und Inanspruchnahmen anerkannt. So wird etwa an einem Buch wie den *Satanischen Versen* von Salman Rushdie sichtbar, daß es nicht erst über eine selektive Lesart für bestimmte politische Ziele eingesetzt wird, sondern daß dieser Verwendungs- und Rezeptionskontext bereits integraler Bestandteil eines solchen »hybriden« Textes selbst ist.[107] Schon im Roman selbst wird die Verschiedenheit der europäischen bzw. arabischen Rezeptionsweise berücksichtigt: einerseits die europäische Aufwertung von Literatur und ihrer Autorität im Zusammenhang mit einer säkularen Abdrängung der Religion in private Nischen, andererseits aber die Unwilligkeit der nach England eingewanderten Muslime, ihre religiöse Tradition der Verfügungsgewalt des Mediums Literatur auszuliefern.[108]

Angesichts solcher Unverträglichkeiten der Literaturkonzeptionen wird allerdings eine Vermischung von Kulturen fragwürdig. Jedenfalls wird mit dem Verweis auf »Hybridität« die Frage nicht aus dem Weg geräumt, inwieweit die Kulturen selbst nicht doch zu einem holistischen Selbstverständnis neigen, um ihre Selbstbehauptungsansprüche durchsetzen zu können. Müßte dem entgegengewirkt werden, indem gerade kulturinterne Widersprüche und Gegenbewegungen (Frauenbewegung, ökologische Bewegungen, Alternativen in Kunst, Literatur, Film und Theater usw.) kultiviert werden? Auch wenn diese jeweils regional eingebunden und beschränkt sind, so sind sie doch Teil einer »internationalistischen Gegen-Artikulation«[109], einer Gegenbewegung zur offiziellen Geschichte und offiziellen Identität, die weitgehend in der Repräsentationssphäre stattfindet. »Die Aufgabe, die der kulturelle Intellektuelle vor sich hat, besteht deshalb darin, die Identitätspolitik nicht als gegeben hinzunehmen, sondern aufzudecken, daß und wie ihre Pfeiler konstruiert sind, zu welchem Zweck, von wem und mit welchen Komponenten.«[110]

Eine kritische, postkoloniale Neusicht des Kulturkonzepts kann gerade hier ansetzen, wo es darum geht, naturalisierte Identitätskonstruktionen wie »Nation«, »Volk«, »authentische Tradition« aufzubrechen.[111] Ausdrücklich wird die Vorstellung einer gesamten, einheitlichen Lebensweise und einer konsensuellen kulturellen Gemeinschaft verlassen, wie sie zu einer vertrauten Grundannahme der Ethnologie und der Kulturwissenschaften geworden war, als solche allerdings auch leicht für kulturelle Ab- und Ausgrenzungen dienstbar gemacht werden konnte. Dagegen werden die vielschichtigen und irritierenden kolonialen Wechselwirkungen betont: *displacement*, überlagerte kulturelle Zugehörigkeiten, gebrochene Identitäten und vervielfältigte Kommunikationsbeziehungen in einer transnationalen Welt, in der kulturelle und politische Identitäten durch die Herausforderungen von Alterität konstruiert sind. In diesem Zusammenhang decken vor allem Ansätze eines feministischen Postkolonialismus in den Literaturwissenschaften kritisch auf, wie Prozesse eines internen Orientalismus Frauen als das Andere, ohne eigene Stimme voraussetzen und wie sie damit Differenz als Ungleichheit entlarven.[112]

Für die Literaturwissenschaft ist nun entscheidend, daß unter solchen Vorzeichen der hegemoniale Diskurs immer stärker durch Texte und Äußerungsformen »vom Rande« her aktiv unterlaufen wird. Die kolonisierten Gesellschaften – so Homi Bhabha in einer Kritik an Edward Said – sind keineswegs nur auf eine passive Opferrolle festgelegt.[113] Sie sprechen und schreiben vielmehr selbst und stellen hierdurch den herrschenden Diskurs in Frage. Dies gilt nicht nur für außereuropäische Literaturen im Sinne eines »Writing Back«, sondern auch für die »eigenen Stimmen« der Minoritätenliteratur hierzulande.[114] Nicht Fremdbeschreibung, sondern Selbstbeschreibung wird zum Brennpunkt (inter)kultureller Repräsentation.

Doch neben den hier angedeuteten Beispielen müssen sich die methodischen Anstöße des ethnographischen und postkolonialen Diskurses schließlich auch gegenüber solchen Texten bewähren, die nicht bereits von ihrer Thematik her für ethnographische und postkoloniale Zugänge einschlägig sind. Erst dann kann eigentlich von einer »ethnographischen Wende« gesprochen werden. Gerade dies aber ist der Fall, wenn im vorliegenden Band eine anthropologisch-ethnologische Lesart u. a. von Texten Shakespeares, Goethes, Austens und Strindbergs versucht wird. Auch an solchen Texten können sowohl verschiedene Formen kultureller und interkultureller Selbstverortung von literarischen Texten aufgezeigt werden wie die Verarbeitung von Selbst- und Fremderfahrung innerhalb von Literatur, aber auch kulturelle Autoritätsbildung aufgrund von literarischer Kanonisierung.

Solche Fragestellungen gewinnen gerade angesichts der Versuche einer konservativen Gegenbewegung zu Multikulturalismus und Postkolonialismus in der Literaturwissenschaft an Gewicht, die sich unter dem Deckmantel von ästhetischer Qualität und einer unhistorischen Anthropologie – Shakespeare repräsentiere »human nature«[115] – einer Erweiterung des Literaturkanons hin zu nichtwestlichen Literaturen in den Weg stellen. Gerade diese Erweiterung aber ist ein Hauptanliegen der postkolonialen Ansätze. Statt um die Aufdeckung einer »menschlichen Natur« geht es hier um die unterschiedlichen kulturspezifischen Konzepte vom Selbst, vom Charakter, von individueller Freiheit, von Individuumzentrierung versus Verwandtschafts- und Familienorientierung, von Emotionalität und kulturellen Handlungsspielräumen, wie sie in literarischer Ausgestaltung zugänglich werden. Mit solch differenzierender Perspektive kann die Literaturwissenschaft nicht nur dazu beitragen, kulturelle, ethnische und geschlechtsbezogene Stereotypen aufzubrechen. Sie erhält damit auch konkrete Ansätze für ein interkulturelles Vergleichen, nicht zuletzt indem ein und derselbe Text vergleichenden Lesarten in verschiedenartigsten kulturellen Kontexten ausgesetzt wird. In diesem Sinne eines »communicational approach«[116] erscheint etwa Joseph Conrad im Spiegel von Chinua Achebe oder V. S. Naipaul in einem neuen, kritischen Licht.

Konkrete Ansätze einer Ethnologisierung der Literaturwissenschaft

Die Hauptkontrastfolie für eine anthropologisch-ethnologische Wende der Literaturwissenschaft ist der Dekonstruktivismus seit den späten 70er Jahren, vor allem dessen Textzentrierung, die so weit geht, keinen Existenzbezug außerhalb von Texten anzuerkennen: Die Welt ist ein Text, da nicht der Mensch die Sprache steuert, sondern die Sprache ihn. Die anthropologische Wende der Literaturwissenschaft reagiert auf diese Tendenz eines »selbstreferentiellen Metakritizismus«[117] durch eine Hinwendung zu sozialen Kontexten, durch feministisch engagierte Literaturwissenschaft, durch *ethnocriticism* und eine kulturwissenschaftliche Öffnung. Von der Ethnologie aus gesehen, könnten aus solchem Zusammenwirken von Ethnologie und Literaturwissenschaft gezielte »analytische Strategien« entwickelt werden, mit denen der Verschränkung von Diskursen und Texten mit soziopolitischen Vorgängen, aber auch ihren Abweichungen und Gegenläufigkeiten genauer auf die Spur zu kommen ist: »Anthropologen übernehmen die Paradigmen der neueren Literaturtheorie keineswegs pauschal, sondern sie wählen einzelne analytische Strategien aus und formen diese für ihre Zwecke um. Denn sie können ja nicht den Versuch aufgeben, Diskurse soziologisch zu situieren, zu zeigen, wie Diskurse funktionieren und in politischen Arenen miteinander konkurrieren oder aufeinanderprallen, und zu verfolgen, wie Diskurse sich historisch wandeln. Wenn sich jetzt die Literaturtheoretiker endlich an diesem anthropologischen Projekt beteiligen, so begrüßen wir ihre Kooperation mit allem Nachdruck.«[118]

Eine solche Kooperationsaussicht ist entscheidend, um die gegenwärtigen Ansätze einer Literarisierung der Ethnographie und die dazu komplementären Ansätze einer Ethnologisierung der Literaturwissenschaft eben nicht als einen nur punktuellen Austausch von Methoden mißzuverstehen. Ziel ist vielmehr, einen neuen Gegenstandsbereich zu erschließen: ein Verständnis der Textvermitteltheit von Kulturen ebenso wie von kulturellen Implikationen literarischer Texte, auch in kulturtheoretischer wie kulturpolitischer Absicht. Verstärkte Aufmerksamkeit richtet sich auf Strategien der Verarbeitung von Fremderfahrung, auf Dimensionen kultureller, zeit- und geschlechtsspezifischer Symbolisierung sowie auf die Handhabung vielstimmiger, oft gegenläufiger Interpretationen und ihre Verarbeitung auf der Ebene kultureller Darstellung. Eine solche Perspektive betrifft die noch nicht gebündelten Ansätze zu einer anthropologischen »Wende«, wie sie in diesem Band vorgestellt werden, aber auch die bereits etablierte Richtung des New Historicism[119].

»Die für den New Historicism charakteristische Analyse des Zusammenhangs zwischen dem politischen, kulturellen und alltäglichen Lebensbereich ist dem Kulturbegriff der neueren interpretativen Anthropologie verpflichtet.«[120] Schließlich hat Stephen Greenblatt, ein Hauptvertreter des New Historicism, als einer der ersten den kulturanthropologischen Ansatz von Clifford Geertz in die Literaturwissenschaft eingeführt.[121] Indem er die Textkonstellationen im Feld der Renaissance zu Gebilden kultureller Selbststilisierung (»self-fashioning«) überhöht, folgt er dem Modell der sozialen Formierungskraft kultureller Selbstauslegung, wie es Geertz am balinesischen Hahnenkampf entfaltet hat. Schon bei Geertz, aber auch bei Greenblatt, entsteht freilich das Problem, daß bereits der methodische Ansatz der interpretativen Kulturanthropologie selbst, die Semiotik und Hermeneutik gesellschaftlicher Selbstinterpretation, unterstellt, daß Kulturen wirklich als Prozesse von Selbstmodellierung wirken. Wird nicht mit dieser Methode in der jeweiligen Einzeluntersuchung genau das gefunden, was man im voraus angenommen hat: die Renaissance wie der Hahnenkampf sind Wirkungskräfte und Ausdrucksformen kultureller Selbststilisierung?[122] Die Methode des New Historicism scheint somit weniger historisch als vielmehr anthropologisch-semiotisch begründet: Die Lebenswelt wird als textualisierte Lebenswelt vorausgesetzt.

Dies hat den großen Vorteil, daß eine Ebene der kulturellen Zeichenherstellung gefunden werden kann, auf der literarische Texte und andere Textformen sowie nichtdiskursive Praktiken und soziale Institutionen in ihrem wechselseitigen kulturellen Austausch und in der Ökonomie ihrer Textzirkulation neu verortet werden können: verortet im »lokalen Wissen« einer Gesellschaft, z. B. der elisabethanischen. Neu ist damit die Entprivilegierung des literarischen Textes, der über eine Kette anderer, nichtkanonischer kultureller »Texte«, Tagebücher, Traktate, Register, Träume, Visionen usw. eingereiht wird in den umfassenderen Prozeß der Kodierung kultureller Bedeutungen.[123] Geht man auf diesen Prozeß zurück, so wird erkannt, wie auch die literarischen Texte mit sozialen Praktiken verflochten sind (und umgekehrt), wie sie diese theatralisch inszenieren, umwandeln und gerade im Austausch mit anderen Ausdrucksformen unter neuen Vorzeichen in Umlauf bringen – literarische Kunstwerke setzen sich zusammen aus »Verhandlungen, Tauschprozesse(n), Abweichungen und Ausschließungen, durch die einzelne Repräsentationspraktiken aus all den anderen, teilweise recht ähnlichen Repräsentationspraktiken herausgehoben werden«[124]. Diesen Zirkulationszusammenhang zu untersuchen, stellt sich der New Historicism als zentrale Aufgabe. Sein kulturanthropologisches Verfahren der Kontextualisierung in einem spannungsreichen historisch-institutionellen Handlungsumfeld vermeidet dabei ausdrücklich »den Gebrauch des Ausdrucks *der Mensch*«[125], ganz entgegen den vorgefaßten Abstraktionen einer universalistischen philosophischen Anthropologie. Wie bei Geertz kommt jedoch durch die synekdochische Vorgehensweise ein eigenes, allerdings nicht verallgemeinerndes Abstrahierungsmoment ins Spiel: Zwar werden literarische Texte nicht isoliert interpretiert, aber aus den Bündelungen und Interferenzen eines Netzwerks von Texten wird der kulturelle Kode einer ganzen Gesellschaft zu rekonstruieren versucht.

Der New Historicism ist freilich nur die Spitze eines Eisbergs anthropologisch-ethnologischer Literaturinterpretation. Deren vielfältiges Spektrum und methodischer Anregungswert entfaltet sich eher aus solchen Ansätzen, die noch unter keinem »schulmäßigen« Etikett stehen. Im vorliegenden Band werden einige dieser Ansätze vorgestellt, in denen sich das Profil eines Diskurses deutlich abzeichnet. Es handelt sich um Beiträge, in denen die Literaturanalyse gezielt am Leitfaden zweier Fragerichtungen vorgeht: An welchen Punkten ist es nötig, die Literaturinterpretation durch Heranziehen ethnologischer Forschungen zu erweitern? Und inwiefern lassen sich in literarischen Texten selbst ethnologische Verfahrensweisen erkennen? Für die erste Frage sind besonders die Forschungen zur ethnologischen Symbol- und Ritualanalyse inspirierend, um Symbole und Rituale innerhalb von Literatur genauer kulturspezifisch verorten zu können – sei es in Drama und Theater oder in Entwicklungsromanen.[126] Weitere Aufschlüsse bieten hier die Untersuchungen zu kulturspezifischen Konzepten von Person und Selbst in der Ethnologie,[127] womit – besonders auch in der europäischen Autobiographieforschung – die jeweils zugrundeliegende Vorstellung vom Individuum als spezifisches kulturelles Konstrukt erkennbar wird, das nicht universalisierungsfähig ist. Kontrastive Vergleichstexte öffnen hier die Augen, so etwa nichteuropäische Darstellungsformen von »Auto-Ethnography«[128]. Diese geben – beispielsweise in den autobiographischen Aufzeichnungen der schwarzen Ethnologin Zora Neale Hurston – unter dem Vorzeichen kollektiver, ethnischer Bestimmungen des Subjekts fruchtbare Anstöße, in Selbstzeugnissen verstärkt ethnographische Beschreibungsmuster aufzusuchen.

Ethnologisch informierte Untersuchungen nehmen in den Blick, auf welche Weise kulturspezifische Handlungsbedingungen von Subjekten wahrgenommen und verarbeitet werden. Ein erwähnenswertes Beispiel wäre eine ethnologische Neuinterpretation von Sophokles' *Antigone*, welche die gängige Fixierung auf den allgemeinen Konflikt Individuum–Staat aufgibt. Durch ethnologische Präzisierung arbeitet sie eher den Konflikt zwischen Antigones (patrilinearer) Verwandtschaftsverpflichtung und den dazu gegenläufigen Staatsansprüchen heraus. Eine solche Sicht *Antigones* betont somit den weiteren Kontext eines Übergangs von den dominanten Verwandtschaftsstrukturen einer alten Stammesgesellschaft hin zur neuen Herausbildung des Staates, bei dem wiederum Bürgerschaft und Herrschaft dominieren.[129]

Zu den Beiträgen dieses Bandes

Für die zweite Frage nach ethnographischen Verfahren in literarischen Texten selbst sind besonders die Beiträge zu Shakespeares *Hamlet* und zu Jane Austens Romanen aufschlußreich.

In ihrer Studie zu *Hamlet* interpretiert Phyllis Gorfain dieses Drama unter dem Vorzeichen eines »balinesischen Hahnenkampfs«, der umgekehrt von Clifford Geertz geradezu auf Shakespearesche Dimensionen überhöht worden war. Damit führt sie im Feld eines literarischen Textes und seiner Aufführungsform die Anregungskraft der kulturanthropologischen Vorstellung von »Kultur als Text« sowie der »Ethnographie der Erfahrung« vor Augen. *Hamlet* ist ein kultureller Schlüsseltext. Über seine eigenen reflexiven Brechungen legt er grundlegende Paradigmen frei, in denen gesellschaftliche, aber auch ethnologische Prozesse des Verstehens und der Erkenntnisgewinnung ablaufen. Nicht das, *was* wir wissen, sondern *wie* wir wissen, wird in den Vordergrund gerückt. Dabei handelt es sich um die Einsicht, daß das Wissen *in* und *von* einer Gesellschaft immer »eine Art Text ist, eine auf konstruierte soziale Formen gestützte Konstruktion«, wobei es doch zugleich die »Wahrheit« der Erfahrung aufzudecken sucht.

Hamlet ist selbst als eine Art Anthropologe / Ethnologe erkennbar, insofern er – ähnlich wie Geertz – Erfahrungen nur in Handlungen für zugänglich hält. Deren Bedeutungsgehalt wird wiederum erst im Inszenierungsfeld gesellschaftlicher Ausdrucksformen sichtbar. Im Hamlet-Drama, so Gorfain, wird die Handlung weitgehend in die Sphäre des Spiels verlagert, dabei aber nicht auf ein situatives Spiel-Ereignis beschränkt, sondern – gemäß der Vorstellung von Kultur als Text – im reflexiven Medium des »Spiels im Spiel« einem unabgeschlossenen Interpretationsprozeß ausgesetzt. Von hier aus leitet Gorfain die Leistung des Hamlet-Dramas ab, kulturelle Metakommentare vermitteln zu können: Kommentare über die Täuschungsanfälligkeit des Wissens im Wechselspiel von empirischen Ereignissen und Fiktionen, Einsichten in die Freiheit des Spiels, in der die Bedeutungen von Handlungen und Ereignissen ausgelotet werden können, schließlich gar Einsichten in den Inszenierungscharakter des Lebens selbst. Die Selbstkommentierungen richten sich also nicht auf die historischen Stoffe und Inhalte, sondern auf die Techniken, mit deren Hilfe die Menschen reflektieren und handeln: auf Geschichten, Projektionen, Spiegel, Spiele und Aufführungen, Fiktionen und Täuschungen.

Daß solche Metakommentare auch den literarischen Text über die Beschränkungen seiner historischen Entstehungssituation hinweg auf eine »interpretative Karriere« hin öffnen, wird also im Drama selbst reflektiert. Denn *Hamlet* demonstriert gerade durch die verschiedenen Formen des Spiels, wie der Prozeß der literarischen bzw. theatralischen Erfahrungsverarbeitung überhaupt funktioniert: Statt die Lebenswirklichkeit mimetisch abzubilden, wird eher die Erzeugung von Bedeutungszusammenhängen reflektiert. Voraussetzung hierfür ist vor allem ein handlungsentlasteter Raum, die »fiktionale Ortlosigkeit« des Spiels oder eines anderen Mediums gesellschaftlicher Darstellung. So wie, nach Turner, »das Theater eine kulturelle Spiegelung des gesellschaftlichen Prozesses der Bedeutungserzeugung ist, und zwar auf einer öffentlichen und verallgemeinernden Ebene«[130], so ist das »Spiel im Spiel« im *Hamlet* eine Vorführung des Problems der Repräsentation und Inszenierung selbst, d. h. ihrer Abbildungs- und Ausdrucksfunktion, ihrer Möglichkeiten und Grenzen der Beherrschbarkeit von Bedeutungen, aber auch ihrer Nähe zu sozialer Täuschung. Nicht allein die Einsicht in Kultur als Text, sondern auch in Kultur als Darstellung und Aufführung *(performance)* ist hier notwendig, um diesen kanonischen literarischen Text an die umfassendere soziale Problematik der Repräsentation rückbinden zu können.

Auch an diesem Beispiel wird ein Grundprinzip der anthropologischen und kulturwissenschaftlichen Wende in der Literaturwissenschaft konkret: Die Idee einer ganzheitlichen Kultur wird durch das Konzept verschiedener Teilkulturen ersetzt. Vermehrte Anzeichen hierfür findet man in einer Interpretationseinstellung, die das Aufeinandertreffen unterschiedlicher Sichtweisen ebenso betont wie den wechselseitigen Prozeß von Fremd- und Selbstwahrnehmungen.

Im Fall der Romane Jane Austens wird diese Wechselseitigkeit aus der Interaktion zwischen den Romanfiguren heraus entwickelt: Kulturelle und soziale »Fakten« und »Ereignisse« erweisen sich als Ergebnisse einer Vielfalt kommunikativ aufeinandertreffender Interpretationen, nach denen sie konstruiert werden. Der aus der Sicht zweier Ethnologen geschriebene Beitrag zu Jane Austen betont solche Brechungen aufgrund von Mehrfachperspektiven, auch wenn er die materiale ethnographische Qualität ihrer Romane hervorhebt, d. h. ihre feinsinnigen Beschreibungen der gesellschaftlichen Lebensformen und Konventionen zu Anfang des 19. Jahrhunderts, ja ihre detailreiche Mikroanalyse der Entscheidungsprozesse von Individuen. Dieser Beitrag zeigt die Relevanz ethnologischer Sichtweisen für die Analyse gleichsam ethnographischer Beschreibungen innerhalb literarischer Texte: Kulturbeschreibungen, Handlungsbeschreibungen, Landschafts- und Personenbeschreibungen. Dabei wird gerade die Unterschiedlichkeit der Personenperspektiven in den Romanen aufgegriffen, um zu zeigen, daß in der Literatur selbst noch die »objektivste« Beschreibung für eine interpretationsabhängige »Teilwahrheit« gehalten wird.

Richtungweisend für die Literaturinterpretation ist hier die symbolische, interpretative Kulturanthropologie in ihrem weiteren Umfang. So werden zunächst aus ethnographischen Kategorien wie Verwandtschaft, Ehe, soziale Hierarchien Aufschlüsse gewonnen für die Interpretation der literarischen Gesellschaftsbeschreibungen Jane Austens. Im Durchgang durch die Romane bestätigt sich jedoch die Einsicht, daß solche sozialen Regeln (z. B. Heiratsmuster) selbst von Formen der »Vertextung« abhängig sind, insofern sie über ihre unmittelbare Handlungsregulierung hinaus die Spielräume ihrer kommunikativen Ausgestaltung nutzen können. In Anlehnung an die Ansätze der ethnographischen *Writing-Culture*-Debatte wird die Mikrostruktur der Erzählweise in den Blick genommen: Jane Austens »Verfahren der kommunizierenden Stimmen«, die Perspektivenvielfalt, die verschiedenen Lesarten des Textes, durch die jeglicher Autoritätsanspruch einer dominierenden Interpretationsrichtung in Frage gestellt wird. Ausgehend von der ethnographischen Einsicht in die Selbstdeutungsmechanismen von Kulturen, in den Konstruktcharakter kultureller Bedeutungen, wird auch in Austens Texten sichtbar, daß nicht nur die Interpreten, sondern gerade auch die Romanfiguren selbst dem Problem der Vieldeutigkeit und Vorläufigkeit von Interpretationen ausgesetzt sind: Die ethnographische Erzählweise läßt die Maßstäbe und Kriterien des gesellschaftlichen Handelns aus der Sicht der Figuren selbst hervorgehen, indem diese sich in einer Art Metakommunikation über die Konventionen der Kommunikation selbst austauschen.

So wie die interpretative Ethnologie ihre Auslegungsarbeit an der Selbstinterpretation der Angehörigen einer fremden Kultur orientiert, ist somit auch die Literaturinterpretation gegenüber Austens Texten auf die Deutungs- und Urteilskraft der Romanfiguren selbst verwiesen. Denn sie selbst bilden das Forum, auf dem Allgemeinwahrheiten nach Maßgabe des jeweiligen lokalen Wissens der Figuren überprüft und modifiziert werden müssen. Austens immer mehrstimmige und überwiegend kontrastive Wirklichkeitsschilderung vermeidet den Autoritätsanspruch des realistischen Romans. Sie ersetzt eine »Fiktion der Kultur«, d. h. die Fiktion einer einheitlichen Kultur, und entgegnet der Vorstellung, daß sich Bedeutungen in einer Kultur zu Schlüsselfaktoren bündeln ließen. An Jane Austen wird vielmehr gezeigt, auf welche

Weise in der Literatur durch eine spezifische Form ethnographischer Beschreibung feste Bedeutungskomplexe aufgesprengt werden können.

Die ethnographische Beschreibung ist ein wichtiges Bindeglied zwischen Ethnographie und Literatur. In ihr kommt die besondere Lesart einer Kultur, eines Menschen, einer Handlung, einer Landschaft, einer Stadt usw. zum Ausdruck. Dabei ist nicht nur entscheidend, daß Fremdheit auch in literarischen Texten ein provozierendes Moment ist und daß Kulturenbeschreibungen auch dort auf Bedeutungszuschreibungen basieren, gerade aufgrund der paradoxen Tatsache, daß Fremdheit vertraut zu machen und doch zugleich zu erhalten ist. Vielmehr geht es bei dem neuen Aufgreifen der Fremdheitsproblematik in der Literaturwissenschaft noch um eine methodische Bereicherung: um Aufmerksamkeit auf die ethnographische Einstellung, aus der heraus – auch in der Literatur – Beschreibungen vorgenommen, beglaubigt und überzeugend dargestellt werden. Ethnographische, literarische und künstlerische Botschaften sind eben nicht nur Funktionen von Authentizität, sondern auch von leserorientierter Überzeugungskraft. Entsprechend sind sie auf ihre Beschreibungsstrategien hin abzuklopfen, auf ihre rhetorischen Mittel und stilistischen Figuren. Die besondere Art der literarischen Vertextung kultureller Elemente im Akt des Schreibens und Beschreibens kann mit den Perspektiven der *Writing-Culture*-Debatte aufgedeckt werden, im vorliegenden Band durch Vincent Crapanzano und James Clifford.

Vincent Crapanzano erörtert am Beispiel des Indianermalers George Catlin, des Dichters Johann Wolfgang Goethe und des Kulturanthropologen Clifford Geertz drei verschiedene Beschreibungshaltungen. Seine aufschlußreiche Konstellation ethnographischer und literarischer Texte macht deutlich, daß bereits die jeweilige Art des Beschreibens wichtige Vorzeichen für die Bedeutungszuschreibung setzt. Crapanzanos Zergliederungen führen jedoch eine darüber hinausgehende Komplexität der literarischen Repräsentation und ihrer Analyse vor Augen. Einerseits liegt ein entscheidender Knotenpunkt in der Aufdeckung des jeweiligen Standortes, von dem aus Künstler, Erzähler, Schriftsteller und Ethnographen ihre jeweilige Autorität begründen und ihre Glaubwürdigkeit versichern. Andererseits stößt man neben den gezielten Darstellungsstrategien auch auf Momente der »Text-Autonomie«, die diese Strategien gerade unterlaufen und untergraben. So können die beschriebenen Ereignisse im Medium der Darstellung gleichsam von den Beschreibungen selbst unterwandert werden, indem etwa eine realistisch angelegte Wirklichkeitsdokumentation von breiten Adern einer romantischen Metaphorik durchzogen wird. Für das kulturanthropologische Konzept von »Kultur als Text« bedeuten solche Unterwanderungen – wie Crapanzano an einer Kritik von Geertz' Darstellung des balinesischen Hahnenkampfs verdeutlicht – allzuleicht eine Verschleierung der Autorität des Ethnographen. Kultur hat nur für einen außenstehenden Interpreten Textcharakter, wohl kaum aber für die Angehörigen einer Kultur selbst. Denn der Anspruch, die Kulturen »aus der Perspektive der Einheimischen« zu lesen, entlarvt sich so lange als Projektion bzw. als bloßer rhetorischer Kunstgriff, wie die beschriebenen Ereignisse für ihre rhetorische Funktion innerhalb des Bezugsdiskurses des Interpreten »geopfert« werden. Crapanzanos Analyse der in ethnographischen und literarischen Darstellungen enthaltenen Verschleierungen weist auf die Notwendigkeit, die mit der Metapher von Kultur als Text verknüpfte Art und Weise der Repräsentation zu modifizieren. Sie geht – ohne dies freilich auszuarbeiten – ausdrücklich in Richtung auf eine Sicht von Kultur und kultureller Repräsentation, die im Sinne einer komplexen Verhandlung (*negotiation*) das Erleben und die Selbstäußerungen der beschriebenen Kulturen zur Geltung bringt.

James Cliffords Studie über die polyglotten Schriftsteller Joseph Conrad und Bronislaw Malinowski geht gleichsam hinter deren Texte und hinter das Problem der kulturellen Beschreibung zurück. Sie untersucht die Schwierigkeit der Standortbestimmung einer komplexen »ethnographischen Subjektivität«, wie sie Eingang findet in literarische und ethnographische Texte, durch die sie doch zugleich erst herausgebildet wird. Ethnographische Subjektivität im Sinne einer zwischenkulturellen, deplazierten, schwankenden, sprachlich-kulturell und institutionell kodierten, eben nicht autonomen Individualität bezeichnet die problematische Erfahrung des Selbst, wie sie zu Anfang des 20. Jahrhunderts ausgeprägt wurde. Im Zusammenhang mit der Entfaltung des ethnographischen, pluralen Konzepts von Kulturen bildet sie eine wichtige Brücke für die Wechselbeziehungen zwischen Literatur, Literaturwissenschaft und Ethnologie. Am Beispiel von Conrads Romanen und Malinowskis Ethnographien wird vorgeführt, wie sich die Erfahrungen einer brüchigen Identität und fragmentierten kulturellen

Zugehörigkeit auf der Ebene des literarischen und ethnographischen Schreibens als Einsicht in den Konstruktcharakter von Selbst und Kultur zu erkennen geben – Erfahrungen, wie sie gerade heute wieder in den Blickpunkt einer Literaturwissenschaft geraten, die eine neue Aufmerksamkeit auf die »poetics of displacement«[131] richtet.

Joseph Conrad ist Pole, der auf englisch schreibt, der Übersetzen zu seiner Existenzform macht, der seine Position als ethnographisches Subjekt an eine Reflexion des Schreibprozesses bindet. Wie wird die ethnographische Erfahrung einer deplazierten Existenzform, wie sie der Feldforscher Malinowski, aber auch literarische Schriftsteller wie Conrad verkörpern, eigentlich verarbeitet? Die Erfahrung des Verlusts einer einheitlichen Personenidentität und eines Gesamtbilds der Kulturbeschreibung manifestiert sich auf der Erzählebene in der Erschütterung der auktorialen Perspektive eines kontrollierenden Erzählers. Sie führt den Autor wie den Erzähler zum Ausweichen in eine ethnographische Selbststilisierung (durch Ausblenden von Diskrepanzen, inneren Widersprüchlichkeiten) und – auf der Ebene des Schreibens – zu Versuchen, das Fragmentierte zu einer einheitlichen, kohärenten Repräsentation zu bündeln. Clifford zeigt also am exemplarischen Fall von Conrad und Malinowski, wie das Paradigma der prekären ethnographischen Subjektivität entscheidend dazu beiträgt, auf der Ebene der Texte die Fiktion eines einheitlichen Selbst wie einer einheitlichen Kultur auszubilden.

Dieser Beitrag legt ein historisch-systematisches Fundament für den Fortgang des theoretisch-methodischen Diskurses, der schon bei Clifford darauf drängt, die subjektiven Erfahrungen von Fragmentierung zu einem grundsätzlichen Zweifel an literarischer wie kultureller Einheitsbildung überhaupt weiterzuentwickeln. Nicht nur zersplitterte Identitäten aufgrund von kosmopolitischen Lebenslagen, sondern kulturelle Differenzen drängen in den letzten Jahren verstärkt in den Vordergrund und verlangen eine neue Sensibilität der Repräsentation: »Die Geschichten von aufbrechenden Differenzen erfordern andere Weisen des Erzählens.«[132] Angepeilt wird eine »Poetik der Hybridität«, die ihre Problematisierung ethnographischer und literarischer Kulturenbeschreibung vertieft, indem sie der Dynamik der interkulturellen Auseinandersetzung selbst eine wichtige poetisch-rhetorische Ausdrucks- und Steuerungsdimension zuerkennt.

Hier läßt der ethnographische Horizont am entschiedensten die kulturrelativistische Untersuchung einzelner, abgrenzbarer Kulturen hinter sich. Er erstreckt sich vielmehr auf die vielschichtigen Verflechtungen, Vermischungen und Überlappungen von Kulturen aufgrund der postkolonialen Situation, in der koloniale Erfahrungen, Migration, Diaspora und Exil komplexe Formen von Selbstreflexion und Textproduktion erzeugen. Die Frage nach dem »ethnographischen Standpunkt«, eine Frage, wie sie Clifford stellt, wird zum Ausgangsproblem der Kulturpoetik und ihrer »Lokalisierung von Kultur«.

Christopher Millers Beitrag zur frankophonen afrikanischen Literatur in diesem Band verpflichtet die westliche Lektüre afrikanischer Texte auf eine Auseinandersetzung mit der Anthropologie. Eine »anthropologische Lesart« bezieht sich freilich nicht allein auf das Studium ethnologischer Quellen, welche Informationslücken zu füllen vermögen. Sie zeichnet vielmehr die direkten Überlagerungsprozesse zwischen Anthropologie und Literatur im Zusammenhang des Kolonialismus nach, die Kollaboration der frankophonen Schriftsteller mit der Kolonialregierung und ihren Anteil an der Etablierung des kolonialistischen (sowie postkolonialistischen) Diskurses. Über diese historische Verankerung hinaus beleuchtet die anthropologische Lesart die Fallstricke der kulturellen Differenz, in welche die afrikanischen Texte verwickelt sind.

Millers Beitrag ist eine kritische Warnung vor historischen und gegenwärtigen Versuchen einer essentialistischen, afrikanistischen Festschreibung kultureller Differenzen ebenso wie vor Ansätzen ihrer Assimilierung an westliche Kategorien. Statt dessen ist genauer zu fragen: Was ist anders? Über die bloße Feststellung oder gar Festschreibung kultureller Differenzen hinaus wird ein qualitatives Sich-Einlassen auf differente Texttraditionen und auf andere Formen des Verstehens gefordert. Dies verlangt eine neue, dialogische Praxis der Literaturinterpretation, die sich an Bachtins Konzept der Mehrstimmigkeit orientieren kann: ein Heranziehen weiterer (ethnographischer, historischer) Texte ebenso wie ein nicht harmonistisches, sondern konfliktbewußtes Aushandeln von Verschiedenheiten. Ziel ist dabei, die lange Geschichte westlicher Projektionen auf Afrika sowie die Universalisierungen des westlichen Theoriekonzepts ausdrücklich mit in die Waagschale zu werfen.

Das Konzept des Aushandelns ist ein Kommunikationsprinzip gleichsam unter den Bedingungen ungleicher Machtverhältnisse, wie sie durch den Kolonialismus entstanden. Diese Bedingungen fördern auch provokante Diskussionen über neue Konzepte von Weltliteratur bzw. Dritte-Welt-Literatur. Auf Afrika bezogen geht es hier nicht nur um die Betrachtung der großen generalisierenden Literaturen, die vor allem durch die Négritude-Bewegung einen eigenen Kanonisierungsanspruch der afrikanischen Literaturen auf dem Nenner eines einheitlichen antikolonialen Nationalismus erhoben haben. Viel eher wäre die Untersuchung einzelner regionaler Literaturen in der Lage, die Vielfalt der afrikanischen Traditionslinien aufzugreifen, nicht zuletzt um einer Vorstellung von »der« afrikanischen Literatur entgegenzuwirken und auch nach Untersuchungskategorien zu suchen, »die aus der betreffenden Kultur selbst stammen«[133].

Die Auseinandersetzung mit frankophonen afrikanischen Literaturen ist nur ein Beispielfall für die folgenreichen Herausforderungen des literaturwissenschaftlichen Diskurses durch das weite Spektrum der postkolonialen Literaturen der Welt. Mehr denn je eingebunden in die problematische Verflechtung von europäischem Literaturkanon, hegemonial-kultureller Autorität und Kolonialismus, werden die literarischen Texte nicht nur unter dem Vorzeichen ihrer kolonialistischen Eingebundenheit, ihrer »Lokalisierung« neu gesehen und untersucht. Es werden vielmehr auch die Augen dafür geöffnet, daß die europäische Literaturtheorie ein durchaus lokales, nicht hingegen ein universales Phänomen ist. Daß europäische Kriterien nicht ausreichen für eine Auseinandersetzung mit nichteuropäischen Literaturen, daß aber auch europäische Literaturen im Licht nichteuropäischer Texte und Repräsentationsformen neu gesehen werden können – hierfür gibt die Ethnologie konkrete Anhaltspunkte an die Hand.

An dieser Stelle sei der Fritz-Thyssen-Stiftung gedankt, die mir durch ein Reisestipendium Recherchen in den USA ermöglicht hat; besonders dankbar bin ich Hans Medick für seine zahlreichen Ideen und hilfreichen Anstöße in der gemeinsamen »Sache«; dem Sonderforschungsbereich »Die literarische Übersetzung« an der Universität Göttingen, meinen Kollegen und Kolleginnen und vor allem Horst Turk danke ich für das diskussionsfreudige Mitvollziehen der »ethnologischen Wende«. Ein Dank geht auch an den Übersetzer der Beiträge, Anne Fritz Middelhoek sowie an Peter Sillem und an Günther Busch (†), dessen Engagement weiterwirkt.

Anmerkungen

1 Bronislaw Malinowski, *Argonauten des westlichen Pazifik. Ein Bericht über Unternehmungen und Abenteuer der Eingeborenen in den Inselwelten von Melanesisch-Neuguinea*, Frankfurt am Main 1979, S. 260.

2 Joseph Conrad, *Herz der Finsternis*, aus dem Engl. v. Reinhold Batberger, Frankfurt am Main 1992, S. 9.

3 David Gorman, »The Wordly Text: Writing as Social Action, Reading as Historical Reconstruction«, in: Joseph Natoli (Hg.), *Literary Theory's Future(s)*, Urbana / Chicago 1989, S. 181–220, hier S. 182.

4 Die Bezeichnung »anthropologisch« meint in diesem Buch stets »ethnologisch« oder – bezogen auf Kulturbeschreibung – »ethnographisch«, ganz im Anschluß an die amerikanische kulturanthropologische Diskussion, im Unterschied jedoch zur deutschen Tradition der philosophischen Anthropologie.

5 Hierzu vgl. den wichtigen Sammelband von Eberhard Berg / Martin Fuchs (Hg.), *Kultur, soziale Praxis, Text. Die Krise der ethnographischen Repräsentation*, Frankfurt am Main 1993. Er steckt ein Diskursfeld ab, zu dessen ausdrücklich sozialwissenschaftlichem Zugang (vgl. S. 13) der vorliegende Band gleichsam als ein notwendiges literaturwissenschaftliches Gegenstück betrachtet werden könnte.

6 Laura Bohannan (Elenore Smith Bowen), »Hamlet im Busch«, in: *Transatlantik*, Oktober 1982, S. 41–45 (engl.: »Shakespeare in the Bush«, in: J. B. Cole [Hg.], *Anthropology for the Eighties. Introductory Readings*, New York 1982, S. 72–81).

7 Phillip B. Zarrilli, »For Whom Is the King a King? Issues of Intercultural Production, Perception, and Reception in a *Kathakali King Lear*«, in: Janelle G. Reinelt / Joseph R. Roach (Hg.), *Critical Theory and Performance*, Ann Arbor 1992, S. 16–40.

8 Günter Grass, *Zunge zeigen*, Darmstadt 1988.

9 George E. Marcus / Michael M. J. Fischer, *Anthropology as Cultural Critique. An Experimental Moment in the Human Sciences*, Chicago / London 1986, S. 138.

10 Vgl. Clifford Geertz, »Blurred Genres. The Refiguration of Social Thought«, in: ders., *Local Knowledge. Further Essays in Interpretive Anthropology*, New York 1983, S. 19–35.

11 Zur »Neubestimmung der Geisteswissenschaften als Kulturwissenschaf-

ten« vgl. Wolfgang Frühwald u. a., *Geisteswissenschaften heute. Eine Denkschrift*, Frankfurt am Main 1991, S. 47.

12 Frühwald, a. a. O., S. 51, vgl. S. 70, 71. – Zu einer ethnologisch akzentuierten »Anthropologisierung in den Sozialwissenschaften« und zur »anthropologischen Wende« in der Wissenschaftssoziologie vgl. Wolf Lepenies, »Anthropologische Tendenzen in der Wissenschaftssoziologie«, in: Biruta Schaller u. a. (Hg.), *Schau unter jeden Stein. Merkwürdiges aus Kultur und Gesellschaft. Festschrift für Dieter Claessens*, Frankfurt am Main / Basel 1981, S. 179–197, hier S. 183 f., S. 179.

13 Marcus / Fischer, *Anthropology as Cultural Critique*, S. 74.

14 In dieser Richtung moniert auch Eberhard Lämmert ein Defizit der Literaturwissenschaft: »auf die [...] Herausforderungen des 21. Jahrhunderts: auf eine Literaturtheorie, die asiatische und afrikanische wie auch archaische Literaturen umgreift, und auf eine interkulturell komparative Literaturgeschichtsforschung, ist das Fach [...] noch keineswegs hinreichend vorbereitet« (Eberhard Lämmert, »Allgemeine und Vergleichende Literaturwissenschaft«, in: Wolfgang Prinz / Peter Weingart (Hg.), *Die sog. Geisteswissenschaften: Innenansichten*, Frankfurt am Main 1990, S. 187).

15 Aus der Vielzahl von Publikationen vgl. Dietrich Krusche / Alois Wierlacher (Hg.), *Hermeneutik der Fremde*, München 1990; Alois Wierlacher (Hg.), *Perspektiven und Verfahren interkultureller Germanistik. Akten des I. Kongresses der Gesellschaft für Interkulturelle Germanistik*, München 1987; Bernd Thum / Gonthier-Louis Fink (Hg.), *Praxis interkultureller Germanistik. Forschung – Bildung – Politik. Beiträge zum II. Internationalen Kongreß der Gesellschaft für Interkulturelle Germanistik. Straßburg 1991*, München 1993; Georg Stötzel / Alois Wierlacher (Hg.), *Blickwinkel. Konstruktionen und Konstellationen interkultureller Germanistik im Zeitalter der Internationalisierung*, München 1996.

16 Vgl. Alois Wierlacher (Hg.), *Kulturthema Fremdheit. Leitbegriffe und Problemfelder kulturwissenschaftlicher Fremdheitsforschung*, München 1993.

17 Paul Rabinow, »Repräsentationen sind soziale Tatsachen. Moderne und Postmoderne in der Anthropologie«, in: Berg / Fuchs (Hg.), *Kultur, soziale Praxis, Text*, S. 158–199, hier S. 168.

18 Vgl. Berg / Fuchs, a. a. O., S. 15, sowie Lynn Hunt (Hg.), *The New Cultural History*, Berkeley 1989, S. 15.

19 Michael Greer, »Rewriting Culture: Poststructuralism, Cultural Theory, and Ethnography«, in: *Studies in Symbolic Interaction* 11 (1990), S. 59–68, hier S. 61.

20 Vgl. James Clifford / George E. Marcus (Hg.), *Writing Culture. The Poetics and Politics of Ethnography*, Berkeley 1986, Einl. v. J. Clifford, S. 3.

21 Frühwald, *Geisteswissenschaften heute*, S. 140, zum Kulturbegriff vgl. ebenda, S. 138, 155.

22 Carsten Zelle, »Fragen nach der Aufklärung und ihrem Ich in Anthropologie, Literatur und Ästhetik zwischen 1750 und 1800 (Sammelbesprechung)«, in: *Das achtzehnte Jahrhundert* 17.1 (1993), S. 99.

23 Frühwald, *Geisteswissenschaften heute*, S. 140.

24 Vgl. Rüdiger Ahrens / Heinz Antor (Hg.), *Text – Culture – Reception. Cross-Cultural Aspects of English Studies*, Heidelberg 1992, Einl. S. 3–23, hier S. 16 (Übers. von mir – DB).

25 Ahrens / Antor, a. a. O., S. 17 (Übers. von mir – DB); zur philosophisch-anthropologischen Literaturuntersuchung vgl. S. 20.

26 Wolfgang Iser, *Das Fiktive und das Imaginäre. Perspektiven literarischer Anthropologie*, Frankfurt am Main 1991, S. 504.

27 Vgl. Wolfgang Iser, *Prospecting. From Reader Response to Literary Anthropology*, Baltimore 1989, Kap. »Toward a Literary Anthropology«, S. 262–284, hier S. 264: »Indem wir die besonderen Eigenschaften dieses Mediums nutzen, um Einsichten in unsere menschlichen Anlagen zu gewinnen, machen wir die Literatur zu einem Forschungsinstrument.« Für einen in den USA wirkenden Wissenschaftler ist die Unberührtheit von der ethnologischen Kulturanthropologie höchst verwunderlich.

28 Jan Assmann, *Das kulturelle Gedächtnis. Schrift, Erinnerung und politische Identität in frühen Hochkulturen*, München 1992, S. 46.

29 Vgl. hierzu die neue Zeitschrift *Historische Anthropologie. Kultur – Gesellschaft – Alltag*, die in enger Kooperation zwischen Historikern und Ethnologen seit 1993 herausgegeben wird. Vgl. auch Hans Medick, »Missionare im Ruderboot? Ethnologische Erkenntnisweisen als Herausforderung an die Sozialgeschichte«, in: Alf Lüdtke (Hg.), *Alltagsgeschichte. Zur Rekonstruktion historischer Erfahrungen und Lebensweisen*, Frankfurt am Main / New York 1989, S. 48–84.

30 Zur Verwendungssituation dieser Leitbegriffe vgl. Anselm Haverkamp, »Die Gerechtigkeit der Texte – *Memoria:* eine ›anthropologische Konstante‹ im Erkenntnisinteresse der Literaturwissenschaften?«, in: A. Haverkamp / Renate Lachmann (Hg.), *Memoria. Vergessen und Erinnern*, München 1993 (Poetik und Hermeneutik Bd. 15), S. 17–27, hier S. 17.

31 Vgl. Graeme Turner, *British Cultural Studies. An Introduction*, Boston 1990.

32 Clifford Geertz, »Dichte Beschreibung. Bemerkungen zu einer deutenden Theorie von Kultur«, in: ders., *Dichte Beschreibung. Beiträge zum Verstehen kultureller Systeme*, Frankfurt am Main 1983, S. 7–43, hier S. 9.

33 Vgl. Wolf Lepenies, *Die drei Kulturen. Soziologie zwischen Literatur und Wissenschaft*, München / Wien 1985, S. 265 ff.

34 Vgl. hierzu Andreas Poltermann, »Antikolonialer Universalismus: Johann Gottfried Herders Übersetzung und Sammlung fremder Volkslieder«, in: Doris Bachmann-Medick (Hg.), *Übersetzung als Repräsentation fremder Kulturen*, Berlin 1996.

35 Rudolf Borchardt, *Rede über Hofmannsthal* (1902), Leipzig 1905, S. 24.
36 Lepenies, *Die drei Kulturen*, S. 269.
37 Vgl. Arnold Krupat, *Ethnocriticism. Ethnography, History, Literature*, Berkeley / Los Angeles / Oxford 1992.
38 Vgl. James A. Boon, *From Symbolism to Structuralism. Lévi-Strauss in a Literary Tradition*, New York 1972. Robert Scholes, *Structuralism in Literature. An Introduction*, New Haven / London 1974; vgl. Clifford Geertz, *Die künstlichen Wilden. Der Anthropologe als Schriftsteller*, München / Wien 1990 (Frankfurt am Main 1994); vgl. die Aufsätze zum ethnographischen Surrealismus, zu Segalen, zu Leiris und Césaire, von James Clifford, in: ders., *The Predicament of Culture. Twentieth-Century Ethnography, Literature, and Art*, Cambridge / London 1988, S. 115–181.
39 Vgl. hierzu Marc Manganaro, *Myth, Rhetoric, and the Voice of Authority. A Critique of Frazer, Eliot, Frye, and Campbell*, New Haven 1992, S. 157. Manganaro verfolgt ausdrücklich eine literaturanthropologische Perspektive: »Wenn von anthropologischen Konzepten, z. B. von Totemismus und Androgynie, die Rede ist, werden sie nicht einfach als ›Einfluß‹ behandelt und erst recht nicht als Gefäße eines ›mythischen Bewußtseins‹ gewertet, sondern vielmehr als Figuren betrachtet, die sehr viel aussagen über die ideologischen und semiotischen Voraussetzungen, die den Text strukturieren und seine Autorität ins Werk setzen.«
40 Vgl. Vincent B. Leitch, *American Literary Criticism from the Thirties to the Eighties*, New York 1988, S. 219.
41 Vgl. Boon, *From Symbolism to Structuralism*, S. 38–61.
42 Geertz, *Die künstlichen Wilden*, S. 51. Lévi-Strauss, so Boon, »verfährt immer in der Weise, daß er ein formalisiertes Modell konstruiert, das die Muster der Differenzen zwischen jenen vielfältigen Sichtweisen aufeinander bezieht« (Boon, *From Symbolism to Structuralism*, S. 148).
43 Vgl. Dell Hymes, *»In vain I tried to tell you«: Essays in Native American Ethnopoetics*, Philadelphia 1981; vgl. Ivan Brady (Hg.), *Anthropological Poetics*, Savage 1991; Dennis Tedlock, *The Spoken Word and the Work of Interpretation*, Philadelphia 1983.
44 Krupat, *Ethnocriticism*, S. 4.
45 Vgl. Klaus R. Scherpe (Hg.), *Die Unwirklichkeit der Städte. Großstadtdarstellungen zwischen Moderne und Postmoderne*, Reinbek 1988.
46 Carla Cappetti, *Writing Chicago. Modernism, Ethnography, and the Novel*, New York 1993.
47 James Clifford, »On Ethnographic Surrealism«, in: ders., *Predicament of Culture*, S. 117–151.
48 Vgl. Clifford, a. a. O., S. 121.
49 Clifford, a. a. O., S. 130 (»ironic participant observation«).
50 Antonin Artaud, »Über das balinesische Theater«, in: ders., *Das Theater und sein Double*, Frankfurt am Main 1979, S. 57–72.
51 Gerald Prince, *Narratology. The Form and Functioning of Narrative*, Ber-

lin 1982. Wallace Martin, *Recent Theories of Narrative,* Ithaca 1986 (mit ausführl. Bibliogr.); Christopher Nash (Hg.), *Narrative in Culture. The Uses of Storytelling in the Sciences, Philosophy, and Literature,* New York 1990.

52 Geertz, »Dichte Beschreibung«, S. 9.

53 Ebenda.

54 Geertz, »›Aus der Perspektive des Eingeborenen‹. Zum Problem des ethnologischen Verstehens«, in: ders., *Dichte Beschreibung,* S. 289–309, hier S. 290.

55 Clifford Geertz, »Found in Translation: On the Social History of the Moral Imagination«, in: ders., *Local Knowledge. Further Essays in Interpretive Anthropology,* New York 1983, S. 36–54, hier S. 47.

56 Zu Geertz' Kulturhermeneutik vgl. die im deutschsprachigen Bereich bisher gründlichste Untersuchung von Volker Gottowik, *Konstruktionen des Anderen. Interpretative Anthropologie und das Problem der Darstellung fremder Gesellschaften,* Diss. phil. Mainz 1995.

57 Geertz, »Blurred Genres«, S. 31 f.

58 Paul Ricœur, »Der Text als Modell: hermeneutisches Verstehen«, in: Hans-Georg Gadamer / Gottfried Boehm (Hg.), *Seminar: Die Hermeneutik und die Wissenschaften,* Frankfurt am Main 1978, S. 83–117. – Zur Texthermeneutik Ricœurs vgl. Franz Prammer, *Die philosophische Hermeneutik Paul Ricœurs in ihrer Bedeutung für eine theologische Sprachtheorie,* Innsbruck / Wien 1988, hier S. 112 ff.

59 Geertz, »›Deep Play‹: Bemerkungen zum balinesischen Hahnenkampf«, in: ders., *Dichte Beschreibung,* S. 206–260, hier S. 246.

60 Ebenda.

61 Vgl. Geertz, »Dichte Beschreibung«, S. 35. Siehe auch Stephan Wolff, »Die Anatomie der Dichten Beschreibung. Clifford Geertz als Autor«, in: Joachim Matthes (Hg.), *Zwischen den Kulturen? Die Sozialwissenschaften vor dem Problem des Kulturvergleichs.* (*Soziale Welt,* Sonderbd. 8), Göttingen 1992, S. 339–361.

62 Geertz, »Dichte Beschreibung«, S. 37.

63 James A. Boon, *Other Tribes, Other Scribes. Symbolic Anthropology in the Comparative Study of Cultures, Histories, Religions, and Texts,* Cambridge 1982.

64 Einsicht in die Bedeutung und Wichtigkeit von »Paradigmen« im interkulturellen Umgang wie in der literarischen Reflexion verdanke ich Horst Turk, »Schlüsselszenarien: Paradigmen im Reflex literarischen und interkulturellen Verstehens«, und Susanne Feldmann, »Kulturelle Schlüsselbegriffe in pragma-semiotischer Perspektive«, beide in: Bachmann-Medick (Hg.), *Übersetzung als Repräsentation fremder Kulturen* (vgl. Anm. 34).

65 Vgl. Karl Steinbacher, *Die Struktur des Verstehens und die Logik interkultureller Interpretationen,* München 1984, S. 104.

66 Victor Turner, »Das Liminale und das Liminoide in Spiel, ›Fluß‹ und

Ritual«, in: ders., *Vom Ritual zum Theater. Der Ernst des menschlichen Spiels*, Frankfurt am Main 1989, S. 108.

67 Vgl. den Sammelband von Victor M. Turner / Edward M. Bruner (Hg.), *The Anthropology of Experience*, Urbana / Chicago 1986.

68 Renato Rosaldo, »Ilongot Hunting as Story and Experience«, in: Turner / Bruner (Hg.), *Anthropology of Experience*, S. 97–138.

69 Vgl. auch Edith Turner, »The Literary Roots of Victor Turner's Anthropology«, in: Kathleen M. Ashley (Hg.), *Victor Turner and the Construction of Cultural Criticism. Between Literature and Anthropology*, Bloomington / Indianapolis 1990, S. 163–169.

70 Vgl. Thomas Pavel, »Narratives of Ritual and Desire«, in: Ashley (Hg.), *Victor Turner and the Construction of Cultural Criticism*, S. 64–69, hier S. 64 f.

71 Victor Turner, »African Ritual and Western Literature: Is a Comparative Symbology Possible?« (1976), in: ders., *Blazing the Trail. Way Marks in the Exploration of Symbols*, hrsg. von Edith Turner, Tucson / London 1992, S. 66–88, hier S. 77 ff.

72 Robert Daly, »Liminality and Fiction in Cooper, Hawthorne, Cather, and Fitzgerald«, in: Ashley (Hg.), *Victor Turner and the Construction of Cultural Criticism*, S. 70–85, hier S. 73.

73 Barbara A. Babcock, »Mud, Mirrors, and Making Up. Liminality and Reflexivity in *Between the Acts*«, in: Ashley (Hg.), *Victor Turner and the Construction of Cultural Criticism*, S. 86–116, hier S. 89.

74 Zur *Writing-Culture*-Debatte vgl. den Sammelband von Clifford / Marcus (Hg.), *Writing Culture*, und im deutschsprachigen Kontext: Berg / Fuchs (Hg.), *Kultur, soziale Praxis, Text*; Doris Bachmann-Medick, »›Writing Culture‹ – ein Diskurs zwischen Ethnologie und Literaturwissenschaft«, in: *Kea. Zeitschrift für Kulturwissenschaften* 4 (1992), S. 1–20.

75 Zur wissenssoziologischen und politischen Einbindung vgl. Michi Knecht / Gisela Welz, »Ethnographisches Schreiben nach Clifford«, in: Thomas Hauschild (Hg.), *Ethnologie und Literatur*, Bremen 1995 (*Kea*, Sonderbd. 1), S. 71–91.

76 Stephen William Foster, »Symbolism and the Problematics of Postmodern Representation«, in: Ashley (Hg.), *Victor Turner and the Construction of Cultural Criticism*, S. 117–137, hier S. 125.

77 Laura Bohannan (Elenore Smith Bowen), *Rückkehr zum Lachen. Ein ethnologischer Roman*, Berlin 1984 (Hamburg 1992).

78 George Marcus / Dick Cushman, »Ethnographies as Texts«, in: *Annual Review of Anthropology* 11 (1982), S. 25–69, hier S. 29, 33, zit. bei Berg / Fuchs (Hg.), *Kultur, soziale Praxis, Text*, S. 39; vgl. darin: James Clifford, »Über ethnographische Allegorie«, S. 200–239, bes. S. 224 ff.

79 Vgl. Clifford, »Über ethnographische Allegorie«, S. 203 f.

80 Hayden White, *Die Bedeutung der Form. Erzählstrukturen in der Geschichtsschreibung*, Frankfurt am Main 1990.

81 Zum wichtigen literarischen Kunstmittel in Ethnographien, dem »free indirect style« bzw. der »erlebten Rede« vgl. Dan Sperber, *Das Wissen des Ethnologen*, Frankfurt am Main / New York 1989, S. 32 ff.

82 Vgl. Geertz, *Die künstlichen Wilden*, S. 16.

83 James Clifford, »Über ethnographische Autorität«, in: Berg / Fuchs, *Kultur, soziale Praxis, Text*, S. 109–157.

84 Clifford, a. a. O., S. 111.

85 Hierzu vgl. Hartmut Böhme, *Hubert Fichte. Riten des Autors und Leben der Literatur*, Stuttgart 1992, S. 393–395.

86 Vgl. Arlene Akiko Teraoka, »Talking ›Turk‹: On Narrative Strategies and Cultural Stereotypes«, in: *New German Critique* 46 (1989), S. 104–128.

87 James W. Fernandez, »Spielerisch und planvoll. Zur Theorie der Tropen in der Anthropologie«, in: *Historische Anthropologie* 2 (1994), H. 1, S. 1–19, hier S. 8.

88 Fernandez, a. a. O., S. 17 f.

89 Vgl. Fredric Jameson, »Third-World-Literature in the Era of Multinational Capitalism«, in: *Social Text* 15 (1986), S. 73.

90 Vgl. Clifford, »Über ethnographische Allegorie«, S. 204 f.

91 Johannes Fabian, *Time and the Other. How Anthropology Makes its Object*, New York 1983.

92 Zum Problem des Fiktionsbegriffs in der Ethnologie vgl. Steven Webster, »Realism and Reification in the Ethnographic Genre«, in: *Critique of Anthropology* 6 (1986), S. 39–62; Marilyn Strathern, »Out of Context: The Persuasive Fictions of Anthropology«, in: *Current Anthropology* 28.3 (1987), S. 251–281.

93 Philip Fisher (Hg.), *The New American Studies. Essays from* Representations, Berkeley 1991, S. VI.

94 Clifford, *Predicament of Culture*, S. 10.

95 Vgl. Hartwig Isernhagen, »Culture, Fiction, Literature. Between the New Historicism and Ethnocriticism«, in: *ZAA (Zeitschrift f. Anglistik und Amerikanistik)* XLI,2 (1993), S. 101–114, hier S. 108.

96 Greer, »Rewriting Culture«, S. 65.

97 Edward W. Said, *Orientalism*, New York 1978 (Harmondsworth 1991).

98 Vgl. Lila Abu-Lughod, »Writing against Culture«, in: Richard G. Fox (Hg.), *Recapturing Anthropology. Working in the Present*, Santa Fe 1991, S. 143: »Dekolonisierung auf der Ebene des Textes läßt die tieferliegenden Konfigurationen globaler Macht, auf denen die Anthropologie in ihrem Zusammenhang mit anderen Institutionen der Welt fußt, unberührt.«

99 Edward W. Said, *Kultur und Imperialismus. Einbildungskraft und Politik im Zeitalter der Macht*, Frankfurt am Main 1994 (engl.: *Culture and Imperialism*, New York 1993), S. 114.

100 Vgl. Gauri Vishwanathan, *The Masks of Conquest. Literary Study and British Rule in India*, New York 1989.

101 Said, *Kultur und Imperialismus*. S. 93.
102 Said, a. a. O., S. 92.
103 Said, a. a. O., S. 114.
104 Said, a. a. O., S. 117.
105 Vgl. Homi K. Bhabha, »Postcolonial Criticism«, in: Stephen Greenblatt / Giles Gunn (Hg.), *Redrawing the Boundaries. The Transformation of English and American Literary Studies*, New York 1992, S. 437–465.
106 Hierzu vgl. Françoise Lionnet, *Autobiographical Voices. Race, Gender, Self-Portraiture*, Ithaca / London 1989.
107 Vgl. Talal Asad, »Ethnography, Literature, and Politics: Some Readings and Uses of Salman Rushdie's *The Satanic Verses*«, in: *Cultural Anthropology* 5.3 (1990), S. 239–269, hier S. 248.
108 Asad, a. a. O., S. 251.
109 Said, *Kultur und Imperialismus*, S. 411.
110 Said, a. a. O., S. 413 f.
111 Vgl. Bhabha, »Postcolonial Criticism«, S. 438.
112 Vgl. Abu-Lughod, »Writing against Culture« (vgl. Anm. 98).
113 Homi K. Bhabha, »Difference, Discrimination and the Discourse of Colonialism«, in: *The Politics of Theory. (Proceedings of the Essex Conference on the Sociology of Literature, July 1982)*, Colchester 1983.
114 Vgl. aus der Vielzahl türkischer Autorinnen und Autoren in deutscher Sprache z. B. Emine S. Özdamar, Zafer Şenocak; vgl. auch die deutsch-türkische Literaturzeitschrift *Sirene*, insbesondere – in Erörterung der »Ausländerliteratur« u. a. auf dem Hintergrund von Cliffords Essay »Über ethnographische Selbststilisierung« (abgedr. im vorliegenden Band) – Ülker Gökberk, »Fremdheit verstehen: ›Ausländerliteratur‹ zwischen Relativismus und Universalismus«, in: *Sirene. Zeitschrift für Literatur* 12 / 13 (1994), S. 43–76.
115 Harold Bloom, *The Western Canon. The Books and School of the Ages*, New York / San Diego / London 1994, S. 524.
116 Mineke Schipper, *Beyond the Boundaries. Text and Context in African Literature*, Chicago 1989, S. 7.
117 Vgl. Leitch, *American Literary Criticism* (vgl. Anm. 40), S. 376.
118 Vgl. Michael M. J. Fischer, »Scientific Dialogue and Critical Hermeneutics«, in: *Cultural Anthropology* 3.1 (1988), S. 3–15 (Editorial Retrospective), hier S. 8.
119 Grundlegende Beiträge des New Historicism sind in deutscher Übersetzung zugänglich: Moritz Baßler (Hg.), *New Historicism. Literaturgeschichte als Poetik der Kultur*, Frankfurt am Main 1995.
120 Anton Kaes, »New Historicism: Literaturgeschichte im Zeichen der Postmoderne?«, in: H. Eggert / U. Profitlich / K. R. Scherpe (Hg.), *Geschichte als Literatur. Formen und Grenzen der Repräsentation von Vergangenheit*, Stuttgart 1990, S. 56–66, hier S. 61 (wiederabgedruckt in: Baßler [Hg.], *New Historicism*, S. 251–267).

121 Vgl. Stephen Greenblatt, *Renaissance Self-Fashioning. From More to Shakespeare*, Chicago 1980.

122 Zu dieser Kritik an der Übernahme der kulturanthropologischen Methode Geertz' durch den New Historicism vgl. Vincent P. Pecora, »The Limits of Local Knowledge«, in: H. Aram Veeser (Hg.), *The New Historicism*, New York / London 1989, S. 243–276, hier S. 267.

123 Vgl. Pecora, a. a. O., S. 271.

124 Stephen Greenblatt, *Schmutzige Riten. Betrachtungen zwischen Weltbildern*, Berlin 1991, S. 18.

125 Greenblatt, a. a. O., S. 10.

126 Frühe Andeutungen einer auf Übergangsrituale orientierten ethnologischen Interpretation von Entwicklungsromanen finden sich bei Friedrich A. Kittler, »Über die Sozialisation Wilhelm Meisters«, in: Gerhard Kaiser / Friedrich A. Kittler (Hg.), *Dichtung als Sozialisationsspiel. Studien zu Goethe und Gottfried Keller*, Göttingen 1978, S. 13–124.

127 Vgl. u. a. Geertz, »Aus der Perspektive des Eingeborenen« (vgl. Anm. 54).

128 Vgl. Lionnet, *Autobiographical Voices*, S. 99.

129 Robin Fox, »The Virgin and the Godfather: Kinship versus the State in Greek Tragedy and After«, in: Paul Benson (Hg.), *Anthropology and Literature*, Urbana / Chicago 1993, S. 107–150.

130 Vgl. Victor Turner, »Dewey, Dilthey, and Drama: An Essay in the Anthropology of Experience«, in: Turner / Bruner (Hg.), *Anthropology of Experience*, S. 33–44, hier S. 37.

131 Clifford, *Predicament of Culture*, S. 10.

132 Clifford, a. a. O., S. 17.

133 Manthia Diawara, »Canonizing Soundiata in Mande Literature: Toward a Sociology of Narrative Elements«, in: *Social Text* 31 / 32 (1992), S. 154–168, hier S. 157.

I.

Kultur als Text, Darstellung und Dialog

Phyllis Gorfain

Spiel und die Unsicherheit des Wissens in Shakespeares ›Hamlet‹

»Aus Träumen erwachsen Verantwortlichkeiten« – eine Kurzgeschichte von Delmore Schwartz, 1938

»Verantwortlichkeit beginnt in Träumen« – Motto des Gedichtbandes ›Responsibilities‹ von William Butler Yeats, 1914

»Aus Träumen erwächst Verantwortlichkeit« – ein altes Schauspiel, ohne Datum (von Yeats als Quelle seines Mottos genannt)

Anthropologen können Shakespeares *Hamlet* mit Recht als einen kulturellen Schlüsseltext betrachten, denn Hamlet ist den Lesern zur Verkörperung ihres tiefsten Wunsches nach Selbsterkenntnis geworden, ihrer Versuche, hinter die Wahrheit der Erscheinungen vorzudringen, und ihres Gefühls der Verantwortung dafür, die Ordnung in einer von Ungewißheit korrumpierten Welt wiederherzustellen. Es fragt sich jedoch, ob sie *Hamlet* auch als Spiegel ihres eigenen anthropologischen Tuns betrachten, das Handlungen zwar auf ihre wahren Bedeutungen hin untersucht, statt dessen jedoch nur weitere Schichten der Texterzeugung freilegt. Als ein Text über die unüberbrückbare Kluft zwischen Verhalten und seinen Bedeutungen, zwischen der Unmittelbarkeit von Erfahrung und der Gestaltung von Erfahrung zu kommunizierbaren Formen spiegelt *Hamlet* für die Anthropologen vielleicht ihre eigene Vorgehensweise und die derjenigen, die sie als Anthropologen erforschen. Er schildert eine unablässige Reihe von Fragen und Repräsentationen – Berichte, Erzählungen, Vorspiegelungen, Täuschungen, Dramen und Wortspiele – im Zuge von Hamlets Versuchen, die epistemischen Lücken zwischen Vergangenheit, Gegenwart und Zukunft zu schließen, die Wahrheit und Autorität von Erfahrung sicherzustellen und ihre Macht mittels symbolischer Handlungen zu beherrschen. Doch keine der Figuren vermag das ursprüngliche Ereignis hinter einer Handlung dingfest zu machen; jede Suche ergibt bloß einen weiteren schattenhaften Text, eine Ähnlichkeit, eine Erinnerung. Gleich Hamlet schwanken die Anthropologen zwischen dem reflexiven Wissen, daß ihr »Wissen« von der Gesellschaft immer eine Art Text ist, eine auf konstruierte soziale Formen gestützte Konstruktion, und dem Gefühl, daß sie dazu verpflichtet sind, hinter die Erscheinungen des sozialen Lebens zur Wahrheit der Erfahrung vorzudringen. Da aber Bedeutung immer auf Erscheinungen gründet, immer eine Frage der Interpretation und niemals gleichbleibend oder endgültig ist, können Anthropologen *Hamlet* als einen paradigmatischen Text betrachten, der von ihrem Wunsch handelt, das zu kennen, von dem sie zugleich wissen, daß es ihnen immer entgehen wird. Ähnlich wie Geertz in bezug auf die Balinesen geschildert hat, wie sich der Hahnenkampf als ihr *Macbeth* lesen ließe,[1] möchte ich für die Anthropologen zeigen, wie *Hamlet* als ihr balinesischer Hahnenkampf gelesen werden könnte.

Meiner Ansicht nach ist *Hamlet* nicht nur ein ausdrucksstarker Text, durch den unsere Kultur sich etwas über sich selbst sagt, sondern auch ein reflexiver Text, den Anthropologen als eine Geschichte über ihre doppelte Rolle als Produzenten *und* als Interpreten der von ihnen untersuchten Texte lesen können. Ich behaupte nicht, daß *Hamlet*, oder meine besondere Lesart dieses Textes, Feldforschern zeigen könnte, wie sie Ethnographie betreiben sollen, oder Theoretiker belehrt, wie eine reflexive Anthropologie zu definieren wäre. Als ein Versuch in interpretativer Anthropologie zielt dieser Aufsatz auf eine Anthropologie der Textinterpretation. Diese Bemühung wird zu einer zentralen Aufgabe in der Anthropologie menschlicher Erfahrung, einer humanwissenschaftlichen Disziplin, die Erfahrung als Text und in Texten interpretiert. Eine solche Anthropologie ist bestrebt, Erfahrung zu »lesen«.[2] Sie setzt voraus, daß Erfahrung lediglich in Handlungen und Darstellungen erkennbar wird; diese Hervorbringungen werden als Interpretationen aufgefaßt, die Kulturen von sich selbst unterhalten und die der Anthropologe zu interpretieren hat.[3] In diesem Lichte gesehen, ist die

Erforschung von Kultur keine Frage von Wahrheit oder von Beweisen, keine Prüfung gesonderter Ereignisse oder fester Realitäten. Die Illusion, daß die Wirklichkeit unveränderlich oder gar unter eine Reihe von Regeln subsumierbar sei, löst sich angesichts eines Bewußtseins auf, das als wesentliches Moment von Kultur deren kontinuierliche Produktion ansieht.

Die interpretative Methode zur Erforschung von Kultur als einem *Prozeß* nimmt ihren Ausgang von Paradoxien der Reflexivität. Denn wir sind gezwungen, uns mit unseren eigenen Interpretationsprozessen zu befassen, wenn wir bestreiten, daß wir »den Quell«[4] unseres Zustandes endgültig ausmachen könnten. Versprechungen, daß sich soziale Wahrheit auffinden lasse, »und steckte sie auch recht / Im Mittelpunkt«,[5] werden nur von einem Narren wie Polonius gemacht und, wenigstens in Shakespeares Drama, nur von solchen Personen geglaubt, die fatale Absichten hegen. Im Gegensatz dazu lobt *Hamlet* den spielerischen Umgang mit Ungewißheit und den Mut, aus dem Nichtwissen zu lernen.

Als Spiegel, der unser eigenes Abbild verklärt und doch zugleich die Unfähigkeit widerspiegelt, einen Blick über den Spiegel hinaus zu werfen, gibt *Hamlet* eine tröstliche Antwort auf diese Tautologie. Allerdings ist *Hamlets* Trost durch die Paradoxien der Reflexivität bedingt. Diese Reflexivität setzt nicht nur Selbstbewußtsein und Selbstreferenz voraus; sie erfordert zudem ein Bewußtsein für die Methoden des Selbstbewußtseins und die Zwecke unserer Selbstdarstellung.[6]

Ebenso wie die Epistemologie zielt die Reflexivität nicht auf das, *was* wir wissen, sondern darauf, *wie* wir meinen zu wissen.[7] In der reflexiven Analyse prüfen wir die Techniken, mit deren Hilfe wir uns reflektieren: unsere Geschichten und Projektionen, Bildnisse und Spiegel, Tagebücher und Romane, Spiele und Zeitvertreibe. Wir untersuchen unsere Reflexionen und Spekulationen[8] und werden dadurch zu Objekten unserer eigenen Subjektivität.[9] Diese Verdoppelung erkundet nicht nur die Objekte, in denen wir uns objektivieren, sondern auch die Methoden, mit denen wir beobachten, wie wir uns in ihnen erzeugen.

Das Problem

Ich habe ein zweifaches Ziel. Zum einen möchte ich den Anthropologen die Relevanz von Fiktionen und Spiel für Probleme der Reflexivität und Interpretation in der Anthropologie vor Augen führen; zum anderen möchte ich zeigen, wie anthropologische Theorien neues Licht auf einige hartnäckige Probleme der *Hamlet*-Deutung werfen können. So läßt sich die Bedeutung von Fiktionen für Anthropologen als Spieler und Leser ebenso demonstrieren wie überhaupt die Leistungsfähigkeit einer anthropologischen Textauslegung. Eine Leitfrage betrifft etwa Hamlets unausgemachten Wahnsinn. Ist er wirklich wahnsinnig oder schützt er den Wahnsinn nur vor? Und warum werden wir über seine Absichten so im unklaren gelassen? Eine andere Frage richtet sich auf den merkwürdigen Schluß des Stückes, an dem ein getürkter Fechtkampf die Unausgeglichenheiten der Handlung auflösen soll. Warum ist dieses Spiel, das gar kein Spiel ist, ein so passendes Ende für dieses Schauspiel? Wie lehrt uns das Stück, über Fiktionen (wie etwa Spiele) und Täuschungen (z. B. falsche Spiele) nachzudenken? Auch müssen wir uns fragen, warum sich Hamlet an diesem Spiel beteiligt, wenn er schon den Verdacht schöpft, daß es vielleicht gar kein Spiel sein wird, und wenn er sogar spürt, daß das Spiel, selbst als Spiel, tödlich enden könnte. In dieser Hinsicht werde ich die Herstellung von Fiktionen und die Reflexivität zu Prozessen des Spiels in Beziehung setzen. Aus diesen Problemstellungen ergeben sich elementare Fragen über das Verhältnis von Fiktionen zu Vorgängen der Sinnbildung und zu verantwortungsorientierten Handlungen.

›Hamlet‹ als Fiktion

Hamlet bestärkt uns darin, daß wir mit Hilfe von Fiktionen unsere Probleme der semantischen Durchdringung, des Wissenserwerbs durch Fehlschläge und der Bedeutungsvielfalt spielerisch auffassen, neu formulieren und in den Griff bekommen können. Dies sind Probleme, die Anthropologen immer häufiger zum Gegenstand ihrer Analysen und Theorien machen, ob sie nun ihre Informanten oder sich selbst bei der Konstruktion sozialer Bedeutung beobachten. Natürlich sind Anthropologen nicht unbedingt auf Shakespeares Darstellungen von sozialem Einfallsreichtum angewiesen, um aufmerksam dafür zu werden, wie Kulturen Welten von künstlichen Ereignissen, von reflexiven Situationen, von Prozessen der Grenzerfahrung, der Neuinterpretation, der Illusionierung und Fiktion erzeugen. Und wir brauchen wohl kaum eine *Hamlet*-Lektüre, um die Virtuosität zu erkennen, mit der Menschen sich die Wirklichkeit in einer schöpferischen Substitution von Erfahrung nach der anderen re-präsentieren, wie wir den Erfahrungsfluß in Erzählungen, Erzählungen in Dramen, Schauspiele in Darbietungen umsetzen und alle diese Mittel der Interpretation und Neuinterpretation nutzen, um Rollen zu übernehmen und zu erfinden, um Macht durch Inszenierungen und Symbole zu erzeugen, um Erwartungen zu durchkreuzen und die »Gegebenheit« von Regeln und Institutionen in Frage zu stellen. Leser der Kultur wissen ebenso wie Leser von Literatur, daß es für Sozialwissenschaftler genauso schwierig ist wie für Hamlet, »in das Herz [des] Geheimnisses [zu] dringen«,[10] dingfest zu machen, was »dort draußen«[11] ist, der Nachwelt das Problem der Erkenntnis sozialer »Wirklichkeit« in ihrer eigenen Fassung zu übermitteln. Da einige Sozialwissenschaftler die Produkte der Einbildungskraft untersuchen, mit deren Hilfe Menschen ihre Erfahrungen organisieren und umbilden, bedienen sie sich auch in zunehmendem Maße literarischer Methoden und Metaphern, um die Art und Weise zu charakterisieren, in der sie und die von ihnen erforschten Menschen in ihrem Leben Sinn erzeugen.[12]

Shakespeare hat uns eine erfolgreiche Fassung dieses Problems überliefert, denn *Hamlet* lehrt uns etwas über die Weise, in der wir Situationen als Texte auffassen, Texte als Mittel sozialen Lernens und Handelns gebrauchen und andere Artefakte benutzen, um diese Techniken zu meistern. Große Kunstwerke, wie der Mythos des Narziß, warnen uns jedoch davor, daß sie vielleicht nur ihre eigene Reflexivität reflektieren und damit dasselbe Schicksal erleiden wie Narziß.[13] So enthält auch *Hamlet* mehrere Spiegel im Spiegel, Geschichten in der Geschichte, Stücke im Stück, um vorzuführen, wie Werke der Kultur und der Kunst eine unendliche virtuelle Wirklichkeit kreieren, die durch Fiktionen zwar kühn dargestellt, aber niemals dementiert werden kann.

Auf einer Ebene, als Fiktion, fordert *Hamlet* uns dazu auf, uns selbst in ihm zu betrachten; auf einer anderen Ebene zwingt uns das Schauspiel, diesen Prozeß durch einen Prozeß der Selbstreflexion wiederum in Frage zu stellen. Aufgrund dieser Selbstreflexion, die zu Paradoxien bezüglich ihrer eigenen Möglichkeiten führt, wird unser Glaube, daß Dramen gleich Spiegeln die Wirklichkeit des sozialen Lebens offenbaren, von *Hamlet* zugleich ausgenutzt und attackiert.

Wenn wir dieses Shakespearesche Schauspiel lesen oder im Theater sehen, wird ein System von Konventionen ins Werk gesetzt, mit deren Hilfe wir die im Schauspiel thematisierten Erfahrungen als »Spiel« auffassen. Wir nehmen an, daß die auf der Bühne stattfindenden Ereignisse oder die Begebenheiten, über die wir lesen, weder die »Ereignisse selbst« noch die Umsetzung tatsächlicher Geschehnisse sind. Die Wörter im Buch und die Inszenierungen auf der Bühne werden als Repräsentationen von imaginären Handlungen aufgefaßt, so daß die veranschaulichten Handlungen selbst keineswegs als »real« angenommen werden. Wir betrachten fiktive Handlungen als Imitationen von Handlungen, die, unter der Voraussetzung dessen, was wir über das Menschenmögliche wissen, irgendwann einmal geschehen könnten.[14]

Hamlet zum Beispiel ist ein Kunstwerk, das die Vergangenheit (oder genauer: bestimmte Vorstellungen darüber) als einen Rahmen nutzt, sich aber nicht selbst als eine Reproduktion oder Erforschung der historischen Wahrheit dieser Vergangenheit andient, ungeachtet der Geschichten, die es über einen Prinzen Amleth in Dänemark um das Jahr 600 geben mag.[15] Das fiktionale Drama unterscheidet sich vom Ritual, das wir in eine geheiligte Zeit versetzen und deshalb als »real« empfinden, gewissermaßen als einen spezifischen Produktionsprozeß, in dem wirkliche Begebenheiten hervorgebracht oder umgestaltet werden. Das fiktionale Drama hingegen wird als ein Erzeugen von Ereignissen im Rahmen einer Repräsentation von Zeit und Raum aufgefaßt. Der in einer Fiktion geschaffene Heterokosmos ist eine Sphäre, die zwar bestehende oder mögliche Welten imitiert, jedoch auch eine alternative »erzeugte« Welt bleibt. Entworfen vom »Auge des Dichters« und von der Einbildungskraft des Publikums, das diese seine Vision »ergänzen« und »vervollkommnen«[16] muß, bleiben fiktionale Welten immer unvollständig und abgehoben von den Sphären, auf die sie verweisen. Bei all seinen Schauspielern, Regisseuren, Lesern und Zuschauern in den Aufführungen, Proben, Lektüren und Parodien seit vierhundert Jahren zeigt *Hamlet* nicht die Schicksale von Amleth, Feng und Horwendil im Jütland des siebten Jahrhunderts. Statt dessen spielen sich seine Ereignisse in einem fiktiven Bereich ab, der jener Zeit und jenem Ort zwar ähnlich sieht oder auf sie verweist, der sich aber, wegen seiner fiktionalen Ortlosigkeit, auch auf andere Kontexte beziehen kann.

Gespielte Ereignisse setzen einen besonderen Interpretationsprozeß in Gang, der sich zwar derselben Auslegungsmittel bedient, die wir auch zur Deutung natürlicher Ereignisse benutzen, dessen Ausrichtung jedoch anders geartet ist. So deuten wir eine fiktive Aussage eben nicht mit dem Ziel, die wirklichen Intentionen des Sprechers zu enthüllen oder entsprechende Handlungsalternativen zu formulieren. »Nicht länger um mich traure, wenn ich tot«[17], ist keine Aufforderung Shakespeares, der wir Folge leisten sollen, wenn wir seine Worte lesen. Wir würden nicht den historischen Kontext der Äußerung untersuchen und uns fragen, ob der Autor – im Unterschied zur fiktiven Person, die diese Worte »spricht« – zu jenem Zeitpunkt fürchtete, er würde sterben. Wenn wir die prinzipiell unabschließbare Interpretation dieser Äußerung als einer fiktiven Äußerung beginnen, konstruieren wir eine Reihe plausibler, doch imaginärer Kontexte, in die wir eine Vielzahl von Lesarten jener Zeilen, wie sie von einem fiktiven Dichter / Liebhaber gesprochen wurden, situieren können. Durch diesen Prozeß hypothetischer Lesarten wird die Interpretation fiktiver Rede zu einem Prozeß, der, wie die Interpretation alltäglicher Rede, die Rede in ihren Beziehungen zu Sprechern, sozialen Kontexten und Handlungsfolgen betrachtet, obwohl dabei die Kontexte fiktiv bleiben. Der Prozeß der Interpretation eines gespielten Ereignisses spielt also mit dem Interpretationsprozeß, wie er in »natürlicher Rede« stattfindet.[18] Wir lassen uns dabei auf eine Reihe folgenloser Mutmaßungen ein.

Spielinterpretationen befreien uns zudem vom Zwang, aufgrund der inszenierten Handlungen oder der fiktiven Äußerungen verbindliche Entscheidungen zu treffen. Hierbei geht es uns ganz anders als einem Anthropologen, der mithören mag, wie seine Informanten ein von ihnen begangenes Vergehen erwähnen. Denn wenn das Spiel zu Ende ist, fragen wir uns ja nicht: »Was werden wir jetzt machen, da wir erfahren haben, was geschehen ist?« Was wir über das Geschehene erfahren, wenn wir *Hamlet* »mithören«, ist etwas, das unser Verständnis vom Geschehen in der Welt überhaupt bereichert. Es wird nicht zu einem Teil unseres Informationsbestands darüber, was wirklichen Menschen widerfahren ist. Unsere Ungewißheit über Gertruds mögliche Komplizenschaft in Shakespeares Schauspiel empfinden wir nicht als ein

Problem des Urteilens über eine historische Person um der historischen Wahrheit willen. Sondern wir kosten das Problem als eine Gelegenheit aus, uns ganz allgemein mit Prozessen der Verdächtigung und der Selbsttäuschung auseinanderzusetzen, als eine Illustration der Unmöglichkeit, vollständig über die Motive anderer Menschen Bescheid zu wissen.

Anthropologen, die Alltagserscheinungen interpretieren, sehen sich im sozialen Leben mit derselben Unbestimmtheit konfrontiert, doch ihr Verstehen wird zu einer Frage von Konsequenzen und Verhandlungen: »In jeder sozialen Beziehung, auch in der zwischen dem Anthropologen und seinem Informanten, stellen die Akteure die Gültigkeit ihrer Schlußfolgerungen und Unterstellungen ständig auf die Probe, und die Art und Weise, in der sie das tun, ist außerordentlich komplex. Sie lesen das Verhalten anderer als ein sinnvolles Tun, wobei sie aus den verschiedenen möglichen Interpretationen, die ihnen zur Verfügung stehen, jeweils eine Auswahl treffen. Falls die Interaktionsteilnehmer stark voneinander abweichende Interpretationen hervorbringen [...], können sie dennoch so lange annehmen, daß ihre Definitionen übereinstimmen, bis ein Beweis des Gegenteils die Konsenshypothese erschüttert. An einem solchen Punkt können die Akteure entweder von neuem eine konsensuelle Definition aushandeln [...], oder sie können die Beziehung beenden [...].«[19] Die Reduktion von Ungewißheit, die Feststellung von Intentionen und die Bestimmung von Bedeutung in sozialen Handlungen ist jedoch, für die Teilnehmer wie für die analysierenden Ethnologen, etwas anderes als die spielerische Kunst des Lesens von Fiktionen. Feldforscher, die sich manchmal über die Mehr- und Vieldeutigkeit alltäglicher Ereignisse erstaunt zeigen, unterscheiden die Auseinandersetzung mit dem hermeneutischen Reichtum dieser Ereignisse von den paragrammatischen Möglichkeiten, die durch fiktive Ereignisse eröffnet werden. *Hamlet* ist nicht einfach eine unterhaltsame und reflexive Spielart anthropologischen Forschens oder Verwirrspielens im Alltag. Als eine reflexive Auseinandersetzung mit Fragen des Wissens hilft uns dieses Schauspiel, zwischen den Problemen, die die Interpretation von Ereignissen aufwirft, und denen, die beim Gebrauch von Fiktionen auftreten, zu unterscheiden. Als solches veranschaulicht es die besondere Weise, in der Fiktionen die Unbestimmtheiten in allem, was wir zu wissen glauben, erhellen. *Hamlet* ermöglicht uns, mit den Problemen einer reflexiven und interpretativen Anthropologie zu spielen, sie zu manipulieren und neu zu überdenken, ohne daß wir die Konsequenzen von Fehlern fürchten müßten.

Was in ›Hamlet‹ geschieht

Die Handlung von *Hamlet* folgt einer Reihe von Ereignissen am mittelalterlichen Hofe Dänemarks nach dem plötzlichen Tod seines kriegerischen Königs Hamlet. Prinz Hamlet ist von seinem Studium in Wittenburg zurückgekehrt um, zwei Monate nach der Bestattung seines Vaters, der Hochzeit zwischen seiner Mutter, Königin Gertrud, und Claudius, dem jüngeren Bruder seines Vaters, beizuwohnen. Hamlet muß zusehen, wie sein Onkel zum König wird und die Ehe mit der Frau, die er öffentlich seine »weiland Schwester«[20] nennt, für legitim erklärt. Zu Shakespeares Zeiten galt in England eine Ehe zwischen einem jüngeren Bruder und der Witwe des älteren Bruders dann als inzestuös, wenn der ältere einen Sohn hinterließ.[21] Die Legitimität dieser Ehe anzuerkennen hieß also, Hamlet für tot zu erklären, denn durch seine Existenz würde die Ehe ungesetzlich. Hamlets Präsenz deutet somit auf die persönliche Willkür der Regeln des Königs – offensichtlich benutzt er sie nach Belieben. Aber Claudius' Worte, Staatsakte, wenn er sie als König spricht, bezeugen ganz offen, daß das angeblich Absolute in Wirklichkeit manipulierbar ist. Er zerstört die Fiktion, daß soziale Konventionen ein Naturgesetz seien, indem er zeigt, daß – besonders für jemanden mit der Macht eines Königs – alle Regeln nur Verfügungen sind. Wenn Claudius die Konventionen der Trauer, der Ehe und der Sprache neu bestimmt, um neue soziale Verhältnisse zu diktieren, zeigt er, daß solche Systeme wie die Regeln eines Spiels fungieren. Doch ebensowenig wie die Fiktion, der wir zuschauen, verändern seine verbalen und politischen Taten die nackten Tatsachen: König Hamlet ist tot, Prinz Hamlet dagegen nicht. Ähnlich ist auch in unserem Leben die Macht der Shakespeareschen Kunst begrenzt. Wie überzeugend wir ihre Realität auf der Bühne auch empfinden mögen, weder Hamlet noch Claudius lebt oder stirbt vor unseren Augen. Doch Claudius' Handlungen, auch wenn sie bloß »Darstellungen« sind, mit deren Hilfe er die Wirklichkeit verschleiert, können die Art und Weise, in der sich seine Welt selbst versteht, tatsächlich umgestalten. Eine solche Kunst, sei es in den Händen eines arroganten Herrschers wie Claudius oder im Dienste einer ausgemachten Fiktion wie *Hamlet*, kann die soziale Welt *ändern*, indem sie ihre Rollen, Erwartungen, Interpretationen und Beurteilungen von Ereignissen vor uns ausbreitet.

Diese Welt der Machinationen führt Hamlet dazu, alle Erscheinungen als Inszenierungen zu betrachten und beunruhigt zu sein, wenn Erscheinungen, an die er nicht zu glauben wünschte, sich als wahr erweisen. Seine Entdeckung, daß soziale Bedeutung über Zeichen kommuniziert wird, die womöglich nur gespielt sind, ist wohl eine besonders lähmende Einsicht. Denn Hamlet erfährt, daß sogar sein eigenes Verhalten nicht eins sein kann mit dem, was es bezeichnet. Die Kluft zwischen sozialen Ausdrucksformen – Kleidung, Gestik, Gesichtsausdruck und Sprache – und dem, was sie bedeuten, wird zum Unsicherheitsfaktor beim Verstehen von anderen und zum Hindernis bei der Mitteilung seiner selbst. Hamlet bringt diese Einsicht in seiner Eingangsrede zur Sprache. Wenn wir ihn zum ersten Mal in seiner Absonderung bei Hofe sehen, schweigt er und ist der einzige, der Schwarz trägt. Als er sich dann zum ersten Mal der Hofgesellschaft gegenüber äußert, rechtfertigt er seine Trauer, aber verrät auch eine Ursache für seinen Kummer: Alles Verhalten erscheint ihm als reine Schauspielerei in einer Welt sozialer Theatralik.

Mit der gleichen Einsicht sehen sich Anthropologen konfrontiert, sobald sie erkennen, daß »Feldforscher nicht das Verhalten von Subjekten beobachten, sondern menschliche Handlungen interpretieren«[22]. Für Hamlet wird Handeln von Bedeutung getrennt, als die übereilte Heirat seiner Mutter die Trauerzeit vorzeitig abbricht; die Vermählung, die sich des Trauerzeremoniells bemächtigt, trennt auf ironische Weise Motiv und Intention vom Verhalten. Während das Spiel Regeln in Frage stellt, werden sie durch das Ritual geordnet.[23] So schlagen die »unvollständigen Feierlichkeiten«[24] erneut in Unordnung um, anstatt die Unordnung zu ordnen.[25] Hamlets sicherer Ordnungssinn verwandelt sich in Argwohn und Mißtrauen. Solche Brechungen in Ritualen, aber auch in sozialen Konventionen und Erwartungen, eröffnen häufig reflexive Momente für die Angehörigen einer Gesellschaft sowie für die Ethnologen, die sie erforschen. Die Mittel, mit denen wir soziale Ordnung herstellen, überprüfen wir immer dann, wenn sich Erscheinungen als bloße Inszenierungen sozialer Ordnung erweisen.[26]

In *Hamlet* gibt Gertrud Anlaß zu solchen Reflexionen, wenn sie ihren Sohn auffordert: »Wirf, guter Hamlet, ab die nächt'ge Farbe.«[27] Sie behauptet, Hamlets Tracht »scheint« zu bedeuten, daß sein Verlust »besonders« sei, als wäre er der einzige Sohn, der den Tod des Vaters zu beklagen hätte. Hamlet greift ihr Wort »scheint« auf, um eine metalinguistische und philosophische Unterscheidung zwischen »scheint« und »ist« zu machen; eine Unterscheidung zwischen Schein und Wirklichkeit. Hamlets Kommentar über sein einsames Kostüm reißt alle Nähte zwischen Ausdruck und Bedeutung auf:

Scheint, gnäd'ge Frau? Nein, ist; mir gilt kein scheint.
Nicht bloß mein düstrer Mantel, gute Mutter,
Noch die gewohnte Tracht von ernstem Schwarz,
Noch stürmisches Geseufz beklemmten Odems,
Noch auch im Auge der ergieb'ge Strom,
Noch die gebeugte Haltung des Gesichts,
Samt aller Sitte, Art, Gestalt des Grames
Ist das, was wahr mich kundgibt; dies scheint wirklich:
Es sind Gebärden, die man spielen könnte.
Was über allen Schein, trag' ich in mir;
All dies ist nur des Kummers Kleid und Zier.[28]

Die Zertrümmerung unseres Vertrauens auf unser Wissen und die Infragestellung der Weise, in der wir wissen, werden allmählich zur Methode und zum Gegenstand des Stückes.

Da unser Verstehen so leicht auf die »Zier«[29] hereinfällt, verwandelt sich Hamlets Trauer in allgemeinen Kummer über alles, was verlorengeht zwischen dem, was wir mitteilen, und dem, »was wahr kundgibt«. Wenn Hamlet das Problem überdenkt, mit dem sich auch die Anthropologen beschäftigen – wie sich nämlich das Innere, »was über allen Schein« ist, bestimmen ließe –, lähmt seine Melancholie seine Fähigkeit zu handeln. Wenn Handlungen nichts anderes mehr sind als »Gebärden, die man spielen könnte«, sind die Mittel zur Inszenierung der eigenen Identität nur noch spielerischer Natur.

Hamlets Zweifel an der Bedeutung steigern sich zu Entsetzen, als ihm ein Geist erscheint, der seines Vaters Geist zu sein behauptet und ihm in einer schaurigen Geschichte beibringt, daß er von Claudius ermordet worden sei. Nun erweist sich Hamlets Verdacht gegen Claudius als begründet. Doch seine Zweifel über das, was »scheint«, werden ebenfalls bestätigt, denn er bemerkt, »daß einer lächeln kann, und immer lächeln, und doch ein Schurke sein«[30]. Entgeistert von solchen Diskrepanzen zwischen Darstellen und Handeln, benutzt Hamlet Metaphern des Theaters, um den inszenierten Charakter des Lebens zu verstehen. An diesem Punkt wird er auch noch moralisch in die Pflicht genommen; er soll zur Tat schreiten in Übereinstimmung mit einem Gefüge von Konventionen, das ihm so formelhaft vorkommt wie ein altmodisches Bühnenstück. Der Geist fordert Hamlet zur Rache auf, er solle den König töten, um den Mord an seinem Vater zu vergelten. Diese furchtbare Forderung ruft freilich tiefe Zweifel an der Autorität des Geistes hervor, dessen Auskünfte zwar die Falschheit von Claudius' Berichten über König Hamlets Tod enthüllen, aber ihrerseits vielleicht ebenso ungültig sind. Sowohl die Existenzbehauptung als auch die Glaubwürdigkeit eines Geistes waren problematisch in einem Zeitalter, das Zweifel an der Wahrnehmung des Bösen erhob und gleichzeitig vor den vielfältigen und trügerischen Erscheinungsformen des Bösen warnte. Der Geist selbst könnte doch eine Täuschung sein, kaum verläßlicher als eine Bühnenillusion. Und seine Autorität muß nicht die von Hamlets Vater sein, sondern sie könnte genauso gefälscht sein wie die angemaßte Autorität des Usurpators Claudius.

Zweideutigkeit und Widerspruch verstärken Hamlets Unsicherheit gegenüber den Erscheinungen zu einem grundsätzlichen epistemologischen und moralischen Dilemma. Seine Probleme des Wissens ähneln seinen Verantwortungsproblemen und vertiefen sie; ihnen gegenüber sieht er sich in einem weiteren strukturellen Widerspruch gefangen: Der Geist nötigt ihm das Gelöbnis ab, daß er sich rächen werde, was allerdings das kirchliche Recht einzig und allein Gott vorbehält, wenigstens in der Kosmologie der Renaissance. Das hat zur Folge, daß Hamlet sich einem *double bind*[31] gegenübersieht, der sich zusammensetzt aus einer übernatürlichen Verpflichtung gegenüber seines Vaters Geist und einer übergeordneten Regel, die dieser Pflicht widerspricht. Er reagiert in einer Weise, die seinem ebenfalls doppelten Bewußtsein, daß alles Handeln nur Darstellen und Regeln bloße Verfügungen seien, entspricht: indem er sich, wie er seine Freunde warnt, ein »wunderliches Wesen« anlegt.[32]

Falls Hamlet wahnsinnig ist, so könnten, logisch gesehen, seine Aussagen nicht als vernünftig aufgefaßt werden, und man müßte ihnen keinen Glauben schenken. Doch falls er nur so tun sollte, als sei er wahnsinnig, ist die Hofgesellschaft sich nicht sicher, wie sie seine Aussagen auffassen soll. Seine unausgemachte Verrücktheit und Narretei spielen mit den paradoxen Rahmen des Spiels. In sozialer Hinsicht verdoppelt Hamlet das Problem, indem er es zu einem Problem der Identität macht. Wenn er wahnsinnig ist, ist er »nicht Hamlet«; es ist ein Wahnsinniger, der dort spricht. Der Narr und der Wahnsinnige werden zu »symbolischen Typen«[33], die, wie auch der Clown und der Dämon, an Bruchstellen sozialer Erwartungen und sozialer Ordnung in Erscheinung treten. Person und Rolle werden in einem reinen Symbol absorbiert, das nicht eine andere Figur repräsentiert, sondern die unmittelbare kulturelle Konstruktion durchdringt, »um eine direkte Überlagerung des sozialen Handelns [zu bewirken], und durch dieses Medium werden soziale Diskontinuitäten objektiviert und rekontextualisiert«[34].

Hamlet bedient sich eines solchen Verfahrens, um sich selbst und den Kontext, in dem er sich befindet, zu transformieren; durch seine Konstruktionen wird der Hof zu einem Theater, in dem Täuschung und Unsicherheit zur Schau gestellt werden. In der Freiheit des Wahnsinnigen und Narren kann Hamlet die Wahrheit sprechen und sie gefahrlos erproben; er wird für sein Handeln nicht haftbar gemacht. Gleichzeitig kann die Hofgesellschaft aufgrund der Freiheiten, die dem Wahnsinnigen eingeräumt werden, sein Handeln hinnehmen, ohne ihrerseits Strafen befürchten zu müssen. Genauso wie das Spiel innerhalb eines metakommunikativen Systems operiert, das mitteilt, daß es nicht wirklich »zählt«, werden die als wahnsinnig aufgefaßten Handlungen nach übergeordneten Regeln beurteilt, welche die Kraft der gewöhnlichen Sanktionen, Interpretationen und Reaktionen aufheben.[35] Der Umstand, daß »es doch Methode [hat]«[36], macht Hamlets »wunderliches Wesen« so gefährlich für den Hof, wie die Verbrechen der Hofgesellschaft für Hamlet unergründlich bleiben. Wie im Spiel und im Dilemma der Rache schafft sein unausgemachter Wahnsinn einen doppelten Diskurs, die Struktur eines *double bind*. Seine Handlungen werden zu bloßen »Darstellungen«, die implizit auf sich selbst und auf das, worauf sie zu verweisen scheinen, Bezug nehmen. Hamlets Wortspiele, sein verworrenes Gerede, seine Beleidigungen und seine Unverschämtheit sagen etwas über die Welt und über ihn selbst als Sprecher. Das hat zur Folge, daß Hamlets Theaterspiel und Shakespeares *Hamlet* sich auf ihre eigenen Bedeutungen beziehen und somit Bedeutung als solche in Frage stellen.

Anna K. Nardo hat Hamlets »wunderliches Wesen« anhand der Batesonschen Theorie des Spiels analysiert,[37] doch ihr eigener Ansatz hebt hervor, wie Hamlet seine spielerische Haltung dazu benutzt, der Hofgesellschaft zu zeigen, daß sie mit denselben epistemologischen Fragen konfrontiert ist wie er selbst. Spielerisches Verhalten wird zu etwas, was Helen Schwartzman »vielsagendes Spiel«[38] nennt: zu einem Spiel nämlich, das eine Mitteilung über es selbst (als Mitteilung) und über die von ihm transformierte Welt enthält. Aus dieser Perspektive können wir genauer sehen, wie Hamlets unausgemachter Wahnsinn mit dem Wirklichen spielt. Er sagt, daß er einer Hofgesellschaft angehört, die nur scheinbar ist, was sie zu sein vorgibt, aber zugleich bestreitet er die Verantwortung für diese Aussage. Hamlets fragwürdige Identität ermöglicht es ihm so zu überprüfen, wie Identität und soziale Wirklichkeit konstruiert und verändert werden.

Hamlets »wunderliches Wesen« verneint einerseits seine Identität und disqualifiziert die Bedeutung all dessen, was er sagt, während es andererseits seine Identität bekräftigt und den Unernst des ganzen Hofes enthüllt. Mit seinem »Wahnsinn« bedient er sich der Zweideutigkeit und des Widerspruchs, um einen spielerischen Standpunkt einzunehmen, von dem aus er die trügerische Natur des Hofverhaltens als Entsprechung zu seinem eigenen maskierten Tun darstellen kann. In diesem Kontext politischer, moralischer und kognitiver Widersprüche macht Hamlet durch seinen Gebrauch der liminalen Institutionen[39] des Narren und des Wahnsinnigen die Unordnung seiner Welt zum Thema.

Als eine Truppe professioneller Schauspieler am Hofe eintrifft, entdeckt Hamlet in ihren Auftritten und Rollen neue Gesichtspunkte des Rollenspiels sowie ein Mittel, die Erscheinungsformen des Hofes zu überprüfen und zu spiegeln. Die verschiedenen dramatischen Genres, der Prozeß des Probens, die Manipulation durch Überarbeitungen, die Analyse der Zuschauerreaktionen – all dies bereichert Hamlets Technik des Spiels als eines Mittels der Kontrolle, der Aufdeckung und der Flucht. Ähnlich wie der hereinbrechende Geist erscheint die Theatertruppe ungebeten in Helsingör, als käme sie aus einer anderen Realitätsebene der Wirklichkeit.[40] Zusammen mit den weiteren Brüchen und den verletzten Riten und Fehlgriffen, die zunehmen werden, schaffen diese Figuren eine liminale Öffnung an den Rändern der Organisation von Zeit und Raum. Und gerade an diesen Rändern findet das Spiel der Bedeutung statt.

Hamlet bittet die Schauspieler, zur Unterhaltung des Hofes ein altes Theaterstück, »Die Ermordung Gonzagos«, aufzuführen, eine Hofintrige über Königsmord und Wiedervermählung der Königin nach italienischem Vorbild. Die Aufführung dieses Stückes vor der dänischen Hofgesellschaft hält dieser einen Spiegel ihres eigenen Tuns vor; für uns ist es ein Spiel im Spiel mit einer Reihe über das Stück hinausweisender Aussagen. Das Schauspiel stellt Ereignisse dar, die denen aus der Schauergeschichte des Geistes aufs Haar gleichen, und so korrespondiert das Spiel im Spiel mit der Welt des Hofes, der Erzählung des Geistes und mit Shakespeares Schauspiel, das wir jetzt selbst als ein Spiel wahrnehmen. Für uns spiegelt es nicht unsere Verbrechen, sondern unser Spielen.

Gleichzeitig zeigt Hamlet dem Hof seine eigenen Masken. Die Personen sind möglicherweise nicht das, was sie zu sein scheinen. Einmal identifiziert Hamlet den Mörder des Schauspiel-Königs als »ein gewisser Lucianus, Neffe des Königs«[41]. Wir mögen Claudius, den Bruder des vergifteten Königs, für den Giftmischer gehalten haben. Daß der Mörder ein Neffe des Königs sei, deutet aber darauf hin, daß er (auch) als das Ebenbild Hamlets, Neffe des jetzigen Königs, aufgefaßt werden kann. Hier gebraucht Hamlet das Spiel im Spiel nicht nur, um die Wahrheit über die Vergangenheit herauszufinden, indem er die schuldbewußten Reaktionen des Publikums beobachtet, sondern auch, um eine Vision zu entwerfen, indem er das Publikum vor einer möglichen Zukunft warnt. Da die Vorstellung in ihren vielfältigen Bezügen solche Zweideutigkeiten enthält, dient sie sowohl der Nacherzählung als auch der Vorhersage. Das Schauspiel interpretiert die Vergangenheit auf neue Weise und läßt Erwartungen über die Zukunft Gestalt annehmen. So wird es zu mehr als einem Spiegel und mehr als einer Wiederholung: Es ist ein aktives Mittel, die Zukunft über die Ausgestaltung von Erwartungen zu konstituieren.

Im Zweifel über die Bedeutung dieses mimetischen Ereignisses leitet der König eine neue Reihe von Täuschungsmanövern ein. Er läßt Hamlet für eine scheinbar private Unterhaltung in das Zimmer seiner Mutter rufen. Doch wird das Privatgespräch mit der Mutter zu einer Aufführung vor Publikum – der König hat im Raum einen Spion postiert. Im Verlauf des Schauspiels nimmt die Bedeutung der Ereignisse neue Brechungen an, da wir sehen, wie sie beobachtet, mitgehört und inszeniert werden. Die Ereignisse werden zu Szenen, die Handlungen zu Aufführungen, wobei fast alle »durch einen Umweg auf den Weg zu kommen« wissen.[42] Die Analogien zwischen Fiktionen, Konventionen des sozialen Lebens und Täuschungen weisen freilich nicht jedes soziale Unterfangen als isomorphe Ähnlichkeiten aus. Und wir werden auf die entscheidenden Unterschiede aufmerksam, denn ein Fehlgriff bezüglich des Genres der Situation, in der man sich befindet, oder hinsichtlich der Frage, wer welche Rolle spielt, könnte sich als fatal herausstellen: An einem bestimmten Punkt des Gesprächs droht der wütende Hamlet seiner Mutter, worauf der alte Höfling Polonius, der sich hinter einem Vorhang versteckt hält, ausruft: »Hilfe! he! herbei!«[43] Da Hamlet die undeutliche Gestalt für den König hält, tötet er sie mit einem impulsiven Dolchstoß durch den Vorhang. Auf diesen Fehlgriff spielt Hamlet in dem ironischen Kompliment an, das er seinem unbeabsichtigten Opfer macht: »Ich nahm dich für 'nen Höhern«.[44] Die ganze Problematik der Deutung dessen, was sich durch die Dazwischenkunft der Zeichen verbirgt, wird hier enthüllt. Ist es überhaupt möglich, hinter den Vorhang zu dringen?

»Ich nahm dich für 'nen Höhern« steckt voller ironischer Bedeutungen auf verschiedenen Ebenen; der Satz wird zur hermeneutischen Aussage über das »Nehmen«, über Unterscheidungen und Identifikationen von Ähnlichkeiten. Als moralisches Urteil könnte der Satz andeuten, daß Hamlet von Polonius etwas Besseres, oder mehr, erwartet hätte als jenen Betrug; daß er ihn für einen besseren Menschen gehalten hatte, als er – wie sein Einspringen für den König zeigt – in Wirklichkeit war. Als soziale Aussage bezieht der Satz sich auf Standesunterschiede, nicht auf Moral. Der Fehlgriff bezüglich der gesellschaftlichen Stellung läßt in dieser Aussage über die Verwechslung von Ähnlichkeiten eine weitere Ironie anklingen. Daß Polonius die Stelle des »rechtmäßigen Königs« einnimmt, erinnert auf komische Weise an die tragische Usurpation durch Claudius. In gewisser Hinsicht eben unterscheidet sich Polonius, als Stellvertreter des Königs, nicht allzusehr von diesem – auch er hat sich schuldig gemacht, indem er für jemanden »eingesprungen« ist, der selbst die Stelle eines anderen usurpiert hatte. So hat Hamlet seinerseits Polonius in der weitestgehenden Usurpation überhaupt, der Usurpation seines Lebens, »genommen«.

Hamlets Sprache betont, wie sehr er auf einen Schatten zielte, indem er auf Polonius' »Höhern« zielte – was auch immer das sein mag. Hamlets Versuche, zum Wissen vorzudringen, haben statt dessen einen Menschen getroffen, einen Mann, den Hamlet dennoch, auch jetzt noch, im Verhältnis zu dem nimmt, was er nicht ist. Seit der rechtmäßige König tot ist, können wir die wahre Bedeutung nur noch indirekt an Unterschieden und Fehlgriffen ermessen. So ist der Prozeß des Wissenserwerbs beschaffen.

Hamlets Wortspiel über das »Nehmen« unterstreicht die Tragödie der Irrtümer, die nunmehr begonnen hat, denn dies ist der Wendepunkt des Dramas. Wenn der griechische Begriff *hamartia* sich statt als »tragischer Irrtum« vielleicht besser buchstäblich als »Fehlgriff« übersetzen läßt, der sich »speziell auf die Identität der Person [bezieht], mit der die Handlung zu tun hat«[45], dann ist Hamlets fehlgeschlagener Stoß die beispielhafte Verkörperung einer tragischen Handlung. Diese entspringt nicht notwendigerweise einem moralischen Charakterfehler, sondern resultiert eher aus aktiven Entscheidungen und Interpretationen, die, wie beim Zielen eines Pfeils, leicht daneben gehen können. Eine Tragödie des Wissens ist eine Tragödie der Fehlgriffe, ein Werk, das sich mit unserer von Ungewißheit und Zweideutigkeit gekennzeichneten Lage auseinandersetzt.

Zuvor haben Hamlets Wortspiele, als Teil seines »wunderlichen Wesens«, eine Komödie der Fehlgriffe hervorgerufen. Als ein Spiel mit der Rede bekommen Wortspiele Probleme der Zweideutigkeit in den Griff, indem sie absichtlich Verwirrung stiften.[46] Durch linguistische Verdoppelungen wecken sie auch ein Bewußtsein für die Simultaneität und Unbestimmtheit des von uns erzeugten (pluralen) Sinns, und zwar in mehrfachem Wortsinn. Wenn wir ein Wortspiel machen, sprechen wir, indem wir Sprache gebrauchen, und spielen zugleich mit der Rede, indem wir die Regeln der Rede anwenden. Die simultane Doppelheit des Wortspiels kombiniert die Starrheit der Interpretation mit der Beweglichkeit der Handlung. So können Hamlets Wortspiele die potentiell gefährlichen Probleme, die durch Ausrutscher in der Sprache als einem System und durch Manipulation von Bedeutung im sozialen Verkehr entstehen, zugleich übertreiben und herunterspielen. Hamlet kann seine Meinung im Spiel offen aussprechen, denn seine Wortspiele erlauben ihm, ungestraft »Dolche zu reden, aber keine zu gebrauchen«[47]. Darüber hinaus sind einige der Wortspiele selbstreflexiv; sie kommentieren implizit das eigene Spiel mit Fehlgriffen und Beherrschung. Doch Hamlets unbesonnene Tat – auch wenn sie sich als Fehlgriff erweist – ist eine mörderische; er benutzt einen Dolch und nicht die Sprache, der Tod läßt sich durch die Fiktionen des Spiels nicht ungeschehen machen. Die Umwertung, die er in seinen Wortspielen über das »Nehmen« und in den ironischen Bemerkungen über den »Höhern« zu erreichen sucht, verweisen letztlich auf die Endgültigkeit des Todes, können diese jedoch nicht aufheben. Hier liegt das tragische Problem der Handlung, mit dem uns das Drama konfrontiert.

Trotz der Umkehrbarkeit, die das Spiel kennzeichnet, macht die Unumkehrbarkeit des Todes Hamlet zum Ziel eines neuen Rachekomplotts. Laertes, der Sohn des Polonius, wird nun zu Hamlets »Folie«[48], da Laertes jetzt ebenfalls zu einem Rächer eines ermordeten Vaters wird. Indem er Polonius ermordet, verwickelt Hamlet auch den König in ein tödliches Duell. Claudius kann sich nicht mehr damit begnügen, Hamlet nachzuspionieren; die Stellungen des Feindes sind enttarnt worden, Hamlets Absichten liegen jetzt offen zutage. Seine plötzliche Mordtat macht ihn zum Objekt, nicht nur zum Subjekt, von Rache. Des Königs indirekte Bestrebungen nach Wissen werden zu indirekten Mordversuchen; und auch Hamlet wechselt vom Spiel als einem Medium der Erkenntnis zur aktiven Auseinandersetzung mit dem Tod.

Inzwischen hegt Laertes den irrtümlichen Verdacht, daß der König seinen Vater getötet habe, und von Rachegelüsten getrieben, stürzt er in die Gemächer des Königs und droht, Claudius umzubringen. Doch dem listigen König gelingt es schnell, Laertes' Wut in eine Tat umzulenken, die einen heimtückischen Mord durch einen öffentlichen Racheakt ersetzen wird: Er bringt Laertes gegen Hamlet auf. Claudius bittet Laertes, sich »von mir stimmen [zu] lassen«[49], so daß das Handeln in eigener Sache dem Wohl des Staates untergeordnet und der Vater durch den König ersetzt wird. Claudius schlägt vor, Laertes solle sich mit Hamlet in einem vorgeblich sportlichen Fechtkampf messen, um unter dem Vorwand einer Hofunterhaltung ein Duell zu kaschieren. Statt der gestumpften Klinge wird Laertes eine spitze einschmuggeln. Und um ganz sicher zu gehen, entschließt sich Laertes, seine Waffe außerdem mit Gift zu »salben«. Statt der Unterhaltung zu dienen, werden hier die Strategien eines falschen Spiels ins Werk gesetzt, um Leben und Sitten zu verderben. Wieder hat der König einen Ersatzschauplatz für seine Aggressionen gefunden. Er beabsichtigt, die soziale Institution des Spiels zu benutzen, um den Konsequenzen seiner Straftat zu entgehen. Seine kriminelle Kreativität pervertiert die Struktur des Nicht-Handelns im Spiel. Claudius' Intrigen spielen nicht mit der Umkehrbarkeit, sondern bewirken vielmehr Handlungen, die nicht mehr ungeschehen zu machen sind.

Wie das Spiel, dem wir zuschauen, sollte der Fechtkampf mit dem Tod nur spielen, doch er wird zu einem versteckten Duell, das das sinnbildliche Fechten in der Handlung des Schauspiels buchstäblich ausagiert. In dieser Weise umfaßt der Wettkampf die agonistischen Handlungen der Hofgesellschaft, die bislang als Fragespiele getarnt waren. Der Wettkampf faßt als vorgetäuschtes Spiel, das bloß eine Repräsentation zu sein scheint, alle anderen Täuschungen am Hofe zusammen. In der Doppelzüngigkeit der Lügen verhöhnt und erhellt der falsche Wettstreit die Sprache des Spiels. Die Paradoxien des Spiels werden in den Paradoxien des als Spiel verkleideten Handelns verkehrt.

Um mit noch größerer Gewißheit sicherzustellen, daß das betrügerische Spiel seine Wirkung nicht verfehlt, legen die Verschwörer es so an, daß, falls die Spielzüge nicht zum Tode führen sollten, die Trefferpunkte dies leisten werden. Das Erzielen von Punkten bildet den Unterschied zwischen Treffern in einem Wettkampf, wo sie verbucht werden, da sie »nicht richtig zählen«, und Treffern in einem Duell, die in einer blutigeren Weise zählen. Der König arrangiert die Dinge so, daß nach jedem erzielten Punkt ein gesellschaftliches Zwischenspiel eingelegt wird: Man wird eine kurze Pause machen, um auf die ersten beiden von Hamlet erzielten Treffer anzustoßen. Der König wird dann in Hamlets Kelch ein Gift schütten, und so wird die Huldigung von Hamlets Treffern ihn ironischerweise niederstrecken. Der spielende Prinz soll, wenn nicht durch den Wettkampf, so doch durch seine Feier ausgespielt werden, getötet durch die Illusion des Spielens.

Claudius macht sich einen kampfbetonten, ergebnisorientierten Wettstreit zunutze, um eine Mordtat zu verschleiern, während Hamlet sich dem ungezwungenen Spiel widmet. Die jeweiligen Einstellungen der beiden zum Spielerischen zeigen einiges über ihren Charakter und über die Weisen, in denen Wettstreit und Spiel als verschiedene Weltkonstruktionen fungieren. Das organisierte Spiel eines Wettstreits verfährt nach festgesetzten Regeln; im Gegensatz dazu regeln informelle Konventionen den improvisatorischen Ablauf des freien Spiels. Die formalen Regeln des Wettstreits erfüllen viele Zwecke, aber die letztlich wichtigsten Regeln erzeugen erstens eine Struktur des Wettbewerbs, mit zwei Seiten (auch wenn nur einer gegen sich selbst spielt bzw. auf ein Tor spielt oder gegen die Uhr), und zweitens ein meßbares Ergebnis, entweder mit einem Sieger und einem Verlierer oder mit einem anderen ermittelbaren Ausgang.[50] Durch die zu erzielenden Punkte, die Vorgabe der Spieldauer und eine Reihe von Spielzügen errichtet der Wettstreit eine finalistische Weltkonstruktion, die im scharfen Kontrast zum unbeschränkten Fluß des Spiels steht. Claudius hofft, daß das Spiel mit dem Tod eine Mordtat legitimieren und verschleiern wird; sein Plan führt zur Auflösung der Handlung, wozu Hamlets metakommunikative Geschichten und Dramen, seine Wortspiele und sein unausgemachter Wahnsinn sowie andere Spielarten des freien Spiels nicht in der Lage wären. Claudius benutzt den Schein eines Wettstreits, um *eine unumkehrbare Tat* zu vollführen; Hamlet dagegen benutzt die Freiheit des Spiels, um die *Bedeutungsdimension* des Handelns zu erkunden, ohne dessen Konsequenzen tragen zu müssen. Ironischerweise werden gerade Hamlets interpretative Fehlgriffe zu unumkehrbaren Handlungen, und Claudius' Versuche, das Leben mittels eines Wettkampfes in den Griff zu bekommen, stoßen auf die unkontrollierbaren Aspekte des Spiels.

Während er mit Hamlet auf den Beginn des Fechtkampfes wartet, wird der Prinz von seinem Freund Horatio gewarnt:

> HORATIO: Ihr werdet diese Wette verlieren, mein Prinz.
> HAMLET: Ich denke nicht: seit er nach Frankreich ging, bin ich in beständiger Übung geblieben; ich werde bei der ungleichen Wette gewinnen. Aber du kannst dir nicht vorstellen, wie übel es mir hier ums Herz ist. Doch es tut nichts.
> HORATIO: Nein, bester Herr –
> HAMLET: Es ist nur Torheit; aber es ist eine Art von schlimmer Ahnung, die vielleicht ein Weib ängstigen würde.
> HORATIO: Wenn Eurem Gemüt irgend etwas widersteht, so gehorcht ihm: ich will ihrer Hierherkunft zuvorkommen und sagen, daß Ihr nicht aufgelegt seid.
> HAMLET: Nicht im geringsten. Ich trotze allen Vorbedeutungen: es waltet eine besondere Vorsehung über den Fall eines Sperlings. Geschieht es jetzt, so geschieht es nicht in Zukunft; geschieht es nicht in Zukunft, so geschieht es jetzt; geschieht es jetzt nicht, so geschieht es doch einmal in Zukunft. In Bereitschaft sein ist alles.[51]

Mit diesem existentiellen Standpunkt leugnet Hamlet die Möglichkeit der Herrschaft über ein Universum, über das die Menschheit nie Gewißheit erlangen kann. Er verwirft ein System der Weissagung, mit dessen Hilfe wir Ereignisse als Zeichen der Zukunft *lesen* könnten. Indem er die Lesbarkeit des Universums bestreitet, behauptet Hamlet jedoch nicht, daß das Universum gänzlich ohne Plan sei. Wenn eine »besondere Vorsehung« sogar über dem Sturz eines Sperlings waltet, dann ist die Vorsehung für alle Resultate verantwortlich. Aber das Walten der Vorsehung läßt sich weder mit unseren Diskursen erklären noch mit unseren Deutungssystemen ordnen. Nach dieser Auffassung ergeben sich die Resultate einfach. Das Verstehen soll sich somit ausschließlich auf faktische Ergebnisse stützen, und Entscheidungen dürfen nicht auf der Illusion gründen, daß wir den jeweiligen Ausgang bestimmen könnten.

Hamlets Teilnahme am Fechtkampf wird nun nicht nur zum Ersatz für Rache, sondern auch zu einer Auseinandersetzung mit der spielerischen Natur des Universums. Seine Entscheidung, ein Spiel zu *spielen*, fällt darüber hinaus mit seiner Entscheidung zusammen, zu handeln, ganz gleich, wie unvorhersehbar und unkontrollierbar die Ergebnisse sind. Hamlet läßt sich auf ein Universum ein, das er wie ein echtes Spiel behandelt – ein Spiel mit einem Ergebnis, das nicht planbar ist. Seine Sicht des Spiels, und des Universums, unterscheidet sich freilich aufs krasseste von derjenigen des Claudius. Der falsche Herrscher bedient sich der Regeln, um seine Macht zu mißbrauchen, und folgt ihnen nicht etwa, weil er das Spiel als Mittel zur Umgestaltung von Macht akzeptieren würde. Indem er Spiele als Mittel zur Vergewaltigung von Regeln und eben nicht als Modelle für Ordnung und Unordnung benutzt, wird das Spiel des Königs zu einem Täuschungsmanöver, mit dem er das von Hamlet akzeptierte offene Universum anficht. Ihre Konstruktionen widerstreiten sich zwar, sie bleiben aber doch bestechende Interpretationen des Weltgeschehens. Shakespeares Drama nutzt das Spiel, um zwei verschiedene Weisen des Umgangs mit Tod und Leidenschaft zu verdeutlichen.

Schon zu Beginn des Fechtkampfes bringt Hamlet die vom König inszenierte Intrige durcheinander: Er zögert es hinaus, seinen Wein zu trinken, und besteht statt dessen darauf, daß weitergespielt wird, worauf er einen zweiten Treffer landet. Hamlets Mutter, voller Freude über die Leistung ihres Sohnes, bringt mit seinem Kelch einen Toast auf sein Glück aus. Claudius versucht noch, sie zu hindern, den tödlichen Wein zu trinken, aber sie will Hamlet unbedingt feiern und schluckt das Gift. Hilflos schaut der König dem Schauspiel zu, bei dem er nicht länger Regie führt. Der Wettkampf, den er manipulieren wollte, bleibt in einer nicht manipulierbaren Weise ein Spiel mit eigenen Gesetzen und unvorhersehbaren Ergebnissen. Gefangen in der Sicherheit eines Zuschauers, wird der heimliche Autor des Todes ironischerweise durch seine Publikumsrolle gefesselt. Das Spiel führt die Grenzen vor, die unserem Vermögen der Beherrschung von Ergebnissen und Bedeutungen gesetzt sind. Claudius kann Gertruds Tod nicht verhindern, ohne seine eigene Hinterlist zu verraten. Der offene Prozeß dieses falschen Spiels enthüllt den offenen Charakter echter Spiele und die entsprechende Unberechenbarkeit des Lebens.

Während sowohl das Leben als auch das Spiel anfällig für Machenschaften sind, können auch Betrug und Täuschung ihrerseits durch Zufälle gefährdet werden. So steckt Gertruds Fehlgriff nach Hamlets Kelch Laertes an, denn er stürzt sich auf seinen Gegner, verwundet ihn, doch werden die Waffen im Handgemenge vertauscht. Die Ordnung des falschen Spiels weicht nun einem offenen Duell. Als Hamlet entdeckt, daß er Laertes mit der spitzen Klinge verletzt hat, ruft man aus dem Publikum: »Sie bluten beiderseits.«[52] Die Zuschauer dieses Wettkampfes werden zu Zeugen eines Mordes. Hamlet erkennt, daß Laertes mit einer scharfen Klinge focht, und erfährt, daß seine Mutter mit einem Trank vergiftet wurde, der eigentlich für ihn bestimmt war. Er läßt die Türen schließen und verkündet: »Verrat! sucht, wo er steckt.« Erneut beginnt die Suche nach Ursprüngen und Wahrheiten. Die Ausgänge sind jetzt zwar verschlossen, aber der anfängliche Tatbestand und das ursprüngliche Verbrechen werden nicht aufgeklärt. Laertes trägt seine Fassung der Geschichte vor: Hamlet hält den Verrat in seinen Händen; seine Waffe ist scharf und vergiftet; er hat nur noch eine halbe Stunde zu leben, und auch Laertes wird bald sterben – es ist »des Königs Schuld«, stellt dessen Handlanger fest.[53] Zum Schluß ersticht Hamlet die Quelle des Verrats mit der vergifteten Klinge und zwingt Claudius zudem, den vergifteten Wein auszutrinken. »Laß uns Vergebung wechseln, edler Hamlet«, bietet Laertes mit seinem letzten Atemzug an. So finden die beiden Rächer Erlösung von dem Rachekodex in der Ethik der Vergebung.

Während alle Intrigen auf die Häupter ihrer Urheber zurückfallen, holt sich das Spiel selbst ein. Die Fiktion wird zum Ereignis, zum Eingeständnis ihrer eigenen Inszenierung. Gleichzeitig dehnen sich die Grenzen der Fiktion aus, so daß die Tatsache unseres Zuschauens in die Geschichte selbst einbegriffen wird. Nachdem Laertes gestorben ist, wendet sich der sterbende Prinz an »Ihr, die erblaßt und bebt bei diesem Fall, / Und seid nur stumme Hörer dieser Handlung«. Er möchte ihnen (und uns) seine Darstellung des Geschehens vermitteln, doch der Tod – »der grause Scherge« – läßt ihm keine Zeit. An seinen Freund Horatio gewandt, dessen Name seine Rednerrolle verrät, erkennt Hamlet den entscheidenden Unterschied zwischen Leben und Tod in der Fähigkeit, Geschehenes zu korrigieren:

Horatio, ich bin hin;
Du lebst: erkläre mich und meine Sache
Den Unbefriedigten.

Auch Horatio sucht den Frieden im Tod und greift nach dem vergifteten Kelch, aber Hamlet fleht ihn an:

O Gott! – Welch ein verletzter Name, Freund,
Bleibt alles so verhüllt, wird nach mir leben.
Wenn du mich je in deinem Herzen trugst,
Verbanne noch dich von der Seligkeit
Und atm' in dieser herben Welt mit Müh',
Um mein Geschick zu melden.[54]

Die Zeugen des Todes werden erneut zu Zuschauern einer Aufführung. Da das Schauspiel seinen fiktiven Ursprung imitiert, wird dem Publikum bewußt, daß es Zeuge eines Dramas geworden ist, das eine offene Handlung ist, ein Drama, das sich selbst als eine dramatisierte Erzählung von Hamlets Geschichte erkundet. Obwohl die Anwesenden, einschließlich des Publikums, das Geschehen selbst gesehen haben, kann sich Hamlet nicht darauf verlassen, daß sie es in Wahrheit erkannt haben, denn sie (wir) kennen seine Ursache nicht. Sein Name wird ohne den Segen der Wahrheit – der Beweggründe, dessen, »was über allen Schein« – genauso angegriffen sein wie er selbst. Gleich einem Geist hinterläßt Hamlet den ihn Überlebenden ein Vermächtnis, jedoch keine Aufforderung zur Rache; er möchte die »aus den Fugen geratenen Zeiten« mit einem Bericht in Ordnung bringen. Der Rächer bittet den Redner, sein Stellvertreter zu werden, und zwar als Erzähler.

Das epistemische Problem liegt auf der Hand. Der Bericht, den Horatio erzählen soll, wurde gerade im Schauspiel dramatisiert, das nun offensichtlich die letzte Fassung seiner Darstellung bildet, auch wenn einer wie Horatio die Geschichte erneut erzählen würde. Im Gegensatz zur Erzählung macht das Drama seinen Erzähler nicht kenntlich. Die schauspielerische Darstellung inszenierter Ereignisse erzeugt eine vollständigere Illusion von Realität als die narrative Darstellung eines Erzählers. Beide Genres sind nicht identisch; und es kommt gerade auf die Unterschiede an. Doch dieses Drama scheint seine Beziehungen zu Erzählern und Quellen offen darzulegen. Hinter den bestechenden Illusionen des Stückes *scheinen* wir die Wahrheit zu entdecken. Aber alles, was wir wirklich gesehen haben, sind nur Bilder solcher Wahrheiten, Hinweise auf unsere Wahrheitssuche. Wiederum zeigt *Hamlet*, wie wir Fiktionen von Autorität und Ursprünglichkeit konstruieren. Und dennoch erreicht das Stück durch das Eingeständnis seiner eigenen Fiktionalität und die Aufdeckung unseres Gebrauchs von Fiktionen eine paradoxe Autorität. Es ist ein deklariertes Bild für unsere Suche nach Ursprüngen, Quellen, Ahnen, Wahrheit und Beweggründen – und dafür, wie wir diese in Geschichten und im Spiel auffinden.

Auch wo die Handlung des Dramas ins Blickfeld zu rücken scheint, als Hamlet darum bittet, daß sie als seine Geschichte erzählt wird, wird für sie ein zugrundeliegendes Motiv angegeben: Sie soll für die »Unbefriedigten« die Vergangenheit richtigstellen. Freilich ist das unbefriedigte Publikum geblieben, und wir gehören dazu. Wir haben erfahren, wie ungenau Fiktionen Ergebnisse oder Bedeutungen festzulegen vermögen; wir haben gesehen, wie schwach ihre Macht über die Zukunft ist. Wenn wir zudem gelernt haben, daß Fiktionen Erwartungen prägen und Wirklichkeiten konstituieren können, erkennen wir erneut die Lücke zwischen Erkenntnisgewißheit und dem Ursprung des Handelns. Ja, sobald Horatio seine Geschichte anfängt,

> [. . .] laßt der Welt, die noch nicht weiß, mich sagen,
> Wie alles dies geschah: so sollt ihr hören
> Von Taten, fleischlich, blutig, unnatürlich,
> Zufälligen Gerichten, blindem Mord;
> Von Toden, durch Gewalt und List bewirkt,

Und Planen, die verfehlt zurückgefallen
Auf der Erfinder Haupt [...][53]

spürt man die Abstraktionen und Einseitigkeiten der Erzählung. Unsere theatralische Erfahrung der ursprünglichen Ereignisse des *Hamlet* wird jetzt zur bloßen Geschichte, aus der, wie wir uns vorstellen, das Schauspiel *Hamlet* geworden ist. Dennoch ist alles in der Fiktion von *Hamlet* aufgehoben; die Welt verbleibt immer noch in Unwissenheit. Die Fiktion umfaßt nun auch uns, ihr Publikum. Durch das wiederholte Erzählen und Durchspielen der Vergangenheit – in den jeweils unterschiedlichen Formen des Dramas, der Geschichte, der Illusion oder des Rituals – sind wir sowohl an der Herstellung von Geschichte als an der Konstruktion des Verstehens beteiligt. Wir erwecken dabei nicht etwa die *ursprünglichen* Ereignisse zu neuem Leben, sondern erschaffen eine Genealogie von Zuschauern, indem wir durch Re-visionen Bedeutung herstellen. In Shakespeares *Hamlet* betrachten wir uns selbst zusammen mit den Hamlet Überlebenden, mit ihnen vereint in der Rolle von Zuschauern und Zeugen einer Welt des Spiels und einer gespielten Welt.

Unser Eintritt in die Welt des Spiels zerstört jedoch keineswegs unseren Sinn für Realität. Wir sehen uns um so klarer, obzwar in einem spielerischen Licht, je mehr wir das Publikum im Schauspiel als unser Ebenbild, doch nicht als mit uns selbst identisch, betrachten. Ein gedoppeltes Bewußtsein trennt uns von ihnen und erlaubt dadurch, uns mit ihnen und uns zugleich zu befassen. Irgendwo zwischen der Fiktion, der wir zuschauen, und der fiktiven Welt, die sie darstellt, hängt der Schatten einer nicht erkennbaren Vergangenheit, die sich zwar vorstellen, aber nicht wiederherstellen läßt. Der Kreis der Wiederholung durch Repräsentationen mag zwar als ebenso endlos und unvermeidlich erscheinen wie die Ermordung von Königen und die Rache für ihren Tod. Aber der Kreis der Wiederholung in der Kunst gesteht ein, daß er sich von seinen Bezugspunkten unterscheidet und daß seine Existenzform auf Substitution beruht. In dieser Weise lebt das Drama von einer Kunst der Trennung, die, gleich Hamlet, die Offenheit des Spiels, die Aufhebung der Entzweiung in der Vergebung, die Möglichkeit des Lernens durch Fehlgriffe und die Berichtigung des Verstehens in den Grenzen und der Freiheit des Spiels akzeptiert.

Shakespeares *Hamlet* konfrontiert uns mit unserem Wunsch, die Endgültigkeit des Todes zu widerrufen, die Wildheit der Begierden zu domestizieren, den Fluß der Zeit anzuhalten und die Lebensbedingungen unseres sozialen Selbst zu beeinflussen. Es wird gezeigt, daß diese Wünsche sowohl edel als auch tragisch sind, denn sie können nur innerhalb des Spiels und des Dramas verwirklicht werden, ja nur in den Grenzen sozialer Ausdrucksmittel, die nicht mehr vermögen, als unsere Sicht der Wirklichkeit zu interpretieren und zu manipulieren. All diese Mittel sind zwar äußerst wirksam: Sie können durchaus über Leben und Tod bestimmen, aber sie können den Tod nicht ungeschehen machen. Die Ordnung, die sie herstellen, ist die Ordnung des Diskurses. Hamlet akzeptiert das vom Spiel geschaffene Universum des Diskurses und unterwirft sich seiner Logik, anstatt zu versuchen, es zu beherrschen. In seiner Unterwerfung erblicken wir eine paradoxe Ermöglichung von Freiheit, mit der ein Streben sowohl nach Reflexion als auch nach Handeln einhergeht. Dem steht die gleichermaßen bestechende Wahrheit des Claudius gegenüber, dessen Transformationen sich der Kanäle sozialer Macht bemächtigen, um sie für seine individuellen Zwecke zu nutzen. Und doch: »Ihm geschieht sein Recht« im letzten Akt.[56] Seine Macht ist ebensowenig von Dauer wie die Systeme, die er zerstört. Beide Figuren machen unsere menschliche Geschichte aus, unsere Träume und unser Leben, und beide müssen in den Texten, die wir über uns selbst erzählen, erkannt und verstanden werden. Wir sind Hamlet und Claudius zugleich, oder zumindest müssen wir beide kennen, um uns selbst zu kennen. Sie repräsentieren jeweils verschiedene Gebrauchsweisen des Spiels; das Drama zeigt uns, wie wir die eine pflegen und die andere anerkennen können. Zum Schluß versetzt uns das Spiel weder in die Lage von Hamlet noch in die von Claudius; statt dessen sind wir ihre Zuschauer und spielen unsere Rolle dadurch, daß wir sie als verschiedene Spielarten menschlicher Möglichkeiten beurteilen. Das Schauspiel führt uns beide in ihren Spielweisen vor Augen, damit wir sie beurteilen und nicht nur betrachten. Da sie uns in einer Welt des Spiels vorgeführt werden, in der wir von den Handlungsfolgen unserer Entscheidungen befreit sind, ermöglicht uns das Drama, den Gebrauch von Interpretationen und Urteilen als mögliche Lesarten spielerisch zu üben.

Anthropologen könnten ihre Verantwortlichkeit hinsichtlich der Grenzen des Wissens – ganz im Sinne Hamlets – beweisen, wenn sie sich die gleichermaßen illusorischen wie realen Aspekte sowohl von Fiktionen als auch des sozialen Lebens selbst *zunutze machen*. Die Brechungen, die von ethnographischer Interpretation hervorgebracht werden, durch Fehlgriffe, Riten, Spiegel, Geschichten und Spiele, können für uns Momente der Stasis herbeiführen. In diesen Pausen, die ein reflexives Wissen ermöglichen, können wir lernen, wie es schließlich auch Hamlet tut, die Paradoxien und die lähmende Wirkung solcher Selbsterkenntnis zu überwinden. *Hamlet* zeigt, daß das ungezwungene Lernen durch das Spiel zur Grundlage kreativen Wissens und Handelns wird, wenn wir die Freiheit der Reflexivität nutzen, um folgenreiche und verbindliche Interpretationen zu leisten, wie irrtümlich oder illusorisch solche Erkenntnisversuche auch immer sein mögen.

Aus dem Englischen von Anne Middelhoek

Anmerkungen

1 Clifford Geertz, »›Deep Play‹: Bemerkungen zum balinesischen Hahnenkampf«, in: ders., *Dichte Beschreibung. Beiträge zum Verstehen kultureller Systeme*, aus dem Englischen von B. Luchesi und R. Bindemann, Frankfurt am Main 1983, S. 202–260.

2 Vgl. Clifford Geertz, a. a. O., sowie ders., »Blurred Genres: The Refiguration of Social Thought«, in: ders., *Local Knowledge. Further Essays in Interpretive Anthropology*, New York 1983, S. 19–35.

3 Vgl. Geertz, »Deep Play«.

4 William Shakespeare, *Hamlet*, übers. von August Wilhelm von Schlegel, hrsg. von D. Klose, Stuttgart 1980, 2.2.36 (die Zahlen verweisen auf Aufzug, Szene und Seite; in der Übersetzung abweichende Stellen werden hier im Original wiedergegeben).

5 *Hamlet*, 2.2.39 (»though it were hid indeed«).

6 Siehe dazu Jay Ruby, »Exposing Yourself: Reflexivity, Anthropology, and Film«, in: *Semiotica*, Nr. 1 / 2, 30 (1980) (Sondernummer *Signs about Signs: The Semiotics of Self-Reference*, hrsg. von B. A. Babcock), S. 153–179.

7 Vgl. Barbara Myerhoff / Deena Metzer, »The Journal as Activity and Genre: Or Listening to the Silent Laughter of Mozart«, in: *Semiotica*, Nr. 1 / 2, 30 (1980), S. 97–114, hier S. 103.

8 Siehe James Fernandez, »Reflections on Looking into Mirrors«, in: *Semiotica*, Nr. 1 / 2, 30 (1980), S. 27–40.

9 Vgl. Barbara A. Babcock, »Reflexivity: Definitions and Discriminations«, in: *Semiotica*, Nr. 1 / 2, 30 (1980), S. 1–14, hier S. 1 ff.

10 *Hamlet*, 3.2.69 (»pluck out the heart of [...] mystery«).

11 Diesen Ausdruck benutzt Edward M. Bruner, »Ethnography as Narrative«, in: E. Bruner / Victor W. Turner (Hg.), *The Anthropology of Experience*, Urbana 1986, S. 139–155, hier S. 149.

12 Vgl. Clifford Geertz, »Blurred Genres«.

13 Siehe Marilyn DiSalvo, »The Myth of Narcissus«, in: *Semiotica*, Nr. 1 / 2, 30 (1980), S. 15–26.

14 Siehe Barbara Herrnstein Smith, *On the Margins of Discourse*, Chicago 1978, S. 14–40.

15 Einige Quellen von *Hamlet* deuten darauf hin, daß Shakespeare in seinem Stück verschiedene literarische und mündliche Überlieferungen verschmol-

zen hat, einschließlich einer Legende, die ihrerseits verschiedene narrative Stränge und Themen aus skandinavischen und keltischen Mythen und Überlieferungen kombinierte. Die wichtigste schriftliche Quelle ist eine dänische Historie aus dem frühen dreizehnten Jahrhundert, die von Saxo Grammaticus auf latein verfaßt wurde. Belleforests *Histoires Tragiques* aus dem sechzehnten Jahrhundert bearbeitete Saxos Geschichte auf französisch. Generell berichten die früheren Versionen in jeweils unterschiedlicher Form von sehr undurchsichtigen Ereignissen im Jütland des siebten Jahrhunderts, wo zwei Brüder um die Macht kämpfen. Horwendil, Amleths Vater, wird von seinem eifersüchtigen Bruder Feng getötet (die Schreibweise der Namen variiert natürlich ebenso wie die Transkriptionen aus den mittelalterlichen skandinavischen Sprachen). Feng heiratet Gerutha, die Witwe seines Bruders und Opfers, und kaschiert sein Verbrechen geschickt. Amleth täuscht Tumbheit und Wahnsinn vor, um sein Leben am Hofe zu schützen. Mit all seiner List ersinnt er einen Weg, den König zu töten, was ihm am Ende auch gelingt, aber erst nach einer Reihe von gefährlichen Prüfungen, die seine Verstellung als Tor entlarven sollen. Amleth tritt die Thronfolge an, nachdem er auf listige Weise den Tod seines Vaters gerächt hat. Siehe Geoffrey Bullough (Hg.), *Narrative and Dramatic Sources of Shakespeare*, Bd. 7, London 1973; George P. Hansen, *The Legend of Hamlet, Prince of Denmark*, Chicago 1887; Sir Israel Gollancz (Hg.), *The Sources of Hamlet, with an Essay on the Legend*, London 1920; Frederick Armory, »The Medieval Hamlet: A Lesson in the Use and Abuse of a Myth«, in: *Deutsche Vierteljahrsschrift für Literaturwissenschaft und Geistesgeschichte* 51 (1977), S. 357–397.

16 Dies sind Redewendungen aus Shakespeares Schauspiel *Ein Sommernachtstraum*, das dem Publikum ebenfalls dessen Mitwirkung an der künstlerischen Gestaltung vor Augen führt.

17 Shakespeare, Sonett 71, Zeile 1, vgl. W. Shakespeare, *The Sonnets / Die Sonette*, hrsg. von R. Borgmeier, Stuttgart 1974, S. 75.

18 Siehe Mikhail Bakhtin, *The Dialogic Imagination*, hrsg. von Michael Holquist, Austin 1981, und Barbara Herrnstein Smith, *On the Margins of Discourse*.

19 Ivan Karp / Martha B. Kendall, »Reflexivity in Fieldwork«, in: Paul Secord (Hg.), *Explaining Human Behavior: Consciousness, Human Action, and Social Structure*, Los Angeles 1982, S. 249–273, hier S. 263.

20 *Hamlet*, 1.2.11.

21 Siehe Jason Rosenblatt, »Aspects of the Incest Problem in *Hamlet*«, in: *Shakespeare Quarterly* 29 (1978), S. 349–364.

22 Ivan Karp / Martha B. Kendall, »Reflexivity in Fieldwork«, S. 261.

23 Siehe Don Handelman, »Play and Ritual: Complementary Frames of Meta-Communication«, in: A. J. Chapman / H. C. Foot (Hg.), *It's A Funny Thing, Humour*, Oxford 1977, S. 185–192.

24 *Hamlet*, 5.1.108.

25 Siehe Victor Turner, *Das Ritual. Struktur und Anti-Struktur*, aus dem Englischen von Sylvia M. Schomburg-Scherff, Frankfurt am Main / New York 1989.

26 Siehe Erving Goffman, *Rahmen-Analyse. Ein Versuch über die Organisation von Alltagserfahrungen*, aus dem Englischen von H. Vetter, Frankfurt am Main 1986; Edward M. Bruner, »Image and Reality: Toward a Reflexive View of Social Life«, in: *The Crescent*, Nr. 7, 43 (1980), S. 7–10; Karp / Kendall, »Reflexivity in Fieldwork«; Don Handelman / Bruce Kapferer, »Symbolic Types and the Transformation of Ritual Context: Sinhalese Demons and Tewa Clowns«, in: *Semiotica*, Nr. 1 / 2, 30 (1980), S. 41–71.

27 *Hamlet*, 1.2.12.

28 Ebenda. [Die letzten Zeilen lauten englisch: »But I have that within which passes show / These but the trappings and the suits of woe.«]

29 [»Zier«: im Original *trappings*, mit der starken Konnotation *traps*, »Fallen« – Anm. d. Ü.]. Die »Falle« wird in dem Stück zu einem zentralen Bild und Symbol. Hamlet nennt ein von ihm präsentiertes Schauspiel »die Mausefalle« (3.2.66), denn »Das Schauspiel sei die Schlinge / In die den König sein Gewissen bringe« (2.2.52). Zum Schluß werden verbrecherische Machenschaften sowohl den Opfern als auch den Tätern zum Verhängnis, wenn die Pläne »verfehlt zurückgefallen / Auf der Erfinder Haupt« (5.2.123). Einer der reumütigen Fallensteller gesteht: »Gefangen in der eignen Schlinge [...] / Mich fällt gerechterweise mein Verrat« (5.2.120).

30 *Hamlet*, 1.5.28.

31 Siehe dazu Gregory Bateson, *Ökologie des Geistes*, aus dem Englischen von H. G. Holl, Frankfurt am Main 1981, bes. S. 276 ff., S. 353 ff.

32 *Hamlet*, 1.5.30.

33 Siehe Richard H. Grathoff, *The Structure of Social Inconsistencies*, Den Haag 1970; siehe auch Don Handelman, »Is Naven Ludic? Paradox and the Communication of Identity«, in: *Social Analysis*, Nr. 1, 1 (1979), S. 177–191; ders., »Rethinking *Naven*: Play and Identity«, in: Helen Schwartzman (Hg.), *Play and Culture (Proceedings of the Association for the Anthropological Study of Play)*, West Point 1980, S. 58–69; Don Handelman / Bruce Kapferer, »Symbolic Types and the Transformation of Ritual Context«.

34 Don Handelman, »Is Naven Ludic?«, S. 86 f.

35 Siehe Joseph Raz, *Practical Reasons and Norms*, London 1975.

36 *Hamlet*, 2.2.41.

37 Anna K. Nardo, »Hamlet, a Man to Double Business Bound«, unveröffentlichtes Ms. 1979.

38 Helen Schwartzman, *Transformations: The Anthropology of Children's Play*, New York 1978.

39 Siehe Victor Turner, *Das Ritual*, sowie ders., »Das Liminale und das Liminoide in Spiel, ›Fluß‹ und Ritual. Ein Essay zur vergleichenden Symbolo-

gie«, in: ders., *Vom Ritual zum Theater. Der Ernst des menschlichen Spiels*, aus dem Englischen von Sylvia M. Schomburg-Scherff, Frankfurt am Main 1995, S. 28–94.

40 Siehe David J. MacDonald, »*Hamlet* and the Mimesis of Absence: A Post-Structuralist Analysis«, in: *Educational Theatre Journal* 30 (1978), S. 36–53.

41 *Hamlet*, 3.2.66.

42 A.a. O., 2.1.33 (»By indirections find directions out«).

43 A.a. O., 3.4.74.

44 A.a. O., 3.4.75.

45 Gerald Else, *Aristotle's Poetics: The Argument*, Cambridge, Mass. 1957, S. 378–386.

46 Susan U. Philips, »Teasing, Punning, and Putting People On«, *Working Papers in Sociolinguistics*, Nr. 28, Austin 1975.

47 *Hamlet*, 3.2.70: »Nur reden will ich Dolche, keine brauchen.«

48 A.a. O., 5.2.118 (engl. *foil*, das auch Rapier bedeutet).

49 A.a. O., 4.7.97 (»Will you be rul'd by me?«).

50 Siehe Elliot M. Avedon, »The Structural Element of Games«, in: E. Avedon / B. Sutton-Smith (Hg.), *The Study of Games*, New York 1971, S. 419–426.

51 *Hamlet*, 5.2.117.

52 A.a. O., 5.2.120.

53 A.a. O., 5.2.121.

54 A.a. O., 5.2.121 f.

55 A.a. O., 5.2.123.

56 A.a. O., 5.2.121.

Doris Bachmann-Medick

Kulturelle Spielräume: Drama und Theater im Licht ethnologischer Ritualforschung

Soziale Inszenierungsformen in dramatischer Darstellung: Kulturanthropologische Untersuchungsperspektiven

Drama und Theater sind gesellschaftliche Ausdrucksformen, in denen kulturspezifische Vorstellungen und Handlungsweisen dargestellt und interpretiert, aber auch übertrieben und verändert werden. Durch ihre Teilhabe an der theaterübergreifenden, sozialen Inszenierungskultur weisen sie über Text- und Bühnengrenzen hinaus. Sie bringen die Handlungssphäre ins Spiel, die wiederum eigene Repräsentations- und Inszenierungsdimensionen hat.

Solche Wechselbeziehungen sind lange Zeit nur durch die theatersoziologische Auffassung vom Leben als Rollenspiel im Spiegel der Theatermetapher betrachtet worden.[1] Aus der Perspektive der Kulturanthropologie hingegen legen sie eine weitaus präzisere Theateranalogie nahe,[2] die auch nicht mehr länger einem kulturabhängigen, westlichen Verständnis von Theater und Person verhaftet bleibt. Erst die kulturanthropologische Ritualforschung öffnet den Blick für kulturspezifische Formen der Darstellung und Selbstdarstellung sowie für die Möglichkeit kulturenübergreifender Vergleiche im Feld der Inszenierungs- und Symbolisierungstechniken. Von hier aus können Knotenpunkte für eine komparatistische Literaturanalyse, aber auch wichtige Kontaktschienen zwischen den Kulturen gewonnen werden.[3]

Die kulturanthropologischen Ritualforschungen, die aus dem Umfeld des »cultural-performance-approach«[4] und einer »vergleichenden

Symbologie«[5] hervorgingen, haben einen hohen interdisziplinären Anregungswert. Denn ihre Hauptleistung liegt in der Entwicklung eines konkreten methodischen Instrumentariums, mit dem kulturell signifikante Handlungs- und Darstellungsabläufe aus verschiedenen Gesellschaften auf dem gemeinsamen Nenner ihrer jeweiligen Inszenierungsstruktur beschrieben und interpretiert werden können: Rituale, Karneval, Feste und Zeremonien, ja sogar die Repräsentationsformen von Politik, Sport und Religion und nicht zuletzt Drama und Theater. Eine entscheidende Brechung entsteht dadurch, daß literarische Texte kulturelle und rituelle Bedeutungen nicht einfach abbilden und fixieren, sondern über einen Prozeß der Symbolisierung und Neukodierung oftmals erst herausbilden oder eigenwillig verändern. Angesichts solcher Abweichungen und Umwandlungen ist die Literaturanalyse – ähnlich wie die Kulturanthropologie – darauf verwiesen, »die Symbole gewissermaßen in Bewegung einzufangen«[6]. Damit bleibt sie nicht bloß auf bestimmte symbolische Bedeutungen fixiert, sondern sie kann auf den symbolischen Bedeutungs*spielraum* rekurrieren, der in den Texten selbst eröffnet wird.

Solche Spielräume haben einen konkreten Handlungsbezug. Es können Verbindungslinien gezogen werden zu Grenz- und Übergangserfahrungen von Individuen, zu Transformationsprozessen ganzer Gesellschaften, in Ansätzen sogar bis hin zur postkolonialen Situation kulturenüberlagerter »Heimatlosigkeit«. Deren problematische »Spielräume« sind durch liminale Bedeutungs-, ja Existenzunsicherheiten, zugleich aber auch durch ein Kreativitätspotential gekennzeichnet. Der vorliegende Beitrag konzentriert sich jedoch im Fallbeispiel einer ritualbezogenen Zergliederung eines Dramas auf die methodisch besonders aufschlußreiche und handhabbare kulturanthropologische Ritualanalyse, wie sie von Victor Turner ausgearbeitet worden ist.

Nach diesen Vorbemerkungen ist die Interpretation keineswegs auf diejenigen Ansätze verwiesen, die man gemeinhin mit der kulturanthropologischen Ritualtheorie des Dramas assoziiert. Diesen Ansätzen fehlt ein interkulturell angelegter Ritualbegriff. So hat z. B. Nietzsches Deutung der griechischen Tragödie aus dem dionysischen Ritual einem unpräzisen, antirationalen und mythischen Ritualverständnis den Weg bereitet,[7] wie es dann im Ritualtheater der Avantgarde[8], besonders bei Artaud[9], theaterpraktisch umgesetzt wird. Auch die frühen kulturanthropologischen Grundlegungen ritualistischer Drameninterpretation durch die Cambridge School of Classical Anthropology zu Anfang dieses Jahrhunderts behandelten Rituale noch nicht als Inszenierungsformen symbolischen Handelns, die kulturell differenziert, zugleich aber interkulturell übertragbar sind.[10] Ihre rituelle Ursprungstheorie von Drama und Theater hat zwar von evolutionistischen Sichtweisen bis zu deren Überwindungsversuchen eine breite Kontroverse eröffnet.[11] In unserem Zusammenhang jedoch geht es weniger um die Frage des rituellen Ursprungs von Drama und Theater als um die Abgrenzung zwischen Ritual und Drama sowie um die Fruchtbarkeit einer Interpretationsperspektive, die in den Handlungssequenzen innerhalb von Dramen selbst Neuansätze für eine Verarbeitung von Ritualen und rituellen Elementen aufspürt. Dabei setzt die neuere dramenbezogene Ritualforschung die Entwicklung eines eigenständigen Repertoires dramatisch-theatralischer Konventionen voraus, Konventionen des Raums, der Zeit, des Spiels und vor allem rhetorischer Konventionen, die als Abgrenzungskriterium zum Ritual ebenso zentral sind wie die Entwicklung einer eigenständigen Zuschauerinstanz im Theater.[12] Betont wird die Notwendigkeit historisch genau lokalisierter Untersuchungen, etwa – im Umfeld des anthropologisch ausgerichteten New Historicism – zu den spezifischen Beziehungen zwischen elisabethanischem Ritualismus und Shakespeares Dramen.[13] Die Abkehr von der ritualistischen Ursprungstheorie verlangt, auch das Ritualverständnis zu historisieren und zu präzisieren. Hierzu ist die komplexe »Karriere« des kulturanthropologisch-ethnologischen Ritualbegriffs richtungweisend.

In der klassischen Ethnologie werden Rituale überwiegend im religiösmagischen Bereich verankert, wo der Glaube an höhere, kosmische, kultische Mächte unbestrittene Geltung hat.[14] Seit Durkheim werden Rituale als heilige, mythische, symbolisch-expressive und nichtutilitarische Handlungssequenzen von instrumentell-technologischen Zweckhandlungen und dem Nützlichkeitsprinzip des sozialen Lebens abgegrenzt. Diese Entgegensetzung ist in der neueren Kulturanthropologie ebenso umstritten[15] wie die Abgrenzung des Rituals von der säkularen Zeremonie[16]. Eine systematische Unterscheidung wird aber nötig, da auch im säkularen Bereich ritualähnliche Handlungen vorkommen, d. h. stereotype, standardisierte, stark formalisierte und wiederholbare Verhaltensabfolgen. Rituale sind auch hier spezifische

Fälle des Zeremoniellen, das alle hoch formalisierten und stark konventionalisierten symbolischen Handlungsweisen auszeichnet, die sich auf soziale Beziehungen und auf Statusausdruck richten (z. B. Versammlungen, Gerichtsverhandlungen, Prüfungen, Beförderungen, Staatsbesuche usw.). Rituale sowie Zeremonien stellen die Wirksamkeit religiöser bzw. sozial-kultureller Vorstellungen, Normen und Tabus sicher. Sie weisen im Kontinuum des Alltagslebens gleichsam sakrale Zwischenphasen aus, die mit höchster kultureller Symbolik und mit den zwingenden Autoritäts- und Geltungsansprüchen überlieferter Denk- und Verhaltenskonventionen aufgeladen sind. Damit implizieren sie hohe soziale Erwartungen, wie sie beispielsweise von Loyalitätsverhalten, Patriotismus, Statusautorität und Repräsentation von Herrschaft ausgehen. Solche Bedeutungsaufladung, ja »Überdetermination« säkularer Rituale wird auch in Dramen häufig ins Licht gerückt. Sie ist festzuhalten, um den Ritualbegriff nicht so weit auszudehnen, daß er auf so gut wie alle standardisierten Aktivitäten und Routinen des Alltagslebens wie Händeschütteln, Zähneputzen, Teetrinken, Autofahren usw. anwendbar wird.[17] Gerade für komparatistisch angelegte Analysen sozialer und dramatisch-theatralischer Handlungsmuster ist ein Ritualverständnis grundlegend, das an der kulturellen Aussagekraft ritueller Vorgänge festhält und ausgehend von »Schlüsselszenarien«[18] interkulturell vergleichbare Inszenierungs- und Handlungssequenzen herausarbeitet: Zentral sind hier die eigentümliche Aufführungs- und Interpretationspraxis des Rituals sowie seine deutlich gegliederte Verlaufsform.

Der Kulturanthropologe Victor Turner gibt dem Ritualverständnis einen säkularen, theaterorientierten Akzent und vor allem eine soziale Begründung: Rituale sind Bestandteile »sozialer Dramen«, durch die gesellschaftliche Konflikte über eine gegliederte Verlaufsform inszeniert und zugleich reguliert werden.[19] Die Darstellung von Konflikten in Drama und Theater hat ein reales Fundament in der Dynamik solcher »sozialen Dramen«, wie sie Turner am Beispiel des afrikanischen Stammes der Ndembu in Sambia beschreibt: in Verwandtschaftskonflikten, in Konflikten der Herrschaftsnachfolge, in Ritualen der Statusumkehr, der Rebellion, der Revolution und des Krieges. Das Theater ist nur die Spitze dieses Eisbergs rituell gehandhabter sozialer Dramen und Konflikterfahrungen in den wirklichen Lebensbeziehungen und somit nicht nur ein Gleichnis für alltägliches Rollenspiel.

Auf der Grundlage solcher »sozialen Dramen« trifft Turner eine deutliche und analytisch ausgesprochen nützliche Unterscheidung zwischen Ritual und Zeremonie: »Eine Zeremonie ist *indikativisch*, ein Ritual *transformativ*.«[20] Rituale haben transformierende Auswirkungen auf Individuen oder soziale Gruppen, sei es bei Statusänderung, Lebenskrisen oder jahreszeitlichen Zyklen ganzer Gesellschaften. Geburt, Taufe, Pubertät, Hochzeit, Tod sind entsprechende Schwellenereignisse, die auch in Bühnendramen herausragende Motive abgeben. Sie sind – anders als die bloße Zeremonie – mit einer höchst symbolträchtigen Grenz- und Übergangserfahrung, d. h. mit »Liminalität« verknüpft. Daß gerade diese Schwellenphase rituell wie kulturell einen entscheidenden Stellenwert hat, wurde von Victor Turner in Anlehnung an die klassische Ritualanalyse des französischen Ethnologen und Volkskundlers Arnold van Gennep[21] ausgearbeitet. Dieser hat in idealtypischer Weise drei wesentliche Stadien von Übergangsritualen unterschieden:

1) Trennungsriten (rites de séparation). Sie lösen den Novizen bzw. Initianden aus dem gewohnten sozialen Umfeld, ja aus jeglichen sozialen Bindungen.
2) Schwellen- bzw. Umwandlungsriten (rites de marge). Sie versetzen den Novizen in einen Schwebe- und Zwischenzustand der Liminalität, indem sie eine Verbindung zur Sakralsphäre herstellen.
3) Wiederherstellungs- bzw. Angliederungsriten (rites d'agrégation). Sie integrieren den Novizen wieder in die profane, soziale Lebenswelt bzw. in einen neuen Status.

Die Möglichkeit, sich an einem solchen »Strukturschema«[22] zu orientieren, das erst in den Inhalten kulturspezifisch ausdifferenziert wird, fördert die Vergleichbarkeit ritueller Formen über verschiedene Kulturen hinweg.

Gilt dies auch für die Analyse ritueller Elemente innerhalb von Drama und Theater? Auf dem Theater wird das lineare Abfolgeschema des Rituals zumeist gebrochen. Bühnendramen können durch dramatisch-fiktive Schwerpunktverlagerungen den Mechanismus säkularer Rituale oder die Erwartungslast der großen Traditionsrituale durchbrechen und in Frage stellen. Brechts *Kleinbürgerhochzeit* sei hier aus der Fülle der entsprechenden Dramenbeispiele als ein extremer Fall einer Darstellung des Zusammenbruchs ritueller Handlungsmuster genannt. Das Hochzeitsritual ist hier nicht als ein Stabilisierungsprozeß, sondern als ein ausgedehntes Trennungsritual gestaltet, als desillusionierende Ablösung von den trügerischen Fiktionen der rituellen Erwartungen selbst (»Schließlich ist es doch die Hochzeitsnacht!«[23]). Der dramatische Spielraum, den ein solcher Umgang mit Ritualen voraussetzt, ist eine spezifische, zugespitzte Ausgestaltung des liminalen Spielraums im sozialen Ritual selbst. Und dieser ist eben keineswegs völlig beliebig und unstrukturiert.

Daß Liminalität nicht nur eine entscheidende Ritualphase kennzeichnet, sondern auch ein spezifisch markierter Erfahrungszustand ist, dies hat erst Victor Turner – über van Gennep hinausführend – herausgearbeitet und mit ethnologischen Feldforschungserfahrungen untermauert.[24] Vor allem an Initiationsriten zeigen sich ihre typischen Eigenschaften: Im Zustand der Liminalität sind die Novizen oft namenlos, geschlechtslos und aus ihren vorherigen sozialen Bindungen vorübergehend herausgelöst. Sie schweben in einer labilen Zwischenexistenz, sind »weder das eine noch das andere, sondern befinden sich zwischen den vom Gesetz, der Tradition, der Konvention und dem Zeremonial fixierten Positionen«[25]. Dabei sind die Schwellenpersonen meist räumlich abgesondert, an einen anderen, heiligen Ort versetzt, verkleidet oder maskiert und der paradoxen Verfassung ausgeliefert, daß sie sich gleichzeitig als tot und lebendig, als Tier und Mensch, als Mann und Frau empfinden können.[26] Kennzeichnend für solche Liminalitätserfahrung ist die Konfrontation mit übermenschlichen Kräften, mit Mythen, Dämonen, Göttern, mit Hexerei, Magie, Wiederkunft der Toten, Geisterscheinungen (vgl. *Hamlet*), mit Monstern und überdimensionierten Körperteilen. Diese Konfrontation erzeugt nicht nur Angst und Entfremdung. Sie zwingt den Novizen / Initianden auch zur Auseinandersetzung mit seiner kulturspezifischen Symbolwelt. Die bisher für selbstverständlich, ja für natürlich gehaltenen Symbolkomplexe und sozialen Grenzziehungen werden hier gesprengt und in sich widersprüchlich gemacht:

»Setzt man ein Menschenhaupt auf den Körper eines Löwen, so denkt man an den menschlichen Kopf im abstrakten Sinne. Für einen entsprechend gebildeten Angehörigen einer bestimmten Kultur wird es womöglich zu einem Symbol für den Häuptlingsstatus; oder es repräsentiert die Seele im Unterschied zum Leib, den Intellekt im Kontrast zur rohen Gewalt oder auch ganz andere Dinge.«[27]

Die Liminalitätserfahrung – so Turners These – gibt individuellen und sozialen Übergangsprozessen einen deutlichen kulturellen Stellenwert. Sie verhilft dazu, die elementaren Klassifikationen und Erfahrungen einer Kultur auszuspielen und sie gleichzeitig auf die Probe zu stellen. Dazu gehört die Ausbildung einer rituellen Anti-Struktur zur Gesellschaft in Form einer *communitas*, einer solidarischen und egalitären Gemeinschaft der Novizen / Initianden untereinander, wie man sie im Drama etwa in der *communitas* der Frauen in Aristophanes' *Lysistrata* findet.[28] Solche liminale *communitas* setzt die geltenden sozialen Regeln und Hierarchien vorübergehend außer Kraft und wirkt damit als die entscheidende Quelle für kulturelle Spielräume: Spielräume für Experiment, Spiel, Statusumkehr, Ironie und Entstellung sowie für Innovation und veränderte Sinnerfahrung durch praktische Handhabung und Verwandlung von Symbolen: »Im Zustand der Liminalität werden neue Handlungsweisen, neue Kombinationen von Symbolen ausprobiert, die dann verworfen oder akzeptiert werden.«[29]

Was kann diese Einsicht für die Analyse von Drama und Theater bedeuten? Auch wenn Rituale, Zeremonien, Selbstdarstellungen, Konventionen usw. in Dramen nach Inhalt und Bedeutung kulturspezifisch voneinander abweichen, haben sie doch eine Gemeinsamkeit in den symbolischen Handlungssequenzen ihrer Inszenierung. Darüber hinaus verkörpert das Theater als solches bereits die Institution einer »public liminality«[30]: »Bühnendramen gehören zu einer Gattung, die ich eher als ›liminoid‹, ›liminalartig‹, denn als ›liminal‹ bezeichnen möchte. Sie gehen historisch zurück auf Rituale, die eine wirkliche Liminalitätsphase enthalten, und ersetzen sie oft. Darüber hinaus teilen sie wichtige Merkmale mit den liminalen Prozessen und Zuständen: ›Subjektivität‹, die Distanzierung von Alltagsklassifikationen, symbolische Umkehrungen, die Aufhebung von grundlegenden sozialen Unterschieden, usw.«[31]

Bühnendramen entfalten ihren Reflexions- und Aktionsspielraum als »Liminoide (oder Mußegattungen)«[32], wie sie für komplexe Gesellschaften charakteristisch sind: »In der sogenannten ›hohen Kultur‹ komplexer Gesellschaften hat sich das Liminoide nicht nur weit vom Kontext der Übergangsriten entfernt, sondern es hat sich auch ›individualisiert‹.«[33] Auf solchen liminoiden Status führt Turner gerade das subversive Potential von Drama und Theater zurück, das er nicht nur bei Artaud am Werk sieht, sondern auch bei Strindberg, Ibsen, Brecht,

Pinter und Beckett.[34] Von Subversivität kann aber nur deshalb die Rede sein, weil das Theater die symbolischen Formen der elementaren Lebenssituationen und der kulturellen Grenzerfahrungen gerade nicht in einem linearen Entwicklungsprozeß entfalten muß. Vielmehr kann das Theater mit der Symbolik in einer provozierenden Weise umgehen, an der die Zuschauer ihre eigenen rituell-konventionellen Standards und Erwartungen messen können: »Hier haben wir es nicht so sehr mit der Symbolisierung von Geburt, Heranreifen, Tod und Wiedergeburt – d. h. mit linearen Entwicklungsprozessen – zu tun, sondern mit der kontinuierlichen Präsenz einer Metasprache – d. h. mit Repräsentations- und Ausdruckskodes, die es den Teilnehmern und Zuschauern ermöglichen zu sehen, wieweit sie ihre eigenen idealen Maßstäbe verfehlt oder übertroffen haben, oder gar, in manchen Formen des Rituals, eben diese Ideale unter Bedingungen einschneidenden sozialen Wandels in Frage zu stellen.«[35]

Ritualverarbeitung und Ritualbrechung in Drama und Theater: Ansätze der Forschung

Durch die provozierende Brechung gewohnter Symbolisierungsvorgänge in Drama und Theater werden die Liminalitätsspielräume noch verstärkt. Wie dadurch aber – gerade mit Hilfe der ethnologischen Ritualforschung – auch ein kulturenübergreifender Horizont eröffnet wird, soll nun an einigen konkreten Beispielen gezeigt werden. Gemeint sind hier weniger solche Ansätze der Theaterethnologie, die untersuchen, wie das Theater Schauspieler und Zuschauer in einen Zustand der Liminalität versetzt.[36] Eher geht es um die Frage, auf welche Weise in den Dramen selbst typische Erfahrungen von Liminalität verarbeitet werden und wie dabei wichtige Verlaufsformen kultureller Selbstreflexion ans Licht kommen – ein ergiebiges Untersuchungsfeld für Literaturanalysen »zwischen Literatur und Kulturanthropologie«[37]. Das Ritualmuster der *rites de passage* ist in diesem Zusammenhang ein Modell für soziale und theatralische Inszenierung zugleich.[38] Damit ist es ein komparatistisches Analysemodell besonders für solche Dramen, die in sozialer Ritualisierung verankert sind und diese gleichzeitig zum Thema haben. Neben antiker Tragödie und mittelalterlichem Mysterienspiel[39] sind hier Shakespeare-Dramen und das Ritualtheater der Avantgarde[40] die fruchtbarsten Untersuchungsfelder.

Shakespeares Dramen eignen sich besonders für eine Interpretation der dramatischen Darstellung individueller und sozialer Entwicklungsprozesse auf dem Hintergrund von *rites de passage*. Turner selbst erwähnt einige allerdings unausgeführte Beispiele, etwa die spezifischen Anzeichen von Liminalität in der Heide-Szene (Akt III, Szene 2) von *King Lear*.[41] Ausführlichere Interpretationen finden sich hingegen im breiten Spektrum der auf Shakespeare bezogenen Ritualforschung: Ihre geschlechtsspezifische Ritualdifferenzierung, ihre Untersuchung von Fertilitäts-, Opfer- und Karnevalsritualen und deren spezifischer Rollenumkehr in einem konkreten historischen Machtfeld[42] umfaßt ausdrücklich an Turners Ritualanalyse orientierte Ansätze. So untersucht Marjorie Garber *maturation patterns* in Shakespeares Dramen, mit denen der Übergangsprozeß des *coming of age* der Charaktere als ein rituell-konventioneller Bedeutungszusammenhang erkannt werden kann.[43] Peter Sillem interpretiert Shakespeares *Sommernachtstraum* unter dem Aspekt der Dramatisierung eines in Fruchtbarkeitsriten verankerten Übergangsrituals, an dem die Initiation eines neuen Verständnisses vom Individuum in der Renaissance ablesbar ist.[44] Und ebenfalls an diesem Drama hebt Florence Falk das Pattern des Traums als eines *rite de passage* zur Erweiterung der Wahrnehmungsfähigkeit und als Medium für Transformationen hervor.[45] Ein grundlegender Horizont wird in Edward Berrys ritualorientiertem Zugang zu Shakespeare-Komödien abgesteckt.[46] Mit fundierter Kenntnis der ethnologischen Ritualforschung beschreibt Berry »eine bemerkenswerte Ähnlichkeit zwischen der Struktur von Shakespeares romantischen Komödien und der Struktur von Übergangsriten«.[47] Er zeigt, wie sich in Shakespeares Komödien romantische Konventionen konstituieren: Diese wirken nicht von vornherein als handlungsleitende Vorstellungen, sondern sie werden erst über die ritualähnliche Handlungssequenz von *separation*, *courtship* und *marriage*, und hier vor allem über die liminale Phase der Liebeswerbung, vermittelt.

Die hier angedeuteten Beispiele zeigen, daß sich mit dem dreigliedrigen Verlaufsmodell des Rituals der dramatische Entwicklungsgang von Figuren und Handlungen auf kulturelle Denk- und Verhaltenspatterns zurückführen läßt. Sie zeigen allerdings auch, wie die Theaterstücke die strenge Abfolgeordnung sozialer Rituale durchbrechen und diese damit kommentierend beleuchten. Beispiele für Ritualparodien und abgebrochene Sequenzen, d. h. »verstümmelte Rituale«[48], wären Umkehrungen von Hochzeitsritualen, sei es durch ihre Übertreibung, wie in Ophelias Hochzeitsfiktion[49], oder durch ihre Entstellung, wie in *The Taming of the Shrew*, wo das Hochzeitsritual statt eines konventionellen Inkorporationsrituals als ein Separationsritual durchgeführt wird.[50] Beide Fälle sind als ein kultureller Kommentar zu interpretieren, der aus dem dramatischen Spielraum zur Übertreibung sozialer Dramen entspringt, wie ihn Victor Turner geradezu für theaterspezifisch hält: »Theater ist tatsächlich eine Dramatisierung, eine Übersteigerung juristischer und ritueller Prozesse; nicht bloß eine einfache Reproduktion der gesamten ›natürlichen‹ Verlaufsform des sozialen Dramas.«[51]

August Strindberg ›Nach Damaskus‹: Fallbeispiel einer Ritualanalyse des Dramas

In der Geschichte der innerdramatischen Reflexion und Umdeutung von Ritualen und Konventionen nach Shakespeare, die weniger erschlossen ist, erweisen sich die Dramen August Strindbergs als besonders ergiebig. Hier leistet das Drama eine Liminalisierung der Rituale selbst. So ›liminalisiert‹ Strindbergs *Traumspiel* gewohnte Verhaltenssequenzen und überlieferte Bedeutungseinheiten, indem es rituelle Elemente als Versatzstücke dramatisch vermischt. *Nach Damaskus* hingegen läßt sich als ein Drama interpretieren, das in seiner Handlungs- und Zeitstruktur und in seiner Vorstellungswelt ein voll ausgeführtes Übergangsritual repräsentiert. In beiden Dramen handelt es sich um die Darstellung des Scheiterns ritueller Orientierungsmuster angesichts der Widersprüchlichkeit sozialer Erfahrungen sowie um die Gebrochenheit ritueller Verpflichtungen und Erwartungshaltungen. Dies führt bei Strindberg jedoch keineswegs zu einem Bruch mit mythischen und magisch-kultischen Überlieferungen insgesamt, im Unterschied etwa zu Brecht und seiner Forderung einer »Entkultisierung« zugunsten der Vernunft im wissenschaftlichen Zeitalter.[52] Strindbergs Verfahren der Ritualvermischung kann eher auf seine Diagnose der »Moderne« als einer ungleichzeitigen, in sich widersprüchlichen »Übergangszeit« zurückgeführt werden: »Ich habe meine Figuren als moderne Charaktere entworfen, in all ihrer Unsicherheit und Zerrissenheit, zusammengesetzt aus Altem und Neuem, als Figuren einer Übergangszeit, die rascher und hysterischer dahinlebt als die vorhergegangene.«[53]

In Strindbergs *Traumspiel* werden liminale Erfahrungen durch eine widersprüchliche Auflösung traditioneller Ritualsequenzen erzeugt. So verkörpert etwa die Promotionsszene im *Traumspiel* kein eindeutiges Initiationsritual, sondern eher ein Konglomerat ritueller Anspielungen, eine Verflechtung von Beerdigungs-, Huldigungs-, Opferritualen und religiös-liturgischen Riten. Es geht hier nicht um die Verwandlung eines Initianden innerhalb einer klar umrissenen und dadurch identitätstiftenden Ritualsequenz, sondern um eine Verwandlung und Umdeutung der traditionellen Ritualkomplexe selbst:

> *Man hört die Kirchenglocken läuten.*
> DER OFFIZIER: Gibt es ein Begräbnis in der Stadt?
> DER ADVOKAT: Nein, es ist Promotion, die Doktorpromotion. Und ich muß gerade hin, da ich Doktor juris werden soll.[54]

Das Promotionsritual aber scheitert in einem »feierlichen Akt«. Es wird in ein gleichsam liturgisch-akademisches Drama verwandelt, das mit einem einzigen Ritual allein nicht mehr zu bewältigen ist. Dem Doktorkandidaten wird das Huldigungsritual der Bekränzung mit einem Lorbeerkranz verweigert. Er wird zum Opfer des Streits der Fakultäten. Diese fallen in ihrer selbstzerfleischenden Konkurrenz um den Alleinvertretungsanspruch der Vernunft den Ansprüchen einer vernünftigen Praxis geradezu in den Rücken: Vernunft wird in Irrsinn und Unsinn verkehrt, die Universität in ein Irrenhaus, Recht und Gerechtigkeit in Unrecht.

Diese verzerrte Initiationsszene läßt erkennen, daß das Rituelle in Strindbergs Darstellung keine sinnvolle Wiederangliederung, keine stabilisierende Identitätsbildung leisten will. Soziale und kulturelle Orientierung kann allenfalls noch stattfinden über einen unabgeschlossenen Prozeß der Dekonstruktion und Umdeutung, zu dem das gesamte Repertoire der kulturellen Ritualsymbolik auf den Plan gerufen ist. Das Equilibrium, in das der Ritualprozeß erwartungsgemäß zu münden hätte, erscheint nur auf der Ebene der Symbolik als »Erlösung«: Der Doktorkandidat (Advokat) verwandelt sich durch die gescheiterte Initiation in den »Erlöser«, der Lorbeerkranz verwandelt sich in die Dornenkrone, mit welcher der Doktorkandidat in den Bereich des Opfer- und Märtyrerrituals und in die Symbolik der Christusnachfolge eintritt:

> DIE TOCHTER: Komm, du sollst einen Kranz von mir bekommen... einen, der dir besser steht! *Sie legt eine Dornenkrone auf sein Haupt.* Und nun werde ich für dich spielen! *Sie setzt sich an die Orgel und spielt ein »Kyrie«; statt der Orgelstimmen hört man aber Menschenstimmen.*
> KINDERSTIMMEN: Ewiger! Ewiger! [...]
> FRAUENSTIMMEN: Erbarme dich unser! [...]
> MÄNNERSTIMMEN: Erlöse uns, um Deiner Barmherzigkeit willen![55]

Solche Verschiebungen innerhalb des Kanons der rituellen Symbolik und die entsprechende Deplazierung der rituellen Konventionen agieren den Spielraum im Umgang mit kulturellen Bedeutungen dramatisch aus. Dies ist in Strindbergs Drama *Nach Damaskus* noch in verstärktem Maße der Fall.

Nach Damaskus wird als ein dem *Traumspiel* vorhergehendes Traumspiel oder auch als ein »modernes Mysterienspiel«[56] angesehen. Vor allem aber gilt es als ein Wanderungs- und Stationendrama, das die diskontinuierliche Entwicklung eines »zentralen Ich« über eine Aneinanderreihung isolierter Szenen darstellt.[57] Eine neue Perspektive könnte sich hingegen eröffnen, wenn man die Stationentechnik und das Drama insgesamt unter dem Aspekt eines voll ausgeführten Übergangsrituals interpretiert, das die liminalen Erfahrungen der Übergangsphase breit ausgestaltet: *Nach Damaskus* ähnelt in Struktur und Inhalt dem rituellen Prozeß, indem es räumliche Übergänge, die rituelle Reise und Wanderung über Berge und schließlich das Übersetzen über den Fluß, mit den symbolischen Übergängen eines inneren Verwandlungsprozesses verbindet. Es handelt sich um die innere Verwandlung der Person des »Unbekannten«, eines ehemaligen Dichters. Bereits die Namenlosigkeit dieser Person ist hier nicht nur als ein Indiz für die Typisierung eines Charakters zu interpretieren, sondern als eine spezifische Eigenschaft von Liminalität und Anonymität in rituellen Transitionsphasen.

Die Ablösung des »Unbekannten« von seinem »alten Ich«[58] gleicht einer Damaskusreise, mit der auf die innere Verwandlung des Saulus zum Paulus angespielt wird:

> DIE MUTTER: Mein Sohn, du hast Jerusalem verlassen und bist auf dem Weg nach Damaskus [...]. Geh und suche diejenigen auf, denen du etwas zu sagen hast.[59]

Diese Damaskusreise ist ein einziges Scheitern der Vorstellung, es ließe sich überhaupt noch irgend etwas sinnvoll mitteilen angesichts der durchgängigen Erfahrung von Orientierungslosigkeit. Das Modell der religiösen Bekehrung ist dieser Erfahrung ebensowenig angemessen wie das Vollziehen von Ritualen, die in sozialen Übergangssituationen dazu verhelfen, die Erfahrung persönlicher und sozialer Unsicherheit, Gefahr und Unbestimmtheit durch einen richtungweisenden Handlungsrahmen zu bewältigen. Und doch sind es gerade Rituale, die der Wanderung des »Unbekannten« die entscheidenden Markierungspunkte geben, allerdings auch hier als bloße Versatzstücke und Anspielungen. Durch ihre Vermischung und Entstellung verstärken sie freilich die Erfahrung von Liminalität. So gleicht die Hochzeitsreise des »Unbekannten« einer »Wallfahrt oder einem Spießrutenlaufen«.[60] Ebenso vieldeutig ist das Festbankett zu Ehren des »Unbekannten« (als einem Goldmacher), das mit einem Trauermarsch beginnt und mit Huldigungszeremonien fortschreitet. Dabei wird der Gehuldigte aber so weit zu einem »Gegenstand dieser Huldigung«[61], daß er sich schließlich in Verteidigungsstellung auf der Anklagebank wiederfindet. Das ordenverleihende Professorenkollegium erweist sich zudem als Verein der Saufbrüderschaft, der am Ende die gesamte rituell angelegte Zeremonie lächerlich und zunichte macht.

Alle traditionellen Rituale, auf die in diesem Drama angespielt wird, werden zu Übergangsritualen umgestaltet. Sie werden im Status liminaler Unbestimmtheit belassen, in dem scheinbar stabile Bedeutungen der Interpretation von Mehrdeutigkeiten ausgesetzt bleiben. Auch gewohnte Erfahrungskategorien und soziale Unterscheidungen werden aufgehoben und kommen in Bewegung, so wie es für rituelle Transitionsvorgänge kennzeichnend ist: Personen erscheinen einander ähnlich, sie werden vermischt und zu spektakulären, monströsen und widersprüchlichen Verbindungen neu zusammengesetzt. So erscheinen Krankenhaus-Kloster-Irrenanstalt[62] zu einer bedenklichen neuen Einheit zusammengeschmolzen, Bettler und Dichter, Arzt und Irrer, Wahnsinn und Verstand, Leben und Tod, Vergangenheit und Gegenwart gehen ineinander über. Dies scheint der besonderen Logik des Traums zu entsprechen, wie sie Strindberg in seiner »Vorbemerkung« zum *Traumspiel* betont: »Personen spalten sich, verdoppeln sich, vertreten einander, gehen in Luft auf, verdichten sich, zerfließen, treten wieder zusammen.«[63] In *Nach Damaskus* jedoch wird diese Traumlogik in die Logik rituellen Übergangserfahrungen eingebunden: Die traumähnliche Entgrenzung der Personen und Verwischung sozialer Unterschiede schafft eine eigentümliche *communitas*, die *communitas* zwischen dem »Unbekannten« und der »Dame« sowie die gespenstisch wirkende *communitas* der Klostergesellschaft.

Die Verwandlung des »Unbekannten« ist also kein Alleingang der Hauptfigur, sondern verstärkt als *communitas*-Erfahrung die Wirkung der liminalen Erschütterung (»Der Unbekannte: ... und es verlangt mich danach, etwas zu wagen, alles aufs Spiel zu setzen, meine Freiheit, mein Leben, alles; ich brauche eine Erschütterung, die so stark ist, daß sie mein Ich zutage fördert«[64]) – und zwar im Hinblick auf eine umwälzende kulturelle Selbsterfahrung anstelle individueller Läuterung. Wie in der rituellen Transitionsphase wird der »Unbekannte« übermenschlichen Mächten, Dämonen[65], Gott und dem Teufel, Peinigungen, Spuk und Visionen und der Gewalt vergangener Mythen ausgesetzt, die er geradezu im eigenen Selbst aufspürt[66]. Dadurch wird er gezwungen, sich mit seinem gewohnten kulturellen Wissen, mit den sozialen Pflichten, Erwartungen und Verhaltenskonventionen sowie mit der elementaren kulturellen Symbolik auseinanderzusetzen, mit dem rätselhaften »Wesen« von Mann und Frau, mit Gott und dem Teufel, mit Leben und Tod. Bei dieser radikalen »Abrechnung«[67] dringt auch die Gewalt der Träume bis in die Räume der Vergangenheit vor[68] und provoziert durch Entstellungen eine Korrektur der gewohnten Bilder der Erinnerung und der aus ihnen hervorgehenden Modellierung des eigenen Selbst.[69] Die zirkuläre Temporalstruktur, die durch eine solche Einmischung der Vergangenheit erzeugt wird, folgt der widersprüchlichen Zeitstruktur (Gleichzeitigkeit von Ungleichzeitigem), wie sie in Initiationsritualen die persönliche und sozial-kulturelle Identitätsbildung unterstützt (»Warum muß alles immer wieder auftauchen wie ein Spuk, alles, Knabenstreiche und spätere Sünden?«[70]). In Strindbergs Dramen dagegen unterliegt solche Rückkehr des Vergangenen einem äußerst ungewissen Ausgang des Verwandlungsprozesses. Es ist kein »Sinn des Daseins und kein Ende des Elends«[71] in Sicht. Die »Bekehrung« des »Unbekannten« ist nur das Übertreten in einen Bereich des kulturellen Wissens, von dem aus erst nach Sinn gesucht werden könnte. Das Kloster »als ein Monument abendländischer Kultur, das ist: christlicher Glaube in Verbindung mit dem Wissen von Hellas und Rom«[72] ist ein solcher Bereich.

Der Versuch einer Verwandlung vom Unwissen zur Erkenntnis[73] hat noch weitere Kennzeichen mit einem Übergangsritual gemeinsam: Die religiösen Unterweisungen des Konfessors (als Vermittler) in Form religiöser Nötigungen und Drohungen[74] sind hier ebenso bedeutend wie das Übersetzen über den Fluß vom »Ufer des Abschieds«[75] aus in den Klosterbezirk und die harten Initiationsprüfungen, die der »Unbekannte« zu bestehen hat. So entgegnet dieser, als ihm der Konfessor für seine »letzte Reise« ein letztes Glas Wein anbietet:

> Das letzte Glas; das ist ja wie bei einer Hinrichtung! Wird einem vielleicht auch noch das Haar geschoren?
> DER KONFESSOR: Ja, später.[76]

Die Abtötung des »alten Ichs« erfolgt in den Konventionen von Bestattungs- und Auferstehungsritualen mit ihren Reinigungs-[77] und Trennungsriten: Der »Unbekannte« ist »in das weiße Linnen des Novizen gekleidet«.[78] Er erhält Sprechverbot und stirbt schließlich einen symbolischen »Initiationstod«[79], mit dem das Drama endet.

Solche strukturellen Ähnlichkeiten mit Initiationsritualen lassen die Verwandlung des »Unbekannten« als eine kulturelle Erfahrung deuten. In ihrer dramatischen Brechung werden sie jedoch zugleich zu Elementen einer kulturellen Desorientierung und Dekonstruktion. So stellt das Ende des Dramas die rituelle Endphase der Wiederangliederung in Frage, die dem Ritual erst seinen sozialen Sinn verleihen würde. Es bleibt offen, wohin die Verwandlung führt, »man ist nie am Ziel«[80]. Das Drama *Nach Damaskus* verknüpft diese Vorstellung einer existentiellen Unabgeschlossenheit mit einer liminalen Erfahrungswelt, wie sie allen sozialen und kulturellen Klassifikationen und allen Gliederungen des Lebenskontinuums zugrunde liegt, und macht sie damit handhabbar. Bereits die Personen im Drama halten die rituelle Selbstvergewisserung als eine Fiktion aufrecht, die es ihnen ermöglicht, kulturelle Einsichten zu gewinnen, die kulturellen Befangenheiten des eigenen Selbst zu erfahren und die Möglichkeit eines distanzierten und fremden Blicks auf dasjenige zu erlangen, was sich nicht eindeutig und endgültig bestimmen läßt, was sich vielmehr immer im Übergang befindet:

> DER UNBEKANNTE: Ingeborg – jetzt, am anderen Ufer des Flusses, da das Leben unter uns, hinter uns liegt – wie anders sieht jetzt alles aus! [...] Es gibt also ein Darüber und ein Davor; es fing nicht an, als wir begannen, und es endet nicht, wenn wir aufhören; das Leben ist ein Fragment, ohne Anfang und ohne Schluß – und darum auch so schwer zu begreifen.[81]

Nach Damaskus stellt dar, wie solche Existenzvorstellungen liminale Erfahrungen freisetzen, die das Handeln der Personen herausfordern und das Feld sozial-kultureller Kodierung »in Bewegung« bringen. So verdeutlicht dieses Stück den Vorzug von Literatur, Drama und Theater überhaupt, liminale Situationen öffentlich und in aller Breite ausgestalten zu können, während sie im sozialen Ritual in der Regel streng geheim und begrenzt bleiben. Damit wird nicht nur der Spielraum für einen ritualkritischen Umgang mit existentiellen Übergängen geschaffen. Die Ausgestaltung von Übergangserfahrungen am Leitfaden der Verwandlung des »Unbekannten«, eines früheren Dichters, bringt vielmehr ein konstitutives Merkmal von Dichtung überhaupt in den Blick. Dichtung ist Verwandlung, ein gefahrvolles, liminales Medium, in dem man mit dem Tod und dem Leben spielen[82], Grenzerfahrungen herausfordern und kulturelle Spielräume ausschreiten kann. Der Schwerpunkt so verstandener Dichtung liegt nicht auf positiver Sinn- und Bedeutungsstiftung, sondern auf der Dekonstruktion rituell und konventionell festgelegter Bedeutungen. Dazu trägt auch die Verwandlung poetischer bzw. theatralischer Darstellungskonventionen bei, die in *Nach Damaskus* die eigentümliche dramatische Struktur der Zirkularität, der Wiederholungen und der plötzlichen Schauplatzwechsel bewirkt. Ein solches Dichtungsverständnis setzt lineare Vorstellungen von Entwicklung und Erfahrung den Herausforderungen einer durchgängigen Liminalität aus. Es lenkt den Blick auf soziale und kulturelle Ambivalenzen: auf die Willkürlichkeit und Auflösung von sozialen und kulturellen Unterscheidungen, auf die Austauschbarkeit von scheinbar Gegensätzlichem (z. B. Gold = Müll, Krankentracht = Klostertracht = Asylkleidung), auf die ambivalente Logik sozialer Beziehungen (z. B. Liebe = Haß).[83]

Am Beispiel zweier Strindberg-Dramen ist versucht worden, die vielschichtigen Brechungen von Ritualen, Konventionen und Erfahrungen als liminale Schaltstellen für kulturelle Bedeutungen und Bedeutungsspielräume aufzudecken. Die kulturanthropologische Horizonterweiterung am Leitfaden ritueller Mechanismen wirft dabei neues Licht auf die Analyse dieser Dramen. So deutet sie – im Fall von *Nach Damaskus* – den Entwicklungsgang des »Unbekannten« ausdrücklich nicht unter dem Aspekt der »unbegrenzte(n) Eröffnung eines ›verborgenen Seelenlebens‹«[84] oder als Analogie zu bestimmten Entwicklungen im Leben des Autors Strindberg[85]. Autobiographische Herleitungen vermeidet sie ebenso wie psychologische und symbolorientierte Entschlüsselungen.[86] Vielmehr folgt sie einem Analysemodell, das von den Dramen selbst nahegelegt wird. Als »Traumspiele« stellen diese nicht nur obsessive, schizoide Seelenzustände oder eine archaische Symbolwelt dar. Sie präsentieren sich vielmehr als umfassende Dramen sozial-kultureller Selbstauslegung und Verwandlung, die sich im Erfahrungsbereich der Personen abspielen, in ihrer Bedeutung aber darüber hinausreichen. Diese Perspektive kommt dagegen nicht in den Blick, wenn man bestimmte Motive und Symbole (z. B. Wanderungs-, Einsamkeits-, Liebes-, Todessymbole) als grundlegende Einheiten isoliert. Vielmehr ist hervorzuheben, daß und wie die symbolischen und rituellen Elemente in die übergreifenden Handlungs- und Bedeutungssequenzen sozialer und kultureller Inszenierungsformen eingebunden sind.[87]

Übergangs- und Grenzsituationen erweisen sich – nicht nur in den Dramen Strindbergs – als besonders sensible Bereiche für kulturelle Dramatik und Selbstdarstellung. Man kann davon ausgehen, daß sich Rituale als interkulturelle Vermittlungsformen auch noch unter anderen Aspekten für die Dramenanalyse fruchtbar machen lassen, etwa unter den Gesichtspunkten des symbolischen Handelns, des Metapherngebrauchs und der Erzählstruktur. In jedem Fall jedoch wird die gängige Fixierung auf den individuellen Begründungsrahmen von Handlungsverläufen und Entwicklungsvorgängen, sei es in Dramen oder Entwicklungsromanen, aufgelöst. Dennoch ist über Turners

Ritualtheorie hinaus mit neueren Forschungsrichtungen zu betonen, daß die lineare und in sich geschlossene Sequenzstruktur des Rituals kein ausreichendes Interpretationsmodell mehr abgibt. Verstärkt geht es darum, die kontrastiven, disparaten Handlungen und Gegen-Handlungen von vielschichtigen Ritualverläufen in den Vordergrund zu rücken.[88] Weltweite gesellschaftliche Veränderungsprozesse spielen hier eine entscheidende Rolle. Im Zuge von Modernisierung kommt es zu rituellen Umbesetzungen, zu einem Funktionswandel des Rituals.[89] Liminalität erweist sich in diesem Zusammenhang als ein höchst prekärer Zustand von Individuen, aber auch von ganzen Gesellschaften im Prozeß ihrer Transformation, vor allem beim Übergang von kolonialen zu postkolonialen Gesellschaften, bei der Bewältigung von Modernisierungsauswirkungen. Dieses Spannungsfeld sozialer Transformationen, in dem traditionelle Ritualstrukturen aufgebrochen werden, in dem selbst die rituelle Dreigliederung instabil wird, da der Entwicklungsausgang offen bleibt, ist ein brisantes Thema für Literatur, Drama und Theater vor allem in nichteuropäischen Ländern.[90] Liminalität ist hier keine vorübergehende Initiations- bzw. Übergangsphase, sondern wird gleichsam zu einem konfliktreichen Dauerzustand: »Diese Liminalität ist ein Zustand des Exils und der Auslöschung.«[91] Die Liminalität der modernen, »heimatlosen«[92] Welt findet ihren Ausdruck in den postkolonialen Weltliteraturen. Hier dominiert nicht mehr die Erfahrung »kultureller Spielräume«, wie sie sich in literarischen und dramatischen Brechungen eines festen Ritualschemas niederschlägt. Hier wird vielmehr die lebensweltliche Erfahrung »verstümmelter Rituale« und spannungsreicher Liminalität im Gefolge kultureller Deplazierung selbst zu einem Hauptgegenstand der literarischen Auseinandersetzung.

Anmerkungen

1 Vgl. die theatersoziologischen Ansätze von Erving Goffman, *Interaktionsrituale. Über Verhalten in direkter Kommunikation*, Frankfurt am Main 1973; Uri Rapp, *Handeln und Zuschauen. Untersuchungen über den theatersoziologischen Aspekt in der menschlichen Interaktion*, Darmstadt 1973.

2 Vgl. Clifford Geertz, »Blurred Genres: The Refiguration of Social Thought«, in: ders., *Local Knowledge. Further Essays in Interpretive Anthropology*, New York 1983, S. 19–35, bes. S. 26ff.

3 Vgl. Richard Schechner, *The Future of Ritual. Writings on Culture and Performance*, London / New York 1993, bes. S. 1.

4 Hierzu vgl. John J. MacAloon (Hg.), *Rite, Drama, Festival, Spectacle. Rehearsals Toward a Theory of Cultural Performance*, Philadelphia 1984; Richard Schechner, *Theater-Anthropologie. Spiel und Ritual im Kulturvergleich*, Reinbek 1990; Frank Manning (Hg.), *The Celebration of Society: Perspectives on Cultural Performance*, London 1983; Michel Benamou / Charles Caramello (Hg.), *Performance in Postmodern Culture*, Madison 1977; E. L. Schieffelin, »Performance and the Cultural Construction of Reality«, in: *American Ethnologist* 12 (1985), S. 707–724; Victor Turner (Hg.), *Celebration. Studies in Festivity and Ritual*, Washington 1982. Einem im Sinne von *cultural performance* erweiterten, ausdrücklich an die Kulturanthropologie angelehnten Begriff von Theatralität in allen Lebensbereichen, mit dem Ritual und Drama, soziale und theatralische Konventionen zusammenhängend thematisiert werden können, folgt auch Joachim Fiebach, *Die Toten als die Macht der Lebenden. Zur Theorie und Geschichte von Theater in Afrika*, Berlin 1986.

5 Vgl. Victor Turner, »Das Liminale und das Liminoide in Spiel, ›Fluß‹ und Ritual. Ein Essay zur vergleichenden Symbologie«, in: ders., *Vom Ritual zum Theater. Der Ernst des menschlichen Spiels*, Frankfurt am Main / New York 1989 (engl. 1982), S. 28–94. Die vergleichende Symbologie beschäftigt sich »mit den verschiedenen Formen nichtverbaler Symbole im Ritual und in der Kunst« (S. 29) sowie mit »Typen soziokultureller Prozesse und Situationen [...], in denen der Tendenz nach sowohl verbale als auch nichtverbale neue Symbole entstehen« (S. 28).

6 Turner, »Das Liminale und das Liminoide«, S. 33.

7 Friedrich Nietzsche, *Die Geburt der Tragödie aus dem Geiste der Musik*

(1872), in: ders., *Werke* (Krit. Gesamtausg. hrsg. v. Giorgio Colli / Mazzino Montinari), Bd. 3,1, Berlin / New York 1972. Zu Nietzsches enormem Einfluß auf die rituelle Ursprungstheorie des Theaters vgl. Michael Hinden, »Ritual and Tragic Action: A Synthesis of Current Theory«, in: *Journal of Aesthetics and Art Criticism* 32 (1974), S. 357–373.

8 Hierzu vgl. Christopher Innes, *Holy Theatre. Ritual and the Avant Garde*, Cambridge 1981.

9 Zu Artauds Theaterauffassung im Horizont eines mythisch-magischen Ritualbegriffs vgl. Erika Fischer-Lichte, »Die Wirksamkeit theatralischer Zeichen. Überlegungen zur Theaterkonzeption Antonin Artauds«, in: *Maske und Kothurn* 27 (1981), S. 109–122.

10 Vgl. Jane Ellen Harrison, *Themis. A Study of the Social Origins of Greek Religion*, Cambridge 1912; Gilbert Murray, »Excursus on the Ritual Forms Preserved in Greek Tragedy«, ebenda, S. 341–363; Jane Ellen Harrison, *Ancient Art and Ritual* (1913), Bradford-on-Avon 1978. Ein wichtiger älterer Beitrag zur Ritualtheorie des Theaters ist ferner Francis Fergusson, *The Idea of a Theater*, Princeton 1949. – Hierzu und kritisch zur rituellen Ursprungstheorie des Theaters bis heute (Northrop Frye, René Girard): Richard F. Hardin, »›Ritual‹ in Recent Criticism: The Elusive Sense of Community«, in: *PLMA* 98 (1983), S. 846–862.

11 Auf die Vielzahl der in diesem Kontext entstandenen Arbeiten kann hier nicht eingegangen werden. Beispiel für eine neuere Untersuchung zu antiken Opferritualen und der Konventionen ihrer Repräsentation in der Tragödie, die endgültig mit der evolutionistischen Ursprungstheorie von Drama und Theater bricht und die ausdrücklich einen Dialog zwischen klassischen Philologen und Kulturanthropologen fordert, ist Helene P. Foley, *Ritual Irony. Poetry and Sacrifice in Euripides*, Ithaca 1985, bes. S. 63.

12 Vgl. Harrison, *Ancient Art and Ritual*, S. 68ff. Zur Instanz des (»aesthetischen«) Zuschauers vgl. bereits Nietzsche, *Geburt der Tragödie*, S. 139ff., S. 145ff.

13 Siehe hierzu den Sammelband von Linda Woodbridge / Edward Berry (Hg.), *True Rites and Maimed Rites. Ritual and Anti-Ritual in Shakespeare and His Age*, Urbana / Chicago 1992.

14 Vgl. die klassischen Ansätze von Emile Durkheim, Edward B. Tylor und James G. Frazer.

15 Vgl. den Artikel »Ritual« von Edmund Leach, in: *International Encyclopedia of the Social Sciences*, New York 1968, Bd. 13, S. 520–526.

16 Mary Gluckman / Max Gluckman, »On Drama, and Games and Athletic Contests«, in: Sally F. Moore / Barbara G. Myerhoff (Hg.), *Secular Ritual*, Assen 1977, S. 227–243.

17 Diese Tendenz einer inflationären Verwendung und vollständigen »Säkularisierung« des Ritualbegriffs in der Ethnologie kritisiert Jack Goody, »Against ›Ritual‹: Loosely Structured Thoughts on a Loosely Defined Topic«, in: Moore / Myerhoff, *Secular Ritual*, S. 25–35.

18 Vgl. Horst Turk, »Schlüsselszenarien: Paradigmen im Reflex literarischen und interkulturellen Verstehens«, in: Doris Bachmann-Medick (Hg.), *Übersetzung als Repräsentation fremder Kulturen*, Berlin 1996.

19 Zur Kategorie des »social drama« am Beispiel der Ndembu in Sambia, das aber im Prinzip auf jede Gesellschaft übertragbar ist, vgl. Victor Turner, *Schism and Continuity in an African Society*, Manchester 1957, Kap. 3; ders., »Soziale Dramen und Geschichten über sie«, in: ders., *Vom Ritual zum Theater. Der Ernst des menschlichen Spiels*, Frankfurt am Main 1989, S. 95–139; ders., *Dramas, Fields, and Metaphors. Symbolic Action in Human Society*, Ithaca / London 1974.

20 Turner, *Vom Ritual zum Theater*, S. 128. Zur Erzeugung von »social transitions« durch Rituale im Unterschied zu Zeremonien, die »social states« zum Ausdruck bringen, vgl. auch ders., *The Forest of Symbols. Aspects of Ndembu Ritual*, Ithaca / New York 1967, S. 95.

21 Arnold van Gennep, *Übergangsriten (Les rites de passage)*, Frankfurt am Main / New York 1986.

22 A. a. O., S. 179.

23 Bertolt Brecht, *Die Kleinbürgerhochzeit*, in: ders., *Gesammelte Werke* Bd. 7, Frankfurt am Main 1967, S. 2743.

24 Victor Turner, »Betwixt and Between: The Liminal Period in *Rites de Passage*«, in: ders., *Forest of Symbols*, S. 93–111.

25 Victor Turner, *Das Ritual. Struktur und Anti-Struktur*, Frankfurt am Main / New York 1989 (engl. 1969), S. 95.

26 A. a. O., S. 110.

27 Turner, »Betwixt and Between«, S. 106.

28 Vgl. Turner, »Das Liminale und das Liminoide«, S. 70 ff.

29 Turner, »Variations on a Theme of Liminality«, in: Moore / Myerhoff, *Secular Ritual*, S. 36–52, hier S. 40. Zum Aspekt der kulturellen Innovation qua Liminalität vgl. ders., *Vom Ritual zum Theater*, S. 85.

30 Turner, »Frame, Flow, and Reflection: Ritual and Drama as Public Liminality«, in: Benamou / Caramello (Hg.), *Performance in Postmodern Culture*, S. 33–55, hier S. 40.

31 A. a. O., S. 50. Zur Unterscheidung liminal-liminoid vgl. ders., »Liminal to Liminoid«, S. 53 ff.

32 Turner, *Vom Ritual zum Theater*, S. 63.

33 A. a. O., S. 83.

34 Turner, »Frame, Flow, and Reflection«, S. 51 f.

35 A. a. O., S. 34.

36 Vgl. Richard Schechner, *Theater-Anthropologie*, Reinbek 1991; ders., *Between Theater and Anthropology*, Philadelphia 1985; Eugenio Barba, »Theatre Anthropology«, in: *The Drama Review* (Themenheft: Intercultural Performance) 26 (1982), S. 5–32; ders., *The Paper Canoe. A Guide to Theatre Anthropology*, London 1995.

37 Zahlreiche Fallstudien findet man bei Kathleen M. Ashley (Hg.), *Victor*

Turner and the Construction of Cultural Criticism. Between Literature and Anthropology, Bloomington / Indianapolis 1990.

38 Die Affinität zwischen Ritual und Theater auf der Ebene der Inszenierung ist – mit Bezug auf die Kulturanthropologie, aber ohne Berücksichtigung des *rites de passage*-Modells – reflektiert bei Paul Stefanek, »Vom Ritual zum Theater. Zur Anthropologie und Emanzipation szenischen Handelns«, in: *Maske und Kothurn* 22 (1976), S. 193–223.

39 Hierzu vgl. Hardin, »›Ritual‹ in Recent Criticism«, S. 852 f.

40 Willa Appel, »The Living Theater and Liminal Ritual«, in: *Cornell Journal of Social Relations* 4 (1969), S. 69–85.

41 Turner, »Variations on a Theme of Liminality«, S. 52.

42 Vgl. Woodbridge / Berry (Hg.), *True Rites and Maimed Rites.*

43 Marjorie Garber, *Coming of Age in Shakespeare*, London / New York 1981.

44 Peter Sillem, »›Betwixt and Between‹. Rites de Passage in Shakespeares *A Midsummer Night's Dream*«, in: *Literatur für Leser* 4 (1993), S. 155–168.

45 Florence Falk, »Dream and Ritual Process in *A Midsummer Night's Dream*«, in: *Comparative Drama* 14 (1980), S. 263–279.

46 Edward Berry, *Shakespeare's Comic Rites*, Cambridge 1984.

47 A. a. O., S. IX. Vgl. auch Louis A. Montrose, »The Purpose of Playing: Reflections on a Shakespearean Anthropology«, in: *Helios* 7 (1980), S. 51–74, hier S. 67.

48 Vgl. Woodbridge / Berry (Hg.), *True Rites and Maimed Rites.* Zur Verkürzung auf rituelle Gesten in Shakespeares Dramen, bei der konventionelle Gesten durch eine gestische Theatersprache überformt werden, welche die stereotyp gewordenen Liebeskonventionen, Konventionen des Affektausdrucks, der sozialen Hierarchie und der Geschlechtsrollen in liminalen Grenz- und Krisensituationen kritisch aufbricht, vgl. David Bevington, *Action is Eloquence. Shakespeare's Language of Gesture*, Cambridge 1984.

49 Vgl. Lynda E. Boose, »The Father and the Bride in Shakespeare«, in: *PLMA* 97 (1982), S. 325–347, bes. S. 325 ff. (Deutung der Hochzeitszeremonie als *rite de passage* nach van Genneps Modell).

50 Vgl. Berry, *Shakespeare's Comic Rites*, S. 43. Hierzu vgl. auch Carol Thomas Neely, *Broken Nuptials in Shakespeare's Plays*, New Haven 1985.

51 Turner, *Vom Ritual zum Theater*, S. 12.

52 Vgl. die Ritualkritik bei Bertolt Brecht, *Der Jasager und Der Neinsager*, in: ders., *Gesammelte Werke* Bd. 2, Frankfurt am Main 1967. Zu rituellen Sequenzen in Brechts Lehrstücken und seiner gleichzeitigen Ablehnung des »Kultischen« vgl. Wolfgang Pasche, »Die Funktion des Rituellen in Brechts Lehrstücken Der Jasager und Der Neinsager«, in: *Acta Germanica* 13 (1980), S. 137–150.

53 August Strindberg, »Vorwort zu ›Fräulein Julie‹« (1888), in: ders., *Über*

Drama und Theater (hrsg. von Marianne Kesting / Verner Arpe), Köln 1966, S. 96.

54 Strindberg, *Ein Traumspiel*, in: ders., *Dramen* (übers. v. W. Reich), München 1956, S. 318f.

55 A. a. O., S. 321.

56 Vgl. Angelika Gundlach (Hg.), *Der andere Strindberg*, Frankfurt am Main 1981, S. 182.

57 Vgl. Peter Szondi, *Theorie des modernen Dramas 1880–1950*, Frankfurt am Main 1970, S. 46f.; Ruprecht Volz, *Strindbergs Wanderungsdramen. Studien zur Episierung des Dramas mit einer Edition unveröffentlichter Entwürfe zu »Till Damaskus IV«*, München 1981.

58 Strindberg, *Nach Damaskus* (übers. v. Hans Egon Gerlach), Stuttgart 1979, S. 168.

59 A. a. O., S. 76.

60 A. a. O., S. 35.

61 A. a. O., S. 131.

62 A. a. O., S. 89.

63 Strindberg, *Traumspiel*, S. 299.

64 Strindberg, *Nach Damaskus*, S. 85. Diese rituelle Marter im Zusammenhang eines von Dämonen beherrschten Verwandlungsprozesses ist in der Strindberg-Forschung zumeist auf den Einfluß des Swedenborgschen Schemas der Stadien spiritueller Wiedergeburt durch Auseinandersetzung mit dunklen Mächten und bösen Geistern zurückgeführt worden, z. B. bei John Ward, *The Social and Religious Plays of Strindberg*, London 1980, bes. S. 137, S. 144.

65 Strindberg, *Nach Damaskus*, S. 111.

66 A. a. O., S. 159.

67 Vgl. in diesem Zusammenhang auch die durchgängige Geldsymbolik in *Nach Damaskus*.

68 A. a. O., S. 84f.

69 A. a. O., S. 64.

70 A. a. O., S. 58.

71 A. a. O., S. 176.

72 A. a. O., S. 235.

73 Vgl. a. a. O., S. 302.

74 Vgl. a. a. O., S. 65f.

75 A. a. O., S. 166.

76 A. a. O., S. 176.

77 Zum rituellen Scheren des Kopfes als Reinigungsritual vgl. Edmund Leach, *Kultur und Kommunikation. Zur Logik symbolischer Zusammenhänge*, Frankfurt am Main 1978, S. 98f.

78 Strindberg, *Nach Damaskus*, S. 248.

79 Vgl. a. a. O., S. 248; zum rituellen Sprechverbot und zum »Initiationstod«, »der für den ›Beginn‹ des geistigen Lebens unerläßlich ist«, vgl. Mircea

Eliade, *Das Mysterium der Wiedergeburt. Initiationsriten, ihre kulturelle und religiöse Bedeutung*, Zürich / Stuttgart 1961, S. 40, S. 16.

80 Strindberg, *Nach Damaskus*, S. 83.

81 A. a. O., S. 189.

82 Strindberg, *Nach Damaskus*, S. 218.

83 Vgl. a. a. O., S. 223.

84 Szondi, *Theorie des modernen Dramas*, S. 47.

85 Zur weitverbreiteten autobiographischen Interpretation der Strindberg-Dramen vgl. B. M. E. Mortensen / B. W. Downs, *Strindberg. An Introduction to his Life and Work*, Cambridge 1965; vgl. Ward, *Social and Religious Plays*, S. 135, der *Nach Damaskus* im Licht von Strindbergs Identitätskrise in der sogenannten Infernokrise 1895 / 96 interpretiert; so auch Gunnar Brandell, *Strindberg in Inferno*, Cambridge 1974.

86 Als Beispiel für einen autobiographischen Zugang, der zugleich mit C. G. Jungs archetypischem Symbolismus argumentiert, vgl. Diane Filby Gillespie, »Strindberg's To Damaskus: Archetypal Autobiography«, in: *Modern Drama* 26 (1983), S. 300–304.

87 Indem man das Modell ritueller Handlungssequenzen – nicht nur bei Strindberg – zugrunde legt, ließe sich auch eine Gefahr vermeiden, vor der etwa Fritz Paul warnt: »das Geheimnisvolle, Mystische [bei Strindberg – DB] durch eine verschleiernde und mystifizierende Deutung zu verstellen«, statt seine Strukturiertheit herauszuarbeiten, vgl. Fritz Paul, *August Strindberg*, Stuttgart 1979, S. 54.

88 Vgl. Richard P. Werbner, *Ritual Passage, Sacred Journey. The Process and Organization of Religious Movement*, Washington / Manchester 1989, S. 13, S. 139.

89 Vgl. Rainer E. Wiedenmann, *Ritual und Sinntransformation. Ein Beitrag zur Semiotik soziokultureller Interpretationsprozesse*, Berlin 1991.

90 Hierzu vgl. auch Langdon Elsbree, *Ritual Passages and Narrative Structures*, New York / Bern / Frankfurt am Main 1991, S. 1, S. 4.

91 A. a. O., S. 5, vgl. S. 136: »the liminality of the modern world where people are exposed to an unstructured or unfamiliar freedom, with no clear or meaningful incorporation.«

92 Vgl. Homi K. Bhabha, *The Location of Culture*, London / New York 1994, S. 10f.

Richard Handler und Daniel A. Segal

Jane Austen und die Darstellung vielstimmiger Wirklichkeiten

In der Anthropologie der Vereinigten Staaten ist die zunächst so genannte »symbolische Anthropologie«[1] seit den sechziger Jahren bis heute klar erkennbaren Bahnen gefolgt. Zwei wichtigste Vertreter der symbolischen Anthropologie waren David Schneider und Clifford Geertz. Beide haben in Harvard bei Talcott Parsons studiert, dessen »Schichtkuchen«-Modell der Gesellschaft die kausalen Komponenten menschlichen Handelns zu isolieren suchte, indem es Kultur bzw. das »kulturelle System« vom »sozialen System« und diese beiden Systeme von psychologischen und biologischen Faktoren unterschied.[2] Diese Parsonssche Synthese überschnitt sich mit Ideen, die Alfred Kroeber damals bereits seit geraumer Zeit vertreten hatte: Kroeber sprach von »Stufen« der Wirklichkeit – physikalischen, biologischen, psychologischen und soziokulturellen – mit je spezifischen kausalen Kräften.[3] Es überrascht von daher nicht, daß sich Kroeber und Parsons das Feld zwischen Soziologie und Anthropologie gebieterisch untereinander aufteilten. In einem zweiseitigen Artikel erklärten sie, »Kultur« und »soziales System« seien zwar miteinander verschränkt, doch analytisch zu unterscheiden; die Wissenschaft sollte beide Bereiche für sich betrachten und das Auftreten von Synthesen zwischen ihnen mit Aufmerksamkeit verfolgen.[4]

Parsons' übergreifendes Modell, das seitens der offiziellen Wissenschaft weithin Anerkennung fand, eröffnete einen neuen Raum innerhalb eines bis dahin weitgehend positivistischen Rahmens für die Untersuchung von Kultur. Dieser geschützte Raum war von großer Bedeutung, da die Kulturkonzeption von Franz Boas, die für die amerikanische Anthropologie der ersten Jahrhunderthälfte entscheidend war, zunehmend als unwissenschaftlich und antitheoretisch angegriffen wurde. Attackiert wurde sie von vielen Seiten, vor allem vom britischen Funktionalismus (insbesondere durch seine Vertreter in den Vereinigten Staaten), vom kulturellen Materialismus und vom kulturellen Evolutionismus. Den meisten Kritikern der Boasianer war freilich das Bemühen um eine kausal erklärende Sozialwissenschaft gemeinsam, wie sie die Boassche Kulturtheorie ihrer Meinung nach nicht leisten konnte. Auch das Parsonssche Modell war in dem Sinne positivistisch, daß es die Ursachen menschlichen Handelns zu isolieren suchte. Kultur kam hier als Teil eines mehrseitigen Zusammenhangs ins Spiel, weil, so lautete das Argument, der Forscher die jeweiligen kulturellen Konzepte verstehen müsse, aus denen die sozialen Normen hervorgingen, die wiederum unmittelbar zu sozialem Handeln führten.

Unter diesem Parsonsschen Schutzschild entwickelten Schneider und Geertz richtungweisende Ansätze zur Untersuchung kultureller Systeme. Durch ihre Arbeit und die ihrer Schüler und Nachfolger (die, wie man hinzufügen sollte, von der Annäherung an Lévi-Strauss und den Strukturalismus seitens englischer Wissenschaftler wie Leach, Douglas und Needham beeinflußt wurden) kehrte die amerikanische Anthropologie zu einer relativistischen Erkenntnistheorie zurück, die mit Boas mehr gemein hatte als mit Parsons. Schneider »dekonstruierte« (wie wir heute sagen würden) das Konzept der Verwandtschaft, indem er auf die kulturelle Besonderheit des biogenetischen Modells hinwies, auf das sich fast alle traditionellen anthropologischen Untersuchungen über Verwandtschaftsbeziehungen stützen.[5] Obwohl Schneider nie von der positivistischen Frage nach den Ursachen abgerückt ist, wurden seine Arbeiten zum Vorbild für die Untersuchung von Bedeutungssystemen und insbesondere für eine hermeneutische Kritik westlicher Konzepte, die in solchen Untersuchungen oft vorausgesetzt wurden.

Geertz machte inzwischen Anleihen bei dem Philosophen Paul Ricœur und dem Literaturtheoretiker Kenneth Burke, um seine weitreichenden Ansichten zur Interpretation von Kulturen zu formulieren. Er popularisierte die Idee, Kultur sei eine Art Text – eine bedeutungsvolle, geordnete Schöpfung des Menschen, die, damit sie verständlich wird, gelesen oder interpretiert werden müsse.[6] Anthropologen wären demnach Leser, Dechiffrierer, Interpreten von Texten, und ihre Hauptbeschäftigung bestünde in der Niederschrift ihrer Deutungen. Die amerikanischen Anthropologen waren von der Metapher der Kultur als Text ausgesprochen angetan, und unter ihrem Vorzeichen wurde die »symbolische Anthropologie« der sechziger Jahre zur »interpretativen Anthropologie« der späten siebziger.[7]

Doch sobald das kritische, gegen eine fundamentalistische Erkenntnistheorie gerichtete Potential der interpretativen oder hermeneutischen Ansätze freigesetzt war, erwies es sich als kaum beherrschbar. Es stellte sich bald heraus, daß die Anthropologie selbst ein Kulturprodukt ist. In seinem Spätwerk hatte Boas dieses Argument bereits in bezug auf die Wissenschaft überhaupt skizziert;[8] doch nach dem Zweiten Weltkrieg war es für die Wissenschaftler keineswegs selbstverständlich, ihre eigene Praxis zu relativieren.[9] Geertz' explizite Erörterung von Kultur als Text und von Anthropologie als Schriftstellerei führte schließlich eine Gruppe junger Forscher dazu, die anthropologische Schreibpraxis als solche kritisch unter die Lupe zu nehmen. In wegweisenden Studien behandelten Dennis Tedlock[10], George Marcus und Dick Cushman[11] sowie James Clifford[12] die anthropologische Schreibweise als eine Gattung mit eigenen Normen und Zwängen. Sie stellten die Frage, inwieweit gerade solche gattungseigenen Konventionen die von den Anthropologen produzierten Kulturdarstellungen strukturieren. Ihre Arbeit verschränkte sich mit einer zunehmend einflußreichen dekonstruktiven Kritik der anthropologischen Kulturtheorie selbst.[13] All diese Ansätze machten klar, daß anthropologische Darstellungen anderer Kulturen mindestens genausoviel über die Kultur der Anthropologie – über die Ideologie und die Voraussetzungen der Anthropologen und der westlichen Wissenschaft im allgemeinen – wie über die eigentlichen Forschungsobjekte aussagen. Und da Geertz das Schreiben als die Hauptaktivität der Anthropologie definiert hatte, erschien die literarische Kritik der anthropologischen Schriftstellerei als ein geeignetes Mittel zur Erneuerung der Kulturtheorie.

Die Arbeit am Schnittpunkt von Literaturwissenschaft und Anthropologie entwickelte sich nun vorwiegend in zwei Richtungen. Zum einen richtete sich die Aufmerksamkeit der Forschung auf spezifische anthropologische Texte sowie auf die Praxis des anthropologischen Schreibens überhaupt – sowohl während der Feldforschung, in Form von Arbeitsnotizen, als auch im Anschluß daran, wenn die Aufzeichnungen in Ethnographien übersetzt werden.[14] Zum anderen verfaßten anthropologische Autoren »experimentelle« Ethnographien, mit denen sie versuchten, den gattungseigenen Zwängen zu entgehen, deren epistemologische und politische Fallstricke immer klarer zutage getreten waren. Manche Anthropologen experimentierten mit »dialogischen« Erzählverfahren (durch die sie die Stimmen der Untersuchten einzubeziehen trachteten, ohne sie zu übertönen), mit Reflexivität (indem sie die Präsenz und die Rolle des Anthropologen in der Feldforschung und im Text zu erhellen suchten) und sogar mit Dichtung (mit allenfalls mittelmäßigem Resultat, wie David Sapir schneidend kommentiert)[15].

Jane Austen als anthropologische Schriftstellerin

Überraschenderweise ignorierten die Anthropologen in diesem Wirrwarr von experimenteller literarischer Aktivität eine seit langer Zeit existierende Überschneidung von Anthropologie und Literatur – nämlich die Auswertung literarischer Texte im Hinblick auf soziologische, historische und kulturelle Informationen.[16] Jane Austen hatte aufgrund der ethnographischen Qualität ihrer Gesellschaftsbeschreibungen bei Anthropologen längst Anklang gefunden.[17] Und sogar in herkömmlichen Austen-Studien innerhalb der Anglistik hatte die Frage der »Kleinkariertheit« Austens die Literaturwissenschaftler seit langem beschäftigt. Kenner des Austenschen Werkes bescheinigten ihr zwar eine einzigartige Fähigkeit in der Beschreibung von feinsten Details genau lokalisierter gesellschaftlicher Szenen; doch wurde zuweilen die Frage aufgeworfen, ob nicht dieser minutiöse Blick ihren Rang als Schriftstellerin schmälerte.[18]

Als wir uns um 1980 mit Jane Austen zu beschäftigen begannen, waren auch wir von der ethnographischen Qualität ihrer Beschreibungen der englischen Gesellschaft zu Anfang des neunzehnten Jahrhunderts fasziniert. Da sich nun die Frage nach dem ethnographischen Schreiben so nachdrücklich stellte, schien uns eine anthropologische Annäherung an Austen von zwei Seiten aus fruchtbar zu sein. Einerseits versuchten wir anhand ihrer Romane Verwandtschaft, Ehe und soziale Hierarchie in der vornehmen Gesellschaft Englands zu untersuchen. Andererseits stellten sich angesichts von Austens offenkundig erfolgreicher ethnographischer Erzählweise und interkultureller

Kommunikation Grundfragen über das Schreiben selbst: Welche literarischen Verfahren wandte Austen beim Verfassen ihrer kulturellen Analysen an? Und welchen Nutzen könnten ethnographische Autoren aus ihren fiktionalen Techniken ziehen?

Fragen des Schreibens sind Fragen der Interpretation, und diese sind, wie unser kurzer Überblick über die Entwicklung der symbolisch-interpretativen Anthropologie nahelegt, wiederum Fragen der Kulturtheorie und der wissenschaftlichen Erkenntnis. In unserer Untersuchung über Austen stellten wir fest, daß sie bevorzugt Mehrfachperspektiven einsetzte, was in der positivistisch verfahrenden Wissenschaft verpönt war. »Selten, sehr selten«, so erklärt die Erzählerin am Ende von *Emma,* »enthüllt das Bekenntnis eines Menschen die ganze Wahrheit; selten kommt es vor, daß nicht etwas ein bißchen verschleiert bleibt oder mißverstanden wird.«[19] Gibt es eine bessere Rechtfertigung für die Forderung, die Wechselbeziehungen zwischen einer Vielfalt von Stimmen zu berücksichtigen, ohne eine von ihnen zu privilegieren und mit unangreifbarer Autorität auszustatten? Austens Erzählverfahren privilegiert die Vielstimmigkeit an und für sich. Aber ihr Gebrauch solcher Vielfalt bedeutet weder eine fraglose Akzeptanz jeglicher Meinung noch einen völligen Relativismus, bei dem alles, was gesagt wird, als wahr gilt. Vielmehr vermittelt er die Überzeugung, daß jede der konkurrierenden Meinungen, Einschätzungen und Ideen bedeutsam ist, da jede eine neue Lesart der anderen veranlassen kann.

Während Jane Austens Romane zu neuen Lesarten anregen, tun Ethnographien dies gerade nicht. Zwar erkennt selbst die positivistischste Ausprägung der Sozialwissenschaften an, daß das gesellschaftliche Leben in gewisser Weise eine Vielfältigkeit von Erfahrungen und Perspektiven impliziert. Doch die positivistischen Sozialwissenschaften haben eine Unzahl von Strategien entwickelt, um diese Komplexität auf etwas Singuläres zurückzuführen – sei es ein singuläres Phänomen (›das soziale System‹) oder eine singuläre Beobachtung (›ein objektiver Bericht‹). Im Gegensatz dazu geht Jane Austen weiter, als nur die Vielfalt koexistierender und kommunizierender sozialer Realitäten anzuerkennen. Ihr Werk zeichnet sich durch die Fähigkeit aus, sich diese Grundeigenschaft des gesellschaftlichen Lebens zu eigen zu machen und zum Ausdruck zu bringen. Austens Romane stellen vieldeutige Erzählungen dar, die vielschichtige und, vor allem, vorläufige Interpretationen erfordern. Gerade weil ihre Texte aus vielen unterschiedlichen

Perspektiven zusammengesetzt sind, die sich nicht gegenseitig ausblenden, können wir durch eine Lektüre Jane Austens Einblicke in ein ganzes Spektrum sozialer Erfahrungen erhalten, und nicht nur in eine singuläre Bevölkerung oder Gemeinschaft.

In diesem Aufsatz untersuchen wir verschiedene Aspekte von Austens Darstellung der Verwicklungen des gesellschaftlichen Lebens. Wir setzen auf einer thematischen Ebene an und konzentrieren uns dabei auf das wiederkehrende Problem des Urteilens und Sprechens über die Angemessenheit möglicher Eheschließungen. Dann wenden wir uns dem zu, was man vielleicht am besten als die Mikrostruktur der Austenschen Erzählungen bezeichnen könnte; dabei handelt es sich um eine recht eingehende Auseinandersetzung mit ihrem Verfahren der kommunizierenden Stimmen, nicht nur innerhalb eines Romans, sondern auch innerhalb einzelner Abschnitte und sogar Sätze. Sodann betrachten wir einige ironische Wendungen der Handlung und der narrativen Exposition, die die Leser dazu auffordern, weit auseinanderliegende Textstellen zu vergleichen und daraufhin das bereits Gelesene aus neuen und abweichenden Perspektiven zu überdenken. Schließlich untersuchen wir einige Aspekte der Gesamtstruktur der Romane – die Struktur von Romanenden und die relative Dichte verschiedener Erzählsegmente – und zeigen, daß Austen auch auf dieser Ebene der Organisation die bedeutungsvollen Beziehungen zwischen verschiedenen Deutungsperspektiven einbezieht und auslotet, wodurch sie die Möglichkeit einer einzigen autoritativen Lesart ausschließt.

Das Thema der »guten Partie«

Die Hauptfiguren in Austens Erzählungen stehen wiederholt vor dem Problem, daß sie potentielle Ehepartner zu interpretieren und zu beurteilen haben, und Austens Leser und Leserinnen befassen sich mit der parallelen Aufgabe, die von den Figuren erwogenen potentiellen Eheschließungen zu antizipieren und zu bewerten. Wenn in Austens Texten eine neue, ungebundene Figur eingeführt wird, fragen sich die anderen Figuren sowie die Leser schon bald: »Wo könnte diese neue Person hineinpassen?« Die Texte geben aber keine eindeutige Antwort. Im Gegenteil, Austen betont, daß die Kriterien für die Bewertung von zukünftigen Partnern, und auch für die nachträgliche Beurteilung von Eheschließungen, vielfältig und teilweise widersprüchlich sind. Ganz allgemein decken Austens Texte einen scharfen Kontrast (aber auch die impliziten Zusammenhänge) zwischen ›utilitarischen‹ und ›romantischen‹ Maßstäben für die Bewertung ehelicher Verbindungen auf. Nach der simplistischen Sicht der konventionellsten Figuren sollten diese Kriterien eine eindeutige Einschätzung der Eignung einer Figur als Ehepartner ermöglichen, doch die Praxis erscheint in Austens Romanen bei weitem nicht als ideal. Die Widersprüche in der Charakterbestimmung ein und derselben Figur, die einerseits durch ihren Reichtum, andererseits durch ihre Charakterzüge repräsentiert wird, führen zu erheblichen Problemen bei der Suche nach einem Partner, der beiden Maßstäben gleichermaßen genügen soll. Überdies gibt es vielfältige Kriterien für die Definition dieser Maßstäbe der romantischen Anziehung oder der utilitarischen Eignung selbst. So gibt es z. B. konventionelle Maßstäbe der Attraktivität – bestimmte geschätzte Eigenschaften der Person und des Verhaltens –, aber auch alternative Standards, die auf einer Ideologie der Romantik beruhen. Diese sind selbst konventionell, Klischees sogar, auch wenn manchen Figuren solche Klischees durchaus als persönliche, von sozialen Konventionen unberührte Gefühle erscheinen.

Austens Figuren unterscheiden sich in ihrer Fähigkeit, mit diesen Modulationen des gesellschaftlichen Lebens umzugehen, stark voneinander. Viele Figuren sagen einfach »Ja« oder »Nein« zu bestimmten Maßstäben: Die Ehe sollte einzig auf Liebe basieren, ohne Rücksicht auf soziale Stellung – oder umgekehrt. Die Hauptfiguren der Romane haben jedoch einen feineren Sinn für die verschiedenen gesellschaftlichen Prinzipien, welche die vielfältigen Bedeutungen ehelicher Beziehungen konstruieren. Man könnte sagen, diese Figuren kommunizieren mit den Konventionen ihrer Kultur – und zwar in zweierlei Hinsicht. Erstens verstehen sie die Konventionen *als* Konventionen. Sie betrachten sie weder als unveränderliche Naturgesetze noch als Einschränkungen eines freieren Naturzustandes, sondern als veränderliche Prinzipien der Herstellung und Deutung von Beziehungen. Um es mit James Boon zu sagen: Sie »zweifeln an der Absolutheit ihrer eigenen Kultur«[20], und sie nähern sich dieser Kultur mit einer interpretativen Urteilskraft. Zweitens sind die Figuren aufgrund dieser interpretativen Distanz in der Lage, Konventionen zu kommentieren und sich ihrer zu bedienen. Mit anderen Worten: Durch einen Metakommentar über die Konventionen der Liebeswerbung können die Hauptfiguren diese Konventionen überwinden und damit eine intensivere Kommunikation erreichen als durch bloße Akzeptanz oder Ablehnung.

Betrachten wir nun diese Aspekte angesichts der unterschiedlichen Wahrnehmungen von Elinor und Marianne Dashwood, den beiden Schwestern in *Verstand und Gefühl.* Zu Beginn des Romans lernt Marianne Mr. Willoughby kennen, und es dauert nicht lange, bis sie sich ineinander verlieben, wobei sich beide nach romantischen Maßstäben bewerten und beeinflussen. Ihrer unreflektierten Akzeptanz dieser Konventionen entspricht eine ebenso unkritische Geringschätzung der galanten Regeln der Liebeswerbung. So verachten sie Oberst Brandon (der sich wie Willoughby für Marianne interessiert) wegen seiner konventionellen Respektierlichkeit:

> »Brandon ist genau die Sorte von Mann«, sagte Willoughby [...], »von dem ein jeder Gutes sagt und aus dem sich niemand etwas macht, den zu sehen alle erfreut sind und mit dem zu sprechen niemand einfällt.« [...]
> »Fügen Sie ruhig noch hinzu«, kreischte Marianne, »daß er weder Genie noch Geschmack noch Geist hat; daß es seinem Verstand an Brillanz, seinem Gefühlsleben an Leidenschaft und seiner Stimme an Ausdruck gebricht.«[21]

Dagegen weigert sich Mariannes Schwester Elinor, Oberst Brandon allein wegen seines Auftretens zu akzeptieren oder abzulehnen; vielmehr bemüht sie sich, mit ihm zu kommunizieren, und aufgrund der so gewonnenen Einsichten verteidigt sie ihn vor Marianne und Willoughby:

> »Er hat viel von der Welt gesehen, war im Ausland, ist belesen und macht sich so seine Gedanken. Ich habe erfahren dürfen, daß er mir über die verschiedensten Dinge Auskunft erteilen konnte, und er hat meine Fragen stets mit einer Bereitwilligkeit beantwortet, die für gute Erziehung und guten Charakter spricht.«[22]

Zudem stellt Elinor Mariannes allzu einfache Übernahme der romantischen Konventionen wiederholt in Frage. Elinor warnt sie sogar davor, daß sie selbst von dem Spiel, das sie spielt, »eingeholt« werden könnte – einem Spiel, das Marianne weniger für konventionell als vielmehr für authentisch hält:

> »Na, Marianne«, sagte Elinor [...], »für *einen* Vormittag, meine ich, hast du ja schon allerhand erreicht. Über fast alle wichtigen Dinge hast du nun bereits Mr. Willoughbys Meinung herausgebracht. Du weißt, wie er über Cowper und Scott denkt; du bist sicher, daß er ihre Qualitäten gebührend zu würdigen versteht, und hast nun die volle Gewißheit, daß er Pope nicht mehr bewundert, als sich gehört. Aber wie willst du euere Bekanntschaft auf Dauer aufrechterhalten, wenn du jeden Gesprächsgegenstand so außerordentlich schnell erledigst? Du wirst bald deine sämtlichen Lieblingsthemen erschöpft haben. Eine weitere Begegnung und er wird dir seine Empfindungen über das Pittoreske und seine Ansichten über Zweitehen erläutern, und dann wirst du nichts mehr zu fragen haben.«[23]

Hinsichtlich des utilitarischen Kriteriums der Eignung stellt sich ebenfalls heraus, daß objektive Bewertungen gar nicht so leicht zu gewinnen sind. Es gibt zum Beispiel Figuren, deren öffentliches Erscheinungsbild nicht der sozialen Stellung entspricht, wie andere Figuren sie ihnen zuschreiben würden. Dazu kommt noch, daß ›Stand‹ nicht an sich feststehend und feststellbar, sondern anfechtbar und verhandelbar ist – und dies trotz einer herrschenden Standesideologie, die das System für naturgegeben und unveränderlich hält, gegründet auf den ›Fakten‹ von Blut und Herkunft. Was der einen Familie als eine gute oder gleichwertige Partie erscheint, mag eine andere als Schande und Entehrung empfinden. Betrachten wir die berühmte Konfrontation zwischen Lady Catherine deBourgh und Elizabeth Bennet in *Stolz und Vorurteil.* Nachdem Lady Catherine erfahren hat, daß ihr Neffe, Mr. Darcy, Elizabeth womöglich heiraten wird, versucht sie die Verbindung zu vereiteln. Sie bittet (oder eigentlich: befiehlt) Elizabeth, Darcys Antrag abzuweisen:

> »Ein junges Mädchen ohne Familie, ohne Verbindungen oder Vermögen, das gerne hochkommen möchte. Kann so etwas geduldet werden? Nein, das darf nicht sein, das wird nicht sein! Wenn Sie nur

vernünftig wären und wüßten, was gut für Sie ist, würden Sie nicht den Wunsch haben, aus dem Lebenskreis auszubrechen, in dem Sie aufgewachsen sind.«

Darauf antwortet Elizabeth folgendes:

»Wenn ich Ihren Neffen heiratete, würde ich nicht den Eindruck haben, daß ich aus meinem eigenen Lebenskreis ausbreche. Er ist ein Mann der besseren Gesellschaft, und ich bin die Tochter eines Mannes der besseren Gesellschaft: Wir sind also gleicher Herkunft.«[24]

Angesichts solch vielfältiger und oft gegensätzlicher Maßstäbe für die Bewertung von Stand, persönlicher Attraktivität und potentiellen Verbindungen leuchtet es ein, warum Austens Romane sich so hartnäckig mit den Schwierigkeiten befassen, die bei der Interpretation von Figuren und deren Beziehungen auftreten. Alle ihre Figuren, auch ihre Heldinnen, mißverstehen sich oft untereinander; immer wieder halten sie erste Eindrücke für gesicherte Fakten und äußern feste Überzeugungen statt vorläufiger Ansichten. Austens berühmteste Werke, *Verstand und Gefühl* [*Sense and Sensibility*] und *Stolz und Vorurteil* [*Pride and Prejudice*], beziehen sich beide unmittelbar auf dieses Problem. Darüber hinaus vermittelt die narrative Struktur der Romane dem Leser eine ähnliche Erfahrung. Anstatt sie zu erklären oder gar zu lösen, erhellen Austens Romane die jeweiligen Verwicklungen dadurch, daß sie stets erneute Interpretationen aus noch weiteren Perspektiven hinzufügen. Auf diese Weise setzen die Romane nicht einfach voraus, daß unser Erfahrungswissen nur eine vorläufige Interpretation ist, statt sinnlich wahrnehmbar oder beobachtbar zu sein. Sie führen vielmehr vor Augen, daß menschliche Erfahrung sich grundsätzlich nicht auf eine einzige, abschließende Bedeutung zurückführen läßt. Kurz gesagt: Obwohl viele Romanfiguren davon überzeugt sind, daß die Natur der Ehe in einer »allgemein anerkannten Wahrheit«[25] bestehe, stellen doch ihre jeweiligen Schwierigkeiten und Überlegungen – und, wie wir sehen werden, die narrative Struktur der Romane insgesamt – diese Ansicht wiederum in Frage.

Die narrativen Beziehungen kontrastierender Stimmen

Die klassischen Ethnographien der akademischen Anthropologie bedienen sich einer mehrstimmigen Erzählweise, um einheitliche Wahrheiten zu vermitteln. Entweder werden mehrere Zeugen herangezogen, um ein einziges Argument zu bekräftigen, oder ein Widerspruch zwischen verschiedenen Informanten wird selbst für erklärungsbedürftig gehalten. In Austens Romanen dagegen unterminiert die Interaktion einer Vielzahl von Stimmen die bloße Möglichkeit einer einheitlichen Wahrheit. Nehmen wir zum Beispiel Austens Schilderung der physischen Erscheinung, eine nach unserem Alltagsverständnis einfache Tatsachenfrage, die sich in einer eindeutigen deskriptiven Sprache beschreiben ließe. Verschiedene Interpreten haben darauf hingewiesen, daß Austen jedoch außerordentlich wenig über die physische Erscheinung ihrer Hauptfiguren mitteilt. Noch wichtiger ist aber, daß das wenige, was Austen darüber mitteilt, eher unter relationalen als unter absoluten Gesichtspunkten geschildert wird; d. h., es wird erzählt, wie bestimmte Figuren *in den Augen anderer Figuren* erscheinen, die ihrerseits mit ihrem Erscheinungsbild in Beziehung zu anderen beschäftigt sind.

Betrachten wir zum Beispiel eine Szene aus *Mansfield Park*, in der die Attraktivität von Fanny Price zur Diskussion steht. Henry Crawford begründet seinen frivolen Plan, »Fanny Price so weit zu bringen, daß sie sich in mich verliebt«, indem er seiner Schwester erklärt, an Fannys Aussehen eine »vorteilhafte Veränderung« bemerkt zu haben:

> »Du scheinst nicht recht zu wissen, wieviel Anspruch auf Beachtung sie hat. Als wir gestern abend von ihr sprachen, schien sich keiner von euch der wunderbar vorteilhaften Veränderung bewußt zu sein, die sich während der letzten sechs Wochen an ihrem Äußeren vollzogen hat. Ihr seht sie täglich, und deshalb fällt es euch nicht auf; aber ich versichere dir, im Vergleich zum Herbst ist sie wie verwandelt. [...] Sie muß seit Oktober mindestens fünf Zentimeter gewachsen sein.«

Worauf Mary Crawford antwortet:

»Pah! Das liegt nur daran, daß keine großen Frauen zum Vergleich da waren und daß sie ein neues Kleid hat und du sie noch nie so gut angezogen gesehen hast. Sie ist genau dieselbe wie im Oktober, glaub mir. In Wirklichkeit war sie das einzige Mädchen in der Runde, von dem du überhaupt Notiz nehmen konntest, und du brauchst immer jemanden.«

Und als Henry seiner Schwester gesteht, daß es ihm nicht gelungen sei, Fanny in eine Liebäugelei zu verwickeln, deutet sie seine Bewertung der vorteilhaften Veränderung Fannys in anderer Weise:

»Darin besteht nun ihre ganze Anziehungskraft! Das also – daß sie sich nichts aus dir macht – [...] läßt sie so viel größer erscheinen und verleiht ihr all den Liebreiz und Zauber!«[26]

In dieser Diskussion werden sowohl gegensätzliche Ansichten über das Erscheinungsbild (hat sich Fannys Aussehen wirklich zum Vorteil verändert?) als auch die Motive für diese Ansichten in Frage gestellt, und es gibt keinen unparteiischen Standpunkt, von dem aus die Leser ein unfehlbares Urteil abgeben könnten. Marys Verdacht, daß sich hinter Henrys Einschätzung bloße Eitelkeit verstecke, ist sicherlich wohlbegründet: Seine Behauptung, Fanny sei in sechs Wochen um fünf Zentimeter gewachsen, erscheint auf jeden Fall als unglaubwürdig; Mary hat zweifellos recht, wenn sie betont, daß attraktive Kleidung Bewertungen persönlichen Reizes hervorzurufen vermöge, die dann den ›natürlichen Anlagen‹ und nicht der ›Selbstdarstellung‹ einer Person zugeschrieben würden; und gewiß stimmt ihre Behauptung, daß Einschätzungen der Körpergröße immer relativ sind. Jedoch gibt es auch Gründe, Marys Argument in Zweifel zu ziehen. Vor Henry haben bereits andere sich zu Fannys verändertem Aussehen und zu ihrer Schönheit geäußert.[27] Und da Frauen, die ›out‹ sind, ihre Rivalinnen häufig um ihre Attraktivität beneiden oder diese herabsetzen, kann Marys Urteil in bezug auf Fanny nicht als unparteiisch gelten.[28] Die einzigen Beschreibungen von Fannys Aussehen, die wir seit dem Anfang des Romans erhalten (wo die Erzählerin beschreibt, wie Fanny mit zehn Jahren aussah), stammen bezeichnenderweise von Figuren, die nicht frei von eigenen Interessen sind. Es gibt keinen unparteiischen Erzähler, der uns eine unvoreingenommene Darstellung bieten könnte.

Der Gebrauch, den Austen von den vielfältigen Perspektiven interagierender Figuren macht, um ein ganzes Spektrum von Interpretationen aufzufächern, beschränkt sich aber nicht auf so offensichtlich subjektive Fragen wie die der physischen Attraktivität. Sogar faktische Ereignisse werden in den Romanen oft aus deutlich verschiedenen Perspektiven konstruiert. Betrachten wir den augenscheinlich unproblematischen Bericht über ein schlichtes Ereignis, den Augenblick des Wiedersehens zwischen Fanny Price und ihrem seefahrenden Bruder:

> [...] kaum zehn Tage nach ihrer Erregung über den ersten Besuch eines Dinners fand sich Fanny aufs neue in einen Zustand höchster Erregung versetzt, während sie in der Halle, auf dem Korridor und im Treppenhaus auf das erste Geräusch der Kutsche lauschte, die ihr den Bruder bringen sollte. Glücklicherweise vernahm sie es, als sie auf diese Weise wartete; und da weder Förmlichkeit noch Befangenheit den Augenblick der Begegnung hinauszögerten, war sie bei ihm, als er das Haus betrat, und die ersten Minuten innigster Bewegtheit verliefen ohne äußere Störungen und ohne Zeugen, außer man bezeichnete die Bediensteten, die hauptsächlich darauf bedacht waren, die richtigen Türen zu öffnen, als solche. Genau das hatten Sir Thomas und Edmund unabhängig voneinander auch bezweckt, wie nicht zuletzt aus dem wohlmeinenden Nachdruck zu schließen war, mit dem beide Mrs. Norris zu bleiben rieten, wo sie war, anstatt sofort in die Halle zu stürzen, als die Ankunftsgeräusche an ihre Ohren drangen.[29]

Diese Textstelle beginnt mit einer Innenperspektive Fannys, und wir erblicken eine Szene, die von der Aufgeregtheit einer schüchternen, doch empfindsamen Persönlichkeit geprägt ist. Für einen Moment werden wir gebeten, uns vorzustellen, wie die Szene sich den Bediensteten darstellen mag, die jede Spur von menschlichem Gefühl unterdrücken müssen. Sodann wird uns von Sir Thomas' und Edmunds Versuchen erzählt, das Wiedersehen der Geschwister als ein privates Ereignis zu inszenieren, und schließlich vom Wunsch der aufdringlichen und heuchlerischen Mrs. Norris, dabei eine Hauptrolle zu spielen. Augenscheinlich einheitliche Ereignisse in Austens Erzählungen ›geschehen‹ also nicht einfach; an jedem ›Ergebnis‹ sind vielmehr die absichtsvollen Handlungen mehrerer Figuren beteiligt, ja diese konstruieren geradezu ›ein‹ Ereignis unter merklich verschiedenen Gesichtspunkten.

Ein ausführliches Beispiel für Austens Fähigkeit, vielfältige Aspekte der gesellschaftlichen Wirklichkeit zusammenzuweben, findet man im ersten Kapitel von *Stolz und Vorurteil*, das folgendermaßen anfängt:

> Es ist eine allgemein anerkannte Wahrheit, daß ein begüterter Junggeselle unbedingt nach einer Frau Ausschau halten muß. Wie wenig auch sonst von den Gefühlen und Ansichten eines solchen Mannes bekannt sein mag, wenn er zuerst in einem nachbarlichen Lebenskreis auftaucht, so ist die besagte Binsenwahrheit in den Gemütern der ringsum wohnenden Familien doch so fest verankert, daß er von vornherein als das rechtmäßige Eigentum der einen oder anderen ihrer Töchter betrachtet wird.[30]

Austen eröffnet *Stolz und Vorurteil* mit der Parodie eines Aphorismus – einer ziemlich fragwürdigen Aussage, die sich durch überspitzte Gewißheit selbst verneint und so, mit einem Ausdruck Bachtins, »zweistimmig«[31] wird. Schon bei einer ersten Lektüre des ersten Satzes von *Stolz und Vorurteil* vermögen die Leser Austens Ironie zu erfassen: Der Erzählerin zufolge machen die Leute sich etwas vor, wenn sie glauben, daß reiche Junggesellen zwangsläufig eine Frau brauchen und sich auch eine wünschen. Für die Leser, denen diese Ironie entgeht, hebt der zweite Satz die Stimme der Erzählerin von der herrschenden Meinung ab und erläutert, daß es sich bei der besagten Binsenwahrheit um die feste Überzeugung eines »nachbarlichen Lebenskreises« von »Familien« mit »Töchtern« handle, auch wenn die Nachbarn noch so »wenig« vom Junggesellen wissen. So wird die Überzeugung, daß reiche Junggesellen eine Frau brauchen und sich eine wünschen, in zweifacher Hinsicht untergraben, denn erstens ist sie nicht länger eine allgemeingültige Ansicht, sondern die Ansicht bestimmter unwissender Nachbarn, die von der wissenden Erzählerin in Frage gestellt wird, und zweitens wird sie nicht so sehr als ein unvoreingenommenes Erfahrungsurteil, sondern vielmehr als eine von Eigeninteressen eingegebene Überzeugung dargestellt. Der Rest des Kapitels – mit Ausnahme des letzten Absatzes – besteht aus einem Dialog zwischen Mr. und Mrs. Bennet, Repräsentanten einer solchen Familie in einer derartigen Nachbarschaft. In ihrer Diskussion entpuppt sich Mrs. Bennet als eine Person, deren Meinung über reiche Junggesellen tatsächlich durch die Lebensaufgabe der Vermählung ihrer Töchter gefärbt ist. Mr. Bennet hingegen macht sich über seine Frau lustig, indem er das Verständnis, das sie einem unbekannten Junggesellen entgegenbringt, ebenso ironisch in Frage stellt wie die Konventionen der Höflichkeitsbesuche und der Umwerbung:

»Mein lieber Bennet«, sagte dessen Gattin eines Tages, »hast du schon gehört, daß der Gutssitz Netherfield Park nun endlich einen Mieter gefunden hat?«
Herr Bennet erwiderte, das sei ihm neu.
»Es stimmt aber«, gab sie zurück, »denn eben ist Frau Long hiergewesen und hat mir alles haargenau berichtet.«
Herr Bennet gab keine Antwort.
»Ja willst du denn nicht wissen, wer das Gut übernommen hat?« rief seine Gattin ungeduldig.
»Nun, *du* willst mir's ja erzählen, und ich bin durchaus bereit, mir die Sache anzuhören.«
Das ließ sie sich nicht zweimal sagen und begann.
»Also [...] Frau Long sagt, Netherfield ist von einem jungen Mann aus Nordengland übernommen worden, und er hat eine Menge Geld; [...] noch vor Michaelis soll er einziehen, sagt sie, und einige seiner Dienstboten werden schon bis Ende nächster Woche im Haus erwartet.«
»Wie heißt er denn?«
»Bingley.«
»Ist er verheiratet oder ledig?«
»Ledig ist er, mein Lieber, denk nur, ledig! Ein Junggeselle mit großem Vermögen [...]. Das ist doch wunderbar für unsere Mädchen!«
»Wieso? Was sollen denn die damit zu tun haben?«
»Aber mein lieber Bennet«, erwiderte seine Gattin, »wie kannst du nur so schwer von Begriff sein! So nimm denn zur Kenntnis, daß er meiner Meinung nach eine von ihnen heiraten wird.«
»Will er sich deswegen hier niederlassen?«
»Deswegen! – Wie kannst du nur solchen Unsinn reden! Aber es ist doch sehr wahrscheinlich, daß er sich in eine von ihnen verlieben könnte, und deshalb mußt du ihm deinen Besuch machen, sobald er einzieht.«
»Ich sehe nicht ein, warum ich das sollte. Du und die Mädchen, ihr könnt ja hinüberfahren, oder du kannst sie auch alleine hinschicken,

was vielleicht noch besser sein wird, denn da du's an Schönheit mit jeder von ihnen aufnehmen kannst, besteht die Gefahr, daß Herr Bingley nur Augen für dich hat.«

»Ach mein Lieber, jetzt schmeichelst du aber! [...] Aber denke doch an deine Töchter! Überleg dir mal, was das für eine wunderbare Versorgung für eine von ihnen bedeuten würde. Sir William und Lady Lucas sind fest entschlossen, auch hinzufahren, und zwar nur deswegen, denn im allgemeinen machen sie ja nie Besuche bei neu Zugezogenen, wie du wohl weißt. Du mußt einfach hin, denn wenn du es nicht tust, wird es ja für uns unmöglich sein, ihm einen Besuch abzustatten.«

»Da hast du wohl viel zuviel Bedenken. Herr Bingley wird sich bestimmt freuen, euch kennenzulernen; und ich will dir ein paar Zeilen mitgeben, damit er weiß, daß ich von ganzem Herzen einverstanden bin, wenn er eins von den Mädeln heiraten will, ganz egal welche, wenn ich auch für meine kleine Lizzy unbedingt ein gutes Wort einlegen muß.«

»Ich möchte dich bitten, das zu unterlassen. Lizzy ist keinen Deut besser als die anderen; ganz bestimmt ist sie nicht halb so hübsch wie Jane und nicht halb so angenehm in ihrem Wesen wie Lydia. Aber du mußt sie ja immer den anderen vorziehen.«

»Keine von ihnen hat etwas Besonderes zu bieten«, erwiderte er, »sie sind alle albern und unwissend, wie andere Mädchen auch; aber Lizzy ist ihren Schwestern an Beweglichkeit und Auffassungsvermögen doch etwas überlegen.«[32]

Bis hierhin hat die Erzählung zwei gegensätzliche Perspektiven verfolgt und aufeinander bezogen, wobei sie sich von der Ebene ›allgemeingültiger Wahrheiten‹ auf den beschränkteren lokalen Horizont einzelner Figuren verlagert hat. Im ersten Absatz des Kapitels wird eine Ansicht über reiche Junggesellen zunächst in der Stimme einer allgemeinen Überzeugung artikuliert als die von einem unbestimmten Publikum »allgemein anerkannte Wahrheit«, und gleichzeitig durch die Ironie der Erzählerin angezweifelt.[33] Im zweiten Absatz wird die eingangs geäußerte Meinung den Familien aus der Nachbarschaft zugeschrieben, insbesondere denen mit Töchtern, und erneut angezweifelt – sowohl von der Erzählerin als auch von dem hypothetischen reichen Mann, der womöglich eigene »Ansichten« hat. Im eben zitierten Gespräch wird jede Position jeweils von einer der Figuren, von Mrs. oder Mr. Bennet, zum Ausdruck gebracht und daraufhin jeweils von der anderen Figur in Frage gestellt. In dieser Weise werden die gepaarten Standpunkte auf verschiedenen Stufen der Allgemeinheit vorgetragen, und ihre Abfolge, vom Allgemeinen zum Besonderen, versetzt uns auf anschauliche Weise in die Welt der Romanfiguren – die Welt der ethnographisch dargestellten Anderen, die wir nur dann als eine bloß beschriebene, neutral präsentierte Welt betrachten können, wenn wir uns dem Text naiv nähern und die vielfältigen interpretativen Dialoge übersehen, die zwischen dem Leser, dem Text, dem Erzähler und den Figuren eine Beziehung herstellen.

In der bloßen Existenz zweier Standpunkte, die auf drei Stufen der Allgemeinheit ausgedrückt werden, erschöpft sich im ersten Kapitel jedoch weder der Dialog noch die Diversität. Auf der konkretisierenden Stufe des zweiten Absatzes enthüllt vielmehr jeder augenscheinlich einheitliche Standpunkt auch ein Konfliktpotential. Die Familien einer bestimmten Nachbarschaft mögen die Wahrscheinlichkeit einer neuen ehelichen Verbindung zwar optimistisch einschätzen, aber ebenso wahrscheinlich werden sie sich uneins sein in der Frage, welche ihrer Töchter den reichen Junggesellen ehelichen soll. Da er »das rechtmäßige Eigentum der einen oder anderen« jungen Frau ist, kann der Junggeselle nur einer gehören; Rivalität und Streit sind die wahrscheinliche Folge. Doch selbst die Infragestellung der herrschenden Meinung über Junggesellen seitens der Erzählerin kann zum Gegenstand des Zweifels werden: Indem sie betont, daß bestimmte Junggesellen wahrscheinlich eigene »Ansichten« haben, läßt die Erzählerin die Möglichkeit zu, daß der Junggeselle, wenn er in Erscheinung tritt, die Autorität der Erzählerin untergraben könnte. Die »Gefühle« dieser noch unausgeprägten Figur könnten, gegen Ende des Romans, die Ironie der Erzählerin wiederum ironisieren, denn irgendein Junggeselle könnte sich vielleicht doch eine Frau wünschen. So ist es unmöglich, die Implikationen der anfänglichen Ironie der Erzählerin abzusehen – weitere Ironisierungen könnten folgen.

Auf der nächsten Stufe, derjenigen der in *Stolz und Vorurteil* auftretenden Figuren, wird das Konfliktpotential unter den Anhängern der herrschenden Ansichten über Junggesellen manifest, und zwar in Mrs. Bennets argwöhnischer Haltung gegenüber Mrs. Long und Lady Lucas, die sie als Rivalinnen betrachtet [...]. Bei fortschreitender Lektüre des

Romans kann man feststellen, daß Mr. Bennets ironischer Blick auf die Albernheit und die Selbsttäuschungen der anderen Figuren ihn selbst zum Rückzug von der Kommunikation und den sozialen Verpflichtungen – und zur Flucht in die trügerische Abgeschiedenheit seiner Bibliothek – getrieben hat.

Der Dialog zwischen Überzeugung und Skepsis, den Mrs. und Mr. Bennet führen, betrifft nicht nur das Gemeinwissen über reiche Junggesellen. In den Antworten, die er seiner Frau gibt, verletzt Mr. Bennet geradezu soziolinguistische Regeln, indem er übliche Konversationsrollen ablehnt (»Herr Bennet gab keine Antwort« und »*du* willst mir's ja erzählen und ich bin durchaus bereit, mir die Sache anzuhören«) und indem er die Notwendigkeit, die geltenden Konventionen gutnachbarlichen Besuchens und Kennenlernens zu befolgen, scherzhaft in Abrede stellt. Um die Leichtgläubigkeit seiner Frau wissend, versucht Mr. Bennet sie mit dem Vorschlag zu schockieren, Mr. Bingley eine Nachricht zu schicken, die ausdrücklich auf eine mögliche Ehe mit einer seiner Töchter anspielt. Mr. Bennets Humor lebt hier von der Spannung zwischen dem ›allgemeinen‹ Interesse an der Vermählung einer Tochter mit Mr. Bingley und der Befolgung gesellschaftlicher Konventionen, die verlangen, daß solche Wünsche auf diskrete Weise vermittelt werden. Zudem werfen Mr. Bennets Neckerei und Spottlust Alternativen zu den geltenden Konventionen der Attraktivität und der gegenseitigen Annäherung auf: »Du und die Mädchen, ihr könnt ja hinüberfahren, oder du kannst sie auch alleine hinschicken, was vielleicht noch besser sein wird, denn da du's an Schönheit mit jeder von ihnen aufnehmen kannst, besteht die Gefahr, daß Herr Bingley nur Augen für dich hat.«

Schließlich enthüllt der Dialog zwischen Mrs. und Mr. Bennet vier soziale Unterscheidungen und Distinktionen, somit gesellschaftliche Alternativen:

1. Mrs. Bennets Bericht über die Neuvermietung von Netherfield zeigt, daß in der Konversation zwischen Hausherrn und Dienern unterschieden wird, zwischen demjenigen, der einer namentlichen Erwähnung für wert befunden wird, und denjenigen, die namenlos bleiben. Mrs. Bennet benennt weder den Hausherrn noch die Bediensteten, aber die Nachfrage ihres Mannes betrifft lediglich den Hausherrn, während er über die Bediensteten hinweggeht, als gäbe es sie gar nicht:

»[...] noch vor Michaelis soll er einziehen, sagt sie, und einige seiner Dienstboten werden schon bis Ende nächster Woche im Haus erwartet.«
»Wie heißt er denn?«
»Bingley.«

2. Das Gezänk der Eheleute über die Frage, welches ihrer Kinder sie Mr. Bingley besonders ans Herz legen sollten, deutet nicht nur auf die Rivalität zwischen den Schwestern, sondern auch auf die Rivalität zwischen Eltern, die jeweils einem anderen Kind den Vorzug geben. Solche Rivalitäten zeigen, daß innerhalb einer Familie genausoviel Uneinigkeit herrschen kann wie zwischen verschiedenen Familien.
3. Mr. Bennet begünstigt seine Tochter Lizzy aufgrund ihrer Intelligenz, doch Mrs. Bennet bevorzugt Jane wegen ihrer Schönheit und Lydia wegen ihres angenehmen Wesens. Hier thematisiert die Erzählung die Möglichkeit von Meinungsverschiedenheiten im Hinblick auf die Einschätzung bestimmter Frauen sowie im Hinblick auf die Maßstäbe dieser Einschätzung.
4. Mr. Bennet behauptet, »alle Mädchen« seien »albern und unwissend«, eine Bemerkung, die einen Gegensatz zwischen Frauen und Männern impliziert und somit auf das Konfliktpotential deutet, das aus der Existenz stark differenzierter Geschlechterrollen hervorgehen muß.

Wie diese vier Beispiele bezeugen (und es ließen sich bestimmt noch weitere finden), kann sich jedes Alltagsgespräch nicht nur auf eine Skala sozialer Unterscheidungen stützen, sondern diese auch zur Sprache bringen, wobei jede dieser Unterscheidungen in anderen Interaktionskontexten durchaus schwere Meinungsverschiedenheiten hervorrufen könnte. Selbst wenn Übereinstimmung und Einverständnis explizit und manifest sind, tragen die Verwicklungen des gesellschaftlichen Diskurses die Möglichkeit der Entzweiung stets in sich.

Im letzten Absatz des ersten Kapitels (von der Fortsetzung des Dialogs wollen wir hier absehen) scheint eine unpersönliche Erzählerin auf autoritative Weise zu den Hauptfiguren Stellung zu nehmen:

Herr Bennet war eine so ungewöhnliche Mischung von wendigem Geist, sarkastischem Humor, Verschlossenheit und schrulligen Einfällen, daß für seine Frau die Erfahrung von dreiundzwanzig Ehejahren nicht ausgereicht hatte, seinen Charakter zu verstehen. Dagegen war ihr Geist weniger schwer einzuschätzen. Sie war eine Frau von schwacher Intelligenz, geringen Kenntnissen und unberechenbaren Launen. [...] Ihre Lebensaufgabe war es, ihre Töchter unter die Haube zu bringen; ihr Trost waren Besuche und Klatsch.[34]

Hier scheint dieselbe Ironie durch, die wir bereits am Anfang bemerkten, diesmal auf die persönlichen Mängel der Figuren bezogen. Wenn man sich jedoch nach der Lektüre des ganzen Romans erneut dem ersten Kapitel zuwendet, stellt man fest, daß die Erzählstimme selbst nicht unbedingt einheitlich ist. Die meisten Interpreten würden darin übereinkommen, daß der eben zitierte Absatz trotz seiner Ironie eine objektive Einschätzung vermittelt: Die weiteren Handlungen von Mr. und Mrs. Bennet bestätigen die eingangs von der Erzählerin vorgenommene Beschreibung ihrer Charakterzüge. Dagegen kann die Ironie im ersten Satz des Anfangskapitels durch eine Lektüre des ganzen Romans in Frage gestellt werden – denn in *Stolz und Vorurteil* wie in den anderen Romanen Jane Austens stellt sich heraus, daß reiche Junggesellen tatsächlich eine Ehefrau brauchen und sich auch eine wünschen. Obwohl die Ironie, mit der die Erzählerin allgemeingültige Wahrheiten in Frage stellt, bestehen bleibt, wird diese anfängliche Ironie ihrerseits vom Ausgang des Romans untergraben: Die öffentliche Meinung, die Nachbarschaft sowie Mrs. Bennet hatten, wie sich zeigt, die »Gefühle oder Ansichten« des unbekannten Junggesellen richtig eingeschätzt, und seine erfolgreiche Werbung um die Hand einer Nachbarstochter straft am Ende die Selbstzufriedenheit der Erzählerin Lügen. Von wem aber kann dann der Leser eine neutrale Beschreibung der Tatsachen oder auch nur eine konsistente (ironische oder andere) Sicht der Dinge erwarten?[35]

Die Interpretation von Fehlinterpretationen

Zu Anfang haben wir darauf hingewiesen, daß die interpretative Umsicht, die den Lesern der Austenschen Romane abverlangt wird, eine Parallele in den interpretativen Fähigkeiten hat, die Jane Austen ihren Hauptfiguren zumutet. Diese Figuren erleben häufig, daß sich ihre früheren Einschätzungen einer Situation als falsch erweisen, und sie müssen allmählich lernen, ›ersten Eindrücken‹ und Vorurteilen zu mißtrauen. Wie leicht die gutgläubigen Figuren ein einfaches ›Ereignis‹ falsch auslegen können, zeigt sich z. B., wenn Mrs. Jennings Teile eines ernsten Gesprächs zwischen Oberst Brandon und Elinor Dashwood mithört. Mrs. Jennings wurde zuvor als eine Frau beschrieben, der, nachdem sie zwei Töchter an den Mann gebracht hat, »nichts anderes zu tun [blieb], als den Rest der Welt unter die Haube zu bringen«[36]; und so vermutet sie ab der Mitte des Romans Heiratsabsichten zwischen Elinor und dem Oberst.[37] Als Oberst Brandon Elinor »mit einem bedeutungsvollen Blick« in einen abgeschiedenen Winkel von Mrs. Jennings' Wohnzimmer folgt und sich mehrere Minuten lang mit ihr unterhält, ist sie deshalb überzeugt, daß er ihr einen Antrag macht:

> Auch die Wirkung dieses Gesprächs auf die Dame konnte ihrer Beobachtung nicht entgehen, denn obwohl sie zu taktvoll war, um zu horchen [...], mußte sie doch, ob sie wollte oder nicht, mit ansehen, wie Elinor errötete und das, was er sagte, mit solch innerer Bewegtheit und Spannung verfolgte, daß sie ihre Arbeit nicht fortsetzen konnte: Noch weiter fühlte sich Mrs. Jennings in ihren Hoffnungen bestärkt, als [...] einige Worte des Oberst unvermeidlicherweise an ihr Ohr drangen, mit denen er sich anscheinend für den schlechten Zustand seines Hauses entschuldigte. Dies enthob die Angelegenheit jedem Zweifel. Zwar wunderte sie sich, daß er das für nötig hielt, nahm aber an, es gehöre zum guten Ton.[38]

Wie Mrs. Jennings jedoch bald erfährt,[39] bittet der Oberst Elinor lediglich, ihrem Schwager Edward Ferrars seine Unterstützung anzubieten; dieser wurde enterbt, nachdem er sich geweigert hatte, eine Verlobung zu lösen, die öffentliches Aufsehen erregt hatte. Elinor ist in Verlegenheit, weil sie Edward, nicht den Oberst, zu heiraten wünscht, und so fällt es Mrs. Jennings leicht, eine Unterhaltung zu mißdeuten, die nur scheinbar Anzeichen einer Liebeswerbung trägt. Mrs. Jennings unterstellt sogar die Möglichkeit einer ihr unbekannten Konvention, um sich Oberst Brandons entschuldigende Bemerkung über »sein Haus« erklären zu können, die nach ihrer Deutung nur auf eine Ehe schließen läßt. Doch bei dem fraglichen Haus handelt es sich in Wirklichkeit um das

Haus, das mit der Pfarrstelle verbunden ist, die der Oberst Edward anbieten wird.

Nicht nur die Ereignisse, sondern auch die persönliche Erscheinung – die physischen Attribute, die angeblich zu den eindeutigen Eigenschaften bestimmter Individuen gehören – unterliegen, wie die Texte zeigen, vielfältigen und wandelbaren (Fehl-)Interpretationen, die sich im Lauf der Zeit gegenseitig beeinflussen können. Betrachten wir jetzt ein ähnliches Interpretationsproblem, das diesmal nicht bloß eine einzelne Szene umfaßt, sondern die ganze Länge des Romans *Anne Elliot* [*Persuasion*].

Anne Elliot beginnt mit der Beschreibung von Annes Vater, Sir Walter Elliot, der als ein äußerst eitler, in sein Aussehen und seine gesellschaftliche Stellung vernarrter Mensch geschildert wird.[40] [...] Wir erfahren ferner, daß Sir Walter seine älteste Tochter Elizabeth, die seine Vorurteile verinnerlicht hat, bevorzugt, und daß er Anne und einer dritten Tochter »viel geringeren Wert« beimißt.[41] Vor dem Hintergrund dieser Informationen wird dem Leser folgende Beschreibung der Heldin aufgetischt:

> Noch vor einigen Jahren war Anne Elliot ein sehr hübsches Mädchen gewesen; aber ihre Blüte war früh dahin. Selbst auf dem Höhepunkt hatte ihr Vater wenig Bewundernswertes an ihr gefunden; so völlig wichen ihre zarten Züge und milden dunklen Augen von den seinen ab. Jetzt, da sie verblüht und schmächtig war, galt sie ihm überhaupt nichts mehr.[42]

Diese Beschreibung beginnt als eine Tatsachenbehauptung der Erzählerin und erscheint daher, an den Anfang des Romans gestellt, als realistische Einführung einer Figur und einer Szene. In der Folge weicht jedoch die interesselose Stimme der Erzählerin einer interessierten Perspektive – derjenigen Sir Walters, der, wie erzählt wird, »wenig Bewundernswertes« an Anne fand, nicht einmal in ihrer »Blütezeit«. Darüber hinaus wird die subjektive Grundlage seines Urteils enthüllt: Er kann keine Schönheit gelten lassen, die anders als die seine geartet ist. Auf diese Weise zerstört die Erzählerin allmählich jeden Objektivitätsanspruch dieser Beschreibung, obwohl die Sprache durchgehend realistisch bleibt.

Kehren wir nun zur Beschreibung von Anne Elliot zurück und betrachten die mit der Vorstellung der Blüte verbundenen zeitlichen Implikationen. Die naturalistische Metapher zeigt einen Zustand an, der sowohl einmalig als auch zyklisch sein könnte. Was einmal in Blüte stand, könnte wieder blühen, oder auch nicht: Manche Blumen blühen nur ein einziges Mal, andere blühen nach dem Winter wieder auf. Sir Walter glaubt, daß die Blütezeit seiner zweiten Tochter für immer vorüber sei. Doch im Verlauf des Romans beginnt auch Anne Elliot wieder aufzublühen:

> An der Treppe [...] schickte sich soeben ein Herr an hinabzusteigen. Er trat höflich zurück, um ihnen Platz zu machen. Sie stiegen hinauf und gingen an ihm vorbei, dabei ruhte sein Blick mit einem Maß ernsthafter Bewunderung auf Anne, für das sie nicht unempfindlich bleiben konnte. Sie sah auch wirklich außerordentlich gut aus. Ihre ungewöhnlich regelmäßigen, lieblichen Züge hatten durch den Seewind, der ihr ins Gesicht wehte, die Blüte und Frische der ersten Jugend und ihre Augen ein strahlendes Leuchten. Es war offenkundig, daß dieser Herr sie sehr bewunderte – ein vollendeter Herr nach seinem Gebaren. Kapitän Wentworth blickte sich sogleich nach ihr um, woran sie erkannte, daß auch er es bemerkt hatte.[43]

An dieser Stelle betont die Erzählerin, daß Blüte eine Funktion des Kontexts und der sozialen Beziehungen sei. Anne Elliots Blüte verdankt sich dem Einfluß des Wetters auf bestimmte Aspekte ihres Aussehens – ihre Gesichtsfarbe und ihre Augen. Für Kapitän Wentworth hängt Annes Blüte zudem davon ab, daß eine dritte Person sie wahrnimmt – und die Erzählerin vergißt nicht hinzuzufügen, daß der Status dieser dritten Person, d. h. ihre Zugehörigkeit zur vornehmen Gesellschaft, nicht ohne Einfluß auf Wentworths Reaktion ist.

Kapitän Wentworth ist der Held von *Anne Elliot*. Zur Zeit der ersten Blüte Annes, sieben Jahre vor Beginn der Romanhandlung, hat sie die Verlobung mit ihm gelöst. Der Roman erzählt die Geschichte von Wentworths Rückkehr. Als sie sich zum ersten Mal wieder begegnen, kommt ihr Wentworths spontanes Urteil über sie zu Ohren:

> »Kapitän Wentworth ist nicht sehr galant zu dir, Anne, während er sich doch so aufmerksam um mich bemüht hat. Henrietta fragte ihn

> [...] nach dir, und er sagte, du seist so verändert, daß er dich kaum wiedererkannt hätte.« [...]
> Frederick Wentworth hatte diese Worte gebraucht [...], ohne zu vermuten, daß sie bis zu ihr gelangen würden. Er hatte sie traurig verändert gefunden und es ausgesprochen, als man ihn unvorbereitet fragte. Er hatte Anne Elliot nicht verziehen.[44]

Erneut wird in dieser Stelle der Realismus durch die Erzählung untergraben, indem sie Beobachtungen als eine Funktion des Verhältnisses zwischen Beobachter und Beobachtetem ausweist.

Wie wir gesehen haben, lernt Wentworth im Fortgang des Romans Anne Elliot mit neuen Augen zu sehen. Am Ende, als die Liebenden wieder zueinander gefunden haben, versichert ihr Wentworth, daß seine Meinung über ihr Aussehen niemals geschwankt habe, und zum Beweis zitiert er ein Gespräch mit seinem Bruder:

> »Sechs Wochen verbrachte ich bei Edward und sah, wie glücklich er ist. Er erkundigte sich sehr ausführlich nach dir, fragte sogar, ob du dich äußerlich verändert hättest, ohne zu vermuten, daß du in meinen Augen dich gar nicht verändern konntest.«
> Anne lächelte und ließ es durchgehen. Die Lüge war zu reizend, um getadelt zu werden. Es bedeutet schon etwas für eine Frau, wenn man ihr in ihrem achtundzwanzigsten Lebensjahr versichert, sie habe den Reiz der frühen Jugend nicht eingebüßt. Aber der Wert dieser Huldigung wurde für Anne um vieles erhöht durch den Vergleich mit einer früheren Äußerung. Es gab ihr die Gewißheit, daß seine heutigen Worte die Folge, nicht die Ursache seiner wiedererstandenen warmen Liebe waren.[45]

Hier wird Jane Austens narrative Erkenntnistheorie offen ausgesprochen: Die Form einer sozialen Beziehung bedingt die ›Tatsachen‹ der physischen Erscheinung, und nicht umgekehrt. Daß dieses Argument von Jane Austen hervorgehoben wird, belegt auch eine frühere Fassung des Romanschlusses. In dieser verworfenen Fassung erfahren wir nur, daß Wentworth Anne »versicherte, daß sie [...] (weit davon entfernt, sich zum Nachteil verändert zu haben), verblüffend an persönlichem Liebreiz gewonnen hatte«.[46] Hier ruft die Erzählerin dem Leser noch nicht ausdrücklich Wentworths frühere Kritik an Annes Aussehen in

Erinnerung; als Jane Austen die Szene jedoch überarbeitete, unterstrich sie den Kontrast zwischen seiner früheren und seiner späteren Meinung, um so ihr Argument über den Zusammenhang zwischen scheinbar neutralen Beschreibungen und der Einstellung des Beobachters zur Geltung zu bringen. Brian Southam ist der Ansicht, daß in der früheren Fassung, im Unterschied zur späteren, Anne und Wentworth nicht »mit einem vollen Verständnis der Vergangenheit zueinander finden«[47]. Nach unserer Interpretation schließt Austens Erkenntnistheorie allerdings solch ein »volles Verständnis« geradezu aus (ebenso wie sie »allgemein anerkannte Wahrheiten« ausschließt). Vielmehr betont die Schlußfassung Wentworths selektive Rekonstruktion seiner früheren Einschätzung von Annes Erscheinung. Wenn diese Rekonstruktion auch kein »volles Verständnis der Vergangenheit« darstellt, so bedeutet sie immerhin eine Wissenserweiterung, die durchaus zum Schluß des Romans paßt, zeugt sie doch von der Stärke seiner neuerlichen Hinwendung zu Anne.

In Austens Sicht gibt es also keine ausgezeichnete, autoritative Perspektive, von der aus sich die physischen Eigenschaften einer Person so bestimmen ließen, wie sie ›wirklich‹ sind. Eine Vielfalt der Interpretationen wird stets ebenso angestrebt wie ein Bewußtsein für den vorläufigen Charakter jeder einzelnen Interpretation. Austen legt auf solche Argumente noch mehr Wert, wenn es um die intellektuellen, moralischen und sozialen Eigenschaften ihrer Figuren geht. Die Episode, in der Mrs. Jennings Oberst Brandons Angebot mißdeutet, ist zwar amüsant, bleibt aber ohne größere Folgen für die Handlung von *Verstand und Gefühl.* Vielfache und umstrittene Interpretationen hinsichtlich Annes Erscheinung begleiten die Handlung in *Anne Elliot,* sind jedoch für deren Entfaltung nicht wesentlich. In anderen Romanen dagegen, vor allem in *Die Abtei von Northanger* und *Emma,* wirken sich die Fehlinterpretationen der Figuren nachhaltiger und schwerwiegender auf ihr Verhalten selbst aus. In *Die Abtei von Northanger* läßt sich Catherine Moreland von ihrer »Leidenschaft« für Gruselmärchen mitreißen; »romantische Traumbilder« und eine »zur Furcht neigende Einbildungskraft« beherrschen ihre Sicht des Lebens auf General Tilneys Familienanwesen, der Abtei von Northanger, wobei sie erfahren muß, daß diese Sicht es ihr unmöglich macht, »das wirkliche Leben in den mittleren englischen Grafschaften« zu verstehen.[48] Peinlicherweise wird Catherines phantastischer Verdacht bezüglich der »schauerlichen Verbrechen« des Generals aufgedeckt und widerlegt; sie ist unfähig zu verstehen, daß es für das merkwürdige Verhalten des Generals ihr gegenüber eine gewöhnlichere Erklärung gibt: seine Gewinnsucht.

Im Unterschied zu Catherines buchstäblich literarischen Fehlinterpretationen ist Emma so sehr darauf bedacht, ihr Benehmen in Einklang mit ihrer egozentrischen und snobistischen Sicht der Gesellschaftsordnung zu bringen, daß sie sowohl Mr. Elton als auch Frank Churchill auf eine Weise mißversteht, die für sie und für ihre Freunde unangenehme Konsequenzen nach sich zieht. In beiden Fällen reagiert Emma ähnlich wie Mrs. Jennings auf bestimmte Konventionen, die ›besondere Zuneigung‹ zum Ausdruck bringen, sie täuscht sich aber im Hinblick auf die Person, auf die sie jeweils gezielt sind. Während mehrerer Kapitel mißdeutet Emma Mr. Eltons Aufmerksamkeit für sie, denn sie glaubt, sie gelte ihrem Schützling Harriet Smith. Als Emma z. B. einfällt, Harriet zu porträtieren, spricht Mr. Elton mit der Bewunderung eines Verliebten von Emmas künstlerischer ›Meisterschaft‹:

> »Ich bitte Sie darum, es wäre in der Tat entzückend. Ich bitte Sie, Miss Woodhouse, lassen Sie ein so reizendes Talent Ihrer Freundin zuliebe wieder aufleben! Ich weiß doch, wie Sie malen! Wie konnten Sie glauben, ich wüßte es nicht? Ist dieses Zimmer nicht mit Landschaften und Blumenstücken von Ihnen reich geschmückt, und hat nicht Mrs. Weston ein paar unnachahmliche figürliche Bilder in ihrem Salon in Randalls hängen?«
>
> Ja, guter Mann! dachte Emma, aber was hat das alles mit Porträtmalerei zu tun? Du verstehst ja nichts vom Malen. Tu doch nicht so, als wärst du wegen meiner Pinseleien derart aus dem Häuschen! Spar dir deine Bewunderung für Harriets Gesicht auf.[49]

Hier mißdeutet Emma Mr. Elton fast schon willentlich, so überzeugt ist sie von der Angemessenheit einer Verbindung zwischen ihm und Harriet. Mr. Elton macht Emma weiterhin den Hof, und Emma nimmt weiterhin an, daß er es auf Harriet abgesehen habe, trotz John Knightleys Warnung, daß Mr. Elton »nicht daran denkt, sich [an Harriet] zu verschleudern«[50], und trotz Knightleys Wink, daß Elton seine Bemühungen auf Emma richte.[51] Erst als Elton ihr einen Antrag macht, begreift Emma, in welchem Maße sie »sich über seine Gefühle [...] Illusionen hingegeben hatte«. Aber selbst dann neigt sie noch dazu, Elton nicht weniger als sich selbst zu tadeln, denn er »war arrogant genug, seine Augen zu ihr zu erheben«[52].

Da die Schuld nur teilweise auf sie zurückfällt, ist es nicht verwunderlich, daß Emma gegenüber Frank Churchill einen ähnlichen Fehler begeht. Noch bevor sie ihn kennenlernt, »hatte sie [oft] gedacht [...], *wenn* sie je heiraten sollte, so wäre er ganz der Mann, der [...] zu ihr paßte«[53]. So ist sie durch ihre Einbildung völlig darauf vorbereitet, Frank Churchills zweideutiges Verhalten ihr gegenüber falsch auszulegen. Emma vermutet, daß er sie liebt,[54] erfährt jedoch später, daß seine Liebäugelei mit ihr das Ziel hatte, seine heimliche Verlobung mit Jane Fairfax zu kaschieren. »Ich bemühte mich«, so erklärt Churchill, »um alle Welt im ungewissen über unsre Verlobung zu halten, höchst ungehörig um eine andere Dame.«[55]

Viele Leser werden, obwohl sie weniger involviert sind als Emma, genau wie sie die Zweideutigkeiten in Frank Churchills Verhalten übersehen oder falsch auslegen. Manche werden Emma in ihrer voreingenommenen Interpretation folgen, was Mr. Eltons Verhalten ihr und Harriet gegenüber betrifft. Aber auch denjenigen, die während einer ersten Lektüre richtige Intuitionen haben, werden die Interaktionen der Figuren und die Ereignisse des Romans bei einer wiederholten Lektüre in neuem Lichte erscheinen: Was vorher merkwürdig oder verwirrend anmutete, wird jetzt auf köstliche Weise ironisch. Manche Interpreten haben kritisiert, daß Austen Geheimwissen – wie z. B. die heimliche Verlobung Frank Churchills – als Mittel einsetzt, um die Beziehung des Lesers zur Romanhandlung zu manipulieren. [...] Wayne Booth verteidigt Austen jedoch gegen solche Einwände und meint, die Autorin lege sowohl auf »Rätselhaftigkeit« wie auf »Ironie« Wert, zwei »Effekte«, die sich nicht in einer einzigen Lektüre vereinbaren ließen, sondern eine mehrfache Lektüre erforderten.[56] Wir sind freilich der Ansicht, daß der Gebrauch solcher literarischer Konventionen wie Rätselhaftigkeit und Ironie, die eine wiederholte Lektüre erzwingen, nicht nur keineswegs die »Illusion der Realität« zerstören, sondern vielmehr einen Begriff von Realität nahelegen, der soziologisch wie semiotisch anspruchsvoll ist.

Da die »ganze Wahrheit«[57] in der Analyse des Gesellschaftslebens unerreichbar ist, erfordert jeder der Austenschen Romane eine wiederholte Lektüre. Die scheinbar groteske allgemeine Wahrheit, die am Anfang von *Stolz und Vorurteil* eingeführt und ironisch eingeklammert wird, erweist sich als zutreffend für die reichen ledigen Gentlemen im Roman, und die Leser werden auf diese Weise daran erinnert, daß sie auch die Autorität einer noch so ironischen und weltklugen Erzählerin in Frage stellen müssen. Und wenn die Heldin desselben Romans Mr. Collins abweist und ihn bittet, ihre Abweisung nicht als konventionelles weibliches Geziere auszulegen – denn »Sie können ganz sicher sein, daß ich nicht zu jenen jungen Damen gehöre (wenn es überhaupt welche geben sollte), die es riskieren, ihr Lebensglück vom Zufall eines zweiten Antrags abhängig zu machen«[58] –, so können die Leser dies nur für bare Münze nehmen. Collins' »Dummheit«[59] und Elizabeths Intelligenz scheinen nämlich Ironie sowie jede andere Lesart ihrer Bemerkung auszuschließen. Doch Elizabeth erfährt schließlich, daß ihr Glück von Mr. Darcys Bereitschaft abhängt, ihr einen zweiten Antrag zu machen, und dieser wird zum Teil dadurch akzeptabler, daß Darcy auf positive und konstruktive Weise auf ihre frühere Abweisung reagiert. So zeigen Austens Texte immer wieder, daß wechselnde Perspektiven die Bedeutung sogar derjenigen ›Ereignisse‹ und ›Wahrheiten‹ ändern können, die zunächst höchst eindeutig zu sein schienen. Im Rückblick wird Elizabeths Kommentar ironisiert, und eine scheinbar einfache Behauptung erweist sich zwar nicht als ›falsch‹, wirkt aber doch komplizierter als beim ersten Hinsehen.

Romanenden und Erzählverhältnisse

Alle Romane Austens enden mit der Ankündigung einer glücklichen Heirat der Heldin, deren Schicksal den Mittelpunkt des Romans bildete. Doch stets untergräbt die Erzählung die Glaubwürdigkeit dieser abschließenden Ankündigungen. Am deutlichsten geschieht dies durch Austens ironische Übertreibung:

> Es ist sogar recht günstig, im Alter von sechsundzwanzig beziehungsweise achtzehn Jahren ein vollkommenes Glück zu beginnen.[60] [...]

Darüber hinaus decken zwei weitere Elemente der narrativen Struktur die problematische Beschaffenheit sogar der ›perfekten‹ Ehen der Heldinnen auf. Zum einen kommt jede dieser Verbindungen urplötzlich zustande, so daß die Handlung ein abruptes Ende findet. Zum anderen wird das glückliche Eheleben der Heldinnen jeweils nur mit wenigen Worten geschildert, in starkem Kontrast zu den peinlich genauen Darstellungen der vorangehenden Erzählung. Das Verhältnis zwischen der Länge der Erzählung und der erzählten Zeit ändert sich abrupt an dem Punkt, wo die auf Hunderten von Seiten beschriebene Entwicklung des Umwerbens zu einer in wenigen Worten mitgeteilten Heirat führt. Alle Romane Austens enden mit dem Entschluß zu einer Heirat, der nahezu bis zum letzten Moment die Möglichkeiten der Figuren zu überfordern schien, doch dann, wenn es dem Ende zugeht, unterminiert Austen die angebliche Perfektion der plötzlichen Verbindung durch ihr ebenso plötzliches Schweigen.

Manche Interpreten Austens betrachten die Schlüsse ihrer Romane als zu künstlich und schroff und empfinden sie daher als störend. So schrieb John Halperin, einer ihrer neueren Biographen: »Falls sie als Schriftstellerin einen hervorstechenden Fehler hat, so ist es ihr allzu offensichtliches und überhastetes Bedürfnis, gegen Ende ihrer Romane [...] endlich zum Punkt zu kommen [...].«[61] Im Anschluß an Marvin Mudrick interpretiert Halperin diesen »Fehler« psychologisch, indem er Austens ironisches Feingefühl auf eine Neigung zu moralischer »Sachlichkeit« oder gar »Kälte« zurückführt, die es ihr erlaube, sowohl über die Schwächen anderer zu urteilen als auch sich gegen ihre eigenen starken Empfindungen zu wappnen.[62] Halperin zufolge interessiert Austen das »Leiden« ihrer Figuren »mehr als ihr Glück«; daher die »überhasteten« Schlüsse, die es ihr erlauben, Gefühle zu vermeiden, die auszudrücken zu »schmerzlich« gewesen wäre: »sie bringt es nicht über sich, eine abschließende Liebesszene zu schreiben.«[63]

Eine im Licht unserer Untersuchungen überzeugendere Kritik findet sich in Mary Pooveys ausgezeichneter Studie über das Hervortreten weiblicher Autoren zu einer Zeit, da die bürgerliche Gesellschaft Frauen zunehmend als ausschließlich feminine und auf die Privatsphäre beschränkte Wesen definierte. Für Poovey »frieren diese märchenhaften Eheschließungen« der Austenschen Romanenden »den Realismus ein«.[64] Austen, so Poovey, schrieb durchaus realistisch über die ideologischen Widersprüche, mit denen sich Frauen konfrontiert sahen, als Bescheidenheit und Anstand von ihnen verlangten, ihre Attraktivität auf negative Weise, durch die Verleugnung von Sexualität und Selbstbewußtsein, zu manifestieren.[65] Austens Romanschlüsse jedoch stellten eine Abkehr von »sozialem Realismus und Gesellschaftskritik« und eine »Flucht ins Romantische« dar.[66] Denn sie ließen darauf schließen, daß Austen ihre Leser glauben machen wollte, eine private, individuelle Entscheidung würde zu einer öffentlichen, gesellschaftlichen Reform führen – zur Erneuerung der traditionellen Gesellschaftsordnung durch die glücklichen, wenn auch am Ende unglaubhaften Eheschließungen ihrer Heldinnen.[67]

Keines dieser beiden kritischen Argumente berücksichtigt freilich die Möglichkeit, daß das ›Mißglücken‹ der Romanschlüsse Austens beabsichtigt sein könnte, ein letzter Kommentar zum vorläufigen – fiktionalen – Status jeglicher Schilderung gesellschaftlicher Realität. Betrachten wir *Mansfield Park* als ein weitgefaßtes Beispiel, das dem heutigen Leser nicht nur aufgrund des Dramas der »Eheversprechen«[68], sondern auch aufgrund der problematischen Heirat zum Schluß des Romans Schwierigkeiten bereitet. Fanny Price' Eheschließung mit ihrem Cousin Edmund Bertram wird erst auf der drittletzten der über 500 Seiten des Romans erwähnt, nachdem die Aussichten auf die Verbindungen zwischen Edmund und Mary Crawford sowie zwischen Fanny und Marys Bruder Henry auf dramatische Weise verpufft sind:

> Kaum hatte er [Edmund] aufgehört, Mary Crawford nachzutrauern und Fanny gegenüber klarzustellen, wie unmöglich es wäre, jemals wieder einer solchen Frau zu begegnen, als ihm unvermittelt in den Sinn kam, [...] ob nicht Fanny selber [...] ihm ebenso lieb und wichtig werden könnte, wie es Mary Crawford je war [...].[69]

Bereits der nächste Absatz betont die Plötzlichkeit dieses Sinneswandels:

> Ich nenne hier bewußt keine Daten, damit jeder die Freiheit habe, die seinigen einzusetzen, da ich weiß, daß die Heilung von unbezähmbaren Leidenschaften und der Neubeginn unerschütterlicher Zuneigung hinsichtlich der Zeitdauer von einem Menschen zum anderen beträchtliche Unterschiede aufweist. Ich bitte nur jeden zu glauben, daß Edmund genau zu dem Zeitpunkt, als es ganz selbstverständlich war, daß es so sein sollte – und keine Woche eher –, aufhörte, sich um

Miss Crawford zu grämen, und so erpicht darauf war, Fanny zu heiraten, wie Fanny es sich selbst nur wünschen konnte.[70]

So findet der Wechsel der Zuneigung außerhalb des normalen Zeitverlaufs des Romans und des erwarteten Laufs der Dinge statt. Der plötzliche Auftritt der Erzählstimme als einer personifizierten Handelnden mit unvollständigem Wissen, wie sie durch das Pronomen »ich« dargestellt wird, macht auf diesen Bruch in der Beständigkeit und Vorhersagbarkeit der Ereignisse aufmerksam. Gegen Ende von *Mansfield Park* nimmt die Handlung eine plötzliche Wendung, und die Erzählung erinnert aufmerksame Leser an ihre eigene interpretative Rolle.

Allerdings ist *Mansfield Park* komplizierter aufgebaut, als diese Analyse vermuten läßt. Wenn nämlich die Leser den Roman aufs neue zu lesen anfangen oder sich die Geschichte vergegenwärtigen, werden sie entdecken, daß die Möglichkeit einer Ehe zwischen Fanny und einem ihrer Cousins bereits am Anfang zur Sprache kommt. Dort besprechen die Älteren des Hauses Bertram die Adoption einer verarmten Nichte. Sir Thomas befürchtet, daß Fanny, die weder eine Aussteuer noch besonderes Prestige in eine Ehe einbringen würde, einen seiner Söhne heiraten und so die Familie um die Möglichkeit einer profitablen Verbindung bringen könnte. Mrs. Norris glaubt jedoch, die sittliche Unmöglichkeit des Inzests könne dies verhindern, wenn die Cousins als Geschwister aufwachsen würden.[71] *Mansfield Park* beginnt also mit einer Diskussion über die Frage, wie eine Ehe verhindert werden kann, die dann bis zum letzten Kapitel unerwähnt bleibt. Doch im Schlußkapitel erweist sich eben diese Ehe nicht nur als möglich, sondern – selbst in Sir Thomas' Augen – sogar als wünschenswert, obwohl sie Verbindungen ausschließt, die sowohl Fanny als auch Edmund mit erheblich größerem Reichtum ausgestattet hätten. Zudem hatte Mrs. Norris, als sie fälschlicherweise voraussagte, Fanny würde »für beide [...] niemals mehr sein als eine Schwester«[72], doch nicht ganz unrecht, denn bis Fanny Mary Crawford als Edmunds Liebesobjekt ablöst, betrachtet er Fanny stets als Schwester. Seine brüderliche Einstellung wird offenkundig, als er zum ersten Mal erwägt, sie zu heiraten: »als ihm unvermittelt in den Sinn kam, [...] ob es nicht ein denkbares, ein hoffnungsvolles Unterfangen wäre, sie davon zu überzeugen, daß ihre innigen und schwesterlichen Empfindungen für ihn eine hinlängliche Grundlage für eheliche Liebe wären.«[73]

Die Heirat zwischen Fanny und Edmund stellt den erwarteten Lauf der Dinge in dreierlei Hinsicht auf den Kopf. Sie ist erstens halbwegs inzestuös. Zweitens schließt sie Verbindungen aus, denen ein größerer utilitarischer Wert zukäme. Drittens verhindert sie ein Zusammenspiel wechselseitiger Eheschließungen, das den Roman mit einer befriedigenden ehelichen Lösung für alle jungen Leute von Mansfield Park hätte enden lassen können. Zwei frühere Romane von Jane Austen (*Verstand und Gefühl* und *Stolz und Vorurteil*) endeten auf diese Weise, und ein ähnlicher Schluß, in dem Mary und Henry Crawford die Cousins Edmund und Fanny heiraten, wurde für *Mansfield Park* als Alternative entworfen. Jedoch wird durch die überraschende Wendung des Romanschlusses weder die Abgeschlossenheit noch die Einheit der Handlung beeinträchtigt. Denn im Rückblick werden noch die unerwartetsten Dimensionen des Romans verständlich, oder genauer: auf neue und andere Weise verständlich. Indem zum Beispiel die Erzählerin sich weigert, den Zeitpunkt zu benennen, an dem sich Edmunds romantische Empfindungen wandeln, wirft sie indirekt die Frage auf, in welchem Maße die Zuneigung zwischen ihm und Fanny zuvor schon (latent) romantischer Natur war. Auf der einen Seite entsprach nichts in ihrem gegenseitigen Verhalten dem Standardmuster von Liebäugelei und Liebschaft, und auch in den aufmerksamen Augen ihrer Familie und ihrer Freunde erschienen Fanny und Edmund stets wie Geschwister. Auf der anderen Seite bekundet die meistens so stille und zurückhaltende Fanny ihre Eifersucht auf Mary Crawford mit untypischer Leidenschaft:

> [Sie] wollte versuchen, aus ihrer Neigung zu Edmund all das zu verbannen, [...] was an Egoismus grenzte. [...] An ihn so zu denken, wie es vielleicht Miss Crawford zustand, wäre in ihrem Falle Wahnsinn.[74]

Im Rückblick kann der Leser in dieser ungewöhnlichen Stelle eine Vorausdeutung auf den Ausgang des Romans sehen, und Fanny selbst kann darauf zweifellos mit heimlicher Genugtuung zurückschauen. Doch dies sind nachträgliche Interpretationen; denn in der Gegenwart – das heißt, gerade wenn es sich ereignet – bedeutet es, für Fanny, »Wahnsinn«.

Eine genaue Untersuchung von *Mansfield Park* zeigt, daß Fannys und Edmunds Gefühle füreinander weder romantisch noch geschwisterlich, sondern beides zugleich sind. Indem sie aus einer gemeinsamen Kindheit eine Liebesgeschichte spinnt, ersetzt Austen freilich nicht einfach einen als falsch empfundenen Kontext erfahrungsprägender sozialer Kategorien durch einen anderen; vielmehr richtet sie sich gegen solche Kategorien überhaupt, und sie verwendet den Großteil des Schlußkapitels darauf, den Leser daran zu erinnern, daß der Roman auch anders hätte ausgehen können.[75] Auf diese Weise bedeutet Austen dem ethnographisch interessierten Leser, daß jegliche Erzählung und Deutung des sozialen und gesellschaftlichen Lebens einer Vielfalt von Alternativen Rechnung tragen muß – selbst solchen, die nur ›hätten sein können‹. Das gesellschaftliche Leben ist, jedenfalls in der Sicht Jane Austens, nicht etwa ein einheitliches Gebilde. Vielmehr besteht es aus einer Vielzahl von Geschichten, die – als ein Konstrukt aus mannigfaltigen, gegensätzlichen Gesichtspunkten – trotzdem zusammen erzählt werden müssen.

Aus dem Englischen von Anne Middelhoek

Anmerkungen

1 Siehe Janet Dolgin / David Kemnitzer / David M. Schneider (Hg.), *Symbolic Anthropology: A Reader in the Study of Symbols and Meanings*, New York 1977.

2 Vgl. Talcott Parsons, *Gesellschaften. Evolutionäre und komparative Perspektiven*, aus dem Englischen von N. Th. Lindquist, Frankfurt am Main 1975.

3 Vgl. Alfred Louis Kroeber, *The Nature of Culture*, Chicago 1952.

4 Vgl. Alfred Louis Kroeber / Talcott Parsons, »The Concepts of Culture and of Social System«, in: *American Sociological Review* 23 (1958), S. 582f.

5 Siehe David M. Schneider, *American Kinship: A Cultural Account*, Englewood Cliffs 1968, und ders., »What Is Kinship All About?«, in: Priscilla Reining (Hg.), *Kinship Studies in the Morgan Centennial Year*, Washington 1972, S. 32–63.

6 Siehe Clifford Geertz, *Dichte Beschreibung. Beiträge zum Verstehen kultureller Systeme*, aus dem Englischen von B. Luchesi und R. Bindemann, Frankfurt am Main 1983.

7 Siehe Paul Rabinow / William M. Sullivan (Hg.), *Interpretive Social Science: A Reader*, Berkeley 1979.

8 Vgl. Franz Boas, *Anthropology and Modern Life*, New York 1928, S. 157–167.

9 Vgl. jedoch A. Irving Hallowell, »The History of Anthropology as an Anthropological Problem« (1965), in: ders., *Contributions to Anthropology: Selected Papers*, Chicago 1976.

10 Dennis Tedlock, »The Analogical Tradition and the Emergence of a Dialogical Anthropology«, in: *Journal of Anthropological Research* 35 (1979), S. 387–400.

11 George Marcus / Dick Cushman, »Ethnographies as Texts«, in: *Annual Review of Anthropology* 11 (1982), S. 25–69.

12 James Clifford, »Über ethnographische Autorität«, in: Eberhard Berg / Martin Fuchs (Hg.), *Kultur, soziale Praxis, Text. Die Krise der ethnographischen Repräsentation*, Frankfurt am Main 1993, S. 109–157.

13 Siehe Roy Wagner, *The Invention of Culture*, Englewood Cliffs 1975.

14 Siehe James Clifford / George E. Marcus (Hg.), *Writing Culture: The Poetics and Politics of Ethnography*, Berkeley 1986; Roger Sanjek (Hg.), *Fieldnotes: The Making of Anthropology*, Ithaca 1990; Marc Manganaro (Hg.),

Modernist Anthropology: From Fieldwork to Text, Princeton 1990; sowie Paul Benson (Hg.), *Anthropology and Literature*, Urbana 1993.

15 David J. Sapir, Rezension von: J. Iain Prattis (Hg.), *Reflections: The Anthropological Muse*, in: *American Anthropologist* 90 (1988), S. 445 f.

16 Siehe Ruth Benedict, »Anthropology and the Humanities«, in: *American Anthropologist* 50 (1948), S. 585–593; sowie Richard Hoggart, »Humanistic Studies and Mass Culture« (1969), in: ders., *An English Temper: Essays on Education, Culture and Communications*, London 1982, S. 125–136.

17 Vgl. Gregory Bateson, *Naven*, Stanford 1936, S. 3; Bronislaw Malinowski, *Ein Tagebuch im strikten Sinn des Wortes. Neuguinea 1914–1918. Schriften Bd. 4.1*, hrsg. von Fritz Kramer, Frankfurt am Main 1986; Isaac Schapera, »Kinship Terminology in Jane Austen's Novels«, London, Anthropological Institute of Great Britain and Ireland, 1977.

18 Vgl. Avrom Fleishman, *A Reading of Mansfield Park*, Baltimore 1967.

19 Jane Austen, *Emma*, aus dem Englischen von Helene Henzel, Frankfurt am Main 1961, S. 361. [Die Autoren legen die fünfbändige, von R. W. Chapman besorgte Ausgabe: *The Novels of Jane Austen*, Oxford, 3. Aufl., 1932–34, zugrunde; die hier angeführten deutschen Übersetzungen wurden manchmal geringfügig geändert – Anm. d. Ü.].

20 James Boon, *Other Tribes, Other Scribes: Symbolic Anthropology in the Comparative Study of Cultures, Histories, Religions, and Texts*, Cambridge 1982, S. 6.

21 Jane Austen, *Verstand und Gefühl* [*Sense and Sensibility*], aus dem Englischen von Angelika Beck, Frankfurt am Main / Leipzig 1991, S. 61–63.

22 A.a. O., S. 62.

23 A.a. O., S. 57.

24 Jane Austen, *Stolz und Vorurteil* [*Pride and Prejudice*], aus dem Englischen von Werner Beyer, Frankfurt am Main 1980, S. 315.

25 Vgl. a. a. O., S. 5.

26 Jane Austen, *Mansfield Park*, aus dem Englischen von Margit Meyer, Frankfurt am Main 1990, S. 245–247.

27 Vgl. a. a. O., S. 190 f., 238.

28 Vgl. a. a. O., S. 49; siehe auch *Emma*, S. 20 f., 33 f.

29 *Mansfield Park*, S. 250.

30 *Stolz und Vorurteil*, S. 5.

31 Mikhail Bakhtin, *The Dialogic Imagination*, hrsg. von M. Holquist, Austin 1981.

32 *Stolz und Vorurteil*, S. 5 f.

33 Der Ausdruck »gleichzeitig« ist hier buchstäblich gemeint. Wie Bachtin gezeigt hat, wird die Ironie im komischen Roman häufig innerhalb desselben Satzes und vermittels derselben Worte ausgedrückt, mit deren Hilfe auch der ironisierte Standpunkt geäußert wird. »Die Rede des Anderen [...] wird nicht deutlich von der auktorialen Rede abgehoben. [...] Dieses variationsreiche *Spiel mit den Grenzen der Redeformen*, der Sprachen und der Welt-

sichten ist einer der grundlegenden Aspekte des komischen Stils« (*The Dialogic Imagination*, S. 308) Von Bachtin übernehmen wir zwar das Konzept der Dialogizität, doch sind wir der Meinung, daß sich ein solches Erzählverfahren auch in unkarnevalesken Texten wie denjenigen Austens findet. Bachtin, so denken wir, hat die hedonistisch-ausgelassenen Stimmen zu kurzschlüssig mit antihegemonialen Stimmen identifiziert.

34 *Stolz und Vorurteil*, S. 7.

35 Für eine detaillierte Interpretation des Eingangskapitels von *Stolz und Vorurteil* siehe Dorothy Van Ghent, *The English Novel: Form and Function*, New York 1953, S. 99–103. Mark Schorer zufolge betont Van Ghent die Diskrepanz zwischen der bestimmenden Rolle der Eigentumsverhältnisse in Austens Welt und den Anstrengungen ihrer ökonomisch machtlosen Heldinnen, innerhalb dieser despotischen Gesellschaftsordnung ihre Individualität zu entfalten (Vgl. M. Schorer, »Fiction and the ›Analogical Matrix‹«, in: John Aldridge [Hg.], *Critiques and Essays on Modern Fiction*, New York 1952, S. 83–98). Angesichts ihrer vom ökonomischen Determinismus geleiteten Interpretation ist es nicht verwunderlich, daß Van Ghent über die ironisierte Ironie im ersten Satz des Romans hinweggeht. Sie erkennt zwar, daß der erste Satz ironisch seinen Gegensatz zum Ausdruck bringt – »eine ledige Frau muß unbedingt nach einem begüterten Junggesellen Ausschau halten« (Van Ghent, a. a. O , S. 100), aber sie übersieht den Gegensatz zum Gegensatz, den der Ausgang des Romans ironisch nahelegt.

36 *Verstand und Gefühl*, S. 45.

37 Vgl. a. a. O., S. 248 f.

38 A.a. O., S. 327.

39 A.a. O., S. 340 f.

40 Jane Austen, *Anne Elliot* [*Persuasion*], aus dem Englischen von Margarete Rauchenberger, Frankfurt am Main 1988, S. 10.

41 A.a. O., S. 11.

42 A.a. O., S. 12.

43 A.a. O., S. 116.

44 A.a. O., S. 69 f.

45 A.a. O., S. 268.

46 Das verworfene Kapitel ist in der hier herangezogenen deutschen Ausgabe nicht mitübersetzt [Anm. d. Ü.].

47 Brian Southam, »*Persuasion*: The Canceled Chapters«, in: J. David Grey (Hg.), *The Jane Austen Companion*, New York 1986, S. 322 f.

48 Jane Austen, *Die Abtei von Northanger* [*Northanger Abbey*], aus dem Englischen von Margarete Rauchenberger, Frankfurt am Main 1986, S. 199 f.

49 *Emma*, S. 38.

50 A.a. O., S. 58.

51 A.a. O., S. 96.

52 A.a. O., S. 115, 116.

53 A.a. O., S. 101.

54 A.a. O., S. 218.
55 A.a. O., S. 369.
56 Wayne Booth, *Die Rhetorik der Erzählkunst*, aus dem Englischen von A. Polzin, Heidelberg 1974, Bd. 1, S. 256ff.
57 *Emma*, S. 361.
58 *Stolz und Vorurteil*, S. 99f.
59 A.a. O., S. 113.
60 *Die Abtei von Northanger*, S. 253; vgl. auch *Emma*, S. 407.
61 John Halperin, *The Life of Jane Austen*, Baltimore 1984, S. 78.
62 A.a. O., S. 36f. Siehe dazu Marvin Mudrick, *Jane Austen: Irony as Defense and Discovery*, Princeton 1952.
63 A.a. O., S. 78, 250.
64 Mary Poovey, *The Proper Lady and the Woman Writer*, Chicago 1984, S. 238.
65 A.a. O., S. 23–28.
66 A.a. O., S. 206.
67 Siehe dazu Alistair Duckworth, *The Improvement of the Estate*, Baltimore 1971.
68 *Lovers' Vows* – »Eheversprechen« – war der Titel einer 1798 erschienenen Bearbeitung von August Kotzebues Schauspiel *Das Kind der Liebe* (1791), die in England ein außerordentlicher Erfolg wurde. In der Oxforder Austen-Ausgabe ist der Text des Stückes zusammen mit *Mansfield Park* abgedruckt, denn, so merkt der Herausgeber an, »ohne die Vertrautheit mit *Lovers' Vows*, die Miss Austen ihren Lesern unterstellt, ist ein großer Teil des ersten Drittels [des Romans] nicht ganz verständlich« [Anm. d. Ü.].
69 *Mansfield Park*, S. 506f.
70 A.a. O., S. 507.
71 Vgl. a. a. O., S. 8f.
72 A.a. O., S. 9.
73 A.a. O., S. 507.
74 A.a. O., S. 284.
75 Vgl. Richard Simpson, »Unsigned review of *Memoir of Jane Austen*, by J. E. Austen-Leigh« (1870), in: Brian Southam (Hg.), *Jane Austen: The Critical Heritage*, London 1968, S. 70; sowie Tony Tanner, *Jane Austen*, London 1986, S. 172.

II.

Poetik und Rhetorik der Kulturbeschreibung

Vincent Crapanzano

Das Dilemma des Hermes: Die verschleierte Unterwanderung der ethnographischen Beschreibung

»Alle Übersetzung [ist]«, so Walter Benjamin, »nur eine irgendwie vorläufige Art, sich mit der Fremdheit der Sprachen auseinanderzusetzen.«[1] Ähnlich wie alle Übersetzung ist auch die Ethnographie eine durchaus vorläufige Art, sich mit der Fremdheit der Sprachen – der Kulturen und Gesellschaften – auseinanderzusetzen. Der Ethnograph übersetzt Texte jedoch nicht in der Weise, wie es der Übersetzer tut. Er muß sie erst einmal produzieren. Trotz aller Textmetaphern für Kultur und Gesellschaft verfügt der Ethnograph nicht über einen primären und selbständigen Text, der von anderen gelesen und übersetzt werden könnte. Es gibt keinen anderen Text als seinen eigenen. Ungeachtet ihres oftmals ahistorischen – ihres synchronischen – Anspruchs ist die Ethnographie historisch bestimmt durch den Augenblick der Begegnung zwischen dem Ethnographen und denjenigen, über die er forscht.

Der Ethnograph ist ein wenig wie Hermes: ein Kurier, der, ausgestattet mit Methoden, das Verschleierte, Verborgene, Unbewußte zu enthüllen, sich seine Kunde auch durch List beschaffen könnte. Er stellt Sprachen, Kulturen und Gesellschaften zunächst in ihrer ganzen Dunkelheit, Fremdheit, Bedeutungsleere dar; um sodann – wie ein Zauberer, ein Hermeneutiker, wie Hermes selbst – das Dunkle aufzuklären, das Fremde vertraut zu machen, dem Bedeutungsleeren Bedeutung zu verleihen. Er entschlüsselt die Botschaft. Er interpretiert.

Der Ethnograph erkennt für gewöhnlich den vorläufigen Charakter seiner Interpretationen an. Dennoch unterstellt er eine abschließende Deutung – eine endgültige Lesart. »Ich habe endlich das System der

Heiratsklassen der Kariera geknackt«, so hören wir ihn sagen. »Endlich kapiere ich, was das ganze Getue über den *Mudyi*-Baum soll.« Er will nichts wissen von der Behauptung des Literaturwissenschaftlers, daß es nie eine abschließende Lesart gebe. Er hat sie bloß noch nicht gefunden.

Den vorläufigen Charakter seiner Darstellungen erkennt der Ethnograph also nicht an. Für ihn sind sie endgültig. Er betrachtet es nicht als ein Paradox, daß seine »endgültigen Darstellungen« auf seinen »vorläufigen Interpretationen« gründen. (Vielleicht besteht er sogar aus diesem Grund auf einer abschließenden Lesart). Seine in Interpretationen verankerten Darstellungen begrenzen weitere Möglichkeiten der Auslegung. Die Ethnographie schließt sich selbst ab. Es ist sogar möglich, daß die allgemeineren Theorien, die der Ethnologe aus ethnographischen Untersuchungen erzeugt, bloße Spiegelungen und verzerrte, höherstufige Wiederholungen der vorläufigen Interpretationen sind, auf denen die Darstellung des Datenmaterials gründet. Diese Möglichkeit läßt sich nicht ausschließen. Hermes war der Schutzgott der Rede und der Schrift, und Rede und Schrift sind, wie wir wissen, selbst Interpretationen.

Hermes, etymologisch: »der vom Steinhaufen«, wurde zunächst mit Grenzsteinen assoziiert.[2] Die Herme, ein mit Kopf und Phallus verzierter Pfeiler, ersetzte später den Steinhaufen. Der Ethnograph, wenn mir diese Mutmaßung erlaubt ist, markiert ebenfalls eine Grenze: Seine Ethnographie verkündet die Grenzen seiner Kultur bzw. der Kultur seiner Leser. Und sie bezeugt seine interpretative Kraft sowie die seiner Kultur. Hermes war ein phallischer Gott und ein Gott der Fruchtbarkeit. Die Interpretation wurde als ein phallischer, ein phallisch-aggressiver, als ein grausamer, gewalttätiger und zerstörerischer Akt aufgefaßt, aber auch als ein fruchtbarer, befruchtender, einträglicher und kreativer. Wir sagen von Texten oder gar von Kulturen, sie seien bedeutungsschwanger. Sind auch die Darstellungen des Ethnographen bedeutungsschwanger gerade durch seine interpretativen, phallischen Befruchtungen? (Ich bezeichne den Ethnographen hier durchgehend mit dem männlichen Pronomen, ungeachtet seiner oder ihrer Geschlechtsidentität, da ich über eine Einstellung und nicht über die Person schreibe.)

Der Ethnograph ist noch in einem zweiten Paradox gefangen. Er muß aus dem Fremden einen Sinn machen. Wie Benjamins Übersetzer sucht er nach einer Lösung für das Problem der Fremdheit, und ebenso wie jener muß er (was Benjamin entgangen ist) zugleich eben die Fremdheit vermitteln, die seine Interpretation (bzw. die Übersetzung des Übersetzers) leugnet, zumindest insofern sie Universalität beansprucht. Er muß das Fremde vertraut machen und gleichzeitig die Fremdheit erhalten. Der Übersetzer erreicht dies durch den Stil, der Ethnograph durch die Verbindung einer das Fremde betonenden Darstellung mit einer alles vertraut machenden Interpretation.

Hermes war ein Schlitzohr: ein Gott der Listen und der Kunstgriffe. Der Ethnograph hingegen ist kein Schlitzohr. Er ist, wie er behauptet, weder listig noch trickreich. Aber er teilt ein bestimmtes Problem mit Hermes. *Er muß seine Botschaft überzeugend vermitteln.* Denn sie handelt vom Fremden, Ungewöhnlichen, Unvertrauten, Exotischen, Unbekannten – kurzum von dem, was die gängige Meinung in Frage stellt. Der Ethnograph muß sich aller ihm zur Verfügung stehenden Überredungskünste bedienen, um seine Leser von *der* Wahrheit seiner Botschaft zu überzeugen, aber er schenkt diesen rhetorischen Strategien nur wenig Beachtung, so als handle es sich bei ihnen um faule Tricks. Seine Texte verlassen sich darauf, daß die Wahrheit für sich selbst spricht – eine ganze Wahrheit, die ohne rhetorische Hilfsmittel auskommt. Seine Worte sind transparent. Ihm geht jedoch Hermes' Selbstsicherheit ab. Als Hermes zum Botschafter der Götter wurde, versprach er Zeus, nicht zu lügen. Er versprach aber keineswegs, die ganze Wahrheit zu sagen. Zeus hat es verstanden, der Ethnograph nicht.

In diesem Aufsatz werde ich anhand einer Lektüre dreier ethnographischer Texte (davon nur einer von einem Anthropologen) einige der Mittel untersuchen, mit denen der Ethnograph versucht, seine Botschaft überzeugend zu vermitteln. Es sind George Catlins Ausführungen über die Okipa-Zeremonie der Mandan-Indianer,[3] Johann Wolfgang Goethes Beschreibung des römischen Karnevals in der *Italienischen Reise* von 1789[4] sowie Clifford Geertz' Untersuchung über den balinesischen Hahnenkampf[5]. Die Ereignisse, die in diesen drei Texten geschildert werden, sind brisant, sie spotten den Vorstellungen von Bedeutung und Ordnung – wenn nicht denjenigen der Beteiligten, so doch denjenigen der Autoren. Die Autoren fühlen sich herausgefordert und bedienen sich verschiedener rhetorischer Strategien, um den Leser, und vermutlich auch sich selbst, von der Richtigkeit ihrer Beschreibungen zu überzeugen.[6]

Die wichtigste dieser Strategien ist die Konstituierung der Autorität des Ethnographen: seine Anwesenheit bei den beschriebenen Ereignissen, seine Auffassungsgabe, seine »interesselose« Perspektive und Objektivität sowie seine Aufrichtigkeit.[7] In den drei genannten Fällen ist der Ort des Ethnographen in seinem Text rein rhetorischer Natur; er ist deiktisch, oder vielleicht besser: pseudodeiktisch konstruiert. Es ist unmöglich, seinen Standort zu bestimmen. Seine Perspektive ist, bedingt durch die »totalisierende« Darstellung der Ereignisse, vielmehr eine umherschweifende. Seine Anwesenheit verändert nichts am Ablauf der Dinge und im übrigen auch nicht an der Weise, wie sie beobachtet oder interpretiert werden. Dabei nimmt der Ethnograph eine Unsichtbarkeit für sich in Anspruch, die er, im Gegensatz zu Hermes, dem Gott, natürlich gar nicht besitzen kann. Seine »Interesselosigkeit«, seine Objektivität und Neutralität werden in Wirklichkeit von seinem Eigeninteresse unterlaufen – von der Notwendigkeit, seine Autorität zu konstituieren, eine Beziehung zu seinen Lesern, oder genauer: zu seinen Gesprächspartnern, herzustellen und eine angemessene Distanz zwischen sich und den »fremden« Ereignissen, die er beobachtet, zu schaffen.

Neben den Mitteln, mit deren Hilfe der Ethnograph seine Autorität konstituiert, verfügt er noch über andere, um die Gültigkeit seiner ethnographischen Darstellungen auf unmittelbarem Wege zu beglaubigen. Ich greife drei davon heraus, die in verschiedenem Maße und mit unterschiedlichem Erfolg von Catlin, Goethe und Geertz eingesetzt werden. Bei Catlin dominiert die Hypotyposis[8], bei Goethe ist es eine externe (nichtmetaphorische) theatralische Narrativität, während Geertz sich auf interpretative Virtuosität verläßt. In diesen drei Fällen, so werden wir sehen, sind es gerade die Darstellungsfiguren, deren sich die Autoren bedienen, um ihre Leser wie sich selbst von ihren Beschreibungen zu überzeugen, die diese Beschreibungen zugleich verdächtig machen. Und in allen drei Fällen wird das Scheitern der Überzeugungsbemühungen von institutionell legitimierten Bemühungen um »Sinngebung« verdeckt. Catlin und Goethe messen den von ihnen geschilderten Zeremonien eine allegorische (moralische) Bedeutung bei. Geertz beruft sich auf eine phänomenologisch-hermeneutische Auffassung von Bedeutung, was zumindest rhetorisch gesehen unzureichend ist. Sein Essay erhält exemplarisches Gewicht, und der Hahnenkampf selbst gewinnt nicht nur metaphorische, sondern methodologische Bedeutung. Das Okipa, der Karneval und der Hahnenkampf werden jeweils zu Chiffren der Unordnung – der willkürlichen Gewalt, Ungeregeltheit und Bedeutungsunsicherheit – in einer transzendierenden Erzählung, in der genau diese Unordnung, diese Gewalt, Ungeregeltheit und Bedeutungsunsicherheit aufgehoben werden. Es wird gezeigt, daß die Zeremonien, wenn auch keine Ordnung und keine feste Bedeutung, so doch zumindest eine Signifikanz haben. Ironischerweise fallen jedoch die Beschreibungen, als Darstellungsfiguren, die eine anfängliche rhetorische Unterwanderung verschleiern, ihrerseits der Unterwanderung anheim. Das Okipa, der römische Karneval und der balinesische Hahnenkampf werden zum »Okipa«, dem »Römischen Karneval« und dem »Balinesischen Hahnenkampf«.

»Mit dieser sehr hohen Würde bekleidet, stand ich früh am Morgen mit meinen Begleitern vor der Medizin-Hütte und suchte wo möglich einen Blick in das Innere zu werfen, als der *Zeremonien-Meister*, der, wie ich bereits geschildert, seine Geheimnisse hütet und beherrscht, heraustrat, mich mit einer starken *professionellen* Zuneigung beim Arme nahm und durch ein acht bis zehn Fuß langes Vorzimmer, welches eine doppelte Tür hatte, vor der zwei Wachen mit Lanzen oder Kriegskeulen in der Hand standen, in das *sanctum sanctorum* einführte. Ich gab meinen beiden Gefährten einen Wink und meine *Medizin* war so mächtig, daß man sie ruhig mit eintreten ließ und uns sämtlich auf erhöhte Sitze führte, die der Medizin-Mann für uns errichtete.«[9]

Mit diesen Worten beschreibt George Catlin, der romantisch-realistische Maler der nordamerikanischen Indianer, seinen Eintritt in eine Medizinhütte, in der er Zeuge einer der sicherlich blutigsten Riten in den Annalen der Ethnographie werden sollte: des Okipa der Mandan – »einer Entbehrungs- und Folterprüfung«, in der junge Mandan-Männer, »welche durch anhaltendes Fasten und Wachen während beinahe vier Tagen und Nächten schon ganz erschöpft waren«, an Rohlederbändern, die durch das durchbohrte Fleisch ihrer Brust und Schulter gezogen waren, an der Hüttendecke aufgehängt wurden, bis ihre Körper »leblos« waren. Das Okipa wurde Catlin zufolge jährlich zelebriert, um des Rückgangs einer großen Flut zu gedenken, die sich nach dem Glauben der Mandan einst über die ganze Welt ausgebreitet hatte, um die Ankunft der Büffel sicherzustellen und um die »jungen Leute des Stammes, welche das Alter der Mannbarkeit erreicht haben, durch

Fasten und Martern einer strengen Prüfung zu unterwerfen, damit sie ihre Muskeln stärken und sich zu den härtesten Entbehrungen vorbereiten [...]«[10].

Es war im Sommer des Jahres 1832 – sechs Jahre, bevor die Mandan durch eine Pockenepidemie dezimiert wurden. Catlin hatte einige Wochen bei ihnen verbracht. Er erkannte, »daß sie einen von den übrigen Stämmen dieser Gegenden ganz verschiedenen Ursprung haben«[11], und später behauptete er, sie seien die Nachkommen walisischer Seefahrer, die unter dem Befehl des Prinzen Madoc im vierzehnten (in Wirklichkeit aber im zwölften) Jahrhundert ausgefahren waren und von denen es hieß, sie hätten sich irgendwo in Nordamerika niedergelassen.[12] Am Tag vor seinem Einlaß in die Medizinhütte hatte Catlin den Zeremonienmeister gemalt, und der große Magier war mit dem Porträt derart zufrieden – »er konnte sehen, wie sich seine Augen bewegen« –, daß er und die anderen »Doktoren« Catlin einstimmig zu einem »angesehenen Rang in der Kunst« der Magie und des Zaubers erhoben und ihm den Namen »weißer Medizin-Maler« verliehen. Diese Ehre erlaubte es ihm, die Hütte zu betreten, und sein Ansehen als Medizinmann ermöglichte es auch seinen Reisegefährten [...], ihn zu begleiten. Sie waren vermutlich die ersten Weißen, die dem Okipa beiwohnten, und Catlin war der erste, der die Zeremonie beschrieb: Am 10. Januar 1833 erschien sein (am 12. August 1832 aufgezeichneter) Bericht im *New York Commercial Advertiser*, dann 1841 in seinem Buch *Die Indianer Nord-Amerikas* [*Manners, Customs, and Conditions of the North American Indians*] und schließlich 1867 in einer kleinen Monographie (mit einem *Folium Reservatum* für Wissenschaftler), die ganz dieser Zeremonie gewidmet ist.

Catlin bekennt auf melodramatische Weise, daß ihn die Aufgabe, das Gesehene zu beschreiben, erschaudern läßt und mit Schrecken erfüllt. »Ich trat in die Medizin-Hütte, wie in eine Kirche«, so schreibt er, »und erwartete zwar, etwas Außerordentliches und Auffallendes zu sehen, jedoch immer in der Form eines Gottesdienstes; allein, ich erwartete keineswegs, das Innere ihres heiligen Tempels in ein *Schlachthaus* verwandelt und den Boden desselben mit dem Blute der fanatischen Gläubigen bedeckt zu sehen. Ich hatte keineswegs gedacht, ein Gotteshaus zu betreten, dessen geweihtes Inneres Seine Diener mit ihrem Blut und mit Büßungen und Foltern schänden sollten, welche womöglich die Gräuel der Inquisition noch übertreffen.«[13] Dem ganzen Erschaudern und Schrecken zum Trotz brachten er und seine Gefährten es aber fertig, dem Schauspiel von den ihnen angewiesenen Plätzen aus zuzusehen. »Von hier aus konnten wir bequem Alles sehen, was in der Hütte vorging, und vor uns breitete sich genau das Bild aus, das auf dem ersten der vier Gemälde [mit denen Catlin seinen zweiten und dritten Bericht illustrierte] dargestellt ist. Hier blieben wir an jedem der vier Tage vom Aufgang bis zum Untergang der Sonne.«[14] Es war ihnen nicht einmal erlaubt, sich von den ihnen zugeteilten Plätzen zu entfernen. Als Catlin bei einer Gelegenheit aufstand, um sich das seiner Meinung nach zentrale Mysterium des Rituals aus der Nähe anzusehen, wurde er zu seinem Platz zurückgeschickt. »Ich versuchte es mehrmals, mich demselben zu nähern, wurde aber sogleich durch ein allgemeines St! zurückgewiesen. Ich bezähmte daher schließlich meine Neugier so gut, wie ich konnte, und erfuhr später, daß dieser geheimnisvolle Gegenstand so heilig und seine Mysterien so wichtig seien, daß nicht nur nicht *ich* allein, sondern daß außer dem Medizin-Manne niemand, selbst nicht einmal die jungen Männer, welche die Prüfung bestehen wollen, sich demselben nähern oder erfahren durften, was es sei.«[15]

Wie ein Künstler vor seiner Staffelei nimmt Catlin einen fixen Standort ein. Wenigstens behauptet er das. Und *dennoch* ist er im Grunde kein Objektivist, kein Robbe-Grillet, der die Zeremonie gewissenhaft, in metonymischen Schritten, vom fixen Standpunkt seines Bewußtseins aus beschreiben würde. Seine Sicht ist breiter, konstruiert, überzogen, unausgeglichen – metaphorisch. Sein Blick verrät sich fortwährend. Er beschreibt, wie der Böse, Okihidi, die Szene betritt: »Aber am vierten Tage um Mittag, beim letzten Tanz, mitten in dieser Freude und Heiterkeit und auf dem Höhepunkt dieses Frohlockens, erschallte plötzlich von den Dächern der Hütten ein Schrei! – Männer, Frauen, Hunde, alles schien von Angst und Schrecken ergriffen, als sie ihre entsetzten Blicke nach dem etwa eine Meile nach Westen gelegenen Prairie-Hügel richteten, von welchem ein Mann herabstieg und mit schnellen Schritten, jedoch nicht in gerader Linie, sondern hin- und herlaufend, wie ein Knabe, der einen Schmetterling verfolgt, auf das Dorf zueilte. Als er die Pallisaden erreicht hatte, konnte man erkennen, daß er ganz nackt und mit gestoßener Kohle und Bärenfett schwarz wie ein Neger angestrichen war [...].«[16] Catlin schweift ab, wiederholt, verallgemeinert, vereinfacht, übertreibt und schmückt aus. Er bezieht sich unterschiedslos auf das, was er vorher gesehen und was er später erst in Erfahrung gebracht hat. Mitten in einer mit genauen Maßangaben (»etwa eine Meile nach Westen«, »ein acht bis zehn Fuß langes Vorzimmer«) gespickten, als realistisch dargebotenen Beschreibung gibt es, hier und auch an anderen Stellen in *Die Indianer Nord-Amerikas*, metaphorische Redewendungen, wie die Gleichnisse im obigen Beispiel (»wie ein Knabe, der einen Schmetterling verfolgt«, »schwarz wie ein Neger angestrichen«), die den jeweiligen Ereignissen ähnlich unangemessen erscheinen wie die Farben seiner Indianerbilder (die Baudelaire furchterregend und geheimnisvoll nannte)[17]. Sie werden weder seinen vermeintlichen Erfahrungen noch denen der beteiligten Mandan gerecht. Die Erfahrungen beider verschwimmen stilistisch ineinander – sie werden dem Erlebnis geopfert, das Catlin bei seinen Lesern hervorrufen wollte. Die Subjektivität der Beteiligten wird auch dann derjenigen der Leser pathopoetisch[18] geopfert, wenn Catlin behauptet, sich in die Perspektive der Beteiligten zu versetzen. So beschreibt er z.B. einen der Gefolterten, allem Anschein nach eine Verdichtung von mehreren Personen: »Quälgeister und Dämonen, so erscheinen sie, umringen ihn, mindestens ein Dutzend, sammeln sich, um die feinsten Mittel für seine Peinigung zu ersinnen und zu beschließen. Dann tritt einer des Haufens höhnisch auf ihn zu und bringt ihn mittelst einer langen Stange in eine drehende Bewegung. Dies geschieht zunächst in sanfter Weise, dann aber immer schneller, bis der Unglückliche seine Schmerzen nicht mehr überwinden kann und in den rührendsten und herzzerreißendsten Klagetönen, welche die menschliche Stimme hervorzubringen vermag, den großen Geist anfleht, ihm in dieser Prüfung Kraft und Schutz zu verleihen, während er zugleich wiederholt, daß das Vertrauen in seinen Schutz unerschütterlich sei. Das Drehen wird nun schneller und schneller fortgesetzt – und es gibt keine Hoffnung des Entkommens oder der Erleichterung –, bis er in Ohnmacht fällt, seine Klagen verstummen und er still und anscheinend leblos dahängt!«[19] Hier wechselt Catlin von seiner (objektivierenden) metaphorischen Perspektive zu derjenigen des Gefolterten; trotz dieses Wechsels ist seine Intention nicht phänomenologisch, sondern rhetorisch: Er beschreibt weder das Leiden des Indianers noch seine eigene Wahrnehmung. »Quälgeister und Dämonen, so erscheinen sie« (wem? Catlin? oder dem Mandan?), ist stilistisch äquivalent mit: »es gibt keine Hoffnung des Entkommens«. Diese Redewendungen sind an den Leser gerichtet, und erst die Reaktion des Lesers wird die Wahrnehmungen Catlins verbürgen.

An diesen Stellen wie überall in *Die Indianer Nord-Amerikas* ist die wichtigste von Catlin benutzte stilistische Figur die Hypotyposis. Sein Erlebnis des von ihm *Gesehenen* wird den Lesern mit Absicht so kräftig und so intensiv eingeschärft, daß sie an dessen Glaubwürdigkeit nicht zweifeln können. Es ist das Visuelle, das hier die Autorität begründet. Die realistische Tradition, so hat Alexander Gelley bemerkt, »suchte die Beschreibung von Dingen und Orten dadurch zu verstärken, daß sie das Objekt der Beschreibung mit dem Objekt eines spiegelnden Aktes, Bildes oder Prozesses zusammenfallen ließ«[20]. Catlins Behauptung eines fixen Standortes, eines ihm angewiesenen Platzes – es gibt ähnliche Behauptungen an anderen Stellen in *Die Indianer Nord-Amerikas* – muß in einem rhetorischen Sinne verstanden werden. Sie beglaubigt seine Anwesenheit auf deiktische Weise. Sie gibt ihm die Autorität des Malers vor seiner Staffelei. Sie ermöglicht es ihm, seine Leser in die visualisierte Szene einzuführen und sie (wie auch sich selbst) von deren Wahrheit zu überzeugen.[21]

Catlins Perspektive ist jedoch keineswegs abgesichert. Anders als die Sozialwissenschaftler von heute, deren Theorien (unabhängig von ihrem Wert) im Dienste ihrer ethnographischen Glaubwürdigkeit stehen, kann Catlin seine Glaubwürdigkeit letztlich nur auf die Kraft seiner Beschreibungen stützen. Aber wie schon seine Malerei so ist auch seine Prosa nicht besonders glaubhaft. Sie untergräbt sich selbst. Seine Intention ist realistisch, sein Stil dagegen romantisch. Mit Hilfe von Metaphern, oft genug extravaganten Metaphern, Ekphonesis, dem schillernden Gebrauch von Vokativ, Hyperbel, Pathopoeia, Apoplanesis, Interruption[22], Spannungselementen, Subjektivismus – um nur einige seiner stilistischen Strategien zu nennen – versucht Catlin seinen Beschreibungen eine zwingende Wahrhaftigkeit zu verleihen. Doch sind es gerade diese Strategien, die seine Intention unterlaufen. Realismus erfordert einen nüchternen Stil. Für Catlin schließt jedoch solche Nüchternheit die Hypotyposis aus, auf der seine Glaubwürdigkeit beruht.

In *Die Indianer Nord-Amerikas* hebt der Brief, in dem er die Okipa-Zeremonie beschreibt, mit folgenden Worten an: »Oh! ›*horribile visu et mirabile dictu*!‹ Gott sei Dank, daß es vorbei ist, daß ich es gesehen habe und der Welt erzählen kann.« Aber warum es sehen? Warum es der Welt erzählen? Catlin fehlt ein Rahmen für seine Geschichte – eine Rechtfertigung für seine Reportage. Seine Intention ist dokumentarisch, aber rechtfertigt sie die Beobachtung und Beschreibung der »gräßlichen und empörenden Gebräuche«, die »das Herz und sogar den Magen eines Reisenden anekeln« und ihn trotzdem mit Mitleid erfüllen?

Catlin rechtfertigt seine Berichterstattung in einer konfusen Weise. (Er war nie ein systematischer Denker.) Er schreibt, daß diese Zeremonie »der zivilisierten Welt ganz unbekannt und deshalb wissenswert«[23] sei. Weiter gibt er zu verstehen, daß bestimmte Teile der Zeremonie grotesk und belustigend seien, andere, die sich auf die große Flut beziehen, dagegen »harmlos und sehr interessant«.[24] Eine theoretische Rechtfertigung hat er dafür nicht. Die Exegese der Einheimischen sei unzulänglich. Die Zeremonie lasse sich nicht historisch situieren. Auch wenn er genügend Zeit hätte, eine ausführliche Abhandlung über die Zeremonie auszuarbeiten, würde er nach eigener Meinung vermutch scheitern, denn ein einfaches Volk wie die Mandan »besitzt keine Geschichte, um Tatsachen und Systeme aufzubewahren und vor der Ausartung in abgeschmackte und unzusammenhängende Fabeln und Erdichtungen zu sichern«[25].

Catlin teilt hier die typische Überzeugung des neunzehnten Jahrhunderts, daß Erklärungen in Ursprünge eingebettet sind. In seinem Buch *Die Indianer Nord-Amerikas* setzt er Anschauungen und Sagen der Mandan in Beziehung zu biblischen Geschichten von der Sintflut, vom Sündenfall Evas und vom Erscheinen und Tod des Erlösers. (Mit einer solchen Gleichsetzung kommt die Suche nach Ursprung und Bedeutung fundamentalistisch zu einem Ende.) Weil ihm die besondere (»weiße«) Erscheinung der Mandan auffällt und er zugleich bemerkt, daß ihr Kulturheros weiß ist, vermutet Catlin einen Kontakt zum Christentum, und sechsundzwanzig Jahre später behauptet er, wie wir gesehen haben, daß die Mandan von den Walisern abstammen. Freilich ist die Entdeckung eines christlichen Einflusses oder gar einer walisischen Herkunft kaum eine Erklärung für die Okipa-Folterungen. Catlin wechselt plötzlich das Thema – sein informeller Briefstil erlaubt ihm dies[26] – und diskutiert die Frage, ob den Mandan die Erlösung zuteil werden könne. »Ich betrachte es nicht als töricht oder eitel, zu sagen, daß diese Leute *erlöst werden können*«, so beschließt er seinen Brief, »noch wäre es anmaßend, manchen der zahlreichen ausgezeichneten und frommen Männer, die im verkommenen Grenzland bald ihre besten Lebensenergien vergeuden, zu empfehlen, daß sie, wenn sie die

Pflugschar und ihre Gebete unter diese Menschen brächten, die so weit von den Verderbnissen und Lastern des Grenzlandes entfernt sind, ihre glühendsten Wünsche binnen kurzem erfüllt sähen. Sie könnten die Welt wundersam verblüffen, indem sie ihr eine zivilisierte und christianisierte (und somit *erlöste*) Nation von Wilden im Herzen der amerikanischen Wildnis vorführten.«[27] Catlins eigentliche Rechtfertigung – eine Rechtfertigung, die sich durch die ganze Geschichte der amerikanischen Anthropologie hindurchzieht – ist pragmatisch oder angewandt, wie wir sagen würden, und im vorliegenden Fall sogar missionierend. Das Pragmatische, das Angewandte und das Missionierende müssen ebenfalls rhetorisch verstanden werden.

Trotz seiner figürlichen Sprache, seiner Spekulationen über Bedeutungen und seiner Beschäftigung mit der Erlösung der Indianer wurde Catlin im Grunde vom Problem der Glaubwürdigkeit umgetrieben. »Während dieser Zeit«, schreibt er am Anfang seiner Beschreibungen der Okipa-Zeremonie, »habe ich viele getreue Zeichnungen in mein Skizzenbuch eingetragen und zahlreiche Bemerkungen nach der Erklärung des Dolmetsch niedergeschrieben. Nach der Beendigung dieser furchtbaren Szenen vor mehr als einer Woche habe ich mich mit meiner Palette und meinen Pinseln in einem Wigwam, mit einem schönen Oberlicht über dem Kopf, niedergelassen und alles, was ich gesehen, auf Leinwand übertragen und auf diese Weise vier Gemälde angefertigt, die meine Begleiter einstimmig für äußerst korrekt befanden und deren Genauigkeit sie auf der Rückseite der Gemälde bescheinigten.«[28] Als hätte er eine Vorahnung gehabt, ließ Catlin seiner Darstellung der Zeremonie in *Die Indianer Nord-Amerikas* eine Authentizitätsbescheinigung seiner Reisegefährten beifügen; denn sein Bericht wurde von keiner geringeren Autorität der amerikanischen Ethnologie als Henry Rowe Schoolcraft in Frage gestellt. [...] Obwohl Catlins Beschreibung heute mehr oder weniger als eine zutreffende Schilderung der Okipa-Zeremonie anerkannt ist,[29] wurde Catlin für den Rest seines Lebens von dem Zwielicht geplagt, das auf die Genauigkeit seiner Berichte gefallen war.

Am 20. Februar 1787, einem Aschermittwoch, schrieb Goethe: »Nun ist der Narrheit ein Ende. Die unzähligen Lichter gestern abend waren noch ein toller Spektakel. Das Karnaval in Rom muß man gesehen haben, um den Wunsch völlig loszuwerden, es je wieder zu sehen. Zu schreiben ist davon gar nichts, bei einer mündlichen Darstellung möchte es allenfalls unterhaltend sein.«[30] Ironischerweise sah Goethe den Karneval ein Jahr später ein zweites Mal, und 1789, als er nach Weimar zurückkehrte, veröffentlichte er darüber einen mit Farbstichen illustrierten Bericht. Dieses kleine Buch, *Das Römische Karneval*, nahm er später in seine *Italienische Reise* auf, zu großen Teilen eine Sammlung von Briefen und Tagebucheintragungen, die der Dichter fünfundzwanzig Jahre nach seiner Italienfahrt zusammenstellte.[31]

Goethes Darstellung hält sich nur lose an den Zeitplan des römischen Karnevals, der im neuen Jahr mit der Öffnung der Theater beginnt und am Aschermittwoch seinen Höhepunkt erreicht. Er betont, daß der Karneval sich an die römische Lebensweise ganz natürlich anschließe und sich gar nicht so stark von den sonn- und festtäglichen Freuden unterscheide.[32] Sogar die Kostüme und Masken seien ein vertrauter Anblick, so meint Goethe, indem er auf die Mönche mit ihren Hauben hinweist, die das ganze Jahr über die Bestattungen begleiten. Umsichtig bestimmt er den Korso als den eigentlichen Schauplatz des Karnevals, oder wenigstens derjenigen seiner Teile, die er für beschreibenswert hält. (Genau wie Catlin bemüht er sich um genaue Maßangaben zur Lokalisierung und Begrenzung des Festortes.)

Der Korso wird zum Theater des Karnevals. Den Bühnenraum bildet die Straße selbst. Das Publikum steht oder sitzt entlang der Straße, auf dem Gehweg, auf Balkonen oder an den Fenstern. Goethe beschreibt die Kostüme, Masken, Wagen und Rennpferde, als handle es sich um Kostüme und Requisiten für eine Theaterproduktion. Die Personen – Gardisten, Pulcinelle, »Quacqueri« in altmodischen, aufwendig bestickten Kleidern, *sbirri*, neapolitanische Schiffer, Bauern, Fraskaterinnen, deutsche Bäckerlehrlinge, die für ihre Trunkenheit bekannt sind –, sie alle entsprechen den Figuren der Commedia dell'arte. (Der *Quacquero* läßt sich, wie Goethe selbst anmerkt, mit dem *Buffo caricato* der komischen Oper vergleichen; er stellt entweder einen abgeschmackten Stutzer vor oder einen läppischen, verliebten, betrogenen Toren.) Die Personen entbehren jeder Tiefe. Sie sind emblematisch, ebenso wie ihre Sketche. Der Bewegungsablauf des Karnevals – seine Handlung – mündet jeden Tag in ein wildes Pferderennen ohne Reiter, und der Karneval insgesamt endet dramatisch am Abend vor Aschermittwoch. Jedermann führt eine brennende Kerze mit sich. Jeder versucht, dem anderen das Licht auszublasen, derweil er ruft: *Sia ammazzato chi non porta moccolo* (»Ermordet werde, wer kein Lichtstümpfchen trägt«). Jeder bemüht sich, seine Kerze zu schützen. »Niemand vermag sich mehr von dem Platze, wo er steht oder sitzt, zu rühren; die Wärme so vieler Menschen, so vieler Lichter, der Dampf so vieler immer wieder ausgeblasenen Kerzen, das Geschrei so vieler Menschen, die nur um desto heftiger brüllen, je weniger sie ein Glied rühren können, machen zuletzt selbst den gesundesten Sinn schwindeln; es scheint unmöglich, daß nicht manches Unglück geschehen, daß die Kutschpferde nicht wild, nicht manche gequetscht, gedruckt oder sonst beschädigt werden sollten.«[33]

Schließlich zerstreut sich die Menschenmenge; das Volk eilt zum letzten Fleischmahl vor der Fastenzeit, die feinere Welt zur letzten Theateraufführung. Der »Wahnsinn« endet am Aschermittwoch. »Wie froh will ich sein, wenn die Narren künftigen Dienstag abend zur Ruhe gebracht werden«, schreibt Goethe in einem Brief vom 1. Februar 1788. »Es ist eine entsetzliche Sekkatur, andere toll zu sehen, wenn man nicht selbst angesteckt ist.«[34] Wie wir sehen werden, gab der Aschermittwoch Goethe Gelegenheit, über den Sinn dieser Narrheit nachzudenken, dieser saturnalischen Ausgelassenheit, mit ihrem Rollentausch, ihren vulgären Gesten, Verkleidungen, ihrer Zügellosigkeit und, was ihm am meisten mißfiel, ihrer Unordnung.

Im Unterschied zu Catlins Okipa-Darstellung, mit ihrem Subjektivismus, ihren Metaphern und Hyperbeln, und im Unterschied auch zu Goethes eigenen Sturm-und-Drang-Schriften, mit ihrem überschwenglichen Subjektivismus und ihrer beharrlichen Beschäftigung mit der Innerlichkeit, behandelt die *Italienische Reise*, einschließlich des *Römischen Karnevals*, das Äußere mit einer emotionalen Abgeklärtheit, die auf die Leser des *Werther* sicherlich enttäuschend gewirkt haben muß. (Goethes Text enthält tatsächlich wenige »extravagante« Metaphern, und die wenigen, die es gibt, untergraben seinen »Realismus« nicht so wie bei Catlin.) Am 10. November 1786 schrieb Goethe aus Rom: »Ich lebe nun hier mit einer Klarheit und Ruhe, von der ich lange kein Gefühl hatte. Meine Übung, alle Dinge, wie sie sind, zu sehen und abzulesen, meine Treue, das Auge licht sein zu lassen, meine völlige Entäußerung von aller Prätention kommen mir einmal wieder recht zustatten und machen mich im stillen höchst glücklich. Alle Tage ein neuer merkwürdiger Gegenstand, täglich frische, große, seltsame Bilder und ein Ganzes, das man sich lange denkt und träumt, nie mit der

Einbildungskraft erreicht.«[35] Es liegt etwas Heilendes in Goethes »neuer« Einstellung zur Realität. Man sollte bedenken, daß seine Italienfahrt die therapeutische Absicht hatte, ihn zu neuem Leben zu erwecken, und daß er von ihr oft als von einer Wiedergeburt sprach.[36] »Wer sich mit Ernst hier umsieht und Augen hat zu sehen, muß solid werden, er muß einen Begriff von Solidität fassen, der ihm nie so lebendig ward.«[37] Goethe legt großes Gewicht darauf, immer wieder aufs neue hinzusehen, um die Mischung aus Wahrheit und Lüge, aus der sich die ersten Eindrücke zusammensetzen, zu vermeiden.[38] Unter Anleitung von Angelica Kauffmann zeichnet er, um die Wahrnehmung der Objekte seiner Umgebung zu vertiefen. Wie Emil Staiger gezeigt hat, ist es die Idee (in Goethes Worten die »Begriffe«, der »anschauende« oder »lebendige Begriff«), die das Veränderliche mit dem Unveränderlichen, die mannigfaltigen Wahrnehmungen eines Objekts vereint.[39] Goethes Objektivität bleibt immer die Objektivität eines Subjekts. Sein »Objektives« ist nicht das Gegenteil des Subjektiven. Staiger zufolge besteht vielmehr der eigentliche Kontrast zwischen dem »›innerlichen‹ Erfassen der Dinge« und ihrem objektiven, »sachlichen« Erfassen.[40] Distanz, im buchstäblichen und übertragenen Sinne, ist die Voraussetzung für solche »Objektivität«, aber wie Staiger anmerkt, geht es Goethe nicht so sehr um eine besondere Perspektive als vielmehr um das Sichtbarmachen einer ewigen Wahrheit.[41]

Obwohl sich Goethe in den Beschreibungen der *Italienischen Reise* ähnlich wie Catlin gelegentlich gleichsam vor seine Staffelei stellt, nimmt er im *Römischen Karneval* keinen fixen Standpunkt ein. Vielmehr erörtert er im ersten Absatz seiner Schrift durchaus konventionell die Unmöglichkeit, den Karneval zu beschreiben, und macht dadurch den Karneval selbst zu einem Phänomen des Wahnsinns und der Unordnung: »Indem wir eine Beschreibung des Römischen Karnevals unternehmen, müssen wir den Einwurf befürchten, daß eine solche Feierlichkeit eigentlich nicht beschrieben werden könne. Eine so große lebendige Masse sinnlicher Gegenstände sollte sich unmittelbar vor dem Auge bewegen und von einem jeden nach seiner Art angeschaut und gefaßt werden. Noch bedenklicher wird diese Einwendung, wenn wir selbst gestehen müssen, daß das Römische Karneval einem fremden Zuschauer, der es zum erstenmal sieht und nur sehen will und kann, weder einen ganzen noch einen erfreulichen Eindruck gebe, weder das Auge sonderlich ergötze, noch das Gemüt befriedige. Die lange und schmale Straße, in welcher sich unzählige Menschen hin und wider wälzen, ist nicht zu übersehen; kaum unterscheidet man etwas in dem Bezirk des Getümmels, den das Auge fassen kann. Die Bewegung ist einförmig, der Lärm betäubend, das Ende der Tage unbefriedigend. Allein diese Bedenklichkeiten sind bald gehoben, wenn wir uns näher erklären; und vorzüglich wird die Frage sein, ob uns die Beschreibung selbst rechtfertigt.«[42] Das Fehlen einer einzigen Perspektive auf den Karneval im ganzen ist verknüpft mit dem »Getümmel«, dem »betäubenden« Lärm, den Massen sinnenfreudiger Menschen, der undifferenzierten Bewegung, letztlich mit einer – zumindest für den fremden Beobachter – unerfreulichen und unbefriedigenden Erfahrung. (An mehreren Stellen der *Italienischen Reise* bezieht sich Goethe auf den Fremden, den fremden Beobachter, als ließen sich Italien und sein Karneval von einem einzigen »fremden« Gesichtspunkt aus betrachten.[43]) Es wird Goethes Aufgabe sein, diese Unordnung durch seine Beschreibung zu ordnen – eine Beschreibung, die, wie er sagt, dem Einbildungsvermögen des Lesers »die Freuden und den Taumel« der Ereignisse vermitteln wird.

Goethe nimmt keinen exponierten räumlichen Standpunkt ein – was immer eine Möglichkeit wäre, auch wenn es keine Totalansicht, keine »Übersicht« gibt, kein alles überragendes Münster, das in seinen Straßburger Studentenjahren eine so wichtige Rolle gespielt hatte.[44] Er geht wahllos den Korso auf und ab. Ebenso wahllos bewegt er sich in der Zeit. Mit Ausnahme des Lichterspiels am Abend vor Aschermittwoch, des einzigen Ereignisses in Goethes Karneval, das sich nicht wiederholt, wird der genaue Zeitpunkt der beschriebenen Ereignisse nicht vermerkt. Er schreibt im »Präsens« – einer, wenn man will, zeitenthobenen Tempusform, die ein Gefühl zeitlosen Fließens herstellen und zugleich Verallgemeinerungen ermöglichen soll. Ähnlich wie Catlin vermischt und verallgemeinert Goethe Akteure und Ereignisse, und nur selten präzisiert er seine Beziehung zu den einzelnen Vorkommnissen und Personen, um seine Beschreibungen mit Leben und Authentizität zu bereichern: »Wir erinnern uns unter andern eines jungen Menschen, der die Rolle einer leidenschaftlichen, zanksüchtigen und auf keine Weise zu beruhigenden Frau vortrefflich spielte und so sich den ganzen Korso hinab zankte, jedem etwas anhängte, indes seine Begleiter sich alle Mühe zu geben schienen, ihn zu besänftigen.«[45] Oder, in seiner Beschreibung einer Konfettischlacht: »Wir haben selbst einen solchen Streit in der Nähe gesehn, wo zuletzt die Streitenden aus Mangel an Munition sich die vergoldeten Körbchen an die Köpfe warfen.«[46]

Im allgemeinen jedoch deutet Goethe seine Beziehung zu dem jeweiligen Ereignis nicht durch ein Pronomen der ersten Person an (»in *meiner* Erinnerung«; »*wir* haben selbst gesehn«), sondern durch verschiedene räumliche und zeitliche deiktische Ausdrücke, die den Ereignissen und Personen eine vorgetäuschte Bestimmtheit verleihen. So heißt es etwa in einem Abschnitt, in dem er die Masken und bunten Kleider des Karnevals ganz allgemein beschreibt: »*Hier* kommt ein Pulcinell gelaufen, dem ein großes Horn an bunten Schnüren um die Hüften gaukelt. [...] *Hier* kommt ein anderer seinesgleichen [...] bescheidner und zufriedner.«[47] Den »Hiers« zum Trotz verfügen wir über keinerlei Koordinaten außer dem generellen Wissen, daß wir uns »mit Goethe« zu Zeiten des Karnevals irgendwo am Korso befinden. Dieser Teil seiner Beschreibung beginnt zwar mit dem Läuten der Mittagsglocken am Kapitol, das die Narrenfreiheit ankündigt. Wir erfahren jedoch nicht, um welchen Tag des Karnevals es sich handelt. An anderen Stellen verwendet Goethe temporale Deixis. Eine Schilderung des Abends, vor den Pferderennen, fängt wie folgt an: »Nun geht es nach dem Abend zu.«[48] Wiederum haben wir keine Ahnung, von welchem Abend eigentlich die Rede ist. Und wieder an anderen Stellen, inmitten einer generalisierten, räumlich und zeitlich dekontextualisierten Beschreibung eines Ereignisses, wird er auf einmal ein »inzwischen« einfügen, das keine Koordinaten hat. Wie gesagt, die Funktion dieser deiktischen Ausdrücke ist rein rhetorisch, sie sollen die Beschreibungen lebendiger und überzeugender machen. Sie bezeugen Goethes Anwesenheit und rufen den Leser dazu auf, sich ihm »beizugesellen«. Goethes deiktische Redewendungen, vielleicht deiktische Ausdrücke überhaupt, haben eine appellative Dimension. Mit ihnen zieht Goethe seine Leser in einen scheinbar echten Akt der Beobachtung hinein, der in Wirklichkeit nur ein geschickter Kunstgriff seines Textes ist. Er bietet ihnen die Sicherheit seiner Präsenz, während sie die schwindelerregende Unordnung der auf dem Korso stattfindenden Ereignisse miterleben.

Goethe wird zum Mittelsmann für den Leser – zu einer Art Reiseführer des Karnevals. Dabei steht er jedoch außerhalb, vor allem außerhalb der turbulenten Menschenmenge – des gemeinen Volkes, das sich auf dem Korso hin und her wälzt. Er steht über dem Ganzen, ein Fremder, zuweilen mit herablassender Attitüde. Er macht sich nichts aus dem Karneval und beteiligt sich – wie nach ihm auch Hawthorne und Henry James – nicht an dessen Vergnügungen. Stets behält er Distanz, eine ordnungstiftende theatralische Distanz, und nur selten identifiziert er sich mit den Zuschauern – freilich nicht mit der lebhaften Masse sinnenfroher Leute, sondern mit einer Elite, die der Menge von ihren Bänken und Stühlen aus zuschaut. Er beschreibt das heimische Gefühl, das ihm die von den Balkonen und aus den Fenstern gehängten Teppiche, die über die Festgerüste gespannten Tücher und die aus den Häusern und Palazzos herausgetragenen Stühle bereiten: »Indem man aus dem Hause tritt, glaubt man nicht im Freien und unter Fremden, sondern in einem Saale unter Bekannten zu sein.«[49] Goethe bleibt seiner sozialen Klasse verhaftet. Weder phänomenologisch noch rhetorisch versetzt er sich in die Subjektivität der Beteiligten. Ein Jahr zuvor, in seinem ersten kurzen Bericht vom Karneval, hatte er freilich noch mehr Sinn für die Erfahrung der Beteiligten: »Was man dabei unangenehm empfindet, daß die innere Fröhlichkeit den Menschen fehlt und es ihnen an Gelde mangelt, das bißchen Lust, was sie noch haben mögen, auszulassen. [...] An den letzten Tagen war ein unglaublicher Lärm, aber keine Herzensfreude.«[50] Im *Römischen Karneval* interessiert sich Goethe für die Darbietung, das Äußere, für das, was er sehen kann – nicht hingegen für die *Innerlichkeit* der Beteiligten.

Trotzdem beschließt Goethe seinen Essay jedoch gerade mit der »inneren« Bedeutung des Karnevals. Er gehe vorüber wie ein Traum oder ein Märchen, so meint er, und hinterlasse vielleicht weniger Spuren in der Seele der Teilnehmer als in Goethes Lesern, »vor deren Einbildungskraft und Verstand wir das Ganze in seinem Zusammenhange gebracht haben«. Meint Goethe etwa, daß eine Erfahrung nur dann nicht einen bloß flüchtigen Charakter habe, wenn sie beschrieben wird – wenn ihr also Kohärenz und Ordnung verliehen wird? Er fährt fort mit der Bemerkung, daß gerade »der Lauf dieser Torheiten« uns auf die Schlüsselszenen des menschlichen Lebens hinweise, »wenn uns [...] der rohe Pulcinell ungebührlich an die Freuden der Liebe erinnert, denen wir unser Dasein zu danken haben, wenn eine Baubo auf öffentlichem Platze die Geheimnisse der Gebärerin entweiht, wenn so viele nächtlich angezündete Kerzen uns an die letzte Feierlichkeit erinnern [...]«[51]. Den Korso selbst betrachtet er als den »Weg des Weltlebens«, auf dem jeder Zuschauer und Akteur zugleich ist und wo man durch die Einwirkung äußerer Kräfte nur wenig Spielraum hat, sich frei zu bewegen. Die vorbeirennenden Pferde verkörpern die flüchtigen Freuden, die »kaum eine Spur in der Seele zurücklassen«. Mitgerissen von der Kraft seiner Bilder, stellt Goethe fest, »daß Freiheit und Gleichheit nur in dem Taumel des Wahnsinns genossen werden können, und daß die größte Lust nur dann am höchsten reizt, wenn sie sich ganz nahe an die Gefahr drängt und lüstern ängstlich-süße Empfindungen in ihrer Nähe genießet«[52].

Diese letzten Beobachtungen, die an Goethes zügellose Sturm-und-Drang-Zeit erinnern, scheinen weit von jedem spezifischen Bezugspunkt im Karneval entfernt zu sein. Der Karneval ist ein bloßer Vorwand für Goethes Betrachtungen. Es geht ihm nicht um seine Bedeutung für die Teilnehmer, sondern für ihn selbst und seine Leser. Indem er das Historische und das Kollektive ignoriert, die Verbindung, die Bachtin zufolge zwischen dem vom komischen Prinzip durchdrungenen Volksleben und der Erde besteht,[53] reduziert Goethe den Karneval zu einer konventionellen Allegorie des individuellen Lebenswegs. Seine Bedeutung liegt in einer transzendenten Geschichte – einer Geschichte von der Art, wie Catlin sie für die Okipa-Zeremonie gesucht, aber nie wirklich gefunden hat. Durch Goethes Allegorie wird das Individuum gleichsam aus der sich wälzenden, wogenden, turbulenten – der nichtindividuierten – Masse herausgerettet.[54] Goethe, ein Gaukler, ein Magier des Wortes, ein Hermes, der den Menschen im Norden, jenseits der Grenze, den Karneval übermittelt, stellt auf dieser reflektierenden Ebene die Ordnung eines Ereignisses wieder her, das, ungeachtet der veranschaulichenden, theatralischen Ordnung, die er ihm in seiner Beschreibung bereits verliehen hat, rhetorisch ein Symbol des Wahnsinns und der Unordnung bleiben muß. Ähnlich wie Catlin versucht Goethe, der Zeremonie – dem Karneval – eine moralische (wenn auch triviale) Bedeutung abzugewinnen: »Und so hätten wir, ohne selbst daran zu denken, auch unser Karneval mit einer Aschermittwochsbetrachtung geschlossen, wodurch wir keinen unsrer Leser traurig zu machen fürchten. Vielmehr wünschen wir, daß jeder mit uns, da das Leben im ganzen wie das Römische Karneval unübersehlich, ungenießbar, ja bedenklich bleibt, durch diese unbekümmerte Maskengesellschaft an die Wichtigkeit jedes augenblicklichen, oft gering scheinenden Lebensgenusses erinnert werden möge.«[55] Als eher konventionelle Aschermittwochsbetrachtung markiert Goethes Schlußwort eine Rückkehr zur Kontemplation, Introspektion und zur

Beschäftigung mit dem Sinn dessen, was wir tun.[56] Seine »Rückkehr« hat eine Parallele in der von ihm beschriebenen Zeremonie. Während des Karnevals gibt es keine Reflexion, nur Spiel, Maskerade und, wie wir heute sagen würden, Ausagieren. Am Aschermittwoch dann beginnt die Zeit der Buße und, wie wir annehmen müssen, eine Rückkehr zu Introspektion, Ordnung und Individualität.

Der Titel von Clifford Geertz' Essay »›Deep Play‹: Bemerkungen zum balinesischen Hahnenkampf«, geschrieben zu einer Zeit, als *Deep Throat* ein gewaltiger Kinoerfolg war, kündigt eine Reihe von erotischen Wortspielen an[57] – Wortspielen, die, wie Geertz behauptet, die Balinesen selbst verstehen würden. Wortspiele sind keine seltene Erscheinung in der Ethnographie. Sie stellen den Ethnographen zwischen die Welt seiner eigenen Grundorientierung, die Welt seiner Leser, und die Welt jener anderen, der Menschen, über die er forscht und an die er sich m. E. ebenfalls in gewisser Weise richtet.[58] Mittels des Wortspiels wendet er sich verschwörerisch an die Angehörigen der einen oder der anderen Welt, üblicherweise an die Welt seiner Leserschaft, wodurch ein hierarchisches Verhältnis zwischen ihnen entsteht. Er selbst, der mit Worten spielt, vermittelt zwischen diesen Welten.

Geertz' Essay ist in sieben Abschnitte unterteilt, und die Titel dieser Abschnitte – »Die Razzia«, »Von Hähnen und Männern«, »Der Kampf«, »Ungleiche und paritätische Chancen«, »Spiel mit dem Feuer«, »Federn, Blut, Menschenansammlungen und Geld« und »Etwas von etwas aussagen« – erwecken den Eindruck einer betont städtischen Umgebung, eines Sex-und-Gewalt-Krimis, à la Mickey Spillane vielleicht, den die Dorfbewohner, anders als die erotischen Wortspiele, unmöglich verstanden haben können, wenigstens nicht im Jahre 1958. Die Titel sind somit kaum geeignet, das Ethos eines balinesischen Dorfes oder Hahnenkampfes zu charakterisieren, doch sie stellen, wie die Wortspiele, eine konspirative Beziehung zwischen dem Ethnographen und, in diesem Falle, seinen Lesern her. Darüber hinaus bekunden sie die stilistische Gewandtheit des Ethnographen. Er und seine Leser landen an der Spitze der Hierarchie des Verstehens.

Der Essay beginnt mit einer humorvollen »Initiations«-Geschichte – mittlerweile ein eigenes Genre oder Subgenre der Ethnographie. Der Held, der Anthropologe, wird stereotyp als Naivling, als linkischer Trottel dargestellt, der sich seiner Identität gar nicht sicher ist, oft genug an irgendeiner exotischen Krankheit leidet und in einer Zwischenwelt zwischen den Kulturen gefangen ist. Wir haben ihn bereits auf Goethes römischem Karneval angetroffen. Er steht nicht länger in seiner eigenen Welt, beherrscht aber seine neue noch keineswegs – die Welt, die er durch seine Ethnographie konstituieren wird. [...] Hier, im ersten Absatz von »Deep Play«, stellt Geertz einen Gegensatz her zwischen sich und seiner Frau sowie den Balinesen, die in ihrer eigenen abgeschiedenen Welt leben. Geertz und seine Frau sind »Anthropologen«, »Profis« und »Eindringlinge«. Der Titel der »Initiations«-Geschichte, »Die Razzia«, bezieht sich manifest auf einen Polizeiüberfall während eines Hahnenkampfes. Zugleich bringt er wohl auch zum Ausdruck, was das Ethnologenpaar Geertz bei seiner Anwesenheit, ja Mission, im Dorf empfunden haben mag. Geertz behauptet dramatisch, er und seine Frau seien »Unpersonen, Phantome, Unsichtbare«[59] gewesen – und zwar so lange, bis sie genau wie alle anderen vor der Polizei flohen. Von dem Moment an wurden sie anerkannt. Geertz liefert allerdings keine Beweise für diese These, und im übrigen widerspricht er sich gleich im nächsten Absatz: »[...] Die Dorfbewohner beobachteten jede unserer Bewegungen, und sie waren aufs genaueste darüber informiert, wer wir waren und was wir vorhatten. Sie verhielten sich jedoch so, als ob wir einfach nicht existierten, und wir existierten tatsächlich nicht – oder jedenfalls noch nicht, und das sollte uns ihr Verhalten anzeigen.«[60] Es ist natürlich nicht dasselbe, eine Unperson, ein Phantom und ein Unsichtbarer zu sein – sowieso eine Sammlung nonäquivalenter Zustände – oder mit »einstudierter Gleichgültigkeit« behandelt zu werden. Das Ehepaar Geertz mag vielleicht behandelt worden sein, als wäre es nicht dagewesen, aber sicherlich war es da. Wie hätte es sonst seine »Nichtexistenz« erfahren können?

Ich mache hier auf etwas aufmerksam, was sich einfach als ein nicht ganz gelungener erzählerischer Kniff abtun ließe, wenn es nicht einen ernsteren Makel anzeigte, mit dem Geertz' Essay behaftet ist. Hier, auf einer deskriptiven Ebene, vermischt er die eigene Subjektivität – seine Selbstwahrnehmung während der ersten balinesischen Tage – mit der Subjektivität und Intentionalität der Dorfbewohner. (Die Erfahrungen seiner Frau stellen nicht nur ein zusätzliches Problem dar, sondern auch so etwas wie eine konzeptuelle Verlegenheit: Sie wird aus dieser Geschichte von Männern und Hähnen ausgeschlossen – ein Ausschluß, der bereits im ersten Absatz in dem Ausdruck *invisible men* [»Unsichtbare«, eigentl. »unsichtbare Männer«] angekündigt wird.) Später, auf der Ebene der Interpretation, entdecken wir dieselbe Verwirrung.[61] Es fragt sich, ob diese interpretative Verwirrung durch Geertz' besondere Beschreibungsweise gefördert wird.

Durch Wortspiele, Titel, Untertitel und bestimmte Aussagen werden der »Anthropologe« und seine »Balinesen« voneinander getrennt. Im Eröffnungsabschnitt von »Deep Play« werden Geertz und seine Frau durchaus konventionell als Individuen aufgeführt. Die Balinesen dagegen nicht; sie werden vielmehr generalisiert. Redewendungen wie »die Balinesen haben die Gewohnheit«, die, wenn nicht an oberflächliche Reiseberichte, dann doch an Untersuchungen über den Nationalcharakter erinnern, ziehen sich durch den ganzen Text: »wie dies nur Balinesen vermögen«; »die tiefgehende psychologische Identifikation der balinesischen Männer mit ihren Hähnen«; »Die Balinesen führen nie etwas in einfacher Weise aus, wenn es auch komplizierter geht«; »die Balinesen [zeigen] eine fast zwanghafte Scheu vor offenen Konflikten«.[62] Die »Balinesen« – und sicherlich nicht die Balinesen – werden zu einer Folie für Geertz' Beschreibungen, Interpretationen und Theorien – letztlich für seine Selbstdarstellung.

Geertz vergleicht seinen Status als Unperson mit dem einer »Wolke« oder eines »Windstoßes«: »Meine Frau und ich befanden uns noch immer deutlich im Stadium des Windstoßes, einem höchst frustrierenden und sogar nervenaufreibenden Zustand, der dich schließlich selber daran zweifeln läßt, ob du tatsächlich existierst, als [...].«[63] Und er fährt fort mit einer Beschreibung der Razzia, durch die er sein »Personsein« erlangte. Interessant an dieser Textstelle ist nicht so sehr das, was Geertz über sich und seine Frau zu sagen hat, als vielmehr der Wechsel des Pronomens von »ich / wir«, oder genauer: von »ich + Substantiv« (»meine Frau und ich«) zu »du«. Dieser Wechsel nimmt das Verschwinden des »ich« in den nachfolgenden Abschnitten vorweg. Das »du« hat, so glaube ich, noch eine andere Funktion als die eines Appells an das Mitgefühl des Lesers: Es dezentriert den Erzähler im Raum des intersubjektiven Verstehens. Mit seinem Leser geht er einen Dialog ein, den er, wenigstens in seiner Darstellung, mit den Balinesen nicht führt. *Sie* bleiben Figuren aus Pappe.

Trotz der weitverbreiteten Auffassung, daß ein Pronomen einfach nur ein Platzhalter für ein Substantiv sei, gibt es, wie Emile Benveniste[64] und andere gezeigt haben, einen grundsätzlichen Unterschied zwischen den Pronomina der ersten und zweiten Person (»ich« und »du« sowie ihrem Plural) einerseits und der dritten Person (»er«, »sie«, »es«, »sie«) andererseits. Die Pronomina der ersten und zweiten Person fungieren rein indexikalisch: sie sind gleichsam an den Äußerungskontext gebunden. Die Pronomina der dritten Person sind dagegen anaphorisch auf ein Antezedenz rückbezogen, auf ein Substantiv, oft genug auf einen Eigennamen im Text. Sie werden sozusagen aus dem Äußerungskontext befreit, sind aber in den textuellen Kontext eingebettet. Sie sind intratextuell und erhalten ihre Bedeutung durch ihre textuell beschriebenen Antezedenzien. So werden in Geertz' Essay, was in der Ethnographie überhaupt sehr häufig geschieht, das »ich / du« des Ethnographen und das »ich / du« seiner Gesprächspartner in der Feldforschung asymmetrisch in ein nicht anaphorisch gebundenes »ich« bzw. in ein anaphorisches, kumulatives »sie« verwandelt. In den meisten ethnographischen Texten, auch in denen von Geertz, verschwindet sogar das »ich« selbst, außer in den üblichen »Initiations«-Geschichten oder textbezüglichen Formeln (etwa: »wie ich oben angedeutet habe«), und wird so zu einer stilistisch schwebenden »unsichtbaren« Stimme.[65] Bezeichnenderweise kommt ein »wir« in der Ethnographie selten vor.

»Die Razzia« bringt ein heikles, unsicheres Ereignis zur Darstellung. Geertz, der Autor / Erzähler, verkörpert dabei ein »ich«. Die Balinesen hingegen werden in der Beschreibung vergegenständlicht: als »sie«. Genau dann, wenn die Balinesen Geertz nach seiner Flucht vor der Polizei akzeptieren, flieht er, zumindest als ein »ich«, aus dem Text, und zwar in einem Abschnitt, der den aufschlußreichen Titel »Von Hähnen [cocks] und Männern« trägt. Kompensiert das zurückbleibende »ich« in »Die Razzia« womöglich jene ersten Tage des Nicht-Person-Seins?

Im restlichen Teil von »Deep Play« werden Geertz' eigene Deutung und die Deutungen der von ihm beschriebenen Balinesen durchgehend vermengt. Ohne die Spur eines Belegs schreibt er den Balinesen alle möglichen Erfahrungen, Bedeutungen, Intentionen, Motivationen, Dispositionen und Deutungen zu. So heißt es zum Beispiel: »Im Hahnenkampf verschmelzen Mensch und Tier, Gut und Böse, Ich und Es, die schöpferische Kraft erregter Männlichkeit und die zerstörerische Kraft entfesselter Animalität in einem blutigen Schauspiel von Haß, Grausamkeit, Gewalt und Tod. Daher verwundert es nicht, daß der Besitzer des siegreichen Hahns, wenn er – wie es die unveränderliche

Regel ist – den Kadaver des Verlierers, den der wütende Besitzer oft in Stücke gerissen hat, nach Hause zum Essen mitnimmt, er dies in einer Mischung aus angemessener Verlegenheit, moralischer Befriedigung, ästhetischem Widerwillen und kannibalischer Freude tut.«[66] Wir dürfen uns von Geertz' Gespür für Theatralik nicht mitreißen lassen, sondern müssen fragen: Aus welchen Gründen schreibt er den Balinesen, den balinesischen Männern oder auch nur einem einzigen balinesischen Mann »angemessene Verlegenheit«, »moralische Befriedigung«, »ästhetischen Widerwillen« (was auch immer das heißt) und »kannibalische Freude« zu? Offenbar geht es Geertz, ebenso wie Catlin, darum, die Ereignisse auf lebendige Weise darzustellen; anders als Catlin aber, der nicht vorgibt, die subjektive Bedeutung – das Erleben – der Okipa-Zeremonie für die Mandan zu ergründen, erhebt Geertz einen derartigen Anspruch in bezug auf die Balinesen.

Als würde er ein Kaninchen aus einem Hut zaubern, erklärt Geertz den Hahnenkampf gegen Ende seines Essays urplötzlich zu einer, noch dazu in einem sehr westlichen Sinne verstandenen, Kunstform: »Wie jede Kunstform – das ist es nämlich, womit wir uns hier letztendlich beschäftigen – macht der Hahnenkampf gewöhnliche Alltagserfahrungen verständlich, indem er sie durch Handlungen und Gegenstände darstellt, deren praktische Konsequenzen aufgehoben und auf das Niveau des reinen Scheins reduziert (oder, wenn man will, erhoben) wurden, auf dem ihre Bedeutung stärker artikuliert und deutlicher wahrnehmbar ist.«[67] Wir müssen fragen: Für wen artikuliert der Hahnenkampf alltägliche Erfahrung – die Erfahrung einer Statushierarchie –, und für wen macht er diese deutlicher wahrnehmbar? Nachdem er den Hahnenkampf mit *König Lear* und *Schuld und Sühne* verglichen hat, behauptet Geertz: »er greift deren Themen – Tod, Männlichkeit, Wut, Stolz, Verlust, Gnade und Glück – auf, ordnet sie zu einer umfassenden Struktur und stellt sie in einer Weise dar, die ein bestimmtes Bild von ihrem eigentlichen Wesen hervortreten läßt. Er konstruiert einen Zusammenhang, verleiht diesen Themen für diejenigen, die solche Konstruktionen zu würdigen wissen, eine Bedeutung, macht sie sichtbar, fühlbar, greifbar, ›wirklich‹ in einem bildlichen Sinne. Als Bild, Fiktion, Modell und Metapher ist der Hahnenkampf eine Ausdrucksform. Seine Funktion ist es nicht, soziale Leidenschaften zu zähmen, noch sie zu schüren (wenn dieses Spiel mit dem Feuer auch ein wenig von beidem tut), sondern sie mit Hilfe von Federn,

Blut, Menschenansammlungen und Geld darzustellen.«[68] Wir müssen fragen: Wer weiß solche Konstruktionen zu würdigen? Geertz geht völlig darüber hinweg, daß *König Lear* und *Schuld und Sühne* kulturell und linguistisch als Tragödie bzw. Roman ausgezeichnet sind, als Repräsentationen einer bestimmten Ordnung, als Fiktionen, die in einer bestimmten Weise gelesen – ja, gelesen – werden sollen. An keiner Stelle erbringt er jedoch einen Beleg dafür, daß der Hahnenkampf für seine Balinesen selbst in derselben Weise ausgezeichnet sei. Indem er Bild auf Bild – »Bild«, »Fiktion« und »Metapher« – häuft, mag Geertz vielleicht seine eigene theoretische Verlegenheit kaschieren, das Problem ist damit aber noch nicht aus der Welt. (Bild, Fiktion, Modell und Metapher sind selbstverständlich ebensowenig äquivalent wie Unperson, Phantom und Unsichtbarer.) Hahnenkämpfe sind für die Balinesen mit Sicherheit Hahnenkämpfe – und nicht etwa Bilder, Fiktionen, Modelle und Metaphern. Sie sind nicht als solche ausgezeichnet, können aber als solche von einem Fremden gelesen werden, für den »Bilder, Fiktionen, Modelle und Metaphern« einen interpretativen Wert haben.[69] Vielleicht nicht von ungefähr beschreibt Geertz den Hahnenkampf in einem der folgenden Absätze als »unruhestiftend«: »Der Grund für jene unruhestiftende Eigenschaft liegt [...] darin, daß er Stolz mit dem eigenen Selbst, das eigene Selbst mit den Hähnen [cocks] und die Hähne mit Vernichtung in Zusammenhang bringt und so eine Dimension balinesischer Erfahrungen bildlich umsetzt, die normalerweise dem Blick entzogen ist.«[70] Wir müssen schließlich fragen: Für wen ist der Hahnenkampf unruhestiftend?

Auf den letzten Seiten von »Deep Play« vergleicht Geertz den Hahnenkampf mit einem Text. Er bezeichnet ihn auch als »eine balinesische Lesart balinesischer Erfahrung, eine Geschichte, die man über sich selbst erzählt«, als »Metakommentar« und als »Mittel, ›etwas von etwas auszusagen‹«.[71] Der Anthropologe soll ihn »durchdringen«, wie der Interpret einen Text »durchdringt«. Für Geertz ist der ausgelegte Text, der Hahnenkampf, ein Schauspiel, das von Statushierarchie handelt, und in einer krassen intentionalistischen Sprache legt er nahe, genau dies sei für die Balinesen der Grund, Hahnenkämpfe zu besuchen: »die Balinesen [gehen] zu Hahnenkämpfen, um zu erfahren, wie sich ein Mann, der normalerweise gesetzt, reserviert, fast zwanghaft mit sich selbst beschäftigt, eine Art geistiger Autokosmos ist, dann fühlt, wenn er – angegriffen, gequält, herausgefordert, beleidigt und dadurch zu äußerster Wut getrieben – einen völligen Triumph oder eine völlige Niederlage erlebt hat.«[72]

An anderer Stelle macht er Behauptungen über balinesische Subjektivität: »So ermöglicht es der endlose, endlos neuinszenierte Hahnenkampf dem Balinesen, eine Dimension seiner Subjektivität zu entdekken – ähnlich wie bei uns die wiederholte Lektüre von *Macbeth*. Indem er einem Kampf nach dem anderen zuschaut (es handelt sich hier um das aktive Zuschauen eines Eigentümers oder eines Wettenden; denn ein Hahnenkampf ist als reiner Zuschauersport kaum interessanter als Krocket oder Hunderennen), wird er mit dem Kampf und dem, was er aussagt, vertraut, gerade so wie jemand, der mit Aufmerksamkeit ein Streichquartett hört oder völlig gefesselt ein Stilleben betrachtet, mit der Zeit eine gewisse Vertrautheit damit gewinnt und sich dadurch einen Zugang zu seiner Subjektivität eröffnet.«[73] Wie kann Geertz das wissen? Wie kann ein ganzes Volk eine einzige Subjektivität teilen? Gibt es keine Unterschiede zwischen Texten, Kommentaren, Metakommentaren, Schauspielen, Sportarten, Streichquartetten und Stilleben? Hat Professor Geertz sämtliche analytischen Unterscheidungen aufgegeben, die für den Erfolg (wie für das Scheitern) seiner Zivilisation bezeichnend sind? Ähnlich wie Catlins bunte, konkrete Metaphern untergraben Geertz' farblose, abstrakte Metaphern sowohl seine Beschreibung als auch seine Interpretation – ja, sie untergraben seine Autorität. Seine Botschaft ist einfach nicht überzeugend.

Trotz seiner hermeneutischen Prätentionen gibt es in »Deep Play« in Wirklichkeit kein Verstehen aus der Perspektive der »Eingeborenen«. Es gibt lediglich das konstruierte Verstehen einer konstruierten Perspektive konstruierter »Eingeborener«. Geertz erbringt keinerlei spezifizierbare Beweise für seine Zuschreibungen von Intentionen, für seine Behauptungen über ihre Subjektivität und für seine Aussagen über ihr Erleben. Seine Konstruktionen von Konstruktionen von Konstruktionen erweisen sich als bloße Projektionen oder zumindest als Vermischungen seiner eigenen Perspektive und Subjektivität mit denjenigen der Einheimischen, oder genauer: der konstruierten Einheimischen.

Als ob er seinen Konstruktionen, oder denen des Anthropologen überhaupt, eine gewisse, wenn man will, substantialisierte Autorität verleihen wollte, bezeichnet Geertz die Kultur schließlich als ein »Ensemble von Texten, die ihrerseits wieder Ensembles sind, welche der Ethnologe zu lesen versucht, indem er denjenigen, für die sie eigentlich gedacht sind, über die Schulter schaut.«[74] Ein treffendes Bild: Man teilt einen Text und teilt ihn doch nicht. Es zeichnet eine Art asymmetrischer Wir-Beziehung, in welcher der Anthropologe hinter und über dem Einheimischen steht, verborgen, aber an der Spitze der Hierarchie des Verstehens. Es korrespondiert mit dem indexikalischen Drama der »Razzia«, wo die verschiedenen Parteien der ethnologischen Begegnung zwar in der Erzählung zusammengebracht, zugleich aber durch den Darstellungsstil wiederum getrennt werden. Nie gibt es eine Ich / Du-Beziehung, einen Dialog, zwei Menschen, die zusammen denselben Text lesen und ihn von Angesicht zu Angesicht besprechen, sondern nur eine Ich / sie-Beziehung. Sogar das Ich verschwindet, wie wir gesehen haben, und wird ersetzt durch eine unsichtbare Stimme der Autorität, die erklärt, was das zum »sie« transformierte »du« empfindet.

In der herkömmlichen Ethnographie wird die konkrete Begegnung des Ethnographen mit den Menschen, über die er forscht, selten beschrieben. Oft wird, wie in Geertz' »Deep Play«, das wohl kaum ein Beispiel für die traditionelle Ethnographie darstellt, nicht einmal die beschriebene und interpretierte Tätigkeit – ein Hahnenkampf, ein Karneval, eine Tapferkeitsprüfung oder gar das Flechten eines Korbes oder die Zubereitung einer Mahlzeit – in ihrer Besonderheit, als selbständige und in gewisser Weise einzigartige Handlung aufgezeigt. Wir bekommen für gewöhnlich ein recht allgemeines Bild. Eine Menge ziemlich verschiedener, aus jeweils unterschiedlichen Blickwinkeln gemachter Beobachtungen wird zu einer einzigen, konstruierten Handlungssequenz verschmolzen, die zu einer Art Ideal, einer platonischen Inszenierung wird. Catlin und Goethe beschreiben einen einzigen Handlungszusammenhang, aber sie tun dies, trotz deiktischer und anderer partikularisierender Ausdrücke, in einer verallgemeinernden Art und Weise. Geertz, der offenbar bei vielen Hahnenkämpfen zugegen war, beschreibt niemals einen spezifischen Hahnenkampf. Er konstruiert den balinesischen Hahnenkampf und interpretiert sodann seine eigene Konstruktion: »der balinesische Hahnenkampf«. Seine konventionelle »Initiations«-Geschichte erfüllt eine deiktische Funktion, ähnlich dem Catlin angewiesenen Platz oder dem »hier« und »nun« bei Goethe. Sie vermittelt dort eine Illusion konkreter Ereignishaftigkeit, wo es gerade keine spezifische zeitliche oder räumliche Perspektive gibt. Sie bezeugt die Anwesenheit des Ethnographen und verleiht ihm die volle Autorität, die sich dieser Anwesenheit verdankt.

In »Deep Play« wird das Problem der autoritativen Konstruktionen des Ethnographen noch durch die phänomenologischen und hermeneutischen Ansprüche des Autors erschwert. Weder Catlin noch Goethe hat einen ernsthaften Versuch unternommen, das Erleben der an den jeweiligen Zeremonien Beteiligten zu beschreiben. Catlin versetzte sich nur rhetorisch in die Perspektive der Mandan. Für ihn war das Okipa ein »Alptraum« (»Dieser Teil der Zeremonie [die Marter], die ich gerade gesehen habe, ist wirklich ein schrecklicher Anblick und wird die Welt, wenn sie davon liest, bestürzen«); und er mühte sich vergebens, ihm einen Sinn zu geben. Er konnte keine bereits bekannte Geschichte finden, in welche die Zeremonie anders als auf fragmentarische Weise hineingepaßt hätte. Für Goethe wurde der römische Karneval zu einer Allegorie des individuellen Lebenswegs. Ganz so unvertraut war der Karneval natürlich nicht. Goethe konnte ihn vielmehr nach vertrauten theatralischen Mustern (der Commedia dell'arte) organisieren und seinen deskriptiven Rhythmus mit dem des Karnevals synchronisieren. Wir mögen Goethes Allegorie für zu gekünstelt oder für altbacken halten, doch sie hat für seine Darstellung eine Ordnungsfunktion. Für Geertz hingegen wird der Hahnenkampf selbst zu einer umfassenden Metapher für die soziale Ordnung der Balinesen und wird so rein selbstbezüglich. Trotz Geertz' vorgetäuschter Bemühung um ein Verstehen der Perspektive der »Eingeborenen« ist sein Essay weniger eine Abhandlung über den, subjektiv oder objektiv betrachteten, balinesischen Hahnenkampf als über das Interpretieren bzw. das Lesen kultureller Daten. Seine Analyse ist exemplarisch, und dieser exemplarische Charakter, Geertz' interpretative Virtuosität, trägt dazu bei, daß sie ethnographisch überzeugend wirkt. Letzten Endes hat sie eher methodologische als moralische Bedeutung. Catlin plädiert für die Erlösung der Mandan; Goethe für eine angemessene Würdigung der vergänglichen Freuden; Geertz für die Hermeneutik.

In allen drei Fällen werden die beschriebenen Ereignisse von den sie transzendierenden Erzählungen, in die sie eingefaßt werden, unterwandert. Sie werden für ihre rhetorische Funktion in einem literarischen Diskurs geopfert, der von ihrem ursprünglichen Entstehungszusammenhang weit entfernt ist. Diese Opferung und Unterwanderung der beschriebenen Ereignisse werden bei genauerer Betrachtung weder durch Rhetorik, Hypotyposis, Theatralik oder interpretative Virtuosität noch durch ihre Metaphorisierung – Erlösung, Dasein, Gesellschaft – verschleiert, sondern vielmehr durch die Autorität des Autors. Der ethnographische Autor steht – zumindest in weiten Bereichen der Ethnographie – über und hinter denjenigen, deren Erleben er zu beschreiben vorgibt. Doch nur zu oft vergißt der Ethnograph, daß der Einheimische, wie Eduard in Goethes *Wahlverwandtschaften*, es nicht ausstehen kann, wenn jemand über seine Schulter mitliest: Wenn er sein Buch nicht schließt, so fällt doch zumindest sein Schatten darauf. Und natürlich wird auch der Ethnograph seinen Schatten darauf werfen. Vielleicht ist dies der Grund – um mit der Vermutung meiner eigenen »Initiations«-Geschichte zu diesem Artikel zu schließen –, weshalb Zeus verstehen konnte, daß Hermes zwar versprach, keine Lügen zu erzählen, aber auch nicht, die ganze Wahrheit zu sagen.

Aus dem Englischen von Anne Middelhoek

Anmerkungen

1 Walter Benjamin, »Die Aufgabe des Übersetzers«, in: ders., *Gesammelte Schriften*, Bd. IV.I, Frankfurt am Main 1972, S. 14.

2 Vgl. M. P. Nilsson, *History of Greek Religion*, 2. Aufl., Oxford 1949, und Norman O. Brown, *Hermes the Thief: The Evolution of a Myth*, New York 1969.

3 George Catlin, *Letters and Notes on the Manners, Customs, and Conditions of the North American Indians* (1841), 2 Bde., New York 1973 (dt.: *Die Indianer Nord-Amerikas und die während eines achtjährigen Aufenthalts unter den wildesten ihrer Stämme erlebten Abenteuer und Schicksale*, nach der 5. engl. Ausgabe deutsch hrsg. von Heinrich Berghaus [1851], Kassel 1973), sowie *O-Kee-Pa: A Religious Ceremony and Other Customs of the Mandan* (1867), New Haven 1967.

4 J. W. von Goethe, *Italienische Reise*, in: ders., *Autobiographische Schriften III. Goethes Werke*, Bd. 11, hrsg. von Erich Trunz, 9. Aufl., München 1978.

5 Clifford Geertz, »›Deep Play‹: Bemerkungen zum balinesischen Hahnenkampf«, in: ders., *Dichte Beschreibung. Beiträge zum Verstehen kultureller Systeme*, aus dem Englischen von B. Luchesi und R. Bindemann, Frankfurt am Main 1983, S. 202–260.

6 Vgl. dazu George Marcus, »Rhetoric and the Ethnographic Genre in Anthropological Research«, in: *Current Anthropology* 21 (1980), S. 507–510.

7 Vgl. James Clifford, »Über ethnographische Autorität«, in: Eberhard Berg / Martin Fuchs (Hg.), *Kultur, soziale Praxis, Text. Die Krise der ethnographischen Repräsentation*, Frankfurt am Main 1993, S. 109–157.

8 Hypotyposis: eine malerische, lebhafte Beschreibung [Anm. d. Ü.].

9 George Catlin, *Die Indianer Nord-Amerikas*, S. 119. [Der Herausgeber und Übersetzer der deutschen Ausgabe von 1848, Heinrich Karl Berghaus, hat Catlins Text, wie der Herausgeber des Nachdrucks bemerkt, »in sehr geschickter Weise gekürzt (...). Es sind vorwiegend entbehrliche Weitschweifigkeiten und Reflexionen Catlins, die Berghaus geopfert hat, wodurch das Werk gestrafft und verdichtet wurde.« Die Kürzungen und anderen Eingriffe sind hier stillschweigend wieder rückgängig gemacht worden, um den rhetorischen Effekt des Originals weitestgehend zu rekonstruieren – Anm. d. Ü.]

10 A.a.O., S. 116.

11 A.a.O., S. 134.

12 Vgl. George Catlin, *O-Kee-Pa*, und die Einführung dazu von John C. Ewers.

13 Catlin, *Die Indianer Nord-Amerikas*, S. 115.

14 A.a. O., S. 119.

15 A.a. O., S. 120.

16 A.a. O., S. 123.

17 In seinem Kommentar zum Salon von 1846 schrieb Baudelaire, der das Werk Catlins bewunderte: »Das Rot, die Farbe des Blutes, die Farbe des Lebens, war in jenem düsteren Museum so reichlich vorhanden, daß es einen berauschte; die Landschaften, – waldige Gebirge, unermeßliche Savannen, einsame Flüsse, – waren von einem gleichbleibenden, ewigen Grün; das Rot, diese so dunkle, so dichte Farbe, undurchdringlicher als die Augen einer Schlange, – das Grün, diese ruhige, freudig lächelnde Farbe der Natur, – [ich] finde sie wieder, im Wettgesang ihres Widerspruchs« (»Der Salon 1846«, in: Charles Baudelaire, *Sämtliche Werke*, Bd. 1, hrsg. von F. Kemp und C. Pichois, München 1977, S. 227). Etwas von diesem Wettgesang des Widerspruchs gibt es natürlich auch in Catlins Prosa.

18 Pathopoeia: eine Szene oder Stelle, die die Affekte des Lesers anspricht, also Mitleid, Wut, Begeisterung o. ä. hervorrufen möchte [Anm. d. Ü.].

19 Catlin, *Die Indianer Nord-Amerikas*, S. 125.

20 Alexander Gelley, »The Represented World: Toward a Phenomenological Theory of Description in the Novel«, in: *Journal of Aesthetics and Art Criticism* 37 (1979), S. 420.

21 Nach Gelley, a. a. O., lassen sich die Weisen des Sehens im realistischen Roman verstehen »als eine Form der Deixis auf phänomenologischer Ebene, als Zeichen, das nicht so sehr aufgrund seines Inhalts wichtig ist, als vielmehr deshalb, weil es die Beobachtungsinstanz erkennbar sowie deren Modifikationen nachvollziehbar macht«.

22 Apoplanesis: Abschweifung, Abwendung vom eigentlichen Redegegenstand. Interruption: unterbrochene Erzählung [Anm. d. Ü.].

23 A.a. O., S. 117.

24 Ebenda.

25 A.a. O., S. 130.

26 Es gibt eine aufschlußreiche Parallele zwischen Catlins disjunktivem Stil und seinen sprunghaften Spekulationen über den Sinn der Zeremonie.

27 A.a. O., S. 184.

28 A.a. O., S. 115.

29 Vgl. Alfred W. Bowers, *Mandan Social and Ceremonial Organization*, Chicago 1950. Siehe auch Washington Matthews, *Grammar and Dictionary of the Language of the Hidatsa*, New York 1873.

30 J. W. von Goethe, *Italienische Reise*, S. 175.

31 Zu editorischen Einzelheiten siehe den Kommentar zur *Italienischen Reise* von Erich Trunz, a. a. O., S. 572 ff., 669 f.

32 »Das Karneval ist, wie wir bald bemerken können, eigentlich nur eine Fortsetzung oder vielmehr der Gipfel jener gewöhnlichen sonn- und festtägigen

Freuden; es ist nichts Neues, nichts Fremdes, nichts Einziges, sondern es schließt sich nur an die römische Lebensweise ganz natürlich an« (*Italienische Reise*, Zweiter Römischer Aufenthalt, S. 486).

33 A.a. O., S. 514.

34 A.a. O., S. 516.

35 A.a. O., S. 134.

36 Vgl. Barker Fairley, *A Study of Goethe*, Oxford 1947.

37 Goethe, *Italienische Reise*, S. 135.

38 Goethe, *Tagebuch der Italienischen Reise: 1786*, Frankfurt am Main 1976, S. 86. Vgl. dazu Emil Staiger, *Goethe*, Zürich 1956, Bd. II, S. 14.

39 Staiger, *Goethe*, Bd. II, S. 15 f.

40 A.a. O., S. 18.

41 »Auch wer nur die Dinge will und sonst nichts, erfaßt sie in einer bestimmten Hinsicht, von einem bestimmten Gesichtspunkt aus. Dessen wird Goethe sich nicht bewußt. Er ist überzeugt, *die* ewig gültige Wahrheit entdeckt und begriffen zu haben, und traut sich zu, sie jedem, der Augen hat und sehen will, zeigen zu können. Da es sich um objektive Erkenntnisse handelt, gelingt das auch. Was Goethe darlegt, ist tatsächlich den wechselvollen Launen, der Stimmung, der Willkür der einzelnen Menschen entrückt und insofern zeitlos und überall gültig. Es fragt sich aber, ob jedermann sich für diese Wahrheit interessiert, ob nicht mancher es vorzieht, die Dinge von einem andern Gesichtspunkt aus, in anderer Hinsicht wahrzunehmen. Darüber haben wir nicht zu rechten und ist ein Streit überhaupt nicht möglich« (Staiger, a. a. O., S. 17 f.).

42 Goethe, *Italienische Reise*, S. 484.

43 Gäbe es – wie Michail Bachtin (*Literatur und Karneval. Zur Romantheorie und Lachkultur*, Frankfurt am Main / Berlin / Wien 1985, S. 48) behauptet – im Karneval keinen Unterschied zwischen Akteuren und Zuschauern, dann müßte jede Perspektive auf den Karneval eine »fremde«, ihm äußerliche Perspektive sein. Ich bezweifle jedoch, daß überhaupt keine Differenzierung zwischen Akteuren und Zuschauern vorhanden wäre – Goethes »theatralische« Beschreibung suggeriert, daß es eine gibt –, und ich halte die mangelnde Differenzierung für ideologisch motiviert – Ausdruck einer separierenden Andersheit.

44 Vgl. George Henry Lewes *Goethes Leben und Werke*, aus dem Englischen von J. Frese, 15. Aufl., Stuttgart 1886, S. 70.

45 Goethe, *Italienische Reise*, S. 491

46 A.a. O., S. 501.

47 A.a. O., S. 491; meine Hervorhebung.

48 A.a. O., S. 504.

49 A.a. O., S. 490.

50 A.a. O., S. 175.

51 A.a. O., S. 515.

52 Ebenda.

53 Vgl. Michail Bachtin, *Rabelais und seine Welt*, hrsg. von Renate Lachmann, Frankfurt am Main 1987.

54 Es ist interessant, daß auch Henry James seiner Beschreibung des Karnevals von 1873 eine Aschermittwochsbetrachtung, eine »Fastenandacht«, hinzufügt. Sie setzt ein mit dem Anblick eines jungen, einsam in einer kleinen Kirche auf dem Palatin betenden Geistlichen und wird fortgeführt, als James seinen Karneval in völliger Abgeschiedenheit begeht, indem er »störrisch die ausgestorbene Peripherie Roms durchstreift« (»A Roman Holiday«, in: Henry James, *Italian Hours*, New York 1959, S. 136–154).

55 Goethe, *Italienische Reise*, S. 515.

56 Dadurch, daß er den Leser anspricht, gleicht, wie Michael André Bernstein anmerkt, die Funktion des Lesers »der Funktion des nächsten Tages in den ›wirklichen‹ Saturnalien, des Zeitpunktes, an dem jeder wieder seine normalen Rollen annimmt, mit dem wichtigen Unterschied jedoch, daß die Stellung des Lesers eine *dauerhaft* präsente Quelle der Autorität darstellt, die nicht einmal in den anarchischsten Momenten des Feiertages außer Kraft gesetzt werden kann« (»When the Carnival Turns Bitter: Preliminary Reflections upon the Abject Hero«, in: *Critical Inquiry* 2 [1983], S. 283–305). Obwohl ich die autoritative Rolle des Lesers in Goethes Römischem Karneval anerkenne, scheint Goethes eigene Autorität, in viel höherem Maße als die Catlins, weitgehend unabhängig von derjenigen seiner Leser zu sein.

57 Die Wortspiele beruhen im wesentlichen auf dem Doppelsinn des englischen »cock«, das sowohl »Hahn« als auch – familiär – »Schwanz« bedeutet [Anm. d. Ü.].

58 Siehe dazu Vincent Crapanzano, »The Writing of Ethnography«, in: *Dialectical Anthropology* 2 (1977), S. 69–73.

59 Geertz, »Deep Play«, S. 202.

60 A.a.O., S. 202f.

61 Siehe dazu Vincent Crapanzano, Rezension von C. Geertz, H. Geertz und L. Rosen, *Meaning and Order in Moroccan Society: Three Essays in Cultural Analysis*, in: *Economic Development and Cultural Change* 29 (1981), S. 851–860.

62 Geertz, »Deep Play«, S. 202, 209, 220, 249f.

63 A.a.O., S. 203f. [Übersetzung abgeändert – Anm. d. Ü.].

64 Emile Benveniste, *Probleme der allgemeinen Sprachwissenschaft*, aus dem Französischen von W. Bolle, München 1974.

65 Ich vereinfache hier stark. Das »ich« des Ethnographen muß in seiner vielfältigen Erscheinung jeweils genau untersucht werden, denn es kann sogar gleichzeitig mehrere verschiedene Funktionen erfüllen. Zum Beispiel kann es deskriptiv sein, indem es auf eine grammatisch vermittelte Rede verweist (»ich sagte« / »er sagte« oder »ich bemerkte«), oder es kann sich auf den Kontext der schriftlichen Darstellung beziehen. Zudem wohnt, wie ich an anderer Stelle ausgeführt habe, auch den indexikalischen Ausdrücken

der ersten und zweiten Person ein anaphorisches Potential inne, vor allem in Texten, in die sich der Autor einbringt.

66 Geertz, »Deep Play«, S. 213 f.

67 A.a. O., S. 246.

68 Ebenda.

69 Man müßte sich letzten Endes Gedanken über den ontologischen Status der balinesischen Äquivalente dieser westlichen Kategorien machen (wenn es denn welche gibt).

70 A.a. O., S. 247.

71 A.a. O., S. 252 f.

72 A.a. O., S. 255.

73 A.a. O., S. 256.

74 A.a. O., S. 259 [Übersetzung abgeändert – Anm. d. Ü.]. Siehe dazu meine Ausführungen über Text und Textmetaphern in: »Text, Transference, and Indexicality«, in: *Ethos*, Nr. 2, 9 (1981), S. 122–148.

James Clifford

Über ethnographische Selbststilisierung: Conrad und Malinowski

[...] das Zeitalter, in dem wir einquartiert sind wie verirrte Reisende in einem unruhigen Grand-Hotel.
– Joseph Conrad, ›Sieg‹

Meine ganze Ethik beruht auf dem elementaren Instinkt der einheitlichen Persönlichkeit.
– Bronislaw Malinowski, ›Ein Tagebuch im strikten Sinn des Wortes‹

Daß das Individuum kulturell konstituiert sei, ist längst zum Gemeinplatz geworden. Wir sind gewohnt zu hören, daß sich die Person auf Bali, bei den Hopi oder in der mittelalterlichen Gesellschaft vom Individuum im bürgerlichen Europa oder im modernen Amerika unterscheidet – aufgrund jeweils unterschiedlicher Erfahrungen von Zeit, Raum, Verwandtschaft und leiblicher Identität. Wir nehmen praktisch als fraglos gegeben an, daß ein Selbst einer spezifischen kulturellen Welt angehört, wie es auch eine bestimmte Muttersprache spricht: ein Selbst, eine Kultur, eine Sprache. Ich will hier nicht den Wahrheitsgehalt bestreiten, der sicherlich auch in einer so schlichten Formel liegt: Die Vorstellung, daß Individualität im Horizont jeweils kollektiver und begrenzter Welten des Sinns artikuliert wird, steht nicht in Frage. Ich möchte jedoch die Behauptung, daß das Selbst kulturell konstituiert sei, historisieren, und zwar durch eine Untersuchung der Zeit um 1900, als diese Vorstellung allmählich den Sinn annahm, den sie heute hat.

Die Behauptung, das Individuum sei kulturell eingebunden, bedeutete in der Mitte des neunzehnten Jahrhunderts noch etwas ganz anderes als heute. »Kultur« bezeichnete einen einheitlichen und einzigartigen Evolutionsprozeß. Das vom europäischen Bürgertum gehegte Ideal einer autonomen Individualität galt allgemein als das natürliche Ergebnis einer langen Entwicklung, eines Prozesses, der, obwohl von verschiedenen Brüchen bedroht, als der allgemeine fortschrittliche Gang der Menschheit angesehen wurde. Um die Jahrhundertwende geriet die evolutionistische Zuversicht jedoch ins Wanken, und eine neue ethnographische Konzeption von Kultur wurde möglich. Das Wort wurde nun allmählich im Plural benutzt, mit ihm verband sich nunmehr die Vorstellung einer Welt unterschiedlicher, besonderer und in ihrer Bedeutsamkeit gleichwertiger Lebensformen. Das Ideal eines autonomen, kultivierten Subjekts konnte zwar als lokales Projekt, aber nicht mehr als *Telos* für die gesamte Menschheit gelten.[1]

Auf die tieferliegenden Ursachen dieser Wandlungen im Bereich der Vorstellungen kann ich hier nicht eingehen.[2] Ich möchte lediglich die Herausbildung einer neuen »ethnographischen Subjektivität« in den Blick rücken, die am Anfang des zwanzigsten Jahrhunderts zustande kam. Die moderne Anthropologie – eine Wissenschaft vom Menschen, die eng mit der Beschreibung von Kulturen verbunden ist – setzte den ironischen Habitus der teilnehmenden Beobachtung voraus. Durch die Professionalisierung der Feldforschung hat die Anthropologie diese weit verbreitete Einstellung zur wissenschaftlichen Methode erhoben. Ethnographisches Wissen kann jedoch keineswegs von einem einzigen Diskurs oder einer einzigen Disziplin vereinnahmt werden: Der Zustand der Dezentrierung in einer Welt unterschiedlicher Bedeutungssysteme, das Ineins von Teilhabe an und Beobachtung von Kultur, prägt vielmehr auch die Kunst und die schriftstellerische Produktion des zwanzigsten Jahrhunderts. Nietzsche kündigte diesen neuen Habitus in seinem berühmten Fragment »Ueber Wahrheit und Lüge im aussermoralischen Sinne« bereits in aller Klarheit an, als er fragte: »Was ist also Wahrheit? Ein bewegliches Heer von Metaphern, Metonymien, Anthropomorphismen kurz eine Summe von menschlichen Relationen, die, poetisch und rhetorisch gesteigert, übertragen, geschmückt wurden, und die nach langem Gebrauche einem Volke fest, canonisch und verbindlich dünken [...].«[3] Nietzsche war, vielleicht eher als Tylor, der Begründer einer relativistischen Vorstellung von Kultur: So hätte dieser Aufsatz ebensogut den Titel »Über Wahrheit und Lüge im *kulturellen* Sinne« tragen können.

Statt dessen entlehne ich meinen Titel dem Buch *Renaissance Self-Fashioning* von Stephen Greenblatt, einem Werk, das der Entstehung eines bürgerlichen, mobilen und kosmopolitischen Verständnisses vom Selbst nachgeht. Die ethnographische Subjektivität, mit der ich mich befasse, könnte als eine Spätvariante dieses Verständnisses betrachtet werden. Gestalten des sechzehnten Jahrhunderts wie More, Spenser, Marlowe, Tyndale, Wyatt und Shakespeare sind für Greenblatt Beispiele »eines gesteigerten Selbstbewußtseins bezüglich der Stilisierung der menschlichen Identität als eines manipulierbaren, kunstvollen Prozesses«[4]. Den subtilen und überzeugenden Analysen dieses Buches kann ich hier nicht im einzelnen gerecht werden, doch ich möchte Greenblatts eigenen ethnographischen Standpunkt hervorheben, die komplexe Haltung, die er gegenüber dem stilisierten Selbst, auch seinem eigenen, einnimmt. Er erkennt, in welchem Maße heutige Fragen nach Freiheit, Identität und Sprache die von ihm konstruierte Fassung der Kultur des sechzehnten Jahrhunderts prägen. Er nähert sich also seinem historischen Material mit modernen literaturwissenschaftlichen Ansätzen, und doch schreibt er auch als jemand, der einer Tradition verbunden ist und ihr treu bleibt. In einem emphatischen Epilog zeigt er sich überzeugt von der Möglichkeit, die eigene Identität zu gestalten, auch wenn sie bloß einem »als Fiktion gedachten Selbst« gelten sollte.[5] Diese Überzeugung führt ihn zu einer, wie es Conrad ausdrückte, »absichtsvollen Glaubenseinstellung«.

Greenblatt ist gewissermaßen ein teilnehmender Beobachter, der einen kulturellen Formierungsprozeß konstruiert und erkundet, welcher vier Jahrhunderte zurückliegt und doch zugleich auf dialektische Weise ein Kontinuum mit der Gegenwart bildet. Seine »späte«, reflexive Fassung der Selbststilisierung der Renaissance stützt sich auf eine scharfsinnig formulierte ethnographische Einsicht: Das stilisierte, fiktionale Selbst ist immer verortet, sei es in seiner *Kultur*, in kodierten Ausdrucksformen oder in seiner *Sprache*. Greenblatts Untersuchung kommt zu dem Schluß, daß es sich bei der Selbststilisierung der Renaissance um alles andere als ein zwangloses Entstehen einer neuen individualistischen Autonomie handelte. Die Subjektivität, die er vorfindet, ist »keine Erscheinung frei gewählter Identität, sondern ein kulturelles Artefakt«[6], denn das Selbst entfaltet sich nur innerhalb von Schranken und Möglichkeiten, die ihm durch eine institutionalisierte Menge kollektiver Praktiken und Kodes gesetzt sind. Greenblatt beruft sich auf die symbolisch-interpretative Anthropologie, insbesondere auf das Werk von Clifford Geertz (ferner auf Boon, Douglas, Duvignaud, Rabinow und Turner), und er betont überdies, daß kulturelle Symbole und Handlungen jeweils in Macht- und Herrschaftssituationen Gestalt annehmen. Man hört in Greenblatts Warnung das Echo von Foucault: »Die Macht, sich selbst zu formen, ist ein Aspekt der allgemeineren Macht, Identitäten zu kontrollieren – die der anderen mindestens genausosehr wie die eigene.«[7] Daraus läßt sich schließen, daß der ethnographische Diskurs, einschließlich Greenblatts literarischer Variante, in dieser doppelten Weise funktioniert. Obwohl der Ethnologe das andere Selbst jeweils als kulturell konstituiert darstellt, modelliert er seine eigene Identität, die ihn dazu autorisiert, die Wahrheiten dieser anderen Welten zu repräsentieren, zu interpretieren und sogar – wenn auch immer mit gewisser Ironie – an sie zu glauben.

Ethnographische Subjektivität entsteht durch teilnehmende Beobachtung in einer Welt »kultureller Artefakte«, die sich mit einer (und darin besteht die Originalität von Nietzsches Formulierung) neuen Auffassung von Sprache, oder besser: von Sprachen als gesonderten Zeichensystemen, verbinden. Neben Nietzsche sind Boas, Durkheim und Malinowski (allesamt Begründer und Verbreiter der ethnographischen Kulturauffassung) sowie de Saussure diejenigen Denker, die mein Forschungsfeld abstecken. Sie haben eine Reihe miteinander verbundener Theoreme eingeführt, die erst jetzt, im letzten Viertel des zwanzigsten Jahrhunderts, wirklich zum Tragen kommen. Ein Ideengeschichtler des Jahres 2010 würde gar bei einem Rückblick auf die ersten beiden Drittel unseres Jahrhunderts feststellen, daß dies eine Zeit war, in der sich die westlichen Intellektuellen vor allem mit Voraussetzungen von Bedeutung und Identität beschäftigten, die sie »Kultur« oder »Sprache« nannten (so wie wir jetzt auf das neunzehnte Jahrhundert blicken und dort eine problematische Voreingenommenheit durch Entwicklungs-»Geschichte« und »Fortschritt« verzeichnen). Ich sehe freilich Anzeichen dafür, daß diese Privilegierung der natürlichen Sprachen und der gleichsam natürlichen Kulturen in Auflösung begriffen ist. Diese Objekte und epistemologischen Voraussetzungen erscheinen heute als Konstrukte, als fiktionale Produkte, in denen die Heteroglossie unterdrückt und domestiziert ist. In einer Welt mit viel zu vielen, dazu noch gleichzeitig sprechenden Stimmen, einer Welt, in der Synkretismus und parodistische Dichtung eher die Regel als die

Ausnahme sind, einer urbanen, multinationalen Welt der institutionalisierten Schnellebigkeit – wo in Korea hergestellte amerikanische Kleidung von jungen Leuten in Rußland getragen wird, wo die »Wurzeln« eines jeden in gewisser Weise abgeschnitten sind –, in einer solchen Welt wird es zusehends schwieriger, menschliche Identität und Sinngebung an einer kohärenten »Kultur« oder »Sprache« festzumachen.

Die Schilderung dieser synkretistischen, »postkulturellen« Situation dient nur dazu, auf den (nicht so leicht lokalisierbaren) Standpunkt, auf den Zustand der Ungewißheit, von dem aus ich schreibe, hinzuweisen. Dabei geht es mir jedoch nicht so sehr um das mögliche Ende einer in Kultur und Sprache verankerten Subjektivität. Vielmehr möchte ich zwei wirkungskräftige Ausgestaltungen dieser Subjektivität im Werk von Joseph Conrad und Bronislaw Malinowski untersuchen, zweier »displaced persons«, die sich Anfang des zwanzigsten Jahrhunderts am Kosmopolitismus abarbeiteten und ihre eigenen Versionen von »Über Wahrheit und Lüge im kulturellen Sinne« hervorbrachten. Conrad hatte vielleicht ein schärferes Bewußtsein der Problemlage, denn sein Werk ist von einer klaren Vorstellung über den konstruierten Charakter der Kultur und der Sprache durchdrungen, von einer ernstzunehmenden Fiktionalität, die er mit Absicht, und auf nahezu absurde Weise, aufgegriffen hat. Doch läßt sich im Werk Malinowskis ein ähnliches Ringen mit Kultur und Sprache ausmachen, besonders in der schwierigen Erfahrung und literarischen Darstellung seiner berühmten Feldforschung bei den Trobriandern. (Diese Arbeit kann als eine Art Gründungsurkunde für die Anthropologie des zwanzigsten Jahrhunderts angesehen werden.) Conrad hat fast Unmögliches geleistet, indem er es zu einem großen Schriftsteller (sein Vorbild war Flaubert) in englischer Sprache brachte, seiner dritten Sprache also, die er erst im Alter von zwanzig Jahren zu lernen begann. Es ist nicht verwunderlich, durch sein gesamtes Werk hindurch ein Gespür für die Künstlichkeit und zugleich Notwendigkeit kultureller und linguistischer Konventionen zu entdecken. Sein Werk, sein lebenslanger Versuch, ein englischer Schriftsteller zu werden, bildet geradezu ein Paradigma für ethnographische Subjektivität: Es ist beispielhaft für die Struktur einer von unablässigem Übersetzen geprägten Existenz, für ein verschärftes Bewußtsein der Beliebigkeit von Konventionen, für einen neuen säkularen Relativismus.

Malinowski hat einmal bemerkt: »[W.H.R.] Rivers ist der Rider

Haggard der Anthropologie: Ich werde der Conrad sein!«[8] Wahrscheinlich zielte er damit auf den Unterschied zwischen Rivers' Methodologie der multikulturellen Inventarisierung (der summarischen Gesamterfassung von Kulturmerkmalen und Genealogien) und seiner eigenen intensiven Erforschung einer einzigen Gruppe. Für Malinowski bedeutete der Name Conrad ein Symbol für Tiefe, Komplexität und Finesse. (In dieser Art stellt er ihn jedenfalls in seinem Feldtagebuch dar.) Aber Malinowski war nicht der Conrad der Anthropologie. Sein unmittelbares literarisches Vorbild war mit Sicherheit James Frazer; und in weiten Teilen seines Werkes erinnert er eher an Zola – ein Naturalist, der die Fakten durch eine verdichtete »Atmosphäre« anreichert und dessen wissenschaftliche Kulturbeschreibungen als moralisch aufgeladene humanistische Allegorien daherkommen. Die Anthropologie wartet also noch immer auf ihren Conrad.

Mein Vergleich zwischen Malinowski und Conrad konzentriert sich auf ihren erschwerten Zugang zu einer innovativen professionellen Ausdrucksweise. *Herz der Finsternis* [*Heart of Darkness*] ist Conrads tiefgehendste Auseinandersetzung mit dem schwierigen Prozeß, der ihn dazu brachte, sich England und dem Englischen zu verschreiben.[9] Das Buch wurde in den Jahren 1898–99 verfaßt, als er sich gerade für das landverhaftete Leben eines Schriftstellers entschieden hatte, und es war ein Rückblick auf die Anfänge dieses Prozesses, auf seine letzte, wagemutigste Reise zu seinem »äußersten Punkt der Schiffahrt«. Zehn Jahre zuvor war Konrad Korzeniowski mit den Anfangskapiteln seines ersten, in einem merkwürdigen, doch kraftvollen Englisch geschriebenen Romans, *Almayers Wahn* [*Almayer's Folly*],[10] den Kongo hinaufgefahren. Meine Lektüre von *Herz der Finsternis* umfaßt ein verschlungenes Jahrzehnt der Entscheidungen, die neunziger Jahre, die mit der afrikanischen Reise anfingen und mit ihrer erzählerischen Darstellung endeten. Die Entscheidungen betrafen die Karriere, die Sprache und die kulturellen Bindungen. Die vergleichbaren Erfahrungen Malinowskis werden durch zwei Werke umgrenzt, die als ein einziger ausgedehnter Text betrachtet werden können: *Ein Tagebuch im strikten Sinn des Wortes* [*A Diary in the Strict Sense of the Term*], sein intimes Journal von den Trobriand-Inseln aus den Jahren 1914–1918,[11] und die klassische ethnographische Monographie, die aus der Feldforschung hervorging: *Argonauten des westlichen Pazifik* [*Argonauts of the Western Pacific*] (1922).[12]

Methodologische Vorsicht ist hier freilich von vornherein geboten. Wenn ich das *Tagebuch* zusammen mit den *Argonauten* behandle, heißt das nicht unbedingt, daß das erstere ein wahrhaftes Zeugnis von Malinowskis Feldforschung ablegt. (Als solches wurde das *Tagebuch* bei seiner Veröffentlichung im Jahre 1967 weit und breit aufgefaßt.) Die trobriandische Felderfahrung wird weder von den *Argonauten* oder vom *Tagebuch* noch von ihrer Kombination vollständig abgedeckt. Beide Texte repräsentieren vielmehr verschiedene Teilaspekte, gesonderte Schreibexperimente. Weitgehend in polnischer Sprache aufgezeichnet und offensichtlich nicht für eine Veröffentlichung bestimmt, verursachte das *Tagebuch* einen kleinen Skandal für das öffentliche Ansehen der Anthropologie – obwohl für Feldforscher viele vertraute Momente wiederzuerkennen waren: Einer der Gründer der Disziplin schien eine erhebliche Wut auf seine einheimischen Informanten empfunden zu haben. Eine Felderfahrung, die das Modell für die wissenschaftliche Kulturbeschreibung aufgestellt hat, erwies sich somit als höchst ambivalent. In seinem intimen Journal zeigte sich der hochangesehene Anthropologe als ein mit sich selbst beschäftigter Hypochonder, gequält von regelmäßigen Depressionen, heimgesucht von Phantasien über europäische und trobriandische Frauen und ständig darum ringend, die Fassung zu bewahren und sich zusammenzureißen. Ein launischer Mensch, der verschiedene Stimmen, verschiedene Rollen durchprobierte. Die Qual, Hilflosigkeit, Selbstgefälligkeit und Gereiztheit des *Tagebuchs* schienen von der stabilen, verständnisvollen Haltung der relativistischen Ethnographie wenig übrigzulassen. In seiner Roheit und Verletzlichkeit, seiner fraglosen Aufrichtigkeit und Unschlüssigkeit schien das *Tagebuch* noch dazu ein ungeschminktes Bild der Wirklichkeit zu vermitteln. Dennoch bildet es nur eine, wenn auch wichtige Version der Darstellung einer komplexen, intersubjektiven Situation (aus der auch die *Argonauten* sowie andere ethnographische und populäre Darstellungen hervorgegangen sind). Das *Tagebuch* ist ein vielschichtiger, polyphoner Text. Es ist ein unverzichtbares Dokument für die Geschichte der Anthropologie, nicht nur, weil es die Realität der ethnographischen Erfahrung offenbart, sondern auch, weil es uns dazu zwingt, uns mit der Komplexität solcher Begegnungen auseinanderzusetzen und alle auf Feldforschung beruhenden schriftlichen Darstellungen nur als Teilkonstruktionen zu betrachten.[13]

Malinowski und Conrad haben sich gekannt, und aus Malinowskis Kommentaren über den älteren, bereits berühmten Autor geht hervor, daß er eine tiefe Verwandtschaft ihrer beider Lebenslagen empfand. Aus gutem Grund: Beide waren Polen, durch historische Umstände in eine kosmopolitische europäische Identität hineingezwungen; beide strebten eine ambitionierte schriftstellerische Karriere in England an. Ausgehend von Zdzislaw Najders ausgezeichneten Studien über Conrad läßt sich vermuten, daß den beiden polnischen Exilierten eine spezifische kulturelle Distanz gemeinsam war, entstammten sie doch einer Nation, die seit dem achtzehnten Jahrhundert lediglich als Fiktion – wenn auch als innig gehegte, ernstgenommene Fiktion – kollektiver Identität existiert hatte. Zudem hatten aristokratische Werte – aufgrund der charakteristischen polnischen Gesellschaftsstruktur mit ihrem weitverbreiteten Kleinadel – alle Schichten der Gesellschaft in einem ungewöhnlichen Maße durchdrungen. Polens vornehme Exilierte waren von den bürgerlichen Werten, die das westliche Europa beherrschten, nicht besonders angetan und gingen zu ihnen auf Distanz. Diese Entfernung von der bürgerlichen Gesellschaft (die allerdings ein gewisses Geschick erforderte – ähnlich wie Balzacs Haltung im Frankreich von 1830) mag sich als eine vorteilhafte Grundlage für die »ethnographische« Position erwiesen haben. Wie auch immer, Malinowskis Sympathie für Conrad steht außer Zweifel. (Kurz vor dem Krieg überreichte er dem Älteren ein Exemplar seines ersten Buches, *The Family among the Australian Aborigines*, mit einer polnischen Widmung; was Conrad sich aus den Vaterschaftsvorstellungen der Arunta machte, bleibt wohl zum Glück für immer ein Geheimnis.) Obwohl ihre Bekanntschaft von kurzer Dauer war, hat Malinowski sein Leben verschiedentlich in Conradscher Manier dargestellt, und in seinem Tagebuch schien er bisweilen Themen aus *Herz der Finsternis* fortzuschreiben.

Nahezu jeder Kommentar zum *Tagebuch* hat es, auf durchaus überzeugende Weise, mit Conrads afrikanischer Erzählung verglichen.[14] Sowohl *Herz der Finsternis* als auch das *Tagebuch* scheinen eine Identitätskrise nachzuzeichnen – einen an den Grenzen der westlichen Zivilisation situierten Kampf gegen drohenden moralischen Verfall. Dieser Kampf und das Ringen um Selbstbeherrschung sind indes Gemeinplätze der Kolonialliteratur, und so ist die Parallele nicht besonders aufschlußreich: Sie zeigt nur, daß das Leben (das *Tagebuch*) die »Literatur« (*Herz der Finsternis*) imitiert. Neben Kurtz' moralischer Zerrüttung wirft Conrad jedoch ein tieferes, subversives Thema auf: das der berühmten »Lüge« – eigentlich einer Kette von Lügen, die in *Herz der Finsternis* die verwickelte Wahrheit von Marlows Erzählung sowohl untergraben als in gewisser Hinsicht auch beglaubigen. Die bedeutendste dieser Lügen ist natürlich Marlows Weigerung, Kurtz' Zukünftiger dessen letzte Worte: »Das Grauen!«, zu übermitteln; statt dessen sagt er ihr Worte, die sie ertragen kann. Anschließend wird diese Lüge der – ebenfalls höchst relativen – Wahrheit gegenübergestellt, die einer kleinen Gruppe von Engländern an Deck der Segeljacht *Nellie* mitgeteilt wird. Auch Malinowskis launenhaftes *Tagebuch* scheint eine Beschäftigung mit dem Thema des Persönlichkeitszerfalls zu sein. Aber was ist mit der Lüge? Der allzu glaubwürdigen Geschichte? Malinowskis Notlüge, seine rettende Fiktion, manifestiert sich – so lautet meine These – in der klassischen Ethnographie *Argonauten des westlichen Pazifik*.

Herz der Finsternis ist berüchtigt für seine Vieldeutigkeit; aber eines seiner unumgänglichen Themen ist das Problem, die Wahrheit zu sagen, das *Wechselspiel* von Wahrheit und Lüge in Marlows Erzählung. Die Lüge gegenüber Kurtz' Zukünftiger ist bereits vielfach diskutiert worden. Knapp zusammengefaßt besagt meine eigene Position, daß es sich bei der Lüge um eine Notlüge handelt. Indem er der Zukünftigen die letzten Worte von Kurtz erspart, unterscheidet und konstituiert Marlow verschiedene Wahrheitsbereiche – einen männlichen und einen weiblichen sowie die Wahrheiten der Metropole und der Zivilisationsgrenze. Diese Wahrheiten reflektieren elementare Strukturen in der Konstitution von Bedeutungsordnungen – ein Wissensspektrum, das hinsichtlich des Geschlechts und in bezug auf Zentrum und Peripherie der Kultur unterteilt ist. Der Lüge gegenüber der Zukünftigen wird eine andere (ebenfalls bedingte, kontextuelle und problematische) Wahrheit entgegengestellt. Sie wird einer Gruppe von Engländern an Bord der *Nellie* eröffnet, die lediglich als soziale Typen identifiziert werden – dem Rechtsanwalt, dem Bücherrevisor, dem Direktor von Handelsgesellschaften. Wenn es Marlow gelingt zu kommunizieren, dann nur in diesem begrenzten Bereich. Als Leser jedoch identifizieren wir uns mit der nicht näher bezeichneten Person, welche die von Marlow auf der Bühne des Decks inszenierten dunklen Wahrheiten und frommen Lügen registriert. Die Geschichte dieses zweiten Erzählers wird selbst aber nicht relativiert oder eingeschränkt. Sie repräsentiert meiner Ansicht nach den ethnographischen Standpunkt, d. h. eine subjektive Position und einen historischen Sitz narrativer Autorität, der die verschiedenen Wahrheiten einander auf wahrhaftige Weise gegenüberstellt. Während Marlow anfänglich »die Lüge verabscheut«, lernt er zu lügen – d. h. innerhalb der kollektiven, partiellen Fiktionen des kulturellen Lebens zu kommunizieren. Er erzählt jeweils bedingte Geschichten. Solche inszenierten Wahrheiten werden vom zweiten Erzähler gesammelt, verglichen und (in ironischer Weise) geglaubt. Dies entspricht der elaborierten Perspektive des ernsthaften Interpreten von Kulturen, d. h. von lokalem, partiellem Wissen. Die Stimme von Conrads »äußerstem« Erzähler ist eine stabilisierende Stimme, auf deren Wort man sich verlassen können soll.[15]

Herz der Finsternis bildet also ein Paradigma für ethnographische Subjektivität. Im folgenden werde ich die jeweiligen Echos und Analogien untersuchen, die Conrads kulturelle Grenzerfahrungen im Kongo mit denen Malinowskis auf den Trobriand-Inseln verbinden. Es handelt sich jedoch nicht um eine strenge Korrespondenz. Der vielleicht wichtigste textuelle Unterschied besteht darin, daß Conrad gegenüber der Wahrheit der Repräsentation eine ironische Position einnimmt, eine Haltung, die in Malinowskis Werk allenfalls implizit angelegt ist. Der Autor der *Argonauten* widmet sich dem Konstruieren realistischer kultureller Fiktionen, während Conrad, freilich ebenso leidenschaftlich, diese Tätigkeit als eine kontextbedingte Praxis des Erzählens darstellt.[16]

Wenn man die Erfahrungen Malinowskis und Conrads miteinander vergleicht, so fällt ins Auge, in welch vielfältiger Weise sie linguistisch überdeterminiert waren. In beiden Fällen sind drei Sprachen am Werke, die unaufhörlich Übersetzungen und Interferenzen hervorrufen. Conrads Lage ist äußerst komplex. Kurz bevor er nach Afrika auszog, hatte er noch ohne feste Absichten mit der Niederschrift von *Almayers Wahn* begonnen. Nachdem er die Anfangskapitel fertiggestellt hatte, taten sich Hindernisse auf. Um diese Zeit machte er die Bekanntschaft einer angeheirateten Cousine, Marguerite Poradowska, und bald entwickelte sich zwischen ihnen eine in gewisser Weise bedeutsame Liebesbeziehung. Sie war verheiratet und eine bekannte französische Autorin; es blieb weitgehend eine literarische Affäre. Conrad schrieb ihr ziemlich leidenschaftliche und enthüllende Briefe – auf französisch. Poradowska, die in Brüssel lebte, vermittelte ihrem Verwandten Conrad eine Anstellung im Kongo. Einige Monate vor seiner Abreise nach Afrika kehrte Conrad dann nach Polen zurück, zum ersten Mal seit er fünfzehn Jahre zuvor zur See gefahren war. Dort frischte er sein Polnisch auf, das immer noch gut war, und ließ die Assoziationen der Sprache mit den Stätten seiner Kindheit und ambivalenten Gefühlen wiederaufleben. Von Polen aus (oder eigentlich der russischen Ukraine) eilte er ohne größeren Aufenthalt zu seinem Posten im Kongo. Dort sprach er Französisch, die ihm vertrauteste Fremdsprache, führte aber zugleich ein Tagebuch auf englisch, und augenscheinlich hat er dort auch an den Kapiteln von *Almayers Wahn* gearbeitet. (Soviel behauptet er jedenfalls in einer »Biographischen Notiz« aus dem Jahre 1900.) In Afrika freundete er sich mit dem Iren Roger Casement an und pflegte als nautischer Gentleman aus England aufzutreten. Seine glühenden Briefe an die Poradowska ergingen weiterhin in französisch. Dabei hatte er seine Muttersprache gerade aufgefrischt. So war die Zeit im Kongo von einer maximalen linguistischen Komplexität gekennzeichnet. In welcher Sprache dachte Conrad eigentlich? Es ist kaum verwunderlich, daß die Wörter und Dinge in *Herz der Finsternis* oft als unzusammenhängend erscheinen, wo doch Marlow im Dunkeln nach Bedeutung und Aussprache sucht.

Malinowski hingegen führte sein intimes Feldtagebuch auf polnisch und korrespondierte in dieser Sprache mit seiner Mutter, die sich hinter der feindlichen Front in Österreich befand. Seinem Londoner Professor C. G. Seligman schrieb er auf englisch über anthropologische Themen. Seiner Verlobten in Australien, »E. R. M.« (Elsie R. Masson), schrieb er regelmäßig, ebenfalls auf englisch. Es gab jedoch noch mindestens zwei andere Frauen, alte Flammen, die ihn beschäftigten, zumindest eine davon verband sich mit Polen. Auch sein engster polnischer Freund, Stanislaw Witkiewicz (»Staś« im *Tagebuch*), der bald ein bedeutender Künstler und Autor der Avantgarde werden sollte, ließ ihn nicht los. Beide waren zusammen in den Pazifik gereist, hatten sich jedoch kurz vor Malinowskis Aufenthalt bei den Trobriandern überworfen. Als er sich nach einer Aussöhnung sehnte, befand sich sein Freund bereits in Rußland. Diese starken englischen und polnischen Beziehungen wurden noch von einer dritten linguistisch kodierten Welt durchkreuzt, dem trobriandischen Universum, in dem Malinowski nun leben und arbeiten mußte. Sein täglicher Umgang mit den Trobriandern wurde auf kiriwinisch geführt, und mit der Zeit wurden auch seine Forschungsaufzeichnungen in dieser Sprache abgefaßt.[17]

Wir können nun versuchen, die drei aktiven Sprachen von Conrads und Malinowskis exotischen Erlebnissen jeweils verschiedenen Erfahrungssphären zuzuordnen. Zwischen Polnisch, die Muttersprache, und Englisch, die Sprache der zukünftigen Karriere und Ehe, schiebt sich eine dritte, die mit Erotik und Gewalt assoziiert ist. Conrads Französisch verbindet sich mit der Poradowska, einem problematischen Liebesobjekt (denn sie war ihm gleichzeitig zu einschüchternd und zu vertraut); das Französische verbindet sich zudem mit Conrads zügelloser Jugend in Marseille und mit dem kolonialen Kongo, den Conrad wegen seiner Gewaltherrschaft und Gewinnsucht verabscheute. Malinowskis interferierende Sprache war Kiriwinisch, das sich mit einer gewissen Ausgelassenheit und fröhlichem Exzeß (die Malinowski genoß und in seinen Darstellungen von Kula-Ritualen und sexuellen Bräuchen sehr sympathetisch geschildert hat) ebenso verband wie mit den erotischen Reizen der trobriandischen Frauen. Das *Tagebuch* ringt wiederholt mit diesem kiriwinischen Reich der Begierde.

In beiden Fällen können wir also eine Muttersprache, eine Sprache des Exzesses und eine Sprache der Beherrschung (der Ehe und der Autorschaft) unterscheiden. Aber diese Trennung ist sicherlich zu einfach. Denn die Sprachen haben sich immer auch gegenseitig in höchst kontingenter Weise durchdrungen und überlagert. Doch eins ist klargeworden: Conrad und Malinowski, der eine im Kongo, der andere auf den Trobriand-Inseln, waren subjektiv gleichermaßen in komplexe, widersprüchliche Situationen verwickelt, die sich auf den Ebenen der Sprache, der Begierde und der kulturellen Zugehörigkeit artikulierten.

Sowohl in *Herz der Finsternis* als auch im *Tagebuch* begegnen wir einer Krise des Selbst an einem »äußersten Punkt der Schiffahrt«. Beide Werke vermitteln Erfahrungen von Einsamkeit, einer Einsamkeit, die zwar mit anderen Menschen und Stimmen erfüllt ist, dabei jedoch kein Gefühl des Zentriert-Seins, des kohärenten Dialogs oder authentischer Gemeinschaft zuläßt. In Conrads Kongo erweisen sich die übrigen Weißen als verlogen und hemmungslos. Der Dschungel ist eine einzige Kakophonie von zu vielen Stimmen – und daher stumm und wirr. Malinowski war auf den Trobriand-Inseln natürlich nicht isoliert, weder von den Einheimischen noch von den ortsansässigen Weißen. Aber das *Tagebuch* ist eine instabile *Mischung* verschiedener Stimmen und Welten: der Mutter, der Geliebten, der Verlobten, des besten Freundes, der

Trobriander, der örtlichen Missionare, Händler sowie der eskapistischen Weltentwürfe, der Romane, denen er nie widerstehen kann. Die meisten Feldforscher werden eine derart vielstimmige Befindlichkeit bestätigen können. Malinowski aber erfährt (oder sein *Tagebuch* schildert zumindest) eine Art existentieller seelischer und emotionaler Krise: Jede der Stimmen stellt für ihn eine Versuchung dar; er ist übermäßig hin und her gerissen. Infolgedessen klammert sich Malinowski, wie Marlow in *Herz der Finsternis,* an seine Arbeitsroutine, seine Übungen und an sein Tagebuch – in dem er, verworren, mit knapper Not, seine widersprüchlichen Welten und Begierden zusammenführt.

Eine Stelle des *Tagebuchs* illustriert seine Befindlichkeit:

> 18.7.18. ... *Über Religionstheorie.* Mein ethischer Standpunkt gegenüber Mutter, Staś, E.R.M. Gewissensbisse resultieren aus Mangel an integrierten Gefühlen und Wahrheit gegenüber anderen. Meine ganze Ethik beruht auf dem elementaren Instinkt der einheitlichen Persönlichkeit. Daraus folgt das Bedürfnis, in verschiedenen Situationen ein und derselbe zu sein (Wahrheit in Beziehung zu sich selbst), sowie die Notwendigkeit, die Unerläßlichkeit von Aufrichtigkeit: der ganze Wert von Freundschaft beruht auf der Möglichkeit, sich auszudrücken, mit absoluter Offenheit man selbst zu sein. Entscheidung zwischen einer Lüge und dem Verderben einer Freundschaft. (Meine Haltung zu Mutter, Staś und allen meinen Freunden war gezwungen.) – Liebe fließt nicht aus Ethik, sondern Ethik aus der Liebe. Es ist unmöglich, christliche Ethik aus meiner Theorie abzuleiten. Aber diese Ethik hat niemals die wirkliche Wahrheit – liebe deinen Nächsten – bis zu dem wirklich möglichen Maß ausgesprochen. Das eigentliche Problem ist: warum muß man sich immer verhalten, als ob Gott einen beobachtete?[18]

Auch wenn diese Textstelle verworren ist, können wir wohl die zentrale Frage entschlüsseln, um die sie sich dreht: die Unmöglichkeit, aufrichtig zu sein, und somit die Unmöglichkeit, ein ethisches Zentrum zu haben. Malinowski verspürt das Bedürfnis nach einer Einheit der Person. Ein strafender Gott beobachtet jeden seiner (unbeständigen) Schritte. Daher steht es ihm nicht frei, in verschiedenen Situationen jeweils verschiedene Personenrollen zu verkörpern. Er leidet darunter, daß ihn das Gebot der Aufrichtigkeit, die Ethik der einheitlichen Persönlichkeit, zwingt, zu verschiedenen Freunden und Geliebten auf unangenehme Weise ehrlich zu sein. Und dies bedeutet, daß er Freunde verlieren wird: »Entscheidung zwischen einer Lüge und dem Verderben einer Freundschaft.«

Es ist ausweglos. Zugleich muß es aber einen Ausweg geben. Zu viel Aufrichtigkeit untergräbt die Kompromisse des Zusammenlebens. Malinowskis Lösung besteht in der Konstruktion zweier miteinander verknüpfter Fiktionen – des Selbst und der Kultur. Zwar verfolge ich hier weder psychologische noch biographische Fragen, doch halte ich den persönlichen, extravaganten und opernhaften Stil, von dem Malinowskis Zeitgenossen sowohl entzückt als auch irritiert waren, für eine Antwort auf sein Dilemma. Er ließ seinem »slawischen« Extremismus freien Lauf; seine Auskünfte über sich selbst und sein Werk waren übertrieben und halbwegs eine Selbstparodie. So warf er sich in Posen (z. B. behauptete er, der alleinige Erfinder der »funktionalen Methode« zu sein), um die Kleingeister darauf aufmerksam zu machen, daß diese persönlichen Wahrheiten in gewisser Weise Fiktionen sind. Sein Charakter war zwar inszeniert, aber auch wahrhaftig, eine Pose, aber dennoch authentisch.

Ethnographische Texte zu schreiben, war für Malinowski ein Weg, mit sich selbst in Einklang zu kommen. Hier erscheinen die stilisierte Einheit eines Selbst und die stilisierte Ganzheit der Kultur als sich gegenseitig stützende Allegorien der Identität. Ein Essay von Harry Payne über Malinowskis Stil geht auf erhellende Weise diesem komplexen Zusammenhang von Autorität und Fiktionalität nach, den die narrative Form der *Argonauten* ausgestaltet: »Innerhalb der immensen Breite [ihrer] Struktur ist Malinowski in der Lage, die Perspektive, den Ton und die Objekte beliebig zu wechseln; der zyklische Faden bietet immer einen Punkt der Rückkehr. Die funktionale Therapie fungiert lediglich heuristisch. Da alles mit allem zusammenhängt, kann man frei herumwandern, ohne jemals völlig abgeschnitten zu werden.«[19] Das literarische Problem der auktorialen Perspektive, die Henry Jamessche Forderung, der Roman solle von einer »kontrollierenden Intelligenz« durchdrungen sein, bildete für den Autor des trobriandischen Feldforschungstagebuchs ein schmerzhaftes persönliches Problem. Die weitverzweigte, multiperspektivische, mäandernde Struktur der *Argonauten* behebt diese Krise der Aufrichtigkeit. Denn als wissenschaftlicher, auf Überzeugung abzielender Autor dieser Fiktion kann

Malinowski, wie Flauberts Gott, im Text omnipräsent sein. Er kann enthusiastische Beschreibungen, wissenschaftliche Erklärungen, Inszenierungen von Ereignissen aus verschiedenen Blickwinkeln, persönliche Bekenntnisse usw. zu einem geordneten Ganzen zusammenfügen.

Die nach dem Malinowskischen Funktionalismus verfahrenden Kulturbeschreibungen bemühten sich zwar um eine Art einheitlicher Persönlichkeit, eine überzeugende Totalisierung ging ihnen freilich immer ab. Malinowski selbst hat die trobriandische Kultur niemals zusammenfassen können; er hat kein Gesamtbild produziert, sondern nur eine Reihe stark kontextualisierter Monographien über wichtige Institutionen. Zudem könnte seine obsessive Einbeziehung von Einzelheiten, »Imponderabilien« und Texten in den jeweiligen Landessprachen auf den Wunsch hindeuten, ein Ganzes nicht nur herzustellen, sondern auch wieder zunichte zu machen – untergräbt doch ein solcher aneinanderreihender, metonymischer Empirismus die Konstruktion funktionaler, synekdochischer Darstellungen. Malinowskis Ethnographien – ganz anders als Radcliffe-Browns nüchterne, analytische und funktionale Beschreibungen – sind vielschichtige, freie, doch rhetorisch stets überzeugende Erzählformen.[20] Als Elemente des literarischen Ausdrucks einer Kultur und einer Subjektivität boten sie einen Ausweg aus der Verpflichtung zu Aufrichtigkeit und Ganzheit, der Conradschen Problematik der Lüge, von der das *Tagebuch* handelt.

Es gibt freilich noch weitere Anklänge an *Herz der Finsternis* in Malinowskis intimem polnischen Text. An einer Stelle spricht er über diejenigen trobriandischen Informanten, die sich der Kooperation bei seinen Forschungen entzogen, und verflucht sie mit Kurtz' Worten: »Zeitweilig war ich wütend auf sie, weil alle fortgingen, nachdem ich ihnen ihre Tabakportionen gegeben hatte. Insgesamt entwickeln sich meine Gefühle gegenüber den Eingeborenen entschieden in Richtung ›*Rottet all diese Bestien aus*‹.«[21] Malinowski spielte mit verschiedenen Rollen des kolonialen Weißen – Exzesse in der Art von Kurtz eingeschlossen. Hier verhilft ihm die ironische Anspielung dazu, die Strapazen der Feldforschung und die Gewalttätigkeit seiner Gefühle literarisch in den Griff zu bekommen. Wie Marlow in seiner ambivalenten Identifikation mit Kurtz sieht sich Malinowski im *Tagebuch* wiederholt mit der Untrennbarkeit von Diskurs und Macht konfrontiert. Er muß darum kämpfen, in der ethnographischen Begegnung die Oberhand zu behalten.

Ein anderer, nichtironischer Anklang an *Herz der Finsternis* macht sich in Malinowskis erschütterter Reaktion auf die Nachricht vom Tod seiner Mutter bemerkbar, der die letzten Seiten des *Tagebuchs* überschattet: »Das furchtbare Geheimnis, das den Tod eines Lieben, eines Nahestehenden umgibt. Das ungesagt gebliebene letzte Wort – etwas, das Licht bringen sollte, ist begraben, der Rest des Lebens liegt halbverborgen im Dunkel.«[22] Malinowski meint, ihm sei der von Marlow hinübergerettete Talisman, ein zweideutig leuchtendes, machtvolles, im Moment des Todes dahingehauchtes letztes Wort, versagt geblieben.

Außer den mehr oder weniger direkten Zitaten lassen sich im *Tagebuch* auch allgemeinere thematische und strukturelle Parallelen zu *Herz der Finsternis* ausmachen. Beide Bücher sind Aufzeichnungen weißer *Männer* an der Zivilisationsgrenze, an Brennpunkten der Gefahr und des Zerfalls. In beiden geht es zudem um Sexualität: Sie schildern das Andere, das auf konventionelle Weise feminisiert wird, gleichzeitig als Gefahr und als Versuchung. Weibliche Figuren werden in beiden Texten jeweils entweder unter geistigen (weichen) oder sinnlichen (harten) Kategorien wahrgenommen. Gemeinsam ist beiden Texten die Thematisierung des kaum beherrschbaren Sogs der Begierde oder des Exzesses. Für Malinowski wird die Selbstbeherrschung von seiner Verlobten verkörpert, mit der sich Gedanken an eine akademische Karriere in England, anspruchsvolle Liebe und Ehe verbinden. »Dachte an E.R.M. ...« spielt im *Tagebuch* die Rolle eines Zensors, der wollüstigen Gedanken über Frauen, einheimische wie weiße, ein Ende setzt: »[...] ich darf E.R.M. nicht in Gedanken betrügen, d. h. mich an meine früheren Beziehungen mit Frauen erinnern oder an zukünftige denken... Die wesentliche innere Persönlichkeit über alle Schwierigkeiten und Fährnisse hinweg bewahren: Ich darf niemals moralische Prinzipien oder wichtige Arbeit für ›Posieren‹, für gesellige *Stimmung* etc. aufgeben. Meine Aufgabe muß jetzt sein: Arbeit. Ergo: arbeite!«[23]

Wie Conrads Protagonist kämpft auch der Ethnograph ständig darum, ein unentbehrliches inneres Selbstvertrauen zu wahren – »seinen eigenen wahren Gehalt«, wie Marlow es ausdrückt: Dem Sog der bedrohlichen Fremden, dem zersetzenden Effekt der Zivilisationsgrenze, widersteht er durch methodische, disziplinierte Arbeit. Marlow bezieht aus der obsessiven Beschäftigung mit seinem Dampfer und der

Navigation die »Scheinwahrheit«, die er braucht, um seine Persönlichkeit zusammenzuhalten. Nach dem *Tagebuch* zu urteilen, diente Malinowskis wissenschaftliche Arbeit einem ähnlichen Zweck. Eine beherrschte, ethische Persönlichkeit wird unerbittlich durch Arbeit errungen. Diese Gefühlsstruktur läßt sich auf die historischen Bedingungen der spätviktorianischen, imperialistischen Gesellschaft zurückführen und steht in einem engen Zusammenhang mit der Entstehung eines ethnographischen Kulturinteresses.

Zeitgenössische Kritiker der viktorianischen Gesellschaft erkannten eine nachhaltige Krise, für die Matthew Arnold unter dem Titel *Kultur und Anarchie* die grundlegende Diagnose lieferte: Der Fragmentierung des modernen Lebens wurde hier die Ordnung und Ganzheit der Kultur gegenübergestellt. Raymond Williams hat diese humanistischen Reaktionen auf die beispiellosen technologischen und ideologischen Wandlungen des neunzehnten Jahrhunderts auf subtile Weise nachgezeichnet.[24] Charakteristisch ist eine eigentümliche Äußerung George Eliots: Bei den drei Wörtern »Gott«, »Unsterblichkeit« und »Pflicht« ginge es ihr »mit fürchterlichem Ernst« darum zu sagen, »wie unvorstellbar doch das erste, wie unglaublich das zweite, aber wie entschieden und absolut das dritte« sei.[25] Pflicht war zu einer Überzeugungshaltung geworden, einer gewollten Treue zu Forderungen der Konvention und zur *Arbeit* (die Lösung Carlyles). Ian Watt hat Conrad auf einleuchtende Weise mit eben dieser Einstellung in Verbindung gebracht.[26] Mitten in Afrika klammert sich Marlow auf Leben und Tod an seinen Dampfer, an die täglichen Pflichten der Wartung und Navigation. Und diese Struktur zeigt sich auch in Malinowskis *Tagebuch*, in dem er sich ständig selbst dazu ermahnt, Verführungen zu widerstehen und sich an die Arbeit zu machen. In diesem Widerstreit von Kultur und Anarchie (der sich noch bis in die pluralen anthropologischen Kulturkonzepte hinein verlängert, sofern sie Ordnung und System über Unordnung und Konflikt stellen) müssen individuelle und kollektive Kernbestimmungen unentwegt bewahrt werden. Der ethnographische Standpunkt, der uns hier interessiert, befindet sich jedoch halbwegs außerhalb dieser Prozesse, deren lokales, willkürliches, aber unentbehrliches Wirken er gerade dadurch in den Blick rücken kann.

Kultur, als kollektive Fiktion, bildet die Grundlage individueller Identität und Freiheit. Das Selbst, Marlows »eigener wahrer Gehalt«, erweist sich als etwas Hergestelltes, eine ideologische Konstruktion, die dennoch, als Fundament der Ethik, essentiell ist. Sobald aber die Kultur als Objekt und Grundlage sichtbar wird, als ein Bedeutungssystem unter anderen, kann das ethnographische Selbst nicht länger in einer unmittelbaren Identität wurzeln. Edward Said hat von Conrad behauptet, dessen wichtigstes, das ganze Werk beherrschende Unterfangen habe in der »Herausbildung eines Charakters« bestanden.[27] Tatsächlich rekonstruierte Conrad sich selbst zur Gestalt eines »englischen« Autors, zur Figur, die jeweils in der »Bemerkung des Autors« spricht, die er später jedem seiner Werke hinzuzufügen pflegte. Diese Konstruktion des Selbst war zugleich künstlich und todernst. (Als eine Parodie solcher Konstruktion läßt sich der Buchhalter in *Herz der Finsternis* verstehen, der von seinem lächerlich formellen, aber irgendwie bewundernswerten Aufzug buchstäblich zusammengehalten zu werden scheint.) All dies verleiht dem Schlußsatz des veröffentlichten *Tagebuchs* eine besondere Bitterkeit: »Wirklich, mir fehlt es an wahrem Charakter.«

Malinowski gelang es allerdings doch, ein Ich vor der Zerrüttung und Depression zu bewahren, ein Ich, das genau wie das von Conrad an den Prozeß des Schreibens gebunden war. In diesem Zusammenhang lohnt es sich, eine weitere Ähnlichkeit zwischen Malinowskis *Tagebuch* und Conrads *Herz der Finsternis* zu untersuchen: die Rolle in sich widersprüchlicher Texte. Die fragmentierte Subjektivität, die sich in beiden Werken manifestiert, ist jeweils die eines Schriftstellers, und die Zugkraft verschiedener Begierden und Sprachen äußert sich in einer Reihe disparater Einschreibungen. Das berühmteste Beispiel in *Herz der Finsternis* ist Kurtz' überspannter Bericht über die Unterdrückung primitiver Bräuche, der gleichsam abrupt durchgestrichen wird durch den von ihm selbst gekritzelten Kommentar: »Rottet all diese Bestien aus!« Doch ein anderer, nicht weniger bedeutender Text, der in Conrads Dschungel herumschwirrt, ist ein seltsames Buch, das Marlow auf einem von insgesamt zwei gefahrvollen Landausflügen entdeckt (das zweite Mal schleppt er Kurtz aus der Wildnis zurück). In einer Hütte am Ufer des Flusses versinkt er in einen fast mystischen Traumzustand:

> Ein rohgezimmerter Tisch war zurückgeblieben – eine Planke auf zwei Pfosten; in einer dunklen Ecke lag ein Kehrichthaufen, und ich

hob neben der Tür ein Buch auf. Es hatte den Deckel verloren, und die Seiten waren durch das viele Umblättern sehr schmutzig und weich geworden; doch der Rücken war in liebevoller Weise frisch mit weißem Baumwollgarn zusammengenäht worden, das noch sauber war. Es war ein außerordentlicher Fund. Der Titel des Buches lautete *Untersuchung einiger Fragen der Seemannskunst*, verfaßt von einem Mann namens Towser, Towson – oder so ähnlich, Kapitän in S. M. Kriegsmarine. Es schien eine recht öde Lektüre zu sein mit verdeutlichenden Zeichnungen und abschreckenden Tabellen, und das Exemplar war sechzig Jahre alt. Ich behandelte dieses erstaunliche Altertumsstück so liebevoll wie möglich, damit es sich nicht in meinen Händen auflöse. Im Text erörterte Towson oder Towser ernsthaft die Bruchfestigkeit von Schiffsketten und Tauwerk, und mehr dergleichen. Kein sehr fesselndes Buch; doch schon auf den ersten Blick gewahrte man eine Zielstrebigkeit darin, ein aufrichtiges Interesse an der richtigen Art, eine Arbeit anzupacken, die diese bescheidenen, vor so vielen Jahren ausgedachten Seiten in einem anderen als einem bloß berufsmäßigen Licht erscheinen ließen. Der biedere alte Seemann ließ mich mit seinem Gerede über Ketten und Taljen den Dschungel und die Pilger vergessen in dem beglückenden Gefühl, auf etwas unmißverständlich Wirkliches gestoßen zu sein. Daß sich ein solches Buch hier fand, war wunderbar genug. Doch noch erstaunlicher waren die Bemerkungen, die mit Bleistift an den Rand geschrieben waren und die sich deutlich auf den Text bezogen. Ich traute meinen Augen nicht! Sie waren in Geheimschrift abgefaßt! Ja, es sah aus wie Geheimschrift. Denkt bloß: ein Mann schleppt ein solches Buch in dieses Nichts und studiert es – macht Notizen – in Geheimschrift obendrein! Das war des Rätselhaften wahrlich zuviel.[28]

Dieser Textausschnitt ist mit religiösen Konnotationen überlagert – eine wunderbare Reliquie, ein abrupter Wechsel der Bilder von Dreck und Verfall hin zu Transzendenz und Licht und schließlich zum Mysterium, das naive Bezeugen der Kraft des Glaubens. Wir dürfen jedoch die Anziehung, die die *Untersuchung* auf Marlow ausübt, nicht einfach auf dessen Sehnsucht nach der See zurückführen, obwohl darin sicherlich ein Teil ihres Reizes liegt. Der russische »Harlekin«, der sich als der Eigentümer des Buches entpuppt, scheint die Abhandlung hauptsächlich in dieser Weise zu lesen; denn er macht säuberliche Anmerkungen, wahrscheinlich zum Inhalt des Buches, als würde er die Seemannskunst studieren. Für Marlow ergibt sich indessen die Inspiration des Buches unmittelbar aus der Art des Schreibens selbst, die, jenseits von Ketten, Schiffen und Taljen, »in einem anderen als einem bloß berufsmäßigen Licht« erscheint. Marlow achtet nicht auf den Inhalt, sondern auf die Sprache. Er interessiert sich für die gewissenhafte Kunst des alten Seefahrers; seine spezifische Machart des Buches und sein »Gerede« wirken ausgesprochen konkret – bis hin zu den abstrakten numerischen Tabellen.

Es ist nicht so sehr die Möglichkeit aufrichtiger Autorschaft, von der Marlow angetan ist. Der alte Seebär, »Towser, Towson – oder so ähnlich, Kapitän in S. M. Kriegsmarine«, ist als Person ungreifbar; nicht seine Existenz, sondern seine Sprache zählt. Der Mann scheint sich in vager Typizität aufzulösen; entscheidend ist sein schlichtes Englisch. Bezeichnenderweise kann der Text jedoch seine beiden gleichermaßen hingebungsvollen Leser nicht zusammenbringen; denn als sie sich schließlich begegnen, freut sich der Russe über die Maßen, einen Seemannsbruder begrüßen zu können, während Marlow enttäuscht ist, keinen Engländer vorzufinden. Die Leserschaft steht in Frage. Dasselbe Buch löst verschiedene, doch gleichermaßen verehrungsvolle Reaktionen aus. Die biographische Bedeutung dieser Divergenz kann ich hier nur andeuten: Conrad hatte gerade seine offizielle russische Staatsangehörigkeit gegen die britische eingetauscht, und der Harlekin ließe sich mit dem jungen Vagabunden Korzeniowski identifizieren, der zu Conrad wurde. Es genügt freilich, die radikale Relativität zu erkennen: die Diskrepanz zwischen den beiden Lesarten. Die »Geheimschrift« bringt diese graphisch zum Ausdruck, und wenn sich später herausstellt, daß die Randbemerkungen in einer europäischen Sprache abgefaßt sind, so mildert das in keiner Weise das graphische Bild der Entzweiung. (Es erinnert an die Beunruhigung, die man erfährt, wenn man in einem Buch seltsame Vermerke entdeckt und plötzlich erkennt, daß man sie selbst – eine andere Person – bei einer früheren Lektüre gemacht hat.)

Was unveränderlich bleibt, ist der Text selbst – aber auch nur mit knapper Not: Abgenutzt vom Umblättern und losgelöst von seinem Buchdeckel, der den Kontext der ursprünglichen Veröffentlichung andeuten könnte, muß der geschriebene Text auf seiner Reise durch

Raum und Zeit dem Verfall allein widerstehen. Nach sechzig Jahren – der Lebenszeit eines Menschen – ist dann der Moment des Zerfalls eingetreten. Das Werk des Autors droht der Vergessenheit anheimzufallen, doch ein Leser näht die Seiten wieder liebevoll zusammen. Dann wird es irgendwo auf einem fremden Kontinent seinem Schicksal überlassen, sein nautischer Inhalt ist in der Kontextlosigkeit gestrandet – und ein zweites Mal wird es von einem Leser geborgen. Das Bild der Rettung ist eine von Conrads Schlüsselmetaphern für das eigene Werk; der Akt des Schreibens ist immer auf Erlösung durch einen vorgestellten Akt des Lesens gerichtet. Bezeichnenderweise ist der bedeutsamste Text in *Herz der Finsternis* derjenige, der den geringsten Bezug zur vorhandenen Situation enthält.

Malinowskis Feldforschungserfahrungen sind ebenfalls voller widerstreitender Einschreibungen: seine ausführlichen wissenschaftlichen Aufzeichnungen auf englisch und kiriwinisch; Texte in den jeweiligen Landessprachen, die er oft auf der Rückseite von Briefen aus dem Ausland festhielt; sein polnisches (eigentlich heteroglottes) Tagebuch; die vielsprachige Korrespondenz; und schließlich ein Korpus, auf den sich näher einzugehen lohnt, nämlich die Romane, denen er nicht widerstehen konnte. Diese Romane enthalten erzählte Welten, die bisweilen wirklicher (oder auf jeden Fall wünschbarer) zu sein scheinen als das tägliche Geschäft der Forschung, mit seinen vielen unvollständigen und widersprüchlichen Aspekten, Eindrücken und Tatsachen, die zu einem Ganzen zusammengefügt werden müssen. So ertappt sich Malinowski dabei, wie er sich vor der trobriandischen Wirklichkeit »in die Gesellschaft von Thackerays Londoner Snobs [flüchtete] und sie neugierig durch die Straßen der Großstadt [begleitete]«.[29] (Die eskapistische Lektüre von Feldforschern bedürfte im übrigen einer eigenständigen Untersuchung.)

Malinowskis Romane weisen eine aufschlußreiche, aber unvollständige Parallele zu Towsers *Untersuchung* auf – bei der es sich ebenfalls um eine überaus unwiderstehliche Fiktion inmitten verwirrender Erfahrungen handelt. Towsers Buch zeugt von der Möglichkeit, persönlich und authentisch die Wahrheit zu sagen; und es verweist auf das Schreiben (eine wundersame Präsenz in der Abwesenheit) als Erlösung. Aber Towser stellt, wie Malinowskis Romane, auch eine Versuchung dar, wie sie Marlow von seiner Arbeit und seinem Dampfer in einen schwindelerregenden Traumzustand entführt. Eine solche Lektüre gleicht einer ersehnten Vereinigung, einem Ort, an dem sich in fiktionaler Identifikation mit einer einheitlichen Stimme oder ganzheitlichen Welt eine kohärente Subjektivität wiedererlangen ließe. Towser und die Romane weisen einen Ausweg aus der Fragmentierung; nicht so sehr für den entzückten Leser als vielmehr für den arbeitsamen, konstruktiven Schriftsteller. Für Malinowski liegt die Erlösung in der Erschaffung realistischer kultureller Fiktionen, deren ersten durchschlagenden Erfolg die *Argonauten* bilden. In Romanen wie in Ethnographien überhaupt inszeniert das Selbst als Autor die verschiedenen Diskurse und Ereignisse einer glaubwürdigen Welt.

Die in *Herz der Finsternis* und im *Tagebuch* herumschwirrenden Texte sind Bruchstücke verschiedener Welten; wie die Aufzeichnungen des Feldforschers sind sie in sich widersprüchlich. Sie müssen erst zu einem glaubwürdigen Gesamtbild *geformt* werden. Um das Durcheinander der Schriften zu ordnen, ist es erforderlich, diese Texte zu sortieren, zu kombinieren, umzuschreiben (und somit zu löschen). Die wahren Fiktionen, die so entstehen, verkörpern für Malinowski die *Argonauten* sowie die ganze Reihe ethnographischer Schriften über die Trobriand-Inseln; für Conrad sind es *Almayers Wahn* und ein langer Lernprozeß als englischsprachiger Autor, der in seinem ersten Meisterwerk, *Herz der Finsternis*, gipfelt. Selbstverständlich handelt es sich hier auch um unterschiedliche Erfahrungen des Schreibens: Ethnographien und Romane sind sich sowohl ähnlich als unähnlich. Doch in einer wichtigen, allgemeinen Hinsicht vollziehen beide Erfahrungen den Prozeß der fiktionalen Selbststilisierung in den relativen Systemen der Kultur und der Sprache – einen Prozeß, den ich ethnographisch nenne. Conrads *Herz der Finsternis* vollzieht diesen Prozeß bewußt und macht zugleich ironisch auf ihn aufmerksam. Malinowskis *Argonauten* sind weniger reflexiv ausgerichtet, dafür produzieren sie eine kulturelle Fiktion und melden den Auftritt einer neuen autoritativen Gestalt an: Bronislaw Malinowski, Anthropologe neuen Stils. Diese Gestalt, ausgestattet mit allem, was Malinowski »die Magie des Ethnographen« nannte, einer neuen Art der Einsicht und Erfahrung, wurde eigentlich nicht im Felde konstruiert: Die Gestalt des Anthropologen repräsentiert die Forschungserfahrung nicht, sondern rationalisiert sie. Das *Tagebuch* zeigt dies ganz deutlich, denn die Feldforschungserfahrung als solche war, wie die meisten vergleichbaren Forschungen, ambivalent und beschwerlich. Die wirre Subjektivität, wie sie im *Tagebuch* dokumentiert ist, unterscheidet sich stark von derjenigen, die in den *Argonauten* inszeniert und erzählt wird. Als das *Tagebuch* 1967 erstmals veröffentlicht wurde, wirkte diese Diskrepanz schockierend, denn ein autoritativer teilnehmender Beobachter und ein einfühlendes Verstehen des Anderen lassen sich in ihm einfach nicht erkennen. Was indessen darin sichtbar wird, ist eine erklärte Ambivalenz gegenüber den Trobriandern, eine mit Begierde und Abneigung gemischte Empathie. Gerade dies fehlt in den *Argonauten*, wo vielmehr Verständnis, Gewissenhaftigkeit und Nachsicht herrschen.

Man ist geneigt zu behaupten, das ethnographische Verständnis (eine Haltung der Sympathie und der hermeneutischen Anteilnahme) sei eher ein Produkt des ethnographischen *Schreibens* als eine gleichbleibende Eigenschaft der ethnographischen *Erfahrung*. Auf jeden Fall hat Malinowski in seinen Schriften zwei Dinge gleichzeitig zustande gebracht: die fiktionale Erfindung der Trobriander aus einem Wust von Aufzeichnungen, Dokumenten, Erinnerungen usw. und die Konstruktion einer neuen öffentlichen Figur: der Anthropologe als Feldforscher, eine Gestalt, die von Margaret Mead und anderen weiterentwickelt werden sollte. Bemerkenswerterweise war die Gestalt des teilnehmend-beobachtenden Anthropologen nicht das professionelle Leitbild, das Malinowski im *Tagebuch* vorschwebte (hier ging es ihm vielmehr um Auszeichnungen mit Adelsprädikaten, um akademische Ehren, einen »Neuen Humanismus« und dergleichen mehr). Eher ist diese Gestalt ein Produkt der Fassung, die er erst im nachhinein in den *Argonauten* herstellte. Indem er Anthropologie mit Feldforschung verknüpfte, machte Malinowski das Beste aus dem, was die Umstände ihn zu versuchen gezwungen hatten.

Solche Überlegungen führen uns zu einem Problem, das sich bei der Beschäftigung mit Malinowskis, ja mit nahezu jeder ethnographischen Produktion ergibt. Dank einer wachsenden Menge persönlicher und analytischer Darstellungen wissen wir zwar immer mehr über die Erfahrungen und Schwierigkeiten der Feldforschung. Doch die vielschichtigen Vorgänge beim Niederschreiben von Ethnographien bleiben dunkel und unanalysiert. Wir wissen zwar einiges über Malinowskis trobriandische Forschungen aus den Jahren 1914 bis 1918, doch wir wissen kaum etwas darüber, was er 1920 bis 1921 auf den Kanarischen Inseln trieb. (Er schrieb die *Argonauten des westlichen Pazifik*.)

Das *Tagebuch* läßt uns hier hängen. Eine plötzliche Unterbrechung des Schreibens deutet darin auf die Nachricht vom Tod der Mutter hin, wie wir aus den kleinen Enthüllungen bei der widerstrebenden Fortführung des Textes erfahren. Dann das verzweifelte Schlußwort: »Wirklich, mir fehlt es an wahrem Charakter.« Schweigen. Drei Jahre später kehrt Malinowski auf die Bühne zurück als Autor der *Argonauten*, der Bibel des neuen anthropologischen Feldforschers. Was ist inzwischen geschehen? Wie Conrad in der Periode zwischen dem Debakel seines afrikanischen Abenteuers und dem Erfolg von *Herz der Finsternis* ist er drei bedeutende Verpflichtungen eingegangen: Er hat sich auf das Schreiben, auf die Ehe und schließlich auf eine bestimmte Leserschaft, Sprache und Kultur festgelegt.

Die Kanarischen Inseln bilden den überraschenden Schauplatz für Malinowskis Schreibkur. Er zieht wohl aus Gesundheitsgründen dorthin, aber diese Ortswahl ist sicherlich von vielfältigen Faktoren bestimmt. Man ist geneigt, diesen Ort als einen Grenzort am äußersten Rand Europas zu betrachten, wie er einem heimatlosen polnischen Emigranten und Autor pazifischer Ethnographie genau entspricht. Wichtiger jedoch ist der Umstand, daß er früher auf den Kanaren einen Urlaub mit der Mutter verbracht hatte. Nun ist er mit seiner neuen Frau wieder dort und vollendet hier auch seine erste bedeutende Arbeit. Er befindet sich völlig in einem Reich der Substitution, einer Reihe von Kompromissen und Ersetzungen. Für Malinowski wie für Conrad sind drei solcher Substitutionen von entscheidender Bedeutung: In der Familie wird die Mutter durch die Ehefrau ersetzt; die Muttersprache wird zugunsten des Englischen preisgegeben; und was das Schreiben anbelangt, so nehmen Einschreibungen und Texte die Stelle direkter mündlicher Erfahrung ein. Der arbiträre Kode einer einzigen Sprache, des Englischen, erhält endlich den Vorrang. Die Muttersprache tritt zurück, und (hier decken sich das Persönliche und das Politische) das Englische beherrscht – repräsentiert und interpretiert – das Kiriwinische. Die kulturelle Bindung wird wie eine Ehe vollzogen. Die Sehnsucht nach einer aufrichtigen dialogischen Rede weicht dabei einem Spiel mit geschriebenen Ersatztexten. Einige dieser Übergangs- und Austauschprozesse kamen sicherlich im erfolgreichen Schreiben auf den Kanarischen Inseln zum Tragen. Während Malinowskis *Tagebuch* mit dem Tod der Mutter schließt, bedeuten die *Argonauten* eine Rettung – die Einschreibung einer Kultur.[30]

Einige abschließende Überlegungen zum heutigen Status des ethnographischen Autors drängen sich auf: Als Malinowskis *Tagebuch* veröffentlicht wurde, löste es zunächst einen Skandal aus. Der vorbildliche Anthropologe der *Argonauten* nahm in Wirklichkeit eben nicht immer eine verständnisvolle, wohlwollende Haltung gegenüber seinen Informanten ein; seine Geistesverfassung während seiner Forschungsreisen war alles andere als nüchtern und objektiv; die in der abgeschlossenen Monographie enthaltene Geschichte seiner ethnographischen Untersuchungen erwies sich als stilisiert und selektiv. Einmal von der anthropologischen Wissenschaft zu Protokoll genommen, erschütterten diese Tatsachen die Fiktion, der Kulturrelativismus könne eine stabile Subjektivität ausbilden, einen Standort für ein Selbst, das darauf ausgerichtet ist, Angehörige einer fremden Kultur zu verstehen und zu repräsentieren. Im Lichte des *Tagebuchs* erschien das interkulturelle Verstehen vielmehr als ein rhetorisches Konstrukt, dessen angebliche Symmetrie von Ambivalenzen und Machtverhältnissen durchkreuzt wird.

Erinnern wir uns an das Schicksal von Kurtz' brutalem Postskript in Conrads *Herz der Finsternis*: »Rottet all diese Bestien aus!« Marlow reißt diesen verfluchenden, wahrhaftigen Zusatz ab, als er Kurtz' Abhandlung über primitive Bräuche der belgischen Presse aushändigt. Es ist eine bezeichnende Geste, die eine beunruhigende Frage über Malinowski und die Anthropologie nahelegt: Was wird jeweils gleichsam abgerissen, um einen öffentlichen, glaubwürdigen Diskurs zu konstruieren? In den *Argonauten* wurde das *Tagebuch* ausgespart, überschrieben, in einem Prozeß, in dem eine Kultur (die trobriandische) und ein Selbst (der wissenschaftliche Ethnograph) zu Ganzheiten geformt werden. Auf diese Weise konstruiert und rekonstruiert die Disziplin der auf Feldforschung gestützten Anthropologie, indem sie ihre Autorität behauptet, jeweils kohärente kulturell Andere sowie ein interpretierendes Selbst. Wenn diese ethnographische Selbststilisierung auch Lügen, Auslassungen und rhetorische Konstruktionen voraussetzt, so ermöglicht sie es doch, wirkungsvolle Wahrheiten zu erzählen. Wie Marlows Erzählung an Bord der *Nellie* sind allerdings die Wahrheiten kultureller Beschreibungen jeweils für bestimmte Deutungsgemeinschaften unter begrenzten historischen Umständen bedeutungsvoll. So ist das »Abreißen« oder ausblendende »Abkürzen«, wie Nietzsche uns nahegelegt hat, gleichzeitig ein Akt der Zensur *und* der Herstellung von Sinn, ein Unterdrücken von Zusammenhanglosigkeit und Widerspruch. Die besten ethnographischen Fiktionen sind, wie die Malinowskis, voller Wahrheit; aber ihre Daten, wie alle Daten in den Humanwissenschaften, sind ausgesiebt, kontextualisiert, erzählt und intensiviert.

In den letzten Jahren sind neue Formen des ethnographischen Realismus entstanden, deren Stil dialogischer und offener ist. Das Selbst und das Andere, die Kultur und ihre Interpreten erscheinen weniger als gesicherte Entitäten. Unter denen, die die ethnographische Autorität und Rhetorik innerhalb der Disziplin revidiert haben, nenne ich nur drei Autoren (die Clifford Geertz in einer Reihe von provozierenden Vorträgen über das Schreiben von Ethnographie zur Zielscheibe seiner Kritik gemacht hat): Paul Rabinow, Kevin Dwyer und Vincent Crapanzano.[31] (Wegen ihrer Sünden der Selbstdarstellung nennt Geertz sie »Malinowskis Kinder«.) Diese drei scheinen mir repräsentativ für viele andere, die zur Zeit in einem komplexen Bereich von textuellen Experimenten an den Grenzen der akademischen Ethnographie tätig sind.[32] Ich habe behauptet, die Anthropologie warte immer noch auf ihren Conrad. Auf verschiedene Weisen wird diese Rolle nun von den neueren experimentellen Autoren erfüllt. In einer produktiven Art schwanken sie, wie Conrad – und wie, obwohl ambivalenter, auch Geertz selbst –, zwischen Realismus und Modernismus. Dabei zeugen die Experimentellen in ihren Schriften von einem scharfen Bewußtsein für den stilisierten, kontingenten Status jeder kulturellen Beschreibung (und aller Beschreibenden).

Diese selbstreflexiven Autoren beziehen ironische Positionen im umfassenden Projekt der ethnographischen Subjektivität und kulturellen Beschreibung. Sie stehen, wie wir alle, auf unsicherem historischen Boden, an einem Ort, von dem aus wir damit anfangen können, die ideologische Matrix zu analysieren, welche die Ethnographie, die plurale Definition von Kultur und ein Selbst, das zwischen gegensätzlichen Sinnwelten vermitteln soll, hervorbrachte. (Wenn man diesen historischen Boden zum Beispiel postkolonial oder postmodern nennen wollte, so wäre damit nicht viel gesagt – nur, daß man etwas benennt, von dem man hofft, daß es zu Ende ist.) Im Grunde gehen die meisten selbstreflexiven hermeneutischen Ethnographen heutzutage genauso weit wie Conrad in *Herz der Finsternis*, zumindest in ihrer Inszenierung der narrativen Autorität. Sie wenden sich jetzt an den problematischen anderen Erzähler an Deck der *Nellie* und sagen mit Marlow: »Freilich – ihr, Freunde, werdet hierin mehr sehen, als ich damals sah. Ihr seht mich, den ihr kennt...«[33]

Aus dem Englischen von Anne Middelhoek

Anmerkungen

1 Zur Entwicklung des Kulturbegriffs siehe Raymond Williams, *Gesellschaftstheorie als Begriffsgeschichte. Studien zur historischen Semantik von »Kultur«*, München 1972; George Stocking, »Arnold, Tylor and the Uses of Invention«, in: ders., *Race, Culture and Evolution*, New York 1968, S. 69–90; sowie James Clifford, *The Predicament of Culture. Twentieth-Century Ethnography, Literature, and Art*, Cambridge, Mass. / London 1988, Kap. 10, S. 215–251. Die Neuartigkeit und Unbeständigkeit des westlichen Begriffs vom Individuum wurden von Marcel Mauss bereits 1938, in der vermutlich frühesten ethnographischen Übersichtsarbeit zum Thema, hervorgehoben: »Eine Kategorie des menschlichen Geistes: Der Begriff der Person und des ›Ich‹«, in: ders., *Soziologie und Anthropologie*, aus dem Französischen von E. Moldenhauer, H. Ritter und A. Schmalfuß, Frankfurt am Main 1989, Bd. 2, S. 223–252.

2 Eine umfassende Analyse der Veränderungen in den Einstellungen zur »Kultur« müßte jenen Kräften Rechnung tragen, die Raymond Williams (a. a. O.) als entscheidende Faktoren nennt: der Industrialisierung, sozialen Konflikten und dem Aufstieg der Massenkultur. Dazu käme noch das Bedürfnis der imperialistischen Gesellschaften, die zunehmend zugängliche Mannigfaltigkeit des Planeten als eine zerstreute Totalität zu verstehen. Die weltweite Einteilung der menschlichen Verhältnisse in gesonderte Kulturen soll sicherstellen, daß die Dinge gerade in getrennten Sphären zusammengehalten werden.

3 Friedrich Nietzsche, ›Ueber Wahrheit und Lüge im aussermoralischen Sinne«, in: ders., *Sämtliche Werke. Kritische Studienausgabe*, hrsg. von G. Colli und M. Montinari, Bd. 1, München / Berlin 1980, S. 880.

4 Stephen Greenblatt, *Renaissance Self-Fashioning: From More to Shakespeare*, Chicago 1980, S. 2.

5 A.a.O., S. 257.

6 A.a.O., S. 256.

7 A.a.O., S. 1.

8 Bemerkung gegenüber B.Z. Seligman, zitiert in Raymond Firth u. a., *Man and Culture: An Evaluation of the Work of Bronislaw Malinowski*, London 1957, S. 6.

9 Joseph Conrad, *Herz der Finsternis*, aus dem Englischen von Fritz Lorch, Frankfurt am Main 1985. Meine Deutung hat einigen früheren Interpreten

Conrads, insbesondere Edward Said (*Joseph Conrad and the Fiction of Autobiography*, Cambridge, Mass. 1966) und Ian Watt, vieles zu verdanken. Was die biographischen Dimensionen anbelangt, beziehe ich mich auf die Standardwerke: Jocelyn Baines, *Joseph Conrad: A Critical Biography*, New York 1960; Ian Watt, *Conrad in the Nineteenth Century*, Berkeley 1979; Frederick Karl, *Joseph Conrad: The Three Lives*, New York 1979; und Zdzislaw Najder, *Joseph Conrad: A Chronicle*, New Brunswick 1983. Meine Sicht auf *Herz der Finsternis* als eine Allegorie des Schreibens und des Ringens mit Sprache und Kultur in ihren damals entstehenden Definitionen ist meines Wissens neu, aber sie stützt sich auf viele anerkannte Ergebnisse der Conrad-Forschung. Ich habe die jeweiligen Quellen der biographischen Daten nicht angegeben, da diejenigen Daten, auf die ich mich beziehe, in der Literatur nicht umstritten sind.

10 In: Joseph Conrad, *Der Verdammte der Inseln / Almayers Wahn*, aus dem Englischen von Günther Danehl, Frankfurt am Main 1983.

11 *A Diary in the Strict Sense of the Term*, New York 1967; dt.: *Ein Tagebuch im strikten Sinn des Wortes: Neuguinea 1914–1918, Schriften Bd. 4.1*, hrsg. von Fritz Kramer, Frankfurt am Main 1986.

12 *Argonauts of the Western Pacific*, London 1922; dt.: *Argonauten des westlichen Pazifik: Ein Bericht über Unternehmungen und Abenteuer der Eingeborenen in den Inselwelten von Melanesisch-Neuguinea, Schriften Bd. 1*, hrsg. von Fritz Kramer, Frankfurt am Main 1979.

13 Ich stelle die *Argonauten* und das *Tagebuch* einander gegenüber, um eine wichtige Diskrepanz zwischen den beiden bekanntesten Arbeiten Malinowskis hervorzuheben. Dabei vereinfache ich gelegentlich die Entwicklung von Malinowskis Forschungsarbeit und schriftstellerischer Produktion; so umfaßt das *Tagebuch* z. B. Untersuchungen, die sowohl auf den Trobriand-Inseln als auf Mailu angestellt wurden. Ich konzentriere mich auf zwei Texte und lasse andere einfachheitshalber außer Betracht, darunter vor allem einige unveröffentlichte und zur Zeit unverfügbare Tagebücher sowie Malinowskis »The Natives of Mailu« (in: *Transactions and Proceedings of the Royal Society of Southern Australia* 39 [1915], S. 494–706) und »Baloma: Spirits of the Dead in the Trobriand Islands« (in: B. Malinowski, *Magic, Science and Religion*, Garden City 1916; dt.: »Baloma – Die Geister der Toten auf den Trobriand-Inseln«, in: B. Malinowski, *Magie, Wissenschaft und Religion*, übers. von E. Krafft-Bassermann, Frankfurt am Main 1973, S. 133–241). In den beiden letztgenannten Werken entwickelt er den persönlichen und wissenschaftlichen ethnographischen Stil, der in den *Argonauten* zur vollen Entfaltung gelangt. Für eine Biographie, eine getreue Darstellung von Malinowskis Feldforschung oder eine Beschreibung der melanesischen Kultur und Geschichte wäre indessen jeweils eine andere Textauswahl erforderlich. Dadurch, daß ich mich auf die Arbeiten bis 1922 beschränke, vernachlässige ich im übrigen auch Malinowskis andauernde Überarbeitung des Dialogs mit den Trobriandern. So stellt seine letzte

größere Monographie, *Coral Gardens and Their Magic* (Bloomington, Ind. 1935; dt.: *Korallengärten und ihre Magie. Schriften Bd. 3*, hrsg. von Fritz Kramer, Frankfurt am Main 1981), auf experimentelle und selbstkritische Weise den rhetorischen Habitus der *Argonauten* in Frage.

14 Siehe z. B. George Stocking, »Empathy and Antipathy in *Heart of Darkness*«, in: Regna Darnell (Hg.), *Readings in the History of Anthropology*, New York 1974, S. 85–98.

15 Für eine ähnliche Lesart, die sich von meiner allerdings in ihrer allgemeinen Bewertung unterscheidet, siehe J. Hillis Miller, »Conrad's Darkness«, in: ders., *Poets of Reality*, Cambridge, Mass. 1965, Kap. 1. Hier lassen sich starke Argumente dafür finden, *Herz der Finsternis* nicht so sehr als eine positive Entscheidung für die »Lüge der Kultur« aufzufassen, vielmehr als Destruktion von Wahrheit überhaupt, als einen tragischen, dunklen, letzten Endes nihilistischen Text. Zweifellos setzt sich die Erzählung sowohl in ihrer Form als in ihrem Inhalt mit dem Nihilismus auseinander. Nichtsdestotrotz dramatisiert sie die erfolgreiche Konstruktion einer Fiktion, einer kontingenten, unterlaufenen, am Ende aber überzeugenden Geschichte, eine sinnvolle Ökonomie von Wahrheiten und Lügen. Biographische Daten stützen meine These, daß *Herz der Finsternis* eine Geschichte über das zwar bedingte, aber trotzdem erfolgreiche Erzählen der Wahrheit ist. Ich habe bereits angemerkt, daß die Erzählung entstand, als Conrad sich endlich dazu entschlossen hatte, alles auf seine Karriere als englischsprachiger Schriftsteller zu setzen. Im Herbst des Jahres 1898 verließ er Essex und das Mündungsgebiet der Themse (den Ort zwischen Land und Meer) und zog nach Kent, in die Nähe anderer Schriftsteller – H. G. Wells, Stephen Crane, Ford Maddox Ford, Henry James. Der Umzug, sofort gefolgt von einem letzten dokumentierten Versuch, eine Stellung auf See zu bekommen, läutete die fruchtbarsten Jahre seines literarischen Schaffens ein. Eine schwere Schreibhemmung war überwunden; *Herz der Finsternis* entstand in ungewöhnlicher Hast. Von dieser Entscheidungslage führt die Geschichte um zehn Jahre zurück zu Korzeniowskis schriftstellerischen Anfängen, in die Zeit seiner Kongo-Reise, als sein Gepäck die ersten Kapitel von *Almayers Wahn* enthielt. Nach der von mir skizzierten Interpretation handelt *Herz der Finsternis* vom Schreiben, vom Erzählen der Wahrheit in seiner am stärksten entfremdeten, nichtdialogischen Weise. Conrad gelingt es, ein englischer Autor zu werden, ein Erzähler bedingter Wahrheiten. Es verwundert also nicht, daß sich Marlow in der verschwommenen Kakophonie des Dschungels nach englischen Worten sehnt. Kurtz war teils in Großbritannien erzogen worden, seine Mutter war ja Halbengländerin. Von Anfang an sucht Marlow nach Kurtz' vertrauter, eindringlicher Stimme. Und am Ende »[beehrte] dieses eingeweihte Geisterwesen aus dem hintersten Nirgends mich mit seinen erstaunlichen Konfidenzen, bevor es ganz und gar verschwand. Der Grund hierfür war der, daß er englisch mit mir reden konnte« (S. 87).

16 Peter Brooks bemerkt treffend, daß *Herz der Finsternis* seine Wahrheit eher als eine »narrative Durchführung« denn als »Summe« (wie in Kurtz' letzten Worten) darstellt (*Reading for the Plot: Design and Intention in Narrative*, New York 1984, S. 259 f.). Der Sinn einer Erzählung erscheint nicht wie ein enthüllter Kern; er kommt vielmehr »draußen« zustande, dialogisch, in bestimmten Übertragungen; sie »liegt in den Zwischenräumen der Handlung und des Rahmens, geht aus der Beziehung zwischen Erzählern und Hörern hervor«. Indem er die »Unabschließbarkeit der Analyse« der Erzählung betont, schmälert Brooks die stabilisierende Funktion des ersten Erzählers als eines besonderen Hörers (Lesers), der, anders als die anderen Personen an Deck, nicht benannt wird und keine begrenzte kulturelle Funktion erhält. Die Unsichtbarkeit dieses Hörers gewährleistet eine gewisse ironische Autorität; die Möglichkeit, zu sehen und nicht gesehen zu werden, widerspruchslos über relative Wahrheiten zu sprechen oder über ihre Unentscheidbarkeit zu entscheiden.

17 Das »polnische« Tagebuch ist außerordentlich vielsprachig. Mario Bick, dem die Aufgabe zukam, ein Glossar herzustellen und überhaupt die »linguistische *mélange* zu entschlüsseln«, merkt an, daß Malinowskis Tagebücher »in polnischer Sprache geschrieben [wurden], mit häufigen Einschüben auf englisch sowie Wörtern und Wendungen aus dem Deutschen, Französischen, Griechischen, Spanischen und Lateinischen – und natürlich Begriffen aus den Sprachen der Region« (es gab deren vier: Motu, Mailu, Kiriwinisch und Pidgin. Vgl. Mario Bick, »Index – Ausdrücke der Eingeborenensprache«, in: B. Malinowski, *Ein Tagebuch im strikten Sinn des Wortes*, S. 261–271).

18 Malinowski, *Tagebuch*, S. 258 f.

19 Harry Payne, »Malinowski's Style«, in: *Proceedings of the American Philosophical Society* 125 (1981), S. 416–440, hier S. 438. Zwischen dieser Stelle und der dazugehörigen Fußnote gibt es einen interessanten Lapsus: Aus funktionalistischer »Therapie« wird funktionalistische »Theorie«.

20 Vgl. Payne, a. a. O., S. 420 f.

21 Malinowski, *Tagebuch*, S. 68 f.

22 A.a. O., S. 256.

23 A.a. O., S. 235 [Kursiv im Original deutsch].

24 Raymond Williams, *Gesellschaftstheorie als Begriffsgeschichte*.

25 Zitiert in Walter Houghton, *The Victorian Frame of Mind*, New Haven 1957, S. 43.

26 Ian Watt, *Conrad in the Nineteenth Century*, S. 148–151.

27 Edward Said, *Joseph Conrad and the Fiction of Autobiography*, S. 13.

28 *Herz der Finsternis*, S. 66 f.

29 Malinowski, *Tagebuch*, S. 25.

30 Es wäre interessant, systematisch zu analysieren, wie Ethnographen aus den heteroglotten Begegnungen ihrer Feldforschung Texte konstruieren, deren dominante Sprache andere Sprachen unterdrückt, repräsentiert und über-

setzt. Hier füllt Talal Asads Konzeption einer beständigen, strukturierten Ungleichheit der Sprachen den scheinbar neutralen Prozeß kultureller Übersetzung mit politischer und historischer Substanz (»Übersetzen zwischen Kulturen. Ein Konzept der britischen Sozialanthropologie«, in: Eberhard Berg / Martin Fuchs [Hg.], *Kultur, soziale Praxis, Text. Die Krise der ethnographischen Repräsentation*, Frankfurt am Main 1993, S. 300–334).

31 Clifford Geertz, *Die künstlichen Wilden. Der Anthropologe als Schriftsteller*, aus dem Englischen von M. Pfeiffer, Frankfurt am Main 1993.

32 Der diskursive Bereich läßt sich natürlich weder auf die Disziplin der Anthropologie und ihre Grenzen einschränken, noch ist er mit Begriffen wie »reflexiv« oder »dialogisch« angemessen bezeichnet. Für einen vorläufigen Überblick siehe George Marcus / Dick Cushman, »Ethnographies as Texts«, in: *Annual Review of Anthropology* 11 (1982), S. 25–69; James Clifford, »Halbe Wahrheiten«, in: Gabriele Rippl (Hg.), *Unbeschreiblich weiblich. Texte zur feministischen Anthropologie*, Frankfurt am Main 1993, S. 104–135; sowie ders., »Über ethnographische Autorität«, in: Berg / Fuchs (Hg.), *Kultur, soziale Praxis, Text*, S. 109–157.

33 *Herz der Finsternis*, S. 48.

III.

Die Politik kultureller Differenzen

Christopher L. Miller

Lesen mit westlichen Augen: Frankophone Literatur und Anthropologie in Afrika

Eine Karawane durchquert die endlos trübe Weite der Ebenen, eine Karawane von Sklavenhändlern, die elende Prozessionen [»theories«] von schwärenbedeckten, in Halseisen erstickenden Männern, Frauen und Kindern vor sich hertreiben.
– Yambo Ouologuem, ›Das Gebot der Gewalt‹[1]

Caveat Lector

Seit Mitte der achtziger Jahre begann die amerikanische Literaturwissenschaft sich erneut der Außenwelt zu öffnen. Edward Said schrieb noch 1983, daß »der zeitgenössische literaturwissenschaftliche Diskurs weltlos [ist]«[2]; heute gilt dies nicht mehr ganz in dem Maße. Für den Leser der französischsprachigen Literatur Schwarzafrikas kamen die Entthronung der orthodoxen Literaturtheorie und die Infragestellung des westlichen Kanons (der materiellen Grundlage für diese Theorie) keineswegs verfrüht. Die Ansätze zu einer Lektüre von Camara Laye, Ahmadou Kourouma oder Mariama Bâ könnten niemals einem Programm folgen, das für Autoren wie Rousseau, Wordsworth oder Blanchot bestimmt war. Wenn man bereit ist, eine Literatur zu lesen, die möglicherweise nicht in der Nachfolge Hegels (oder gar Kants) geschrieben wurde, und wenn der negative Befund der neuesten Literaturwissenschaft in bezug auf die Universalität ihrer Anwendungen in Frage gestellt werden muß, welche Optionen stehen dann westlichen Lesern nichtwestlicher Literatur wirklich offen? Können sie, durch einen Bruch mit der eigenen Kultur und theoretischen Bildung, den Anderen, den Afrikaner, gleichsam von einem authentisch afrikanischen Standpunkt aus lesen, Afrika im afrikanischen Sinne interpretieren, verstehen, ohne zu projizieren?

Überlegungen zur westlichen Lektüre afrikanischer Literatur sollten sich zunächst mit dem befassen, was afrikanische Literaturwissenschaftler zu diesem Thema geschrieben haben. Ihre Kommentare sind ernüchternd. J. P. Makouta-M'Boukou, ein frankophoner Literaturwissenschaftler und Romanautor, beklagt sich zu Recht über westliche Interpreten, die sich weigern, die Distanz zwischen ihnen und der afrikanischen Kultur zu berücksichtigen, und afrikanische Literatur lediglich nach den Maßstäben ihres eigenen kulturellen Kontextes lesen.[3] Aufgebrachter beschwert sich Nobelpreisträger Wole Soyinka: »Wir Schwarzafrikaner sind ganz freundlich dazu eingeladen, uns einer zweiten Epoche der Kolonisation zu unterwerfen – diesmal einer Kolonisation durch eine universal-humanoide Abstraktion, definiert und durchgeführt von Individuen, deren Theorien und Vorschriften aus dem Verständnis *ihrer* Welt und *ihrer* Geschichte, *ihrer* Neurosen und *ihrer* Wertsysteme hervorgehen.« An anderer Stelle spricht Soyinka von Abendländern, die wie die Geier über der afrikanischen Literatur kreisen.[4] Chinua Achebe brandmarkt westliche Interpreten, die arrogant behaupten, Afrika besser zu verstehen als die afrikanischen Schriftsteller, und legt ihnen nahe, sich eine neue Bescheidenheit zuzulegen, die »[ihrer] beschränkten Erfahrung mit der afrikanischen Welt angemessener wäre«. Er plädiert auch dafür, daß »das Wort *universal* völlig aus Diskussionen über afrikanische Literatur verbannt wird, wenigstens so lange, bis man aufhört, es als Synonym für die eigennützige Borniertheit Europas zu gebrauchen«[5].

Die eindringlichste Analyse des Systems, das zu diesen Protesten Anlaß gibt, stammt von dem frankophonen afrikanischen Philosophen Paulin Hountondji. In einer Kritik der Marktmechanismen, die die Beziehungen zwischen dem westlichen akademischen Wissensbetrieb und der afrikanischen Welt beherrschen, zeigt Hountondji, wie sich eine asymmetrische Arbeitsteilung eingespielt hat, bei der die hochgeschätzte Rolle des *Theoretikers* nahezu ausschließlich den Abendländern zukommt, während die der Afrikaner darauf beschränkt ist, Informationsmaterial zu sammeln. Afrika liefert die Rohstoffe (wie Palmöl oder literarische Texte), welche von europäischen Instituten zu Endprodukten verarbeitet werden (wie Palmolive-Seife oder theoretische Werke über afrikanische Literatur). Der Brain-Drain vom Süden in die Hochschulen des Nordens ist nur Symptom einer großen zentripetalen Maschine, die »alles intellektuelle und wissenschaftliche Fachwissen [...] zum Zentrum« spült, d. h. nach Europa und in die Vereinigten Staaten.[6] Nach Hountondjis Analyse ist es keinem Individuum möglich, diesem System zu entkommen (allerdings sollte es wohl seiner Meinung nach dennoch jeder versuchen). Für einen amerikanischen Wissenschaftler, der sich im Verhältnis zu Afrika am äußersten Rand der Welt befindet und doch in dem Land lebt und arbeitet, das Hountondji das »Zentrum des Zentrums« der Wissensindustrie nennt, könnte der Gegensatz nicht größer sein.[7]

Diese Reihe von Zitaten afrikanischer Kritiker läßt auf den ersten Blick wenig Hoffnung für eine positive Rolle des westlichen Literaturwissenschaftlers. Der heilsamste Beitrag wäre vielleicht, zu verstummen und darauf zu warten, daß die Machtverhältnisse sich ändern. Ich glaube jedoch, daß sich eine solche Änderung bereits vollzieht und daß die zitierten Kritiken Ansätze zur Auflösung der europäischen Hegemonie enthalten. Hountondjis Arbeiten – auf die ich noch zurückkommen werde – bilden schon einen Schritt zur Änderung des von ihm beschriebenen Systems. Ähnlich wie V. Y. Mudimbe ermöglicht es Hountondji den Lesern, Afrika und seine Kulturen nach Modellen zu verstehen, die von Afrikanern selbst entwickelt werden. Diese Autoren überschreiten die Grenzziehungen zwischen der exklusiv westlichen »Theorie« und dem von Afrika lediglich beizuschaffenden »Informationsmaterial«. Demnach ist die intellektuelle Landschaft bereits anders, als sie in den Protesten von Makouta-M'Boukou, Soyinka und Achebe geschildert wird, oder wenigstens *sollte sie anders sein*. Damit sich überhaupt etwas ändern kann, muß der westliche Leser afrikanische Texte fortan innerhalb eines zunehmend afrikanisch geprägten Kontextes rezipieren. Alle humanwissenschaftlichen Disziplinen befinden sich im Prozeß der Dekolonialisierung, und während dieser Prozeß fortschreitet, wird es für die Leser zugleich möglich und notwendig, ihren Eurozentrismus durch Afrozentrismus zu ersetzen und dabei auf *exzentrische* Strategien zu achten, die in neuen, miteinander kommunizierenden Räumen wirksam werden. So hat es z. B. die Veröffentlichung einer mehrbändigen Geschichte Afrikas durch die UNESCO ermöglicht, Geschichte vom Standpunkt der Kolonisierten zu betrachten und das Monopol einer aus europäischer Perspektive verfaßten Geschichtsschreibung zu brechen. Ähnlich bezeugt die Publikation von Mudimbes *The Invention of Africa* einen grundlegenden Wandel des afrikanischen Diskurses: Wie Mudimbe es ausdrückt, hat das afrikanische »Subjekt-Objekt« nunmehr »die Freiheit, sich als den Ausgangspunkt eines absoluten Diskurses zu denken«[8].

Infolge und inmitten dieser Wandlungen kann die afrikanische Literatur nicht länger als passiver Klient einer westlichen Leserschaft und Literaturwissenschaft gewertet werden; Afrika läßt sich nicht länger als »Leerstelle« oder als »weißer Fleck« behandeln (und hätte nie in dieser Weise behandelt werden dürfen). Verantwortungsbewußte Literaturwissenschaftler werden den Gedankengang und die Autorität afrikanischer Kommentare, Kritiken und theoretischer Modelle nicht länger ignorieren können, so wie sie früher die sogenannten universalen Maßstäbe westlicher Urteilskraft nicht ignorieren konnten. Nur im *Dialog* mit diesen neuen Stimmen werden westliche Lektüre und Theorie afrikanischer Literatur in Zukunft Legitimität beanspruchen können. Der Geist und die Praxis des Dialogs bilden so eine vorübergehende Antwort auf die Eingangsfrage, wie die westliche Lektüre angesichts der Kolonialgeschichte vorgehen könnte. Allerdings bildet die Dialogizität selbst ein Problem, das hier noch eine genauere Betrachtung erfordern wird.

Programmatische Überlegungen über westliche Einstellungen zur Literatur Afrikas führen mich zu einer Grundhypothese: daß eine unvoreingenommene westliche Lektüre afrikanischer Literaturen eine Auseinandersetzung mit der Anthropologie voraussetzt, ja, sich sogar auf Anthropologie stützen sollte. Meine Prämisse dabei ist, daß eine angemessene Lektüre nicht aus Ignoranz hervorgehen kann und daß man im Westen schlichtweg nicht genug über Afrika weiß. Ein gut Teil meiner Argumentation beruht auf der Grundüberzeugung, daß keine verantwortungsbewußte westliche Lektüre afrikanischer Literatur im leeren Raum einer »direkten« und unvermittelten Beziehung zum Text stattfinden kann. Was der Text sagt, ist notwendig, aber nicht hinreichend; andere Texte müssen in die dialogische Praxis einer anthropologischen Lesart eingebracht werden. Auf den ersten Blick besagt meine Hypothese lediglich, daß jeder nichtafrikanische Leser (oder sogar ein afrikanischer Leser aus einer anderen Kulturregion), der die Informationslücke zwischen ihm oder ihr selbst und einem afrikanischen Text überbrücken will, sehr wahrscheinlich gezwungen ist, Bücher zu Rate zu ziehen, die der Anthropologie zugeordnet werden. Dem liegt ein Befund zugrunde, der sich zwar der Ausdifferenzierung akademischer Disziplinen verdankt, der aber sowohl (aufgrund des kolonialen Hintergrundes der Anthropologie) umstritten ist als auch weitgehend übersehen wird: Literaturwissenschaftler haben sich lange genug in zahlreiche afrikanische Texte vertieft – Texte, die von kulturell kodierten und kulturspezifischen Themen handeln –, ohne daß sie es für nötig gehalten hätten, sich mit den ethnographischen Werken zu befassen, die einen impliziten Dialog mit ihren literarischen Gegenstücken bilden.[9] Die Aufgabe besteht darin, ein besseres Verständnis der frankophonen afrikanischen Literatur zu gewinnen, indem sie in ihren historischen, politischen, aber insbesondere ihren anthropologischen Kontext gestellt wird. Es liegt nun nicht in meiner Absicht, der Anthropologie eine Vorherrschaft einzuräumen oder durch sie andere Fragestellungen auszublenden, die hier, wie ich hoffe, in angemessener Weise berücksichtigt werden. Vielmehr möchte ich verschiedene Disziplinen zu einem »hybriden« Ansatz verbinden, welcher der Komplexität der kulturellen Fragen Afrikas und ihrer Übersetzung ins westliche Verständnis gerecht wird.[10]

Wenn jene Aufgabe bisher vernachlässigt wurde, so ist dies möglicherweise auf die Kontroverse zurückzuführen, die sich in Afrika schon an der bloßen Erwähnung von »Anthropologie« entzündet, und zwar angesichts ihrer imperialistischen Konnotationen und ihrer Verstöße gegen den »Takt«.[11] Der Rückgriff auf Anthropologie bedeutet – aus Gründen, die ich hier noch untersuchen werde –, daß man sich Ärger einhandelt. Zunächst möchte ich jedoch diejenigen Beziehungen zwischen der frankophonen Literatur Afrikas und der Anthropologie skizzieren, über die man nicht einfach hinweggehen kann. Die erste ist eine historische: Die französischsprachige Literatur des subsaharischen Afrika entstand zur selben Zeit wie der neue Korpus von Ethnographien über Afrika. Die beiden Textsorten erzeugten ihre jeweiligen Versionen von Afrika gleichsam Hand in Hand und waren, wie wir sehen werden, unlösbar miteinander verflochten. Dies fügt sich in einen größeren Zusammenhang, den Jonathan Ngaté auf den Begriff gebracht hat: »die frankophone Literatur Afrikas ist in Wirklichkeit immer ein Versuch gewesen, ihren westlichen Modellen zu entkommen.«[12] Besonders in den frühen Jahren vor der Unabhängigkeit, von

1920 bis 1960, war der frankophone afrikanische Diskurs Teil eines breiteren Phänomens, des kolonialen Diskurses insgesamt; und in der Politik dieser Zeit war die Anthropologie die mächtigste Form des kolonialen Diskurses.

Die zweite Beziehung zwischen Anthropologie und Literatur ist eine rhetorische. Wenn der Begriff »anthropologische Rhetorik« als eine Bezeichnung für die Mittel dienen kann, mit deren Hilfe sich unterschiedliche Kulturen ein Bild voneinander machen – und zwar durch Redeformen, die sich an einen mit der im Text repräsentierten Kultur nicht vertrauten Leser richten –, dann hat sich die frankophone Literatur Afrikas immer einer bestimmten Form anthropologischer Rhetorik bedient. Von ihren frühen bis zu ihren neuesten Texten benutzt diese Literatur ständig Mittel wie Fußnoten, Parenthesen oder in Dialog eingearbeitete Erklärungen, um den Leser mit der nötigen kulturellen Information zu versehen. Aufgrund der Entstehungsbedingungen dieser Literatur – insbesondere der geringen Alphabetisierung und der beschränkten Französischkenntnisse in allen Teilen des »frankophonen« Afrika – kann kaum vorausgesetzt werden, daß die Leser eines frankophonen Textes Einheimische sein werden. Jedesmal wenn ein Autor einen Satz schreibt wie »Hier in Afrika«, kommt zum Vorschein, daß ein *Nicht-Afrika* im Prozeß des Schreibens und Lesens involviert ist. Ein gewisses Maß von »Andersheit« ist in jeden Text eingeschrieben, der sich an eine als Außen konstruierte Welt richtet. Das bedeutet, daß die umstrittene »Andersheit«, die mit der Anthropologie in Verbindung gebracht wird, der hier zur Debatte stehenden Literatur nicht gänzlich fremd ist und daß wir uns der Beziehung zwischen anthropologischen und literarischen Texten unvoreingenommen nähern müssen.

Theorie und Differenz

Was in der westlichen akademischen Welt als »Theorie« bezeichnet wird, ist die angesehenste und am meisten geschätzte Form der intellektuellen Produktion. Wenn du ein Theoretiker bist, bist du über die Sphäre materialer Information erhaben; du wirkst in einem Reich puren Denkens. Wenn wir aber von einem *materialen* Verständnis von Theorie ausgehen und sie in dem globalen Kontext sehen, wie ihn Hountondji analysiert hat, löst sich ein Großteil der Mystifikation auf: Theorie ist einfach das, was von den Institutionen, die dazu die Macht haben, als Theorie bezeichnet wird. »Theorie« ist somit ein Bild für die Rolle, die man sich im Westen in bezug auf Afrika selbst angemaßt hat – sachlich, objektiv, universal, synthetisierend und, vor allem, mächtig. Nun möchte ich behaupten, daß bestimmte Formen der Theorie, die in den amerikanischen Literaturwissenschaften seit Mitte der siebziger Jahre vorherrschen, den westlichen Leser afrikanischer Literaturen vor gewaltige Probleme stellen. Dieses Problem hat zunächst mit dem Begriff der »Theorie« zu tun und mit der Arbeitsteilung, auf die ich hingewiesen habe, aber auch mit dem Begriff der »Differenz«. Besonders der Dekonstruktivismus hat das Denken der Differenz auf eine Weise problematisiert, die viele Türen geöffnet hat, während er zugleich darauf bestanden hat, daß andere geschlossen bleiben.

Die Entgegensetzung von Theorie und Differenz sollte eigentlich als falsche Entgegensetzung gelten: Von Blanchot und Bataille bis Derrida und de Man nehmen Konzepte wie Andersheit, Verschiebung, Aufschub und Differenz selbst eine privilegierte Stelle ein. So scheint z.B. Paul de Mans Beschreibung der Allegorie als eines »Verzichts auf Nostalgie und auf das Bedürfnis nach Totalisierung«[13] *das* Modell einer nichtimperialistischen *Tolerierung* von Differenz zu sein. Das Subjekt verzichtet auf jedweden Besitz- oder Totalisierungsanspruch, wobei es das Andere sich selbst sein läßt. Doch sehen wir in jenem Satz die Wurzeln eines intellektuellen Problems: Der Verzicht auf den Anspruch, mit dem Anderen *eins zu sein*, erlaubt es dem Anderen zwar, sich vom Subjekt zu unterscheiden und von ihm unabhängig zu sein. Wenn aber das Subjekt sogar auf den *Wunsch* verzichtet, mit dem Anderen eins zu sein, dann wird das *Erkennen* des Anderen problematisch. Gibt es Erkenntnis ohne »Übereinstimmung«, ohne daß man in irgendeiner Form sich etwas aneignet oder Besitz davon ergreift? Die dekonstruktivistische Theorie der »Differenz« hat die Differenz ins Reich der reinen Theorie verbannt. Wenn, im Kontext von de Mans Artikel über »Semiotik und Rhetorik«, die TV-Figur Archie Bunker (vor die Wahl gestellt, ob er seine Bowlingschuhe drüber oder drunter geschnürt haben will) seine Frau Edith fragt: »Was is' der Unterschied?«, so ist die Frage bloß rhetorisch gemeint. Die Frage »Was is' der Unterschied?« fragt, wie de Man erläutert, »*nicht nach dem Unterschied,* sondern meint statt dessen: ›*Ich pfeif' auf den Unterschied*‹. [...] die Grammatik [erlaubt uns], diese Frage zu stellen, aber der Satz, vermittels dessen wir sie formulieren, könnte die Möglichkeit des Fragens selbst ausschließen.«[14] In dieser Folge von *All in the Family* gibt Archie Bunker noch folgende Erläuterung (die von de Man nicht zitiert wird): »Ich sagte nicht: ›Worin besteht der Unterschied – erklär's mir‹, ich sagte: ›Was ist der Unterschied – wen interessiert's?‹«

Aber nehmen wir einmal an, es müßte uns, bei allen »schwindelerregenden Möglichkeiten der referentiellen Abweichung«, die der Literatur eigen sind, trotzdem interessieren, was der Unterschied ist. Unterstellen wir, daß wir uns die kontemplative Enthaltung angesichts von vertrackten Differenzen im Plural nicht länger leisten können; daß die Frage der Differenz einfach zu dringlich ist, als daß wir sie als Differänz-mit-einem-ä glorifizieren und vereinfachen könnten. Vor diese Frage sieht sich der westliche Leser afrikanischer Literaturen gestellt. Wie können wir von einem rhetorischen »Was ist der Unterschied?« zur *anthropologischen* Frage »Was ist anders?« gelangen, ohne die Einsichten der ersteren zugunsten der letzteren über Bord zu werfen? Die Herausforderung besteht darin, eine Form des Wissens zu praktizieren, die, obwohl sie sich der Lehren der Rhetorik vergewissert, die europäische Theorie als ein *lokales Phänomen* zu betrachten weiß und in einen Dialog mit anderen lokalisierten Diskurssystemen zu treten versucht.

Der Dekonstruktivismus hält einige wichtige Einsichten über die Beziehung zwischen dem Diskurs und seinem Objekt bereit, die vor allem westliche Leser afrikanischer Literaturen berücksichtigen sollten. Theoretisch gebildete Leser sind sich der Tatsache bewußt, daß Wissen – besonders das westliche Wissen über Afrika – alles andere als reine *lux et veritas* ist, sondern oft genug als ein korrumpierendes Aneignungsunternehmen entlarvt werden kann, in dem der westliche Leser seine Sehnsüchte auf den Anderen projiziert. Sobald der afrikanische Text seine Bedeutung preisgegeben hat, wird ein Vertrag unterzeichnet, den der westliche Interpret aufgesetzt hat; dieser beeinflußt dadurch nicht nur die Rezeption des betreffenden Werkes, sondern auch die Veröffentlichung zukünftiger afrikanischer Werke, die immer noch zum größten Teil in Paris erscheinen. Auch das interpretative Band zwischen Leser und Text ist ein Joch der Sklaverei.

Diese Feststellung ist sicherlich richtig und wird explizit von den eingangs zitierten afrikanischen Kritikern der westlichen Literaturwissenschaft bestätigt.

Allerdings können Probleme entstehen, wenn dieses negative Modell der Interpretation anfängt ein eigenes Leben zu führen und den westlichen Leser dazu veranlaßt, nur noch das in Betracht zu ziehen, dessen er sich sicher sein kann: nämlich seinen eigenen Leseprozeß. Lektüren sind lediglich Lektüren von Lektüren; der Beobachter kann keine verbindlichen Aussagen über das Beobachtete machen; Wissen ist Fiktion. Paradoxerweise ist das einzige positive Objekt des Wissens, dem man noch trauen kann, gar kein Objekt, sondern das vereinzelte Subjekt, das von seiner eigenen Macht gelähmt wird. Ist dieser Punkt erreicht, tritt eine gewisse Blindheit ein.

Ein anschauliches Beispiel dafür stammt aus meiner eigenen Lehrerfahrung, aus einer Diskussion über Cheikh Hamidou Kanes Roman *L'aventure ambiguë*. Die von Kane dargestellte Kultur, die der senegalesischen Diallobé, ist seit Jahrhunderten islamisch. Der Roman befaßt sich mit dem Zwiespalt, der mit der Wahl zwischen der Treue zur alten Kultur und der Kapitulation vor der neuen, d. h. derjenigen des französischen Kolonialismus einhergeht. Aber auch der dritte Teil des »dreifachen Erbes« Afrikas – die einheimische, vorislamische Kultur – bleibt ein Problem. Das Porträt einer der wichtigsten Figuren, der Grande Royale, ist selbst bereits eine »Lektüre« ihres Gesichts, als handele es sich um einen Text: »Sie wurde die Grande Royale genannt. [...] Man sah nur ihr Gesicht [...]. Es erschien ihm als eine lebendig gewordene Seite aus dem Buch der Geschichte der Diallobé. Es erzählte alles, was das Land an epischen Traditionen besaß. Seine Linien zogen sich hin [...]. Alles andere verschwand unter dem Schleier, der mehr noch als eine Haartracht symbolische Bedeutung hatte. Der Islam hielt die ungeheure Bewegtheit dieser Züge ebenso in Zaum, wie der Schleier sie umrahmte. Um ihre Augen, auf ihren Wangen, in ihrem ganzen Gesicht lag etwas wie die Erinnerung an Jugend und Kraft, über die später gewaltsam ein glühender Hauch hinweggefegt war.«[15]

Diese Stelle bezieht sich offensichtlich auf die gewaltsame Unterdrückung einer Kultur durch eine andere. Das unterdrückende Element wird als Islam bezeichnet; »alles andere«, das sich hinter dem Schleier verbirgt, wird zwei Seiten später als »un fond de paganisme« identifiziert, ein heidnischer Bodensatz der vorislamischen Kultur der Diallobé, die nach jahrhundertelanger kultureller Durchdringung nicht einfach getilgt werden konnte. Eine theoretisch versierte Studentin wandte jedoch gegen diese Deutung des leeren Gesichts hinter dem Schleier ein, eine derartige Interpretation sei eine bloße »Einschreibung« fremder Information in den Text. Vor einer solchen Einschreibung oder Projektion muß man sich tatsächlich hüten. Aber dieser Text ist ja keineswegs eine Leerstelle, und er läßt auch keine Leerstelle einfach für sich stehen; der Text selbst schreibt vielmehr eine bestimmte historische und kulturelle Botschaft in die Leere des Gesichts der Grande Royale ein. Die Zurückhaltung der Studentin, die nicht hinter den Schleier vordringen wollte, beruhte auf lobenswerten Absichten – dem Wunsch, den Anderen in Frieden zu lassen; der Weigerung, den Text auf eine bloße Illustration zu reduzieren –, aber ihre Deutung des Schleiers als eines bloßen Schleiers, als einer Trope über Tropen, schloß die Möglichkeit aus, die Züge hinter dem Schleier wahrzunehmen, die Züge, die ein Porträt der *Differenz* bilden und eine Geschichte der Gewalt erzählen. Wir dürfen nicht vergessen, daß Texte gar nichts sind, wenn in sie nichts »eingeschrieben« ist; sie sind unvermeidlich von ihrer historischen und kulturellen Situation affiziert.

Was wird aus der Differenz unter einer Methodologie, die nur der Selbstreflexivität traut? Die Absicht, den Anderen in Frieden zu lassen, und die Absicht, den Anderen auszulöschen, haben eines gemeinsam: die Unfähigkeit, etwas außerhalb des Selbst zu beschreiben, oder, wie Clifford Geertz sagt, »uns selbst inmitten anderer [zu sehen], als ein lokales Beispiel der Formen, welche das menschliche Leben lokal angenommen hat«. Ohne diese Fähigkeit ist Geertz zufolge »Objektivität nur Selbstbeweihräucherung und Toleranz eine bloße Finte«[16]. Es gibt also durchaus *ethische* Gründe dafür, das Risiko einer Beschreibung anderer Kulturen einzugehen.[17] Zudem ist offensichtlich, daß ich hier Differenz und Andersheit als unvermeidliche Bestandteile des Lesens und Schreibens verteidigen möchte.

Der Leser afrikanischer Literatur, der ein handliches Modell des Wissens sucht und für transparente Übersetzungen der afrikanischen Differenz die Anthropologie zu Rate zieht, findet ein Feld vor, das beherrscht wird von – es ist leicht zu erraten – dem Imperialismus des Wissens und dem Rückzug in die Selbstreflexivität. Um zu sehen, wie es dazu kam, müssen wir zuerst herausfinden, was Anthropologie denn eigentlich ist. Aus der etymologischen Bedeutung des Wortes erfahren wir kaum etwas: »die Wissenschaft vom Menschen« erinnert höchstens an ein sich selbst erkennendes Selbst. Der einschlägige Artikel der *International Encyclopedia of the Social Sciences* beginnt mit der Behauptung, diese Wissenschaft sei »die umfassendste der akademischen Disziplinen, die sich mit dem Menschen befassen«, jedoch schränkt der Autor gleich ein: »Obwohl sich die Anthropologie im Prinzip immer unterschiedslos für alle möglichen Gesellschaftstypen interessiert hat, hat sie sich in der Praxis auf primitive, oder schriftlose, Völker konzentriert, als welche meist diejenigen definiert werden, die zum Zeitpunkt ihres ersten Kontaktes mit dem Westen keine Schrift kannten.«[18] Die Wasserscheide zwischen Anthropologie und ihrer urbanen oder Erste-Welt-Entsprechung, der Soziologie, scheint sich an der Unterscheidung zwischen mündlichen und schriftlichen Kulturen festzumachen. Aber diese Trennung ist Gegenstand unergründlicher Mythen und Irreführungen, die die Kluft zwischen »uns« und »ihnen« nur vertiefen.

Tatsächlich scheint die Geschichte der Anthropologie eher der dritten Definition des *Oxford English Dictionary* gefolgt zu sein: »die Erforschung des Menschen *als eines Tieres*«, was sowohl Differenz als Ungleichheit voraussetzt. Der Mensch als Tier ist der primitive Mensch; der von Fortschritt und Entwicklung ausgeschlossene Mensch, der an einem Nullpunkt steckengeblieben ist, wo die Zeit anfängt und noch keine Bedeutung hat. Der Mensch als Tier bildet eine allgemeine Bedrohung oder Herausforderung nicht nur für die Bedeutung von Zeit, sondern für Bedeutung überhaupt. Die Erforschung des Menschen als eines Tieres ist ein Akt der Erlösung und der Erhebung, durch den »der Primitive« aus einem statischen, amorphen, oralen Zustand herausübersetzt wird, und zwar in Bücher und Artikel, die Sinnzusammenhänge herstellen.

Das Problem besteht darin, daß die Bücher, die afrikanische Kulturen mit Sinn erfüllen, im allgemeinen keine afrikanischen Bücher sind und daß der europäische Geist bei der »Entdeckung« Afrikas symmetrischer Entsprechungen zu den Kodifikationen der Kultur bedurfte, wie sie z. B. von der Bibel oder dem Koran verkörpert werden. Gleichsam wie ein Haufen Blinder, die versuchen einen Elefanten zu beschreiben, hat man im Westen versucht, derart grobschlächtige Beschreibungen zu liefern, daß die Afrikaner in die westlichen Kategorien von »Religion«, »Psychologie« und »Literatur« zu passen schienen. Titel wie *La bible noire* und *Bantu-Philosophie* oder gar *Oedipe noir* und *Der schwarze Dekameron* verraten einen Hang zur Assimilierung und Verwestlichung im Prozeß des Erklärens und Bekanntmachens. Niemand hingegen würde *La Chanson de Roland* als *Der weiße Sunjata* bezeichnen.

Anders als eine »literarische Anthropologie« des Mittelalters, in welcher der Begriff »Anthropologie« als rein retrospektiver Ansatz fungiert,[19] muß eine Untersuchung über die Beziehung von Literatur und Anthropologie im frankophonen Afrika der beträchtlichen Verflechtung Rechnung tragen, die zwischen dieser Literatur und der institutionalisierten Disziplin der Anthropologie stattgefunden hat. [. . .]

Warum also sollten wir uns überhaupt mit westlichen Interpretationen und Kodifizierungen afrikanischer Kulturen abgeben? Warum lesen wir Afrika nicht *in seinen eigenen Begriffen*, befreit von repressiven Vorstellungen von Differenz und Andersartigkeit? Dagegen ließe sich jedoch zweierlei einwenden. Zum einen ist die afrikanische Literatur in französischer Sprache ursprünglich nach französischen Standards konzipiert worden, so daß eine Berücksichtigung der Differenz notwendig wird. Zwar mag jeder der Ansicht sein, daß Afrika niemals als Leerstelle oder als weißer Fleck hätte behandelt werden dürfen, die Erforschung des Kolonialismus zeigt aber, daß dies geschehen ist. Die Prozesse der Projektion (die ich an anderer Stelle bereits analysiert habe)[20], durch welche die Identität und Gier der Kolonisatoren sich selbst reproduzieren und befriedigen, stehen in einem unmittelbaren Zusammenhang mit der kolonialistischen Politik. Die ins Politische übersetzte Projektion wird zu einer kolonialistischen *Einschreibung*, zu einer Überlagerung von Afrika mit französischen Systemen (wie Geld, Schulen, Straßen und Ortsnamen), die Afrika »französisch« machen. Edward Said hat dies als »manifesten Orientalismus« bezeichnet.[21] Das Faktum des Kolonialismus und seiner Eingriffe in afrikanische Systeme reißen also jede absolute Trennung zwischen Afrika und dem Westen ein; der zeitgenössische afrikanische Diskurs in allen Disziplinen der Humanwissenschaften setzt sich nicht zuletzt mit diesem Problem auseinander.[22]

Eine bahnbrechende Analyse unseres Gegenstandsbereichs und seiner komplexen Geschichte ist Guy Ossito Midiohouans *L'idéologie dans la littérature négro-africaine d'expression française*, das sorgfältig den Ursprüngen der frankophonen Tradition nachspürt und die Mythen des »militanten Unanismus« entlarvt.[23] Er zeigt auf, wie sehr in den Anfängen der Tradition die Zusammenarbeit oder »Kollaboration« mit den Franzosen die Regel war und nicht die Ausnahme (wenn es auch bemerkenswerte Ausnahmen wie die beiden Zeitungen *La race nègre* und *Le cri des nègres* gab).[24] Dies ist nicht erstaunlich, wenn man bedenkt, daß es sich hier um eine *frankophone* Tradition handelt, die Kenntnisse der französischen Sprache voraussetzt: Woher hätten diese kommen sollen, wenn nicht von der Zusammenarbeit (Kollaboration) mit den französischen Kolonisatoren? Die ersten »Schriftsteller« waren keine *littérateurs*, sondern Schreiber und Typisten; sie bildeten die »Brücke zwischen dem Kolonisator (dem sie nie gleichgestellt werden konnten) und dem kolonisierten Volk (von dem sie sich abheben sollten)«[25]. Sie waren Teil der »politisch zuverlässigen, dankbaren und akkulturierten indigenen Elite«, die die Franzosen überall in ihrem Kolonialreich heranzubilden versuchten.[26] Das erste literarische (d. h. fiktionale) Werk in dieser Tradition, *Les trois volontés de Malic* von Ahmadou Mapaté Diagne, war eine propagandistische Fabel, Werbung für den französischen Kolonialunterricht; die ersten anerkannten literarischen Schriftsteller – René Maran, Bakary Diallo, Paul Hazoumé – verdankten dem Kolonialsystem ihren Lebensunterhalt, ihre Bildung und natürlich auch die Sprache, in der sie schrieben.[27] Maran war ein Schwarzer aus Martinique, der für die französischen Kolonialbehörden in Zentralafrika arbeitete; Diallo war Soldat in der Kolonialarmee; Hazoumé war Ethnograph.

Als erstes müssen wir also berücksichtigen, daß die frankophone Literatur aus einer Klasse von Afrikanern hervorging, die tief ins Kolonialsystem involviert waren. Das koloniale Schulsystem bildete den materialen Anlaß zu dieser Literatur. Kein Wunder, daß sogar die zweite Generation der schwarzen frankophonen Schriftsteller, die erstmals eine Theorie afrikanischer Differenz in französischer Sprache formulierten, der französischen Kultur stark verpflichtet waren. Die Gründer der Négritude-Ideologie – Léopold Sédar Senghor, Aimé Césaire und Léon Damas – wurden im französischen Kolonialsystem ausgebildet und waren mit dem Französischen mehr vertraut als mit dem Kreolischen Martiniques oder dem senegalesischen Wolof. Die Geburtsstätte der schwarzen frankophonen Literatur ist Paris, viel mehr als Fort-de-France oder Dakar, und heute erkennt man an der Négritude – an der Idee ebenso wie an der literarischen Bewegung – die Züge der Entfremdung des Autors von seinen Ursprüngen: eine Nostalgie und Sehnsucht, gleichsam wieder eins zu sein, die Vergangenheit wiederherzustellen. Diese Einsicht ergibt sich freilich erst nachträglich; die historisch kontingente Geltung der Négritude bleibt davon unberührt.

Es ist eine literaturhistorische Tatsache, daß die Négritude von einer bestimmten Anthropologie und einem ganz bestimmten Anthropologen inspiriert wurde: dem Deutschen Leo Frobenius, der in der ersten Hälfte dieses Jahrhunderts wirkte. Senghor schreibt in seinem Vorwort zu einer französischsprachigen Frobenius-Anthologie: »Keiner hat mehr als Frobenius dafür getan, Afrika der Welt und *die Afrikaner sich selbst* näherzubringen.«[28] In diesem Satz klingen auf eigentümliche Weise die Worte nach, die Césaires heroische Figur des Patrice Lumumba in *Une saison en Congo* verkündet: »Ich spreche und ich gebe Afrika sich selber wieder.«[29] An anderer Stelle heißt es bei Senghor: »Am besten gebe ich hier die Lehren wieder, die wir aus der Lektüre von Frobenius zogen, besonders aus seinen Hauptwerken *Kulturgeschichte Afrikas* und *Schicksalskunde im Sinne des Kulturwerdens*. Wenn ich ›wir‹ sage, so meine ich die paar schwarzen Studenten, die in den dreißiger Jahren im Pariser Quartier Latin [...] die Bewegung der Négritude gründeten.«[30] Und: »Frobenius war wirklich die bewegende geistige Kraft für die Emanzipation Schwarzafrikas: Seine idealistische Vision eines unberührten, nicht von äußeren Einflüssen verunreinigten Afrika [...] stachelte uns an.«[31]

Was aber ist Frobenius' unberührtes Afrika? Ort einer vollkommenen Ordnung, der zur Zeit der europäischen Entdeckungen einen merkwürdig europäischen Sinn für Gemütlichkeit an den Tag legte: »Sorgfältig angelegte Straßen, auf viele Meilen ohne Unterbrechung eingefaßt von angepflanzten Bäumen; Tagereisen weit nichts als mit prächtigen Feldern bedecktes Land [...]. Menschen, die in ›Seide und Samt‹ gekleidet waren, *eine bis ins kleinste durchgeführte Ordnung* großer, wohlgegliederter Staaten.«[32] Im Jahre 1906, auf einer Reise durch das Kassai-Gebiet des Kongo, entdeckt Frobenius so etwas wie eine »Ästhetokratie«, nach der »jeder Becher, jede Pfeife, jeder Löffel ein Kunstwerk« sei. Nun geht es mir nicht etwa darum, daß Frobenius die afrikanische Zivilisation falsch beschrieben habe, sondern daß er in seinem Werk Afrika dafür *lobt*, daß es einer europäischen Vorstellung von Zivilisation entspricht, daß es als Spiegelbild fungiert, in dem ein Europäer seine eigene Idee von Schönheit betrachten kann. Die Totalität der afrikanischen Kunst ist der Eckpfeiler von Frobenius' Anthropologie – Kunst ist alles, und alles ist Kunst; deshalb ist die Kunst *funktional* und verschwendet keine Zeit oder Energie auf falsche Reize: »Da ist nichts, was als Ausdruck biegsamer Weichheit einzunehmen bestrebt ist. [...] Alles ist zweckmäßig, herb, streng, tektonisch [teutonisch?]!«[33] Dies ist für Frobenius das *Wesen* afrikanischer Kunst und afrikanischen Seins: Das Wesen existiert vor aller Kunst, in welcher es sich findet; es *beherrscht*,[34] es offenbart sich selbst und geht aus sich selbst hervor. Das Wort »beherrschen« erinnert unweigerlich an Hegels berühmtes Kapitel über Herr und Knecht: Der Herr ist das »für sich seiende Bewußtsein«, das aber nur »durch ein *anderes*« existieren kann; das andere, der Knecht, ist »in sich *zurückgedrängtes* Bewußtsein«.[35] Bemerkenswert ist, daß ein bestimmter, von Frobenius als Totalität vorausgesetzter Stil Afrika beherrscht. Hier werden die Afrikaner einer Wesensbestimmung unterworfen, ja zu Sklaven eines Wesens erklärt, das von einem Außenstehenden entdeckt wurde, und sie sind sich, ganz wie Molières Monsieur Jourdain mit seiner »Prosa«, dieses Wesens womöglich gar nicht bewußt: dies ist Hegels »zurückgedrängtes Bewußtsein«.[36]

Frobenius fährt fort: »Dieser Stil muß einmal entstanden, einmal geboren sein und dann in seiner Eigenart verharrt haben!« Durch solche Analyse hat er sich dem afrikanischen Wesen »bis zum vollen Verständnis genähert«.[37] Aufgrund seiner perfekten Konservierung oder Mumifizierung wird der essentialisierte Stil zum vollkommenen Primitivismus. Nichts an diesem Wesen hat sich geändert oder wird sich je ändern; es kann immer noch entdeckt, erforscht und bewältigt werden. Frobenius deckt das Wesen nicht auf, um es – wie Gobineau – zu diffamieren, sondern um es zu assimilieren und zu erlösen. Es wird ihm zur Grundlage einer Theorie, der zufolge eine *euro-afrikanische* Zivilisation in Südosteuropa und im Nordosten Afrikas anzusiedeln ist; einer

Theorie, die sich auf den Vergleich von Höhlenbildern stützt. Europa und Afrika haben gemeinsame Wurzeln – nur wirkt sich hier ein »uns vollkommen fremdgewordenes Lebensgefühl [...] aus. Uns ganz fremd geworden, und dennoch durchströmt es große Volksgruppen Afrikas heute noch [...].«[38]

Hinterher ist man immer klüger; mit rückblickender Empörung macht man es sich zu leicht: Als Frobenius schrieb, daß die »Vorstellung vom ›barbarischen Neger‹ [...] eine Schöpfung Europas«[39] sei, war diese Ansicht durchaus mutig und revolutionär. Man ist jedoch gezwungen, die Ideologie und das kulturelle Erbe zu durchleuchten, die besonders jemand wie Senghor übernahm, als er sich von Frobenius' positiver Bewertung der afrikanischen Zivilisation blenden ließ.

Léopold Sédar Senghor, einer der drei Gründer der Négritude, Präsident des Senegal von 1960 bis 1981 und das erste schwarze Mitglied der Académie Française, ist eine der Hauptstützen der frankophonen Kultur Afrikas. Für Senghor bedeutet jede Art von Brücke zwischen zwei Zivilisationen einen weiteren begrüßenswerten Beitrag zur »civilisation de l'universel«. Aber er liest Frobenius nicht in einem Kontinente übergreifenden oder globalen Rahmen, sondern als besonderes Bindeglied zwischen Négritude und »Deutschtum«. In zwei Artikeln aus den Jahren 1961 und 1972 erörtert Senghor eine Theorie, der Frobenius anhing, daß nämlich eine fundamentale Einheit und Affinität zwischen dem schwarzafrikanischen und deutschen Denken bestehe. Frobenius schrieb: »Der Westen verlieh dem [Wesentlichen] Ausdruck im Realismus Englands, dem Rationalismus Frankreichs, der Osten in der Mystik Deutschlands. [...] Die Übereinstimmung mit den entsprechenden Kulturen Afrikas ist hierin eine vollkommene.«[40]

Senghor berichtet von der Faszination, die er in seiner Kindheit für alles Deutsche empfand (»Ich war beeindruckt von ihrem Mut und von der Vornehmheit ihres Geistes, die durch ihre Taten im Felde unterstrichen wurden [...]«[41]), und von seiner Begegnung mit den Dichtern der Romantik, den Philosophen und Ethnologen, besonders mit Frobenius. Was hatten deutsche Traditionen einem Afrikaner zu bieten? »Eine tiefe Einsicht in die Dinge [...], die Befähigung, dem Ruf des Wirklichen zu entsprechen, von den Schwingungen des Anderen, des Du, bewegt zu werden.«[42] Die deutsche und die afrikanische Zivilisation seien solche, »die das Gleichgewicht zwischen Herz und Verstand noch nicht verloren haben«[43]. Senghor berichtet, daß er sich nach seiner Entlassung aus der Armee im Jahre 1942 »erneut in die deutsche Philosophie [vertiefte], zunächst in Marx und Engels, um dort anzugelangen, wo ich hätte beginnen sollen: bei Hegel, zu dem sich noch Husserl und Heidegger gesellten«[44].

Habe ich am Anfang noch versprochen, mich mit einer Literatur zu beschäftigen, die nicht in der Nachfolge Hegels geschrieben wurde, so ist offensichtlich etwas schiefgelaufen; die »Differenz« ist nahezu ganz verschwunden. Für die jüngere Generation der Schriftsteller im nachkolonialen Afrika *mußte* Senghors Rückgriff auf Frobenius' Anthropologie einfach zu kultureller Assimilation und zum Auslöschen von Differenz führen, da dieser Rückgriff selbst bereits ein Zeichen der Entfremdung war. Eine besonders scharfe und zitierwürdige Kritik stammt von Stanislas Adotevi: »Négritude ist eine Gegebenheit des reflexiven Bewußtseins, d. h. der intellektuellen Entfremdung des Schwarzen. [...] Man kann nicht am Fenster stehen und sich dabei zusehen, wie man draußen vorbeigeht. [...] Die Négritude ist das Nesthäkchen einer Herrschaftsideologie. [...] Sie ist die schwarze Art, weiß zu sein. [...] Sie ist das Ergebnis mehrerer Jahrzehnte *Ethnologie*.«[45]

Im Anschluß daran stellt sich uns die wichtige Aufgabe, dem Einfluß und der Infiltration der europäischen Ästhetik und Ideologie vor allem in den frühen Produkten der französischsprachigen afrikanischen Literatur nachzugehen. Aus dieser ersten Aufgabe leitet sich freilich eine ebenso wichtige zweite ab: die Lektüre der nachkolonialen literarischen Produkte, die ihrerseits die anthropologischen Vorurteile ihrer Vorgänger kritisieren. Ein solcher Text ist zum Beispiel *Le devoir de violence* von Yambo Ouologuem, ein Roman, in dem wir »Fritz Schrobenius«, »Forscher, Tourist und Ethnologe«, begegnen, einer Karikatur von Frobenius: »[Schrobenius träumte davon], unter der Flagge der kulturellen Autonomie eine afrikanische Renaissance herbeizuführen, die allerdings zur lebendigen Gegenwart keinerlei Beziehung mehr hatte [...] er [wollte] für alles einen metaphysischen Sinn finden [...]. Mit großen Gesten breitete er seine ›Freundschaft‹ für Afrika und sein ungeordnetes Wissen mit der Sicherheit eines gerade noch durchgeschleusten Abiturienten aus. Seiner Meinung zufolge war das afrikanische Leben reine Kunst [...].«[46] Ouologuem reagiert auf die falschen Bilder von kultureller Identität, indem er die Vorstellung von Identität selbst untergräbt und ein Universum konstruiert, wonach alle Bande sich als Bande von Versklavung erweisen – die Verflechtung zwischen

Ouologuems Schriften und den von ihm plagiierten europäischen Texten eingeschlossen.[47] Die Lektüre von *Le devoir de violence* trägt zur Verknüpfung von Literatur und Anthropologie nur insofern bei, als sie zeigt, was dabei in der Vergangenheit schiefgelaufen ist.

Was ist nun angesichts dieser zweideutigen Tradition zu tun? Falls die Anthropologie dem Leser afrikanischer Literaturen irgend etwas zu bieten hat, dann nicht bloß ethnographische »Tatsachen«, sondern auch einen Zugang zu Formen des Verstehens, die von anderen Kulturen herrühren. Dies ist eine viel ehrgeizigere und verlockendere Aussicht. Die Formulierung eines literaturanthropologischen Ansatzes würde voraussetzen, daß man sich auf afrikanische Systeme des Wissens einläßt, die keine Beziehung zur westlichen Welt haben. Das größte Versprechen der Anthropologie liegt darin, durch das angeblich transparente Medium ethnographischer Texte einen Zugang zu nichtwestlichen Wissensarten eröffnen zu können. Hierbei entsteht natürlich das epistemologische Paradox, daß ein solcher Zugang durch eine Disziplin vermittelt wird, die gerade vom Westen erfunden wurde und beherrscht wird. Meiner Ansicht nach ist es westlichen Lesern aber nicht möglich, afrikanische Literaturen angemessen zu verstehen, ohne sich auf dieses Paradox einzulassen und ein gewisses Vertrauen in die Anthropologie und ihre Texte zu setzen. An diesem Punkt muß das Risiko der »Differenz« entweder eingegangen oder abgelehnt werden; ich möchte hier das Risiko, im Sinne eines Experiments, eingehen und werde dabei versuchen, möglichen Fallstricken gegenüber aufmerksam zu bleiben.

Afrikanische Philosophie und ethnische Tradition

Hat man das Risiko einmal akzeptiert, müssen die Bedingungen, unter denen die afrikanische Welt beschrieben werden soll, ausgehandelt werden. So könnte etwa eine Auswertung anthropologischer Quellen in Verbindung mit literarischen Texten erforderlich sein, um einen Zugang zur sogenannten »Tradition« oder »Ethnizität« zu gewinnen. Eines der Anliegen der literatur-anthropologischen Forschung bestünde in der Auseinandersetzung mit diesen Kategorien, denn sie würde es dem Leser ermöglichen, in einem Text diejenigen Elemente zu untersuchen, die gerade nicht von französischen Formen wie Genre, Stil usw. abgeleitet sind. Aber was bedeuten jene Begriffe? Um den Prozeß des Aushandelns in Gang zu bringen, könnte es hilfreich sein, zunächst eine Debatte nachzuzeichnen, die in afrikanischen Intellektuellenkreisen über Ethnizität und Tradition geführt wird.

Ich beziehe mich auf die Debatte über die Frage der »afrikanischen Philosophie«. Auf der einen Seite stehen die »Ethnophilosophen«, die sich Placide Tempels[48] anschließen bzw. ihn nicht völlig ablehnen – sie streben die Beschreibung einer afrikanischen Weltanschauung an, die sich vor allen Dingen von der europäischen *unterscheidet*. Die Differenz Afrikas wird auf die Erforschung »ethnischer Realitäten« gegründet, und an deren Unabhängigkeit wird der Status ihrer intellektuellen Hervorbringungen gemessen. Für »Ethnophilosophen« (die Bezeichnung ist offenkundig nicht selbstgewählt) läßt sich »reine« Philosophie (wie sie von ihren Gegnern praktiziert wird) als der Versuch beschreiben, »auf unsere afrikanischen Gesellschaften reine Formen universalen Denkens anzuwenden, die von Philosophen des Buches dank der Vorsehung für alle Zeiten offenbart wurden«[49]. Diese Philosophen des Buches (d. h. des europäischen Buches) und Kritiker der Ethnophilosophie, allen voran Paulin Hountondji und Marcien Towa, plädieren für einen radikalen Auszug aus dem »Ghetto« ethnischer Differenz, für eine bewußte Auseinandersetzung mit der aktuellen statt der überlieferten Realität: »Wir müssen um jeden Preis unser Denken aus dem afrikanistischen Ghetto befreien, in das manche es einzusperren suchten«[50]; »Wir müssen uns in der Welt, wie sie ist, behaupten. [...] Eine solche Entscheidung [...], wenn sie zu irgend etwas führen soll, erfordert einen radikalen Bruch mit unserer Vergangenheit.«[51] In der Welt des Romans vertritt Ousmane Sembene eine ähnliche Position; seine radikal gestimmten Helden in sozialistisch-realistischen Werken wie *O pays, mon beau peuple!* und *L'Harmattan* propagieren ein waches Bewußtsein für die globalen politischen Realitäten sowie eine schonungslose Skepsis gegenüber »rückschrittlichen« Traditionen.[52]

Für diese Schule ist Afrikas Unvermögen, sich der europäischen Eroberung zu widersetzen, Zeichen einer nahezu ontologischen, jedenfalls philosophischen Schwäche: Der rückwärtsgewandte Blick des Ethnophilosophen (oder des Dichters der Négritude), indem er sich auf das Besondere der afrikanischen Differenz konzentriert, »läuft Gefahr, gerade dasjenige zu bewahren, was unsere Niederlage besiegelt hat«[53].

Es bleibt lediglich die Möglichkeit, auf Identität und Differenz zu verzichten – dies sei der Preis, der für die Erkämpfung von Macht und Gleichheit entrichtet werden müsse: »Der Wille, wir selbst zu sein, [...] stellt uns letztlich vor die Notwendigkeit, uns tiefgehend zu ändern, unser Innerstes zu verneinen, um andere zu werden. Um uns das Geheimnis Europas, d. h. diesen neuen fremden Geist, aneignen zu können, müssen wir unseren eigenen Geist von Grund auf revolutionieren; auf diesem Wege werden wir mit Sicherheit den Europäern ähnlich werden.«[54]

Anders zu sein, eine Identität zu haben, bedeutet für Towa, Sklave zu sein: »In bezug auf jedwede Verneigung vor Differenz und Identität müssen wir eine systematische Skepsis hegen, ohne die wir Gefahr laufen, unsere eigene Unterwerfung zu besiegeln.«[55] Um in den Besitz des »Geheimnisses des Westens« zu gelangen, verzichtet man auf die Geheimnisse Afrikas. Die Gegner der Ethnophilosophie stellen die rhetorische Frage »Was ist afrikanisch?« (die an die dekonstruktivistische Frage von de Man / Archie Bunker erinnert: »Was ist der Unterschied?«) – womit sie meinen, eine essentialisierte, *metaphysische* Afrikanität sei eine Falle.[56] Darauf antworten die Ethnophilosophen mit der rhetorischen Frage »Was ist rational?« – womit sie meinen, daß sogar die »reine« europäische Philosophie (die das »Geheimnis« in sich birgt) von Mythen, Ethnographie, Theologie und Biologie nur so wimmele und deshalb für gar nichts garantiere.[57]

Hountondjis und Towas Philosophie, die sich die Bezeichnung »afrikanisch« verbittet, läßt sich mit »Theorie«, in dem von mir dargelegten Sinne, vergleichen. In beiden Fällen handelt es sich um starre, auf westlichen Büchern beruhende Systeme; beide versprechen die Sicherheit eines festgefügten Systems; beide setzen Identität und Differenz aufs Spiel, nehmen die Assimilation Afrikas an die Kategorien des Westens in Kauf. Die »radikale Praxis« des afrikanischen Philosophen zielt auf einen Machtzuwachs zugunsten Afrikas, geht aber davon aus, daß der Westen tatsächlich ein philosophisches »Geheimnis« besäße, das es ihm erlaubte, die Welt zu erobern, anstatt diese Eroberung als historisches Malheur anzusehen, als Resultat einer vorübergehenden Fehlentwicklung und gerade nicht als wiederbelebbares Geheimnis. Natürlich läßt sich nicht leugnen, daß – Geheimnis hin oder her – der europäische Imperialismus die Bedingungen jedes afrikanischen Diskurses für immer verändert hat und er daher in die Untersuchung einbezogen werden muß. Doch warum sollte der Westen, aufgrund seiner bloßen Macht, im Besitz des einzigen bewahrenswerten Geheimnisses sein? Sicherlich hatte und hat Afrika seine eigenen. Welche radikale Praxis die Gegenwart auch immer erfordern mag, die Spuren der Vergangenheit – und das heißt: von Identität, Differenz und den Hunderten von ethnischen Kulturen Afrikas – sollten nicht vergessen werden.[58]

Niemand würde sich eine Literaturtheorie mit einer ähnlichen Einstellung zur Interpretation der afrikanischen Literatur wünschen: als eines Textkörpers und Konzentrats von Wissen, worin die lokalen Belange völlig ausgeblendet würden. Die anthropologisch informierte Lesart, die ich hier befürwortet habe, ist natürlich mit dem Projekt der Ethnophilosophie verwandt, wenn auch nur in dem Sinne, daß das Interesse für Fragen der »Tradition« in die Zeit vor den europäischen Eroberungen zurückführt, noch bevor sich das »Geheimnis« herumgesprochen hatte – hinein in eine von vielfältigen Identitäten, mündlichen Überlieferungen und Traditionen gekennzeichnete Welt. Manchen mag diese alte Welt wie ein Ghetto vorkommen, ein Gefängnis der Differenz, eine Verurteilung zur Absonderlichkeit und ein Rückfall ins Exotische. Eine Extremform solcher Lektüre birgt die Gefahr, daß die Interpretation afrikanischer Texte sich lediglich an Glaubensvorstellungen und Gebräuchen der Ahnen des Autors ausrichtet. Selbstverständlich läßt sich ein anthropologisch orientierter Ansatz nicht auf alle Texte in gleicher Weise anwenden.

Kein einziger Versuch, Afrikas Differenz – als »primitiv«, »animistisch«, »prälogisch«, »kollektiv«, »rhythmisch« oder sonstwie – zu beschreiben, scheint, im nachhinein gesehen, immun gegen die Konnotationen und Makel des Ethnozentrismus. In der Definition der Differenz des Anderen ist man gezwungen, den vom Selbst geworfenen Schatten zu berücksichtigen – oder ihn auf eigene Gefahr zu mißachten. Wenn wir uns aber nicht im geringsten für die »Differenz« der afrikanischen Vergangenheit interessierten, wie könnten wir dann die afrikanische Gegenwart auf angemessene Weise erfassen? Es gibt im Grunde zwei Möglichkeiten, Identität zu tilgen, sei es die eigene oder die eines Anderen: »Es gibt«, wie Césaire schreibt, »zwei Arten, sich selbst zu verlieren: durch Einschließung ins Besondere oder durch Auflösung im ›Universalen‹.«[59]

Die wissenschaftliche Beschäftigung mit der frankophonen Literatur Schwarzafrikas erfordert einen Ansatz, der sowohl gegenüber ethnischen Unterschieden als auch gegenüber der homogenisierenden Wirkung der französischen Sprache aufmerksam ist. Die Rolle der »Theorie« sollte dabei umsichtig von der Frage her bestimmt werden, bis zu welchem Grad sie angemessen ist. Das Motto aus *Le devoir de violence* steht sinnbildlich für die warnenden Beispiele, die ich erörtert habe. Ouologuem gebraucht das Wort *théorie* in einem alten Sinne, der im Französischen erhalten geblieben ist: »eine Gruppe von Personen, die sich hintereinandergereiht fortbewegen; [in der Antike] eine Abordnung, die von einem Stadtstaat zu wichtigen Feierlichkeiten ausgesandt wurde« (*Petit Robert*; das *Oxford English Dictionary* spricht hier von einer Spezialbedeutung: »eine Gruppe von *Theoren*, die von einem Staat ausgesandt werden, um religiöse Rituale oder Funktionen auszuüben«). Ouologuems »Theorie« von Afrikanern ist eine Vision des afrikanischen Holocaust – das Bild der Afrikaner, die angekettet in eine neue Welt geführt werden, erinnert daran, daß jede beliebige Verbindung als ein Glied in einer Kette der Sklaverei dienen kann.

Die Europäer haben seit Jahrhunderten »Theorien« über die Afrikaner entwickelt. Ich meine, der westliche Interpret afrikanischer Literatur – der »Theor« – verhält sich kaum produktiv, wenn er auf Nummer Sicher geht und »zu Hause bleibt« oder wenn er dagegen vorgibt, »unbewaffnet auszuziehen« und sich der afrikanischen Literatur unvoreingenommen zu nähern. Er müßte vielmehr sowohl das wissenschaftliche Rüstzeug des westlichen Interpreten auf seine Tauglichkeit hin überprüfen als auch ein Auge dafür bekommen, was die afrikanischen Kulturen selbst an geeigneten Begriffen und Kategorien bereithalten.

Dialogizität und Repräsentation

In ihrer Auseinandersetzung mit der vertrackten Geschichte von Herrschaft und Konflikt scheinen neuere Entwicklungen in der Anthropologie ein angemesseneres Modell für die interpretative Praxis zu empfehlen: Dialog und Dialogizität. Als Schlachtruf und Markenzeichen einer Reformbewegung in der Anthropologie scheint die Dialogizität große Fortschritte für den Prozeß des Aushandelns von Beschreibungsbedingungen zu versprechen. Tatsächlich verlangt sie, daß der Vertrag zwischen der Anthropologie und der Welt neu ausgehandelt wird. Dialogizität tritt zudem als Theorie (und noch deutlicher als Praxis) an der Schnittstelle zwischen Literaturwissenschaften und Anthropologie hervor und ist deshalb in unserem Zusammenhang von besonderem Interesse. Freilich ist der Dialog kein Allheilmittel: Seine imperativische Kraft ist mit Konsequenzen behaftet, die noch zu untersuchen sein werden. Ich möchte hier einige theoretische Überlegungen zur Frage der Dialogizität wenigstens skizzieren.

Die zeitgenössische reflexive Anthropologie begann als Kritik an ihrer klassischen Vorgängerin, die nicht so sehr von Frobenius und Tempels (welche eher marginale, wenn auch symptomatische Figuren waren), sondern vielmehr von Evans-Pritchard, Malinowski, Lucien Lévy-Bruhl, Marcel Griaule, Maurice Delafosse und anderen vertreten wurde. Während einige der frühen Anthropologen die Angewohnheit hatten, partielle, kontingente Erfahrungen zu totalisierten »Weltanschauungen« hochzustilisieren, haben ihre neueren Kritiker die Aufmerksamkeit auf die Wirkung des Beobachters auf das Beobachtete, auf den sozialen und historischen Kontext sowie auf ideologische Interferenzen gelenkt. Zudem haben sie *Heteroglossie* und *Dialog* als anthropologische Praktiken vorgeschlagen. Vor dem Hintergrund einer von ihnen diagnostizierten »Krise der Repräsentation [...] innerhalb der meisten geistes- und sozialwissenschaftlichen Disziplinen« stellen George Marcus und Michael Fischer fest, daß »in diesen Bereichen die langwährende Beschäftigung mit allgemeinen, totalisierenden Theoriesystemen aufgegeben wurde zugunsten einer sorgfältigen Darstellung, und Aufwertung, von Differenz und Vielfalt angesichts einer zunehmend vereinheitlichten Welt«.[60] Diese Aussage ist charakteristisch für eine breite Bewegung, die die diskursive Macht des Westens konterkariert; Marcus und Fischer sprechen für all diejenigen, die sich angemessenere Formen der Repräsentation wünschen.

Die diskursive Kraft, die diese Anthropologen zur Verwirklichung ihres Projekts benötigen, beziehen sie vor allem aus einer angewandten Lektüre Michail Bachtins. In seinem Entwurf »Über ethnographische Autorität« zeigt James Clifford, was ein Gebrauch der Bachtinschen Begriffe abwerfen könnte. Clifford schreibt: »Die Ethnographie ist von Heteroglossie durchdrungen. Diese Möglichkeit stellt eine Strategie wechselseitiger Textproduktion in Aussicht, eine Utopie pluraler Autorschaft, die den Mitarbeitern nicht bloß den Status von unabhängigen Sprechern, sondern von Schriftstellern einräumt.«[61] Heteroglossie ist die Mehrstimmigkeit des Diskurses; sie ist Bachtin zufolge die »Grundbedingung, welche die Konstitution des sprachlichen Sinns regiert«[62]. Dialogizität und Heteroglossie definieren sich gegenseitig; Dialogizität ist »der eigentümliche epistemologische Modus einer von Heteroglossie geprägten Welt«. Was bedeutet es aber für die Ethnographie, von Heteroglossie durchdrungen zu sein?

Zunächst ist damit nur gesagt, daß die Literaturtheorie Bachtins für die neue oder Meta-Anthropologie von Clifford, Marcus, Fischer und anderen fruchtbar gemacht wurde. In einem weiteren Sinne jedoch beschreibt die Rede von einer »Durchdringung« eine paradoxe Entwicklung, durch die der antiautoritäre Diskurs Bachtins eine Revolution innerhalb der Anthropologie und die Etablierung eines neuen theoretischen Regimes ausgelöst hat. In der Einleitung zu ihrem Band *Writing Culture* beziehen Clifford und Marcus sich auf Bachtins Konzept des Dialogs, um den autoritären Charakter traditioneller Ethnographien zu entlarven und aufzulösen. Sie behaupten: »Sind Dialogizität und Polyphonie einmal als Formen der textuellen Produktion anerkannt, wird die monophonische Autorität in Frage gestellt und als Charakteristikum einer Wissenschaft entlarvt, die für sich in Anspruch nahm, Kulturen zu *repräsentieren.*«[63] Mit der Kursivierung des Verbs »repräsentieren« werfen sie einen skeptischen Blick auf das Problem des Für-andere-Sprechens und -Schreibens – wobei es sich immerhin um die Grundlage des anthropologischen Unternehmens handelt. Es kann nicht länger von der Möglichkeit einer transparenten und monologischen Repräsentation ausgegangen werden; vielmehr bietet sich das neue Modell einer auf Mehrstimmigkeit beruhenden, authentischen Repräsentation an. Noch dazu werden vereinfachende Konzepte von Authentizität selbst in Frage gestellt, und es wird ein reflexiveres (und stärker an literarischen Formen orientiertes) Vokabular eingesetzt – wie Clifford Geertz es ausdrückt: »Fiktion, und nicht Unwahrhaftigkeit, ist die Wurzel jeder erfolgreichen anthropologischen Feldforschung.« Solche Fiktion kann niemals völlig überzeugend sein, sondern wird »immerzu ironisch« bleiben.[64]

Wenn die Anthropologie dialogisch wird, erfüllt von der ganzen Komplexität und den Widersprüchlichkeiten interagierender Denksysteme, dann sieht es so aus, als würden alle dabei gewinnen. Das Ende der falschen Transparenz mag es zwar erschweren, die Bedeutung eines »Symbols« einfach »nachzuschlagen«, aber die Bedeutungen, die wir konstruieren, werden infolgedessen viel wertvoller sein. Wenn jedoch Beschreibung und Repräsentation überhaupt verworfen werden, wenn sich die Aufmerksamkeit der Ethnographie vollständig vom Beobachteten zum Beobachter verschiebt, wird sie kaum noch etwas zur Kenntnis afrikanischer Literaturen beitragen können. Ich weiß nicht, ob Stephen Tyler einen Scherz macht, wenn er schreibt: »Ethnographie [ist] weder durch ihre Form noch durch eine Beziehung zu Objekten der Außenwelt definiert; sie *beschreibt* kein Wissen und *produziert* kein Handeln.«[65] Diese Nichtbeziehung zu einer Objektwelt bildet eine Analogie zu Paul de Mans Verzicht auf »den Wunsch, mit dem anderen eins zu sein«; beide Standpunkte belassen das Subjekt in einer Position der radikalen Selbstreflexivität Tyler scheint das Extrem einer Bewegung innerhalb der Anthropologie zu verkörpern, die zwar insgesamt geneigt ist, so weit zu gehen wie er, die aber doch vor der Selbstdestruktion der eigenen Disziplin zurückschreckt. Steven Webster bemerkt dazu scharfsinnig: »Dem Ethnozentrismus zu entkommen, ist unser Geschäft, nur würde ein endgültiges Entkommen uns ganz aus dem Geschäft werfen.«[66]

Im Wirkungsfeld der »Ethnographie-als-Text«-Bewegung geht alles nicht ganz so harmonisch zu. Es wird zwar vorausgesetzt, daß Wissen und Verstehen dialogisch zustande kommen, doch im Text auch dialogisch zu *sein* erweist sich als unerwartet schwieriger. So behaupten manche, daß, »da letzten Endes der Ethnograph die Feder führt, die neueren modernistischen Experimente keinen echten Dialog darstellen und einen solchen auch gar nicht in wahrhaft authentischer Weise darstellen können«[67]. Paul Rabinow wirft Clifford vor, er spreche zwar »sehr viel von der Unverzichtbarkeit des Dialogs (womit er seine Autorität als ›offene‹ geltend macht), aber seine Texte sind selbst nicht dialogisch«. Rabinow zufolge »gebrauchen Clifford und Geertz die Selbstreferentialität lediglich als ein Mittel für die Behauptung von Autorität«[68]. In diesem Kontext dient Rabinows Kommentar als Warnung: Dialogizität als bloßer *Stil* der Repräsentation darf nicht verwechselt werden mit wirklichem Dialog.

Das Problem, wie Dialogizität als eine wirksame Interpretationsfigur oder Schreibweise zu handhaben ist, hat indessen tiefe Spuren im Bachtinschen Denken selbst. So ist dialogisches Vorgehen nicht etwa eine Frage der korrekten »Anwendung« seiner Theorie. Jede Verwendung Bachtins in einem afrikanischen Kontext muß vielmehr zu seiner Unterscheidung zwischen Epos und Roman Stellung nehmen. Seine Idee einer »einzigen und vereinten« epischen Welt, die »jeder Relativität« entbehre, »absolut eingekapselt« und »unmöglich zu verändern, neu zu denken oder neu zu bewerten« sei, liefe auf eine repressive anthropologische Interpretation der schriftlosen Kultur als eines orientalischen Despotismus hinaus.[69] Es hätte durchaus ironische Folgen, würde Bachtin ohne weiteres auf Afrika »angewandt«: Zum Beispiel würde der Roman, der für ihn Freiheit, Dialogizität und Fortschritt repräsentiert, sich ins Gegenteil verkehren. Die »Freiheit«, Bewußtseinsprozesse in den erborgten Konventionen des Romans darzustellen, wäre eine *aufgezwungene* Freiheit. Das Monologische scheint sich immer wieder im Herzen des dialogischen Projekts durchzusetzen.[70]

Dialog und Freiheit, auch wenn sie sich letzten Endes als schwer oder unerreichbar erweisen, sind nach wie vor die aussichtsreichsten *ethischen Modelle* für die Repräsentation von Kulturen. Zweifelhaft ist jedoch, ob der Heteroglossie wirklich der Status einer »Grundbedingung«, auf die alles Sprachliche zurückgeht, zukommen kann, da doch das Monologische immer wieder zum Vorschein kommt. Die beiden Imperative müssen als inkompatibel und zugleich als sich bedingend angesehen werden. Weder das Monologische noch das Dialogische läßt sich auf eine spezifische Zeit, einen Ort oder ein Genre eingrenzen; noch können sie von irgendeiner Ideologie vereinnahmt werden (mag dies auch gelegentlich versucht werden).[71] Der Unterschied zwischen ihnen bleibt wichtig und ist unlösbar mit einem ethischen Werturteil verbunden: Dialog ist einfach »besser« als Monolog.

Die neue kritische Anthropologie hat auf jeden Fall mit einer Vorstellung aufgeräumt, aufgrund deren die Berufung auf Ethnographie in literarischen Kreisen zuweilen als anstößig empfunden wurde: die Vorstellung, Anthropologie und Ethnologie seien rein sachbezogene Wissenschaften, Anhäufungen empirischer Daten, Werkzeuge eines referentiellen Fehlschlusses. Insbesondere das Werk von James Clifford hat eine Brücke geschlagen zwischen den Literaturwissenschaften und der Anthropologie als gleichermaßen komplexen Diskursen über Kultur.

Aus dem Englischen von Anne Middelhoek

Anmerkungen

1 Yambo Ouologuem, *Le devoir de violence*, Paris 1968; dt.: *Das Gebot der Gewalt*, aus dem Französischen von Eva Rapsilber, München 1969, S. 47 [Manche der hier zitierten Übersetzungen wurden leicht abgeändert – Anm. d. Ü.].

2 Edward W. Said, *The World, the Text and the Critic*, Cambridge, Mass. 1983, S. 151.

3 *Introduction à l'étude du roman négro-africain de langue française*, Abidjan 1980, S. 9.

4 *Myth, Literature and the African World*, Cambridge 1976, S. X. Die Bemerkung über die Geier wird zitiert von Omafume F. Onoge, »The Crisis of Consciousness in Modern African Literature«, in: Georg M. Gugelberger (Hg.), *Marxism and African Literature*, Trenton 1985, S. 41.

5 Chinua Achebe, »Colonialist Criticism«, in: ders., *Morning Yet on Creation Day*, London 1975, S. 6, 9. Siehe auch D. Ibe Nwoga, »The Limitations of Universal Critical Criteria«, in: Rowland Smith (Hg.), *Exile and Tradition: Studies in African and Caribbean Literature*, New York 1976, S. 8–30. – Für praktische Zwecke darf man die Vereinigten Staaten hier als einen Teil »Europas« betrachten; im frankophonen Afrika werden die Amerikaner zu den *Européens* gerechnet.

6 Paulin Hountondji, »Reprendre«, in: V. Y. Mudimbe (Hg.), *The Surreptitious Speech: »Présence Africaine« and the Politics of Otherness 1947–1987*, Chicago 1992. Für eine historische Übersicht über die Arbeitsteilung in der Afrikanistik siehe Robert Thornton, »Narrative Ethnography in Africa, 1850–1920: The Creation and Capture of an Appropriate Domain for Anthropology«, in: *Man* n.s., Nr. 3, 18 (1983): »Es gibt eine offensichtliche Arbeitsteilung zwischen den Produzenten von Informationen und den Theorie-Schmieden der Universitäten in Europa und den Vereinigten Staaten« (S. 516). Siehe auch Michael Crowder, »›Us‹ and ›Them‹: The International African Institute and the Current Crisis of Identity in African Studies«, in: *Africa*, Nr. 1, 57 (1987), S. 109–122. Für eine radikale, von der Protestbewegung gegen den Vietnamkrieg inspirierte Kritik des amerikanischen Afrikanistik-Establishments siehe Africa Research Group, »Les études africaines en Amérique: la famille étendue«, in: Jean Copans (Hg.), *Anthropologie et impérialisme*, Paris 1975, S. 155–212.

7 Zu diesem Absatz vgl. meinen Aufsatz »Alioune Diop and the Unfinished

Temple of Knowledge«, in: V. Y. Mudimbe (Hg.), *The Surreptitious Speech.*

8 V. Y. Mudimbe, *The Invention of Africa: Gnosis, Philosophy and the Order of Knowledge*, Bloomington 1988, S. 200.

9 Es gibt Ausnahmen von dieser Regel, z. B. Jacques Bourgeacq, *»L'enfant noir« de Camara Laye: Sous le signe de l'éternel retour*, Sherbrooke 1984, und Robert Philipson, »Literature and Ethnography: Two Views of Manding Initiation Rites«, in: Kofi Anyidoho (Hg.), *Interdisciplinary Dimensions of African Literature (Annual Selected Papers of the African Literature Association* 8 [1982]), S. 171–182. Siehe auch die Ausführungen über Anthropologie in: Bernard Mouralis, *Littérature et développement: Essai sur le statut, la fonction et la répresentation de la littérature négro-africaine d'expression française*, Paris 1984, S. 44–57. Die Praxis einer selbstreflexiven westlichen Lektüre ist nicht ganz ohne Beispiel: Daniel Delas, *Léopold Sédar Senghor: Lecture blanche d'un texte noir (»L'Absente«)*, Paris 1982, führt eine absichtlich »unautorisierte« Lektüre durch. Er wendet bewußt westliche Methoden an (S. 8) und kommt zu dem Schluß, daß es einen grundsätzlichen »Konflikt« gibt zwischen einer »weißen Lesart« und einer »schwarzen Lesart« (S. 113).

10 Dieses Unternehmen wurde beeinflußt von James Clifford, »Über ethnographische Autorität«, in: Eberhard Berg / Martin Fuchs (Hg.), *Kultur, soziale Praxis, Text. Die Krise der ethnographischen Repräsentation*, Frankfurt am Main 1993, S. 109–157; von V. Y. Mudimbe, *L'odeur du père: Essai sur les limites de la science et de la vie en Afrique noire*, Paris 1982, und von Michèle Duchet, *Anthropologie et histoire au siècle des lumières*, Paris 1971. Einer der wichtigsten Vorläufer zu dieser Arbeit ist Sunday O. Anozie, *Structural Models and African Poetics: Towards a Pragmatic Theory of Literature*, London 1981, das der Autor als einen Versuch beschreibt, »eine strengere Ordnung des Sinns« in der afrikanistischen Literaturwissenschaft zu etablieren. Anozie setzt die Universalität des Strukturalismus und seiner Konzentration auf die »Immanenz der Sprache« voraus. Seine Analyse der Négritude richtet sich somit eher auf grammatische und semiologische als z. B. auf politische Fragen. Welche Rolle Anozie der westlichen Theorie beimißt, geht aus der folgenden Bemerkung hervor: »Es ist deshalb schwer, sich die Konstitution einer tragfähigen afrikanischen Theorie der Poetik außerhalb des Rahmens der Semiotik vorzustellen« (S. 159f.). Trotzdem bemüht sich Anozie, innerhalb des von Lévi-Strauss, Jakobson und Barthes vorgegebenen Rahmens, um eine Beschreibung afrikanischer Differenz. *Structural Models and African Poetics* ist zugleich ein typisches Produkt seiner Zeit – auf den Höhen der »Theorie« – und ein brillantes Beispiel angewandter Theorie. Für eine scharfe Kritik siehe: Kwame Anthony Appiah, »Strictures on Structures: The Prospects for a Structuralist Poetics of African Fiction«, in: Henry Louis Gates, Jr. (Hg.), *Black Literature and Literary Theory*, New York 1984, S. 127–150. Weitere in diesem Kontext

relevante Arbeiten sind u. a.: Dan Sperber, *Das Wissen des Ethnologen*, aus dem Französischen von U. Bokelmann, Frankfurt am Main / New York 1989; Clifford Geertz, *The Interpretation of Cultures*, New York 1973 (teils dt.: *Dichte Beschreibung. Beiträge zum Verstehen kultureller Systeme*, aus dem Englischen von B. Luchesi und R. Bindemann, Frankfurt am Main 1983); und Paul Désalmand, *Sciences humaines et philosophie en Afrique: la différence culturelle*, Paris 1978.

11 Vgl. Kwame Anthony Appiah, »Out of Africa: Topologies of Nativism«, in: *Yale Journal of Criticism*, Nr. 1, 2 (1988), S. 165.

12 Jonathan Ngaté, *Francophone African Fiction: Reading a Literary Tradition*, Trenton 1988, S. 18. In dieser nützlichen Arbeit untersucht Ngaté Weisen der Auseinandersetzung mit und der Abgrenzung von solchen westlichen Modellen.

13 Paul de Man, »The Rhetoric of Temporality«, in: ders., *On Interpretation*, hrsg. von Ch. S. Singleton, Baltimore 1969, S. 191.

14 Paul de Man, »Semiologie und Rhetorik«, in: ders., *Allegorien des Lesens*, aus dem Englischen von Werner Hamacher und Peter Krumme, Frankfurt am Main 1988, S. 38f.; meine Hervorhebung. Barbara Johnson hat auf diese Stelle bei de Man hingewiesen in: »Gender Theory and the Yale School«, in: Robert Con Davis / Ronald Schleifer (Hg.), *Rhetoric and Form: Deconstruction at Yale*, Norman 1985, S. 101–112.

15 Cheikh Hamidou Kane, *L'aventure ambiguë*, Paris 1961, S. 30f.; dt.: *Der Zwiespalt des Samba Diallo*, aus dem Französischen von János Riesz und Alfred Prédhumeau, Frankfurt am Main 1980, S. 25f.

16 Clifford Geertz, *Local Knowledge*, New York 1983, S. 16.

17 Siehe dazu Christopher L. Miller, *Theories of Africans. Francophone Literature and Anthropology in Africa*, Chicago / London 1990, Kap. 2 (»Ethnicity and Ethics«), S. 31ff.

18 Joseph H. Greenberg, »Anthropology: The Field«, in: *International Encyclopedia of the Social Sciences*, New York 1968, Bd. 1, S. 304f.

19 Siehe R. Howard Bloch, *Etymologies and Genealogies: A Literary Anthropology of the French Middle Ages*, Chicago 1983.

20 Christopher L. Miller, *Blank Darkness: Africanist Discourse in French*, Chicago 1985.

21 Edward W. Said, *Orientalism*, New York 1979, S. 206.

22 Siehe Isaac James Mowoe / Richard Bjornson (Hg.), *Africa and the West: Legacies of Empire*, New York 1986.

23 Guy Ossito Midiohouan, *L'idéologie dans la littérature négro-africaine d'expression française*, Paris 1986, S. 11. Diese Arbeit ist die prägnanteste und überzeugendste Geschichte dieser Literatur – ihr besonderes Interesse gilt den Beziehungen zu Frankreich. Midiohouans Intention besteht – wie er in einem früheren Artikel erklärt – in nichts Geringerem als dem Versuch, die Geschichte der literarischen frankophonen Tradition neu zu schreiben: »Es ist nunmehr notwendig, die Geschichte der frankophonen Literatur

Schwarzafrikas neu zu schreiben, indem man dem Kolonialsystem der Franzosen seinen Ort und seine Rolle zuweist; indem man die Bedeutung, die es für die Beziehungen zwischen diesem literarischen Phänomen und der (französischsprachigen) Kolonialliteratur hatte, in vollem Umfang anerkennt« (»Exotique? Coloniale? Ou quand la littérature africaine était la littérature des Français d'Afrique«, in: *Peuples noirs, peuples africains* 29 [1982], S. 119f.).

24 Für die Bedeutung von »Kollaboration« in diesem Kontext vgl. Henri Brunschwig, *Noirs et blancs dans l'Afrique noire française*, Paris 1983: »Dieser Begriff [*collaborant*] darf selbstverständlich nicht im Sinne des europäischen Kollaborateurs des Zweiten Weltkrieges verstanden werden. Mitwirkender ist dagegen jemand, der dem weißen oder schwarzen Kolonisator assistiert, ohne deswegen seine Identität zu verleugnen« (S. 96). Brunschwig bezieht sich auf diejenigen, die ihre Identität als *évolués*, *assimilés* oder *lettrés* verleugneten; alles Bezeichnungen, die im kolonialen Kontext gebraucht wurden. Eine gewisse Skepsis ist angesichts dieses historischen Werkes angebracht, denn es sagt nichts über den afrikanischen Widerstand gegen den Kolonialismus, erklärt aber das französische Unternehmen als eine Form der »Anarchie« (S. 151), die lediglich auf dem Papier systematisiert wurde (S. 209) und an der Schwarze und Weiße gleichermaßen beteiligt waren. Brunschwigs statistisch untermauerte Interpretation besagt, daß die Franzosen aus Mangel an französischen Siedlern gezwungen waren, die Afrikaner dazu zu bewegen, sich untereinander zu kolonialisieren (»Aus dem einheimischen Kolonisierten wurde allmählich, im Verlauf von zwei oder drei Generationen, ein einheimischer Kolonisator« [S. 163]). Richtig beurteilen läßt sich diese These nur, wenn man sie mit den ausführlichen Darstellungen über den Widerstand konfrontiert; vgl. z. B. UNESCO, *General History of Africa, vol. 7, Africa Under Colonial Domination 1880–1935*, hrsg. v. A. Adu Boahen, London 1985. Das von der UNESCO herausgegebene Werk enthält freilich nichts über die »Kollaboration«. Für eine allgemeine historische Einführung siehe Patrick Manning, *Francophone Sub-Saharan Africa 1880–1985*, Cambridge 1988.

25 Kuoh J. Moukouri, zitiert in Brunschwig, *Noirs et blancs*, S. 122.

26 Vgl. Benedict Anderson, *Die Erfindung der Nation. Zur Karriere eines folgenreichen Konzepts*, Frankfurt am Main / New York, S. 127.

27 Vgl. Ahmadou Mapaté Diagne, *Les trois volontés de Malic* (1920), Nendeln 1973; René Maran, *Batouala: véritable roman nègre* (1921), Paris 1965 – Maran wurde zwar in Martinique geboren, arbeitete aber für die französischen Kolonialbehörden in Afrika, so daß sein Roman oft für »afrikanisch« gehalten wird; Bakary Diallo, *Force-Bonté* (1926), Nendeln 1973; Paul Hazoumé, *Doguicimi*, Paris 1938. Siehe dazu Ossito Midiohouans Kapitel über den schwarzafrikanischen Kolonialroman, in: ders., *L'idéologie dans la littérature négro-africaine*, S. 60–78, sowie John D. Erickson, *Nommo: African Fiction in French South of the Sahara*, York 1979, S. 91–130.

28 Vgl. Léopold Sédar Senghor, »Les Leçons de Leo Frobenius«, in: Eike Haberland (Hg.), *Leo Frobenius 1873 / 1973: Une Anthologie*, Wiesbaden 1973, S. vii.
29 Aimé Césaire, *Im Kongo*, aus dem Französischen von Monika Kind, Berlin 1966, S. 70.
30 Senghor in: *Leo Frobenius*, S. vii; an anderer Stelle bezeichnet er die beiden Werke von Frobenius als »heilige Bücher« und vergleicht seine Erleuchtung mit der des heiligen Paulus auf dem Weg nach Damaskus: *Liberté*, Bd. 3: *Négritude et civilisation de l'universel*, Paris 1977, S. 13, 340.
31 »Les Leçons de Léo Frobenius« [Text nicht identisch mit dem Vorwort zu *Leo Frobenius*], in: *Présence Africaine*, Nr. 3, 111 (1978), S. 147f.
32 Leo Frobenius, »Die Kunst Afrikas«, in: *Der Erdball* 3 (1931), S. 87.
33 A.a.O., S. 90.
34 »Wer sich ihm [dem afrikanischen Stil] bis zum vollen Verständnis genähert hat, der wird bald erkennen, daß er als Ausdruck des Wesens *ganz Afrika* beherrscht.« Ebenda.
35 G. W. F. Hegel, *Phänomenologie des Geistes. Werke*, Bd. 3, hrsg. von E. Moldenhauer / K. M. Michel, Frankfurt am Main 1970, S. 150ff.
36 Diese vom belgischen Missionar Placide Tempels in seinem Buch *Bantu-Philosophie* (übers. von Joseph Peters, Heidelberg 1956) geprägte Vorstellung von der afrikanischen Philosophie als einer *Mentalität*, als einer »ursprünglichen, impliziten und kollektiven Weltanschauung«, kritisiert Paulin Hountondji, um sie durch eine »explizite, individuelle und gewissenhafte« Analyse dieser Weltanschauung zu ersetzen (*Afrikanische Philosophie*, S. 65). Hountondji beschreibt diese Wende als eine Wende weg von der *Sklaverei*, »dieser tragischen Abschaffung des Denkens durch und für uns selbst« (a. a. O., S. 48).
37 Frobenius, »Die Kunst Afrikas«, S. 90.
38 A.a.O., S. 95.
39 A.a.O., S. 88.
40 Leo Frobenius, *Schicksalskunde im Sinne des Kulturwerdens*, Leipzig 1932, S. 109f.
41 *Liberté*, Bd. 3, S. 339.
42 A.a.O., S. 13f.
43 A.a.O., S. 340.
44 A.a.O., S. 342. Mir ist kein Kommentar Senghors zu der folgenden Stelle von Hegel bekannt: »Jenes eigentliche Afrika ist, soweit die Geschichte zurückgeht, für den Zusammenhang mit der übrigen Welt verschlossen geblieben; es ist das in sich gedrungene Goldland, das Kinderland, das jenseits des Tages der selbstbewußten Geschichte in die schwarze Farbe der Nacht gehüllt ist. [...] Bei den Negern ist [...] das Charakteristische gerade, daß ihr Bewußtsein noch nicht zur Anschauung irgendeiner festen Objektivität gekommen ist, wie zum Beispiel Gott, Gesetz [...].« (*Vorlesungen über die*

Geschichte der Philosophie, Werke, Bd. 12, hrsg. v. E. Moldenhauer / K. M. Michel, Frankfurt am Main 1970, S. 120; 122.

45 Stanislas Adotevi, *Négritude et négrologues*, Paris 1972, S. 101; 207; 153; 54.

46 Yambo Ouologuem, *Le devoir de violence*, S. 102; dt.: *Das Gebot der Gewalt*, S. 135 f.

47 Siehe Christopher L. Miller, »Trait d'union: Injunction and Dismemberment in Yambo Ouologuem's *Le devoir de violence*«, in: *L'Esprit créateur*, Nr. 4, 23 (1983), S. 62–73.

48 Placide Tempels, *Bantu-Philosophie* (vgl. Anm. 36).

49 Hebga, »Éloge de l'›ethnophilosophie‹«, S. 32.

50 Hountondji, *Afrikanische Philosophie*, S. 52.

51 Marcien Towa, *Essai sur la problématique philosophique dans l'Afrique actuelle*, Yaoundé 1971, S. 41.

52 Vgl. auch Kwasi Wiredu, *Philosophy and an African Culture*, Cambridge 1980: »Wir brauchen dringend [...] eine Methode der Analyse, welche die rückständigen Anteile unserer Kultur aufdecken und von den bewahrenswerten unterscheiden würde« (S. 41).

53 Towa, *Essai*, S. 41.

54 A.a.O., S. 48.

55 Marcien Towa, *L'idée d'une philosophie négro-africaine*, Yaoundé 1979, S. 67.

56 Vgl. P. Hountondji: »Wir räumen, mit einem Wort, mit der herrschenden mythologischen Vorstellung der Afrikanität auf und gelangen schließlich zur schlichten, ganz banalen Erkenntnis, daß Afrika vor allen Dingen ein Kontinent ist und der Begriff von Afrika ein geographischer, empirischer, aber kein metaphysischer Begriff« (*Afrikanische Philosophie*, S. 69).

57 Vgl. Hebga, »Éloge de l'›ethnophilosophie‹«, S. 28.

58 Siehe dazu ausführlich: Christopher L. Miller, *Theories of Africans*, Kap. 2.

59 Aimé Césaire, *Lettre à Maurice Thorez*, Paris 1956, S. 15.

60 George E. Marcus / Michael M. J. Fischer, *Anthropology as Cultural Critique: An Experimental Moment in the Human Sciences*, Chicago / London 1986, S. 112. Ähnlich, aber auf einer eher technischen und praktischen Ebene, treten Tatiana Yannopoulos und Denis Martin für Dialogizität ein: »De la question au dialogue... A propos des enquêtes en Afrique noire«, in: *Cahiers d'études africaines*, Nr. 71, 18 (1978), S. 421–442.

61 James Clifford, »Über ethnographische Autorität«, S. 147. [Übersetzung abgeändert – Anm. d. Ü.].

62 Michael Holquist, »Glossar«: in: Mikhail M. Bakhtin, *The Dialogic Imagination*, Austin 1981, S. 428.

63 James Clifford / George E. Marcus (Hg.), *Writing Culture: The Poetics and Politics of Ethnography*, Berkeley 1986, S. 15.

64 Clifford Geertz, »Thinking as a Moral Act: Ethical Dimensions of Anthropological Fieldwork in the New States«, in: *Antioch Review*, Nr. 2, 28

(1968), S. 155. Siehe dazu Steven Webster, »Dialogue and Fiction in Ethnography«, in: *Dialectical Anthropology* 7 (1982), S. 91–114.

65 Stephen A. Tyler, »Post-Modern Ethnography: From Document of the Occult to Occult Document«, in: James Clifford / George E. Marcus (Hg.), *Writing Culture*, S. 122–140, hier S. 122f.

66 Steven Webster, »Dialogue and Fiction in Ethnography«, S. 101.

67 Marcus / Fischer, *Anthropology as Cultural Critique*, S. 69 – die Autoren paraphrasieren hier Stephen Tyler.

68 Paul Rabinow, »Repräsentationen sind soziale Tatsachen. Moderne und Postmoderne in der Anthropologie«, in: Berg / Fuchs (Hg.), *Kultur, soziale Praxis, Text*, S. 158–199, hier S. 173 [Übersetzung abgeändert – Anm. d. Ü.].

69 Vgl. Mikhail M. Bakhtin, »Epic and Novel«, in: ders., *The Dialogic Imagination*, S. 15, 17, 35.

70 An anderer Stelle werde ich genauer untersuchen, welche komplexen Beziehungen von Macht und Freiheit sich mit dem Übergang von der Oralität zur Schriftkultur verbinden, dem eigentlichen Thema von Bachtins Diskussionen über das Epos und den Roman. Siehe Christopher L. Miller, *Theories of Africans*, Kap. 3.

71 Siehe z. B. den Streit zwischen Ken Hirschkop, »A Response to the Forum on Mikhail Bakhtin«, und Gary Saul Morson, »Dialogue, Monologue, and the Social: A Reply to Ken Hirschkop«, beide in: *Critical Inquiry*, Nr. 4, 11 (1985), S. 672–686. Ihre Versuche, Bachtin für entgegengesetzte »liberale« und »marxistische« Programme zu instrumentalisieren, widersprechen sich auf amüsante Weise gegenseitig.

Doris Bachmann-Medick

Multikultur oder kulturelle Differenzen? Neue Konzepte von Weltliteratur und Übersetzung in postkolonialer Perspektive

»Um uns verständlich zu machen, [haben wir] auf genau jene Ausdrücke zurückgegriffen, die Weltführer und Staatsmänner auf großen globalen Konferenzen verwenden, die universelle, unwiderstehliche Metaphysik moderner Bedeutung.«[1] Bezeichnenderweise ist es ein indischer Schriftsteller, Amitav Ghosh, der in seiner dokumentarischen Fiktion *In einem alten Land* diese folgenreiche Dimension der Internationalisierung von Sprache und Bedeutung kritisch in den Blick rückt. Damit eröffnet sich ein wichtiger Problemhorizont für die Erörterung aktueller Fragen sowohl der Übersetzung und des Transfers zwischen Kulturen, Texten und Literaturen als auch der interkulturellen Kommunikation in der heutigen Globalgesellschaft. Ist jedoch die »einzige gemeinsame Sprache, die wir für uns finden konnten«[2], eine Weltsprache, die, so Ghosh, in der Orientierung auf die wissenschaftliche und militärische Dominanz des Westens ihren gemeinsamen Nenner findet?[3] Schafft diese Sprache der Internationalisierung – verbunden mit der Bilderflut vereinheitlichender Zeichen in Medien, Werbung und Konsum – wirklich ein allgemeines Verständigungsfeld, das Übersetzung zunehmend erübrigen wird?

Nicht zuletzt solchem internationalistischen Universalismus hat der Kulturrelativismus der modernen Ethnographie bis heute die Verschiedenheit der Kulturen, ihre Besonderheiten und ihre Vielfalt entgegenzuhalten versucht, selbst dann noch, als man schon längst nicht mehr von authentischen, in sich geschlossenen kulturellen Organismen, sondern nur mehr von gemischten Kulturen ausgehen konnte. Der sogenannte postkoloniale Diskurs hat dieses liberale Konzept der Vielfalt von Kulturen, das sich bis in jüngste multikulturelle Zielsetzungen hinein auswirkt, durch den Begriff der kulturellen Differenz entschieden zugespitzt, wenn nicht gar ersetzt. Dieses veränderte Paradigma für Fremdwahrnehmung und Kulturkontakt ist nicht nur für die kulturwissenschaftliche Diskussion richtungweisend, sondern hat auch kulturpolitische Stoßkraft. Daß sich nämlich gerade die Differenz von Kulturen (und eben nicht von Nationen, politischen oder ökonomischen Systemen bzw. wirtschaftlichen Entwicklungsstandards) auch weltpolitisch als eine Hauptachse internationaler Konflikte erweisen wird, dies behaupten die umstrittenen Thesen des amerikanischen Politologen Samuel Huntington zum »Clash of Civilizations«.[4] Huntingtons Konfliktweltkarte gründet jedoch auf der statischen Festschreibung kultureller Differenzen, wonach voneinander separierte Zivilisationen und Kulturen gleichsam als ganzheitliche Bollwerke von »cultural entities«[5] aufeinanderprallen. Eine solche holistische Vorstellung von Kulturen, nach der kulturelle Differenzen essentialistisch in festen zivilisationsspezifischen Identitäten verankert werden, schränkt die interkulturellen Handlungsspielräume ein. Sie fordert Gegenmodelle heraus, wie sie etwa im Feld der Literatur zur Ausgestaltung kommen: die Annahme und Anerkennung von vielschichtigen Mischungs- und Überlappungsräumen zwischen Kulturen, die das Konzept einer Interaktionsoffenheit kultureller Differenzen verlangen.

Eine solche nichtessentialistische Perspektive auf kulturelle Differenzen bedeutet eine enorme Herausforderung an die Kulturwissenschaften. Gefordert ist eine Abkehr von Universalismen und ein Überarbeiten der eurozentrischen »Landkarten«, in denen die Leitlinien für interkulturellen Transfer noch vom Austausch zwischen voneinander abgegrenzten Nationalstaaten markiert sind. Unter den Bedingungen von Migration, globalen Netzwerken und transnationaler Zusammenarbeit sind dagegen neue Formationen in den Blick zu nehmen, welche die gewohnten kulturellen Unterteilungen und Einheiten verschieben, überlagern, in Frage stellen, auflösen. Die ökonomischen und politischen Globalisierungsprozesse fordern – zumal in der postkolonialen Situation die Existenz kultureller Bezugssysteme auf dem Spiel steht – die differenzierenden kulturellen Selbstdarstellungs- und Überzeugungsleistungen von (literarischen) Texten verstärkt heraus. Daß diese Texte selbst in eine konfliktreiche Dynamik hineingezogen sind, schon aufgrund ihrer Zuordnung zu den Zentren oder Peripherien im weltweiten Machtgefüge der Kulturen, verschärft die Akzente auch in der Diskussion über Weltliteratur. Denn diese kann sich nicht mehr länger darauf verlassen, daß eine Literaturen- und Kulturenvielfalt in einem facettenreichen »Archiv« weltliterarischer Texte ihren gemeinsamen Nenner findet.

Über die alte Frage der Weltliteratur heute zu diskutieren, verlangt also weitsichtige kultur*politische* Perspektiven.[6] Die deutschsprachige Komparatistik bleibt dagegen in großen Teilen einer von Goethe herkommenden humanistischen Tradition verhaftet, die sie allzuoft zu einem wertenden Selektionsmaßstab für einen Kanon von literarischen Meisterwerken verengt. Solche Verschränkung von Weltliteratur und Kanonbildung unterstellt kulturenübergreifende, universal gültige ästhetische Normen ebenso wie anthropologische Universalien des »allgemein Menschlichen«, wodurch interkulturelles Verstehen und das Gelingen von Übersetzung überhaupt erst für möglich gehalten werden.[7]

Doch ansatzweise stellen auch deutschsprachige komparatistische Überlegungen zur Weltliteratur solche Universalisierungen sowie die Verallgemeinerung europäischer Kanon-Standards in Frage. Zunehmend wird die Notwendigkeit erkannt, den europäischen Kanon zu differenzieren und zu erweitern, gerade mit Blick auf eine grenz- und nationenüberschreitende Verbreitung nichteuropäischer Literaturen auf dem Weltmarkt, entgegen ihrer Vereinnahmung oder gar Verdrängung. Gefordert wird eine Auseinandersetzung mit Literaturen außerhalb Europas, eine kritische Neubestimmung auch der europäischen Literatur im Licht der Geschichte des Kolonialismus sowie überhaupt eine Verabschiedung vom europäischen »Monopol für Weltliteratur«[8]. Diese Umorientierung wird von der deutschsprachigen Komparatistik allerdings nicht konsequent genug aufgegriffen. Ihre Ansätze führen kaum über die Einsicht hinaus, daß Weltliteratur heute ihren möglichen Beitrag zur Welt- und Völkerverständigung unter den Bedingungen medienvermittelter internationaler Verflechtungen überdenken und neu formulieren muß. Solche erweiterten Kontexte von Weltliteratur werden oft vorschnell und mit zu großer Leichtigkeit aus globalen Vereinheitlichungstendenzen abgeleitet: Sie hätten ihre »Basis in der fortschreitenden Angleichung ursprünglich verschiedener Lebenswelten, in der zunehmenden Einebnung der Ungleichzeitigkeiten im Gleichzeitigen. Überall entstehen daher analoge literarische Produktions- und Rezeptionsvoraussetzungen.«[9] Solche Unterstellung einer gleichsam zwangsläufigen Internationalisierung auch der literarischen Standards blendet aus, daß dieser Prozeß von ungleichen Machtbeziehungen zwischen Kulturen ausgeht und daß es der westliche Kanon war und ist, der seine ästhetischen Normen weltweit universalisiert hat.

Einen durchaus andersartigen Anschluß an Goethes Weltliteraturkonzept hat der marokkanische Literaturwissenschaftler Fawzi Boubia vor einigen Jahren im Feld der Interkulturellen Germanistik zur Diskussion gestellt. Gegen die Gefahr der asymmetrischen »Kulturangleichung«[10] setzt er den Akzent auf die Andersheit und Besonderheit gerade auch marginaler Literaturen und Kulturen. Auf dieser Basis betont er mit Bezug auf Goethe die »kommunikative Funktionalisierung des Weltliteraturbegriffs«[11] durch Übersetzung und Dialog: Weltliteratur als Medium des Dialogs zwischen den Kulturen. Doch auch dieser Ansatz einer Ausrichtung der Kulturdebatte auf den Dialog ist m.E. angesichts der weltweiten Vernetzung von Kulturen im Koordinatensystem von ökonomischer und politischer Abhängigkeit nicht hinreichend. Interkultureller Dialog – so zeigen besonders die Einsichten der ethnographischen *Writing-Culture*-Debatte – ist bislang immer durch westliche Machtdominanz einseitig verzerrt.[12] Hier gilt es kritisch anzusetzen und – wie die jüngsten Beiträge zur postkolonialen Theorie – veränderte Sichtweisen zu entwickeln. Neue Impulse für die Weltliteraturdebatte, ihre Erweiterung zu einer Debatte über die Grundlagen weltweiter textueller, literarischer und kultureller Produktion und Rezeption, führen dabei ebenso weiter wie umfassendere Vorstellungen von Übersetzung und eine verstärkte Aufmerksamkeit auf deren kulturpolitische Rahmenbedingungen.

Weltliteratur als »Dritte-Welt-Literatur«

Grundlegend für einen Neuansatz ist zuallererst eine konsequente Entkoppelung von Weltliteratur und Kanonbildung. Für die bisherige, kanonorientierte Weltliteraturdiskussion sowie für die Weltliteraturanthologien war nicht die Differenz, sondern die Identität von (National-)Kulturen maßgeblich, und zwar aufgefächert in ein Spektrum von Einzelkulturen. Diese Vorstellung wurde jedoch – so Edward Saids bahnbrechende Orientalismus-These – mit dem Preis einer Dichotomisierung von Eigenem und Fremdem, von Westlichem und Nichtwestlichem, von Europa und Orient erkauft.[13] Jahrhundertelang verliefen sowohl die interkulturellen Kontakte, die grenzüberschreitende Literaturrezeption als auch die Übersetzungstätigkeit in Europa im Bann dieser grundlegenden Dichotomisierung, die doch in erster Linie dazu diente, die eigene kulturelle Identität durch die Imagination und Projektion eines ganz Anderen zu profilieren. Die besonders wirkungsvolle Konstruktion eines imaginären Orients lieferte hierbei bis in die Gegenwart hinein das Paradigma für eine auf Gegenbildlichkeit verengte Selbst- und Fremdwahrnehmung der westlichen Gesellschaften. Diese Gegenbildlichkeit und das in ihr festgeschriebene Machtgefälle zwischen westlichen und nichtwestlichen Kulturen sind ein wichtiger Kontext auch für die historischen Debatten und Textsammlungen zur Weltliteratur.

Die neuere Weltliteraturdiskussion, wie sie gegenwärtig vor allem in den USA, aber auch in Ländern der sogenannten »Dritten Welt« geführt wird, wendet sich von der Tradition statischer Entgegensetzungen ab. Sie stellt die mit dieser Tradition verknüpfte Hierarchisierung von Kulturen und Literaturen ebenso in Frage wie die westliche Definitionsmacht, die bisher über die Zugehörigkeit zur Weltliteratur entschieden hat. Die Rahmenbedingungen der weltweiten Literatur- und Textproduktion kommen jetzt verstärkt in den Blick und damit auch die historisch-politischen Standorte der jeweiligen Texte selbst, die sich in einem gemischten Spannungsfeld von kolonialer und postkolonialer Erfahrung abstecken lassen. Prozeß- statt kanonorientierte Konzepte von Weltliteratur werden in enger Anlehnung an die konkrete Erfahrung und Interaktion von kulturellen Differenzen entwickelt, wie sie in einem veränderten Korpus von Texten selbst zur Sprache kommen. Gerade nicht nur europäische Texte und ihre spezifische Tradition der Selbstfindung im Licht des Anderen sind hier gefordert, sondern insbesondere auch Texte außerhalb der europäischen Literaturgeschichte, die das ihnen Andere in Machthierarchien des Kolonialismus und Imperialismus verorten und in eigenen, oft höchst andersartigen literarischen Formen zum Ausdruck bringen.

In diesem Horizont spitzte sich die Weltliteraturdebatte in jüngster

Zeit in Richtung auf eine Dritte-Welt-Literatur-Debatte zu. Fredric Jameson, einer der (westlichen) Hauptkontrahenten, plädiert dabei für eine Curriculum-Änderung der Komparatistik und für eine Abkehr vom humanistischen Kanon.[14] Allerdings macht er eine gleichsam idealtypische Merkmalszuschreibung der Dritte-Welt-Literaturen als »national allegories«, deren eine Unterscheidung zwischen individuell-kollektiv und privat-öffentlich mangele, wie sie für die Literaturen der »ersten« Welt selbstverständlich sei: »Alle Texte der Dritten Welt sind notwendigerweise [...] im Sinne von *nationalen Allegorien* zu lesen.«[15]

Solche derart globale Vereinheitlichung von Dritte-Welt-Literatur ist für Jamesons Hauptkritiker, den Inder Aijaz Ahmad, ebenso unhaltbar wie die Trennung zwischen sogenannter Erster und Dritter Welt überhaupt: »Wir leben nicht in drei Welten, sondern in einer...«[16] Diese Voraussetzung eines in sich widersprüchlichen, doch zugleich untrennbaren weltweiten Beziehungsgeflechts bedeutet, daß auch die einzelnen Literaturen in einen komplexen Zusammenhang des immer schon Übersetztseins eingebunden sind, allerdings immer schon übersetzt in westliche Begrifflichkeiten, Text- und Verbreitungsformen:

»Wenn ein lateinamerikanischer Roman in Delhi erscheint, ist er zuvor durch komplexe Vermittlungsprozesse in den Metropolen ausgewählt, übersetzt, veröffentlicht, rezensiert, erklärt und in das überbordende Archiv der ›Dritte-Welt-Literatur‹ eingeordnet worden. Das heißt, er erscheint hier in einem Zustand, in dem jene Zirkulations- und Klassifikationsprozesse bereits in seine Struktur eingeschrieben sind.«[17] Um »Dritte-Welt«-Texte im Horizont von »Eine-Welt«-Literaturen erörtern zu können, muß dieser Prozeß der globalen Zirkulation kultureller Produkte und Texte kritisch durchleuchtet werden: die Übersetzungsindustrie in ihrer Abhängigkeit von den Kultur- und Literaturstandards der Metropolen, die bereits die Entstehung der »Originaltexte« prägt, auf sie zurückwirkt und ihre Verbreitung auf dem literarischen Weltmarkt selektiv steuert. Solche Übersetzungsprozesse *vor* der im engeren Sinne sprachlichen Übersetzung verweisen die Weltliteraturdebatte stärker denn je in einen politischen Horizont.

So ist nach wie vor die Kommunikation zwischen den Dritte-Welt-Literaturen untereinander wie auch ihr weiterer Wirkungsradius von der dominanten Vermittlerrolle der westlichen Sprachen abhängig.[18] Dies betont Ahmad, wenn er Jamesons Rede von Weltliteratur als zynisch kritisiert, da sie doch nur die in Englisch verfügbaren Werke umfasse. Sie blende gerade die zahlreichen Literaturen in indischen, asiatischen, afrikanischen Sprachen aus, Literaturen, die weitgehend unübersetzt bleiben, geschweige denn, daß in sie hinein übersetzt würde. Der Zugang zur Weltliteratur scheint ebenso für die jüngsten Versuche blokkiert, ausdrücklich nicht in einer Weltsprache zu schreiben, sondern die eigene Sprache – sei es Urdu, Wolof, Kikuyu u. a.[19] –, ihre oralen Traditionen, Dialekte, performativen Äußerungsformen und spezifischen Erzählhaltungen weiterzuentwickeln. Bedeutet also Weltliteratur, auch Dritte-Welt-Literatur, so Ahmad, eine Akkumulation von Literaturen in den Metropolen, die hauptsächlich der Ausdehnung des westlichen Curriculums und den Karrieren westlicher Wissenschaftler dient?[20]

Dieser Gefahr, daß sogenannte Dritte-Welt-Literatur vom westlichen Diskurs verwaltet wird, ist nur entgegenzusteuern von seiten der regionalen Kulturen und Literaturen selbst. So genügt es nicht – nach einer Bemerkung Nadine Gordimers – von der Welt *auf* Afrika zu blicken; vielmehr ist es erforderlich, *von* Afrika aus auf die Welt zu blicken.[21] Erst ein solcher entschiedener Perspektivenwechsel kann auch dazu beitragen, über die einseitige Ausrichtung auf Probleme der Darstellung (Repräsentation) außereuropäischer Gesellschaften und ihrer kulturellen Symbolisierungsformen hinauszuführen, wie sie für die Kulturwissenschaften in den letzten Jahren kennzeichnend war. Aufzugreifen sind die neuen Herausforderungen durch die literarische und textuelle Selbstdarstellung derjenigen Kulturen, die bisher an die Peripherie gedrängt und damit aus dem Weltkultur/literatur-Kanon ausgeschlossen waren.[22] Eine Kanonerweiterung, die sich auf prominente postkoloniale Schriftsteller erstreckt, etwa auf Salman Rushdie, García Márquez, Wole Soyinka, Chinua Achebe, V. S. Naipaul, auf afroamerikanische Schriftstellerinnen wie Zora Neale Hurston und Toni Morrison u. a., ist dazu nur ein erster Schritt. Die Problematik der Kanonselektion selbst fordert m. E. eine weitergehende Neuorientierung der Weltliteraturdebatte: eine Hinwendung zu nichtkanonisierten Texten, die von sich aus und aus der Perspektive der »Peripherie« auf Differenzen bezogen sind und diese oft ausdrücklich zum Thema machen.

Nicht weltliterarischer Konsens, nicht Vielfalt, sondern vor allem die Differenz von Kulturen und Literaturen wird zum Leitbegriff der gegenwärtigen Diskussion. Die postkoloniale Debatte hat dabei den dekonstruktivistischen Begriff der Differenz nachdrücklich mit historischer Erfahrungswirklichkeit aufgeladen[23]: Die dekonstruktivistische Abkehr von fixer, referentieller Bedeutung, von festumgrenzten organischen Kultureinheiten zugunsten von Prozessen; die Abwendung vom Identischen hin zum Andersartigen und Verschiedenen sind wichtige Denkansätze auch für die Konzeptualisierung und Untersuchung von interkulturellen Transfers, von kulturellen Konfrontationen und Übersetzungsvorgängen. Auch Kulturen sind nicht essentielle Ganzheiten und Bedeutungsmonaden, die aus einer geschlossenen Identität heraus bestimmbar wären. Sie sind vielmehr immer schon durch Konstruktionen von Alterität und Alienität[24], aber auch durch Verknüpfung mit »fremden« Kulturen gebrochen.[25]

Was bedeutet dies für die Übersetzung von Kulturen und Texten und für die Konzeption von Weltliteratur? Auch Übersetzungen haben keine kulturellen »Originale« zur Grundlage, sofern diese durch die internationalen Verflechtungen und durch deren rhetorische Brechungen immer schon repräsentiert und »übersetzt« sind. Dies gilt nicht nur für Texte, sondern greift direkt in lebensweltliche Vorgänge ein: »Auch ich bin ein übersetzter Mann. Ich bin *übertragen* worden«, so der Protagonist in Salman Rushdies *Shame*.[26] Angesichts solcher Situation wird es immer nötiger, *vor* der Literaturübersetzung im engeren Sinne anzusetzen und auf den Bedingungsrahmen der interkulturellen Übersetztheit und Ungleichheit zwischen kulturellem Zentrum und Peripherie, zwischen westlichen und nichtwestlichen Kulturen zurückzugehen. Nach wie vor werden kulturelle Differenzen unter dem Deckmantel gemeinsamer Modernisierung, Internationalisierung sowie allgemeiner Grundsätze von Entwicklung und Vernunft verdrängt. Gefordert ist daher eine Auseinandersetzung mit sogenannter Dritte-Welt-Literatur, die nicht vorschnell den Konsens eines gemeinsamen Weltverständnisses anstrebt, sondern die ausdrücklich kulturelle Gegensätze aufgreift und diese produktiv macht. Unter solchem Vorzeichen ist Weltliteratur – wie die jüngsten Ansätze zeigen – gerade nicht aus Internationalisierung abzuleiten, sondern ihr eher als eine kritische Dimension entgegenzuhalten: als komplexer »Ort« für eine Selbstdarstellung der verschiedenen Kulturen und Kulturkonflikte, eng angelehnt an die Selbstäußerungen ihrer Subjekte, als Medium der Verarbeitung von Kolonisierung und Modernisierung, nicht zuletzt auch mit der Stoßkraft eines antieuropäischen »Writing Back«[27].

Zu einer derartigen Gegenperspektive gehören auch eine über Kanonerweiterung hinausgehende Durchsetzung anderer Literaturformen (z. B. Minoritätenliteratur, Migrantenliteratur, antikoloniale Widerstandsliteratur usw.) sowie die Entwicklung neuer textueller / literarischer Formen und Genres jenseits der westlichen Vorstellung von literarischer Autonomie: etwa alternative Formen zum europäischen Roman wie dokumentarische Fiktionen oder Erzählungen eines magischen Realismus, wie er sich vor allem in synkretistischen Gesellschaften entfaltet. Ein deutliches Beispiel für ein nichteuropäisches Erzählgenre ist das lateinamerikanische *testimonio*, das – im Unterschied zur Subjektivität im europäischen Bildungsroman – Selbstzeugnisse von Personen in ethnographischen Lebensgeschichten bzw. in einer kollektiven Gemeinschaft einer lokalen Gesellschaft verankert.[28] Die Dominanz des sprechenden Subjekts, eingeflochtene Anekdoten, Sprichwörter, Dorfgeschichten und andere Formen der Oralliteratur machen in nichteuropäisch geprägter Literatur auch eine Neubewertung von Mündlichkeit geltend, ganz entgegen ihrer weitgehenden Verdrängung durch den schriftlichkeitsfixierten Modernisierungsprozeß.[29] Entscheidend ist auch hier, wie die »Dritte-Welt-Literaturen« Ausdrucksformen eines Widerstands gegen die westlich »übersetzte« Welt entwickeln, wenngleich dies paradoxerweise zumeist auf der Grundlage einer Übersetzung in europäische Sprachen geschieht. Doch auch wenn weder in Indien noch in Afrika gezielt von Weltliteratur die Rede ist, auch wenn die Dritte-Welt-Literaturen unter politischem Vorzeichen Regionalisierung gegen Universalisierung ins Feld führen, sind doch alle diese Literaturen dem System und den Medien weltweiter Vernetzung ausgesetzt.

Für die Analyse dieser Tendenz einer postnationalen Globalisierung sind die Perspektiven des in den USA lebenden indischen Ethnologen und Soziologen Arjun Appadurai weiterführend. Richtungweisend ist seine These, daß Übersetzung durch »Deterritorialisierung« und »Displacement« ersetzt wird, daß aus Übertragungen, Vermischungen und Verschiebungen lokaler Erfahrungen neue Formen vielschichtiger ethnischer und sozialer Identitäten entstehen.[30] In einer gleichsam postnationalen Weltlage, die durch Migration, Exil und Diaspora gekennzeichnet ist, wird auch das starre Konzept der Nation fragwürdig, das der bisherigen Weltliteraturdiskussion zugrunde lag und das gleichsam als »Behältnis« der Weltliteraturen sowie als Ausgangs- und Zielort von Übersetzungsvorgängen angesehen wurde. Die gegenwärtige Erfahrung von »Post-Nationalität«, wie Appadurai sie beschreibt, entspringt dagegen der grenzüberschreitenden Erscheinungsform einer kollektiven Imagination von über die Welt zerstreuten ethnischen Gruppen, die gerade in Literatur, Texten, Büchern, Zeitungen und Filmen ihre entscheidenden Verbindungs- und Vermittlungsmedien besitzen.[31] Solche Konstruktionen von »imagined communities«[32] jenseits gemeinsamer Herkunft, jenseits lokaler Traditionen, über Nationalgrenzen und auch über Sprachgrenzen hinweg werden besonders in literarischen Texten reflektiert und ausgestaltet.[33] Angesichts solch vielschichtiger translokaler Identitäten und Loyalitäten von sozialen und ethnischen Gruppen in nationenübergreifenden Wanderungsbewegungen und Verflechtungen sind sowohl herkömmliche Auffassungen von Übersetzung als auch das Verfahren des Kulturenvergleichs neu zu überdenken.[34]

Im europäischen Zusammenhang gründet das Übersetzen auf einer Vorstellung vom Text als einer unverwechselbaren individuellen Identität und kulturellen Standortgebundenheit: Schon dies steht im Widerspruch zu den Texten, Selbstdarstellungen und Erfahrungen, die aus den immer häufigeren bikulturellen Identitäten, wie afrikanisch-amerikanisch, asiatisch-amerikanisch-europäisch usw., hervorgehen und die das komplexer werdende kollektive Selbstverständnis in seinen Brechungen zu erfassen versuchen.[35] Romane über die Mischung von Kulturen in den Metropolen, wie etwa diejenigen von Salman Rushdie, sind hierfür Musterbeispiele. In ihnen spiegelt sich eine globale Zirkulation von Ideen und Denkweisen. Zugleich zeigen sie, wie kulturelle Übergänge und Übersetzungsprozesse in konfliktreiche Verschiebungen von Lebenslagen eingebunden sind.

Solche Texte der »Weltliteratur« werfen indirekt auch kritische Schlaglichter auf andere Vorgänge weltweiten Austauschs, die Übersetzung für immer überflüssiger halten: etwa auf die *Cross-writing*-Situation der modernen Welt-Informations- und -Wissenschaftskultur, d. h. auf den weltweiten Austausch zwischen multiethnischen und mehrsprachigen Autoren und Adressaten, welche die urbane Gemeinsamkeit elektronischer »Übersetzungs«- bzw. Vernetzungsmedien teilen. Auch in dieser Hinsicht rückt die (Welt)Literatur Ungleichheiten und Differenzen in den Blick, die bei allem Anschein technologischer und ökonomischer Vereinheitlichungen und bei allem Anspruch eines multikulturellen Pluralismus weiterbestehen. Sie führt auf die Frage der Selbstdarstellung solcher kulturellen Differenzen besonders aus marginalen Blickwinkeln, wie sie von den Globalisierungsprozessen nicht erfaßt werden. Denn auch heute gibt es zwar die Rede von der »freien Handelszone« der postnationalen Weltordnung: »Im Grunde sind die USA unter kulturellen Gesichtspunkten bereits eine riesige Freihandelszone voller Ideen, Technologien, Stilen und Ausdrucksformen (von MacDonald's über die Harvard Business School bis hin zum ›Dream Team‹).«[36] Doch daraus folgt noch längst kein »freier geistiger Handelsverkehr« im Sinne Goethes. Eher auf Konsumvielfalt bedacht, ist sie schon gar kein Forum, auf dem die weltweiten kulturellen Differenzen »ausgehandelt« werden könnten.

»Heimatloser Internationalismus« und interkulturelles Spannungsfeld

Dem Internationalismus der modernen Waren- und Medienwelt, der sich über die traditionellen Verortungen der Kulturen hinwegschiebt, kann wiederum mit Bezug auf Goethe kritisch begegnet werden. So betont Homi Bhabha – ein indisch-englisch-amerikanischer Haupttheoretiker des Postkolonialismus –, daß in Goethes Weltliteraturkonzeption eine deutliche Alteritäts-, ja sogar Konfliktdimension enthalten sei. Sie ist Grundlage für die Ausarbeitung einer »komparativen Methode, die den ›unheimlichen‹ Bedingungen der modernen Welt entsprechen würde«[37]. Auch Goethe – so Bhabha – habe seine Weltliteraturkonzeption aus Fremdheits- und Konfliktbewußtsein, aus Kriegserfahrung und kulturellem Dissens heraus entwickelt und eben nicht auf der Basis eines allgemeinmenschlichen Konsenses. Das Studium der Weltliteratur »würde sich weder auf die ›Souveränität‹ nationaler Kulturen noch auf den Universalismus der Menschheitskultur richten, sondern auf die ›besonderen sozialen und kulturellen Verwerfungen‹, die Morrison und Gordimer in ihren ›unheimlichen‹ Fiktionen darstellen«[38]. Mit solcher Rückbindung an den »heimatlosen« Internationalismus von Migration, kultureller Ungleichheit und *displacement* geht Bhabha – so scheint mir – doch weit über seinen Kronzeugen Goethe hinaus, der alle Formen von Alterität noch stets im mildernden Licht einer Humanitätsvorstellung beleuchten konnte, wie sie dem Weltbürger als »Heimat« diente.

Weltliteratur heute bedeutet mehr als das in der europäischen Geschichte lange verfolgte, utopische Konzept, Beispiele von Alterität in die kulturelle Selbstdefinition der eigenen Gesellschaft hereinzuholen. Gefordert ist vielmehr ein aus den einzelnen Gesellschaften und Nationen gleichsam »ausgelagerter« Bereich des Oszillierens zwischen den Kulturen. Hier ist jenseits der Vorstellung von multikulturellen Synthesen, ja »Symphonien« von Kulturen, eher die Produktivität von atonalen Ensemblen, von Grenzerfahrungen, Widersprüchen, Hindernissen und Konflikten zwischen den Kulturen aufzuspüren.[39] Ein derartig gebrochener Internationalismus stellt freilich jeglichen vorschnellen Vermittlungs- und Übersetzungsversuchen Fallen. Jede Übersetzung, jede weltliterarische Horizonterweiterung hat mit kulturellem Mißverstehen[40] zu rechnen, dessen Fruchtbarkeit im folgenden in den Vordergrund gerückt werden soll:

Kulturelles Mißverstehen kann die Standortgebundenheit und damit die Kritisierbarkeit und Kritikfähigkeit kultureller »Positionen« ans Licht bringen, und zwar auf der Ebene der interkulturellen Hermeneutik, im Umgang zwischen den Kulturen selbst und in der spannungsreichen Konfiguration von Texten. Beispielhaft für Weltliteratur wären hier (literarische) Texte, die sich selbst in Weltbeziehungen lokalisieren und in denen kulturelle Positionsbestimmungen reflektiert bzw. ausgestaltet werden (etwa bei Rushdie, Naipaul, Achebe u. a.). Grundlage solcher Texte ist mehr denn je die Verarbeitung von wirklich erfahrener Alterität und selbst durchlebten Kulturenkonflikten, die weit hinausgeht über eine bloße literarische Imagination fremder Welten, weit hinaus auch über ein imaginäres, museales Welt»archiv« von Literaturen.

Amitav Ghosh: »In einem alten Land«

Um nicht in einen verselbständigten postkolonialistischen Jargon zu geraten, gehe ich auf ein konkretes Textbeispiel ein: Amitav Ghosh, *In einem alten Land*. Ghosh, ein in England und den USA ausgebildeter indischer Ethnologe, der zum (Roman)Schriftsteller wurde, schreibt eine besondere Art von Geschichte in ethnologischer Absicht und in Form eines doppelten Reiseberichts. Er berichtet von den Handelsreisen seiner Untersuchungs»objekte«: eines mittelalterlichen Sklaven und seines Herrn sowie von seiner eigenen ethnologischen Forschungsreise nach Ägypten und seiner Suche nach Dokumenten für die Rekonstruktion der Sklavenbiographie. Der collagenartige Zusammenschnitt beider Ebenen – die der rekonstruierten mittelalterlichen Lebensgeschichten und Weltzustände sowie der eigenen interkulturellen Erfahrungen bei den aktuellen Recherchen – bildet den eigentümlichen Spannungsbogen des Buches. Überraschenderweise kommt gleichsam eine umgekehrte Ethnographie heraus. Denn es sind die (ägyptischen) Einheimischen selbst, die nicht nur bohrende Fragen stellen zu religiösen Kulten und fremden kulturellen Praktiken,[41] sondern die diese Praktiken, Kulte und Glaubenshaltungen sogar in Frage stellen.

Die Probleme beginnen bereits mit der Sprache und der Verweigerung von Übersetzung, der Abneigung gegenüber einer differenztilgenden (Welt)Sprache wie Englisch, die fast überall auf der Welt gesprochen wird und in die alles übersetzbar sein soll: »Er schreibt ja noch nicht mal Arabisch«, stellt der alte ägyptische Imam über den indischen Ethnologen-Schriftsteller fest. Und auf den Einwurf: »Das stimmt [...], aber immerhin schreibt er in seinen eigenen Sprachen, und er kann Englisch«, erwidert der Imam: »Ach die [...] Was nützen denn diese Sprachen? Das sind die einfachsten Sprachen der Welt. Die kann doch jeder schreiben.«[42] Abgrenzender Ethnozentrismus aus der Position der Ägypter führt zu kulturellem Mißverstehen, ja zu kulturellem Wetteifer. Gar die Suche nach einer gemeinsamen Sprache scheitert, wo kulturelle Schlüsselpraktiken und Kulte (wie Totenverbrennung, Kult der heiligen Kühe usw.) zur Debatte stehen. Sie scheint hingegen dort zu gelingen, wo es um technologische Errungenschaften geht: um Waffen, Bomben, Atomkraft usw. »Es war die einzige gemeinsame Sprache, die wir für uns finden konnten«[43] – die allgemeine Sprache einer universellen »Metaphysik der modernen Bedeutung«. Hier – in diesem Bereich der Internationalisierung, d.h. Modernisierung der Sprachen und Denkweisen – scheint Übersetzung überflüssig.

Dagegen fördert die Auseinandersetzung über kulturelle Schlüsselpraktiken Selbstabgrenzungen und kulturelle Differenzen, auf die es sich einzulassen lohnt. Gleichsam »unterhalb« der Ebene der Internationalisierung stößt man auf Ungleichzeitigkeiten lokaler Traditionen, auf interkulturelle Widersprüche sowie auf (postkoloniale, modernisierungskritische) Selbstbehauptungen: eine Sphäre nuancenreicher Differenzen, die auch besonders markante sprachliche Übersetzungsprobleme aufwerfen. So bringt etwa in Ghoshs Text die Frage eines Ägypters, ob es wahr sei, daß in Indien die Toten verbrannt würden, den Inder in Übersetzungsschwierigkeiten: »da es mir noch nicht gelungen war, im Arabischen ein Wort wie ›kremieren‹ zu finden, wußte ich, daß ich mich mit dem Ausdruck, den Khamis [der Ägypter – DB] benutzt hatte, würde abfinden müssen – jenem Verb ›verbrennen‹, dem Wort für etwas, was mit Brennholz, Stroh und den in alle Ewigkeit Verdammten passiert. [...] Es gebe dafür ein besonderes Wort, versuchte ich zu erklären, eine besondere Zeremonie, bestimmte Riten und Rituale – es sei nicht so, wie wenn man mit einem Streichholz ein Feuer entzünde. Aber meine Erklärung machte so wenig Eindruck, daß ich ebensogut hätte schweigen können.«[44] Werden selbst tote kleine Kinder verbrannt, ist die Frage, und warum dies? »Sind Menschen denn Fische, die man über einem Feuer brät?« – »Ich weiß nicht, warum«, sagte ich. »Das ist eben so Brauch – es war schon so, als ich auf die Welt kam.«[45] Es folgt als heftige Reaktion ein Einmischungsversuch der ägyptischen Gesprächspartner in die andere Kultur: »Sie müssen dafür sorgen, daß das mit dieser Verbrennerei aufhört. [...] Wenn Sie zurückgehen, sollten Sie den Menschen von unseren Bräuchen erzählen und wie wir diese Dinge machen.«[46] Lachend macht der Ägypter dann doch noch einen Erklärungsvorstoß: Augenscheinlich verbrennen die Inder ihre Toten, um zu vermeiden, daß ihre Körper den Strafen des Jüngsten Gerichts ausgesetzt werden. Diese unterstellte Hinterlist wird für die Ägypter in der weiteren Unterhaltung noch durchaus Gegenstand der Bewunderung. Sie kann in der aktuellen Gesprächssituation auch dazu benutzt werden, den Streit über die Anerkennung fremder kultureller Praktiken bzw. religiöser Riten humorvoll-ironisch zu beschwichtigen.

Was freilich bleibt, ist die in allem unterstellte Differenz zum imaginierten Gegenbild, zu Europa: »Sehen Sie denn nicht, daß das ein primitiver und rückschrittlicher Brauch ist? Seid ihr denn Wilde, daß ihr so etwas zulaßt? [...] Wie soll euer Land sich jemals entwickeln, wenn ihr nicht aufhört, solche Sachen zu machen? Sie sind sogar in Europa gewesen, Sie haben selbst gesehen, wie fortgeschritten die dort sind. Nun sagen Sie mir mal: Haben Sie jemals gesehen, daß die ihre Toten verbrennen?«[47] Der Inder muß dies bejahen: »Jawohl, sie haben dort spezielle elektrische Hochöfen, die nur dafür bestimmt sind.« Lachend und den Inder der Lüge bezichtigend, behaupten die Ägypter, dies könne gar nicht möglich sein, denn die Europäer, die seien »fortschrittlich, die sind gebildet, die haben ihre Wissenschaft, die haben Kanonen, Panzer und Bomben«[48]. Waffen und Bomben hätten freilich auch die Inder, wendet der Inder ein, und die Ägypter, wendet der Ägypter ein. So entfacht sich ein erneuter interkultureller Wettbewerb, der aus einer Minoritätenperspektive heraus geführt wird. Der Inder: »In unserem Land hat's sogar schon eine Atomexplosion gegeben. Das schafft ihr in hundert Jahren nicht.«[49] Es ist der ironisch übersteigerte Wettbewerb zweier »überholter Zivilisationen, die miteinander darum wetteifern, welches ihrer beiden Länder die bessere Technologie der Gewalt besitzt«[50].

An diesem Punkt treffen sich, ja kulminieren die interkulturellen Auseinandersetzungen, gewinnen dabei aber ihren durchaus produktiven Akzent. Denn die eigentliche Differenz, die den Hintergrund dieses Wettbewerbs und Streits bildet, ist die Bezugnahme auf und die Abgrenzung vom Westen.[51] Der Kulturen-Wettstreit wird auf einen gemeinsamen Bezugspunkt der Verständigung hin ausgetragen: »In dem Moment verstanden wir einander vollkommen, trotz der riesigen Kluft zwischen uns. Wir waren beide unterwegs, er und ich, wir reisten beide durch den Westen.«[52] Dabei war es von beiden Kulturen aus möglich, den westlichen Landmarken der Modernisierung und Internationalisierung jeweils eigenes kulturelles Selbstverständnis entgegenzuhalten: Seien es Totenverbrennung, der Kult der heiligen Kühe in Indien oder Klitorisbeschneidung in Ägypten – stets handelt es sich um das Einbringen von Differenz, nicht nur untereinander, sondern gerade auch gegenüber dem Westen. Denn dieser bedeute »für Millionen und Abermillionen von Menschen auf den Landmassen um uns herum nur eines – Wissenschaft, Panzer, Kanonen und Bomben«.[53]

Wie läßt sich diese durchaus problematische Art und Weise der interkulturellen Kommunikation, von der hier die Rede ist, über eine Dialoganalyse hinaus auf ihre kulturpolitischen Implikationen hin theoretisch beschreiben? Ist sie ein Beispiel für die Unausweichlichkeit von Gegensätzen, Hindernissen und Verständnisbarrieren in den Beziehungen zwischen Kulturen überhaupt, wie sie von Konzepten einer »Weltkultur« ebenso mitbedacht werden müßten wie von Neuansätzen zur »Weltliteratur«? In seinem zweiten Aufsatz über »Rasse und Kultur« stellt Claude Lévi-Strauss dazu wichtige Argumente zur Diskussion. Er plädiert für einen kontrollierten kulturellen Ethnozentrismus und betont ein Bedürfnis der Kulturen nach Abgrenzung: Kulturen seien wie Eisenbahnzüge, die auf eigenen Gleisen und noch dazu in verschiedene Richtungen fahren – eine Behauptung, die er gegen den konturenlosen Multikulturalismus der UNESCO stark macht.[54] Man werde wieder lernen müssen, »daß jede wirkliche Schöpfung eine gewisse Taubheit gegenüber dem Reiz anderer Werte voraussetzt, die bis zu ihrer Ablehnung, ja sogar Negation gehen kann. Denn man kann sich nicht gleichzeitig im Genuß des Anderen verlieren, sich mit ihm identifizieren und sich doch in seiner Verschiedenheit erhalten. [...] Die großen schöpferischen Epochen waren die, in denen die Kommunikation hinreichend dicht geworden war, daß entfernte Partner sich anregen konnten, ohne doch so häufig und rasch zu sein, daß die zwischen Individuen wie Gruppen *unerläßlichen Hindernisse* bis zu dem Grade schwanden, daß die allzu große *Leichtigkeit*, mit der sich ein Austausch vollziehen ließ, ihre Verschiedenheit einebnete und aufhob.«[55]

Diese emphatische Betonung der Wichtigkeit von Grenzziehungen zwischen den Kulturen ist freilich keineswegs als ein Plädoyer für gegenseitige Abschottung mißzuverstehen. Vielmehr wird hier eine wichtige Bedingung für einen schöpferischen Umgang der Kulturen miteinander in den Vordergrund gerückt: Verschiedenheit selbstbewußt zu kultivieren und Kontraste produktiv zu machen.

Dennoch ist es bezeichnenderweise ein Anhänger der kulturrelativistischen Anthropologietradition, Clifford Geertz, der gegen Lévi-Strauss an diesem Punkt kritische Einwände äußert. Geertz gibt zu bedenken, daß überhaupt kein weltweiter Konsens in fundamentalen Angelegenheiten, keine Leichtigkeit des Austauschs und schon gar kein langweiliges Nebeneinander von Kulturen zu erwarten ist. Statt Kulturen als fensterlose Monaden gegeneinanderzusetzen, solle man vielmehr die Einsicht in andere, fremde Kulturen fördern und auf Fremdverstehen hinarbeiten, um Alternativen zu den jeweils eigenen Lebensformen und Normen zu gewinnen. Auch über kulturelle Vielfalt müsse man heute anders urteilen, gerade angesichts nicht fest gerahmter kultureller Einheiten, sondern angesichts von »sozialen Räumen, deren Ränder unbestimmt, unregelmäßig und schwer lokalisierbar sind«.[56] Das Leben in einer Collage (d. h. in einer den »blurred genres«

der gegenwärtigen Kulturwissenschaften entsprechenden Lebensform) hebt zwar – so Geertz – Differenzen auf. Es bringt sie aber – so ließe sich mit Lévi-Strauss einwenden – weder zum Verschwinden, noch nimmt sie ihnen ihren Sinn.[57]

Multikulturelle Koexistenz setzt ebenso wie multikulturelle Weltliteraturkonzeptionen ausdrücklich die Erhaltung von Verschiedenheit voraus. Auch wenn es deshalb darauf ankommt, Hindernisse im interkulturellen Austausch, z. B. Selbstbehauptungen, Mißverständnisse, Konflikte usw., produktiv aufzuwerten, sollte dies jedoch nur übergangsweise geschehen. Entscheidend ist, daß solche Hindernisse gerade nicht als ethnozentrische Blockierungen fixiert werden, daß sie vielmehr als notwendige Triebkräfte zu einer wechselseitigen Auseinandersetzung der Kulturen miteinander eingesetzt und weiterentwickelt werden. Jedenfalls fordern gerade die Hindernisse dazu heraus, eigene und fremde kulturelle Positionen ebenso wie kulturelle Praktiken, Texte und Literaturen aus ihrer gewohnten Zuschreibung an Traditionen herauszulösen, sie neu zu lokalisieren und zu differenzieren.

Neue Positionen – »Dritter Raum« – Interkulturelle Zwischenräume

Die postkoloniale Weltliteraturdiskussion weist über eine nur methodische und erkenntnistheoretische Problematisierung der Repräsentation anderer Lebensformen und Denkweisen hinaus. Sie führt ins Feld einer Politik der Repräsentation und der Selbstrepräsentation. Statt fixer Kategorien wie Dritte Welt, Nation, Identität, Kultur usw. werden die »politics of location« (Bhabha) in den Blick genommen.

Wie man kulturelle Standorte markiert, seien es solche der Lebenszusammenhänge oder solche der wissenschaftlichen Argumentation – diese Frage verlangt angesichts der komplexen Kulturenüberlappungen, eine unvermeidliche Ambivalenz anzuerkennen und diese neu zu gewichten. Solches gilt auch für die Übersetzung angesichts nicht mehr klarer Abgrenzungen zwischen Ausgangs- und Zielliteratur bzw. -kultur. Immer stärker wird diskutiert, ob man nicht die Annahme eines dritten Verständigungsraumes brauche, eine neue Position, einen »hybriden« Überlappungsraum (Bhabha) oder eine dritte Sprache:

»eine Theorie der (Dritte-)Welt-Literatur kann weder aus der Sicht eines westlichen Lesers noch aus der eines ›Eingeborenen‹ begründet werden, denn auch die erstere stellt eine Art Nativismus dar. Die Theorie hat diese Alternative zu überwinden und eine neue Position einzunehmen, die gegenwärtig nur in einer Potentialität bestehen kann, die es zu ergreifen und zu entwickeln gilt.«[58]

Die »neue Position« der Weltliteratur-Theorie wird eng angelehnt an die »heimatlose« Zwischenexistenz postkolonialer Subjekte entwikkelt. Es geht darum, einen Spielraum kultureller Synkretisierung, d. h. ein Medium des Aushandelns kultureller Widersprüche und Antagonismen, zu schaffen und fruchtbar zu machen. Entscheidend ist auch hierfür die Anerkennung von kulturellen Differenzen, die – deutlich unterschieden von den oben kritisierten Formen kultureller Dichotomie – ebenso verhandelbar wie praktisch differenzierbar sind: »Kultur impliziert Differenz, doch die Differenzen sind nicht mehr, wenn man so will, taxonomisch; sie sind interaktiv und brechen sich gegenseitig.«[59] Solche Differenz-Position betont, daß der »geistige Handelsverkehr« vor allem an den Grenzen und in den Grenzüberschreitungen von Kulturen geschieht, gerade dort, wo Bedeutungen und Werte nicht in zentralen Texten scheinbar festgeschrieben, sondern wo sie mißverstanden, mißrepräsentiert, ja sogar falsch angeeignet werden.[60]

Jenseits fixer kultureller (ethnischer, geschlechts- und klassenbezogener) Identitäten werden im Weg über diskontinuierliche Übersetzung, Übergangserfahrung und Verhandlung »hybride« Existenzformen herausgebildet: »Hybridität ist ein ›dritter Raum‹, der das Entstehen anderer Positionen erst ermöglicht.«[61] Der Schlüsselbegriff der Hybridität kennzeichnet eine Sphäre, in der man sich innerhalb des Geflechts der Kulturen dem kulturell Anderen aussetzt, was bedingt, daß die zähen Traditionen, an denen das eigene Selbstverständnis jeweils festgemacht wird, gleichsam verflüssigt werden können.

Einen gleichsam »dritten« Verständigungsraum zwischen den Kulturen hatte ich selbst im Zusammenhang einer ethnologischen Erweiterung der interkulturellen Hermeneutik anvisiert: im Sinne eines »›dritten‹, interkulturellen Verstehenshorizonts, eines Horizonts kultureller Symbolisierung und Differenz, der einen Austausch des kulturellen Wissens ermöglicht«.[62] Erst jetzt sehe ich mich in der Lage, den »Ort« dieser dritten Dimension genauer zu markieren: nämlich als eine nicht nur kulturhermeneutisch, sondern auch kulturpolitisch entscheidende Handlungs- und Repräsentationssphäre, in der noch vor jedem Bestreben um inhaltliche Verständigung zunächst die Ausarbeitung von Strategien interkultureller Auseinandersetzung gefordert ist. Von hier aus und auch erst im Umweg über das Aushandeln von Übersetzungswiderständen zwischen den jeweiligen Kulturen und Literaturen – so meine These – kann heute auf eine Übersetzung von Texten und Kulturen hingearbeitet werden: eine Übersetzung, welche sich nicht in den Sog internationalistischer Vereinheitlichung und Vereinnahmung hineinziehen läßt, welche aber auch keinesfalls den Rückzug auf essentialistische Wesensbestimmungen antritt. Mit anderen Worten: Um interkulturelles Verstehen nicht der »Leichtigkeit« der gemeinsamen Sprache kommerzieller Multikultur preiszugeben, sind Vorgänge des Mißverstehens ganz neu zu gewichten. Sie fordern dazu heraus, kulturelle Selbstäußerungen zu profilieren, setzen aber zugleich die eigenen kulturellen Traditionen und Selbstdefinitionen einem Zwang zur Überprüfung aus. Mit der Aufmerksamkeit auf Prozesse des Mißverstehens – und erst über diesen »Umweg« auch auf Verständigungsbemühungen – rückt ein wichtiges Kommunikationselement in den Blick, mit dem sich auch die postkoloniale Rede von Differenz und Verhandlung (*negotiation*) konkreter bestimmen ließe.

Hybride Identitäten und die Zuspitzung kultureller Differenzen in Salman Rushdies Roman ›Die Satanischen Verse‹

Noch stärker ausgeprägt als bei Amitav Ghosh ist diese Sphäre »hybrider« Identitäts-Brechungen in Salman Rushdies Roman *Die Satanischen Verse*. Dort ist sie allerdings weniger durch Verhandlung zwischen entgegenstehenden kulturellen Positionen ausgestaltet als durch eine Ambivalenz und Ent-Zweiung, die in jegliche Position bereits von vornherein eingeschrieben ist. Es handelt sich um die Ent-Zweiung des Ich in den konfliktreichen Zugehörigkeiten zu verschiedenen Kulturen, um die Ent-Zweiung zwischen Gut und Böse, zwischen Gott und dem Teufel, göttlicher Offenbarung und satanischen Versen. Kein stabiles Ich, keine festen moralischen Standpunkte sind mehr auszumachen in den Zwischenexistenzen indischer Ausgewanderter nach England, in ihrer »Hybridität«[63], ihrer Umgestaltung und »Metamorphose«, nicht zuletzt angesichts der zunehmenden Überformung heimatlicher Sitten und religiöser Vorschriften in der »Teufelsstadt«[64] London: »... O du gefährlichste, teuflischste aller Städte! In der solch starke, alles beherrschende Gegensätze unter einem endlos nieselnden Grau ertränkt wurden.«[65] Dieses englische Wetter wird zum Zeichen für die auch »moralische Verschwommenheit der Engländer«[66]. Und wenn Gibril, der indische Filmstar in der Rolle des Erzengels Gabriel, als Erlöser von Bombay nach London zu kommen meint, als »Umgestalter«[67] der Stadt, als Verwandler der empirischen (Kolonial)Geschichte in neue fiktionale Geschichten – dann hat er vor allem ein Ziel im Sinn: die Aufdekkung, Konturierung, ja Zuspitzung der Gegensätze und Konflikte, das Treffen neuer Unterscheidungen im »unterschiedslosen Einheitsbrei«[68] der in der multikulturellen Metropole amalgamierten Geschichte der Ent-Zweiung von Kolonialherren und Kolonisierten. Eine Neukonturierung verwischter Positionen ist auf die Einsicht verwiesen, daß die jeweiligen Standorte – besonders im Zeitalter der Kulturenüberlappung durch Migrationsprozesse – immer schon ambivalent sind und ihre eigene Alterität in sich enthalten, »auf ewig mit dem Widersacher verbunden«[69], sei es als Widerspruch zwischen Kolonisierten und Kolonialherren, zwischen dem »Engel« Gibril und dem Teufel, dem Guten und dem Bösen oder zwischen Gott und den Menschen.

Diese These wird bei Rushdie gleichsam auf höchster Ebene demonstriert und reflektiert. Mahound, ein Synonym für Mohammed, ist als ein durch und durch vermenschlichter Prophet dargestellt, als ein Geschäftsmann, ein Bordellbesucher, der Kompromißbereitschaft und Anpassungsfähigkeit zeigt angesichts der weltweiten Lage zunehmender Ungläubigkeit: »Hier ist er weder Mahomed noch MoeHammered; hat statt dessen das Teufels-Etikett angenommen, das ihm die Farangis [d. h. in Indien gebräuchliche Bezeichnung für Europäer, besonders Engländer – DB] um den Hals hängten.«[70] Mahound alias Mohammed, nach Jahilia, ein fiktives Mekka, versetzt, macht sich die durch westliche Modernisierung und Internationalisierung gewachsene Infragestellung und Anzweifelung des Islam selbst zu eigen, als Selbstbezichtigung und als deutliche Krise seiner eigenen fundamentalistischen Autorität: »In dieser Stadt begründet der zum Propheten gewordene Geschäftsmann Mahound eine der großen Religionen der Welt; und an diesem Tag, seinem Geburtstag, beginnt die Krise seines Lebens. Eine Stimme flüstert ihm ins Ohr: *Was für eine Art Idee bist du? Mann oder Maus?*«[71] Jahilia, die Stadt geldgieriger, profaner Geschäftsleute, voll von fremden Göttern, Göttinnen und Götzen, nötigt Mahound, seine eigene identitätstiftende Botschaft von der Existenz eines *einzigen* Gottes zu relativieren. »Es gibt hier einen Gott namens Allah (das bedeutet schlicht und einfach der Gott). Fragen Sie die Jahilier, und sie werden zugeben, daß dieser Bursche so etwas wie eine übergreifende Autorität besitzt, aber er ist nicht sehr beliebt: ein Generalist in einem Zeitalter von Spezialistenstatuen.«[72] Generalistische Positionen haben im modernen Konflikt der Kulturen nur Aussicht auf Zustimmung und Anerkennung, wenn sie sich zum Spektrum andersartiger Positionen ins Verhältnis setzen, in diesem Fall zu der Vielfalt fremder Konkurrenz-Götter und -Göttinnen. Dazu gehört, daß sich auch religiöse Bräuche der Vielfalt der »verführerischen Gewürze der Profanität«[73] ebenso aussetzen wie der Verführungsmacht anderer Götter und Ersatzgötter. So ist es Mahound selbst, der im Roman den umstrittenen Vorschlag macht, fremde Götter und gerade auch Göttinnen durchaus anzuerkennen und sich damit vom Ein-Gott-Prinzip zu verabschieden.[74]

Die von hier aus und an anderen Stellen in den *Satanischen Versen* entzündeten religiösen Kontroversen transformieren die gesamte Tradition islamischer Auslegung. Sie unterziehen sie einer kulturellen Übersetzung in andere, (verbotene) säkulare Formen der Repräsentation[75]: göttliche Worte in menschliche (literarische) Schrift, ja in verbotene Bilder, in Filme. Die religiösen Überlegungen und Kompromisse des wankelmütigen Propheten, sein Ringen mit Engel und Teufel, werden – aus der Perspektive des Filmemachers Gibril – wie eine Kinoszene arrangiert; zudem wird Mahound selbst vom Verkündiger des Wortes Allahs zum Teilnehmer an einem Dichterwettstreit im fiktiven Mekka. Bei diesem Übergehen in den fiktiven Dichterstand verwandeln sich ihm die verkündigten Gottesworte – ihr eigenes Gegenteil enthaltend – unter der Hand in Teufelsworte, in unreine, satanische Verse. Trotz Widerrufung der satanischen Verse wird Mahound von Allah mit dem Tod seiner Frau bestraft.

Entscheidend ist neben dem Problem solcher Selbstinfragestellungen innerhalb der eigenen Kultur (bzw. innerhalb der eigenen Religion) somit auch der Wechsel in der Art der Repräsentation, durch den das Gotteswort einer kritischen Darstellung ausgeliefert wird. Die literarische Repräsentation spielt hier eine wichtige Rolle. Neben Mahounds

Verwandlung zum Dichter sind noch weitere literarische, fiktionalisierende Umwandlungen am Werk. Vor allem die Satiren des Dichters Baal und die Fälschungen von Mahounds persischem Schreiber Salman sind Quellen für Ent-Zweiungen. Die Ent-Zweiung zwischen Mahound und seinem Schreiber Salman entsteht daraus, daß letzterer die Vorschriften des Propheten heimlich in satanische Verse verwandelt. Er verunreinigt das Wort Gottes durch bewußte Fälschung, um den Propheten und den unkontrollierten Anspruch der religiösen Autorität überhaupt auf die Probe zu stellen. »Er sagte *Christen*, und ich schrieb *Juden*«[76] – eine deutliche Fälschung, die der Schreiber in die umfassendere literarische Tradition der religiösen Satire einreiht, wie sie der Dichter Baal vertritt. Baals satirisch-satanische Verse wiederum entstehen im Bordell, wo er die wahren religiösen Widersprüche aufzufinden glaubt.

Die Literatur selbst, so ließe sich behaupten, wird in diesem Roman als Handlungsträger in einen extrem zugespitzten Prozeß kulturellen Mißverstehens verwickelt. Der Roman reflektiert und demonstriert Schreiben und literarische Fiktion geradezu als Quellen eines Mißverstehens, das über die Situationseingebundenheit und damit Flüchtigkeit dialogischer Mißverständnisse weit hinausgeht. Es handelt sich um bewußt falsche Aneignung kultureller islamischer Tradition durch ein (blasphemisches) Überschreiten göttlicher Gesetze, das sich nicht zuletzt in der Form eines »Überschreibens« vollzieht. Islamische Geschichte wird umgeschrieben, überschrieben. Dadurch kommt es zu einer Zuspitzung religiöser Konflikte im Medium eines poetischen, rhetorischen, ja satirischen »Mißverstehens« religiöser Grundsätze, die damit in Frage und sogar zur Disposition gestellt werden. Der Schreiber schreibt die Worte des Propheten um, »übersetzt« sie ins Säkulare und geht – wie der Dichter – bis an die Toleranzgrenze der Kritik und über sie hinaus. Fälschung und Satire sind dabei literarische Darstellungsmittel, die über eine Provokation von Gegensätzen auf tabufreie Auseinandersetzung drängen, ist es doch die Aufgabe des Dichters, wie es in den *Satanischen Versen* heißt: »das Unnennbare zu benennen, Betrug aufzudecken, Stellung zu beziehen, Auseinandersetzungen in Gang zu bringen, die Welt zu gestalten und sie am Einschlafen zu hindern«[77].

Rushdie realisiert in den *Satanischen Versen* gleichsam eine neuartige Konzeption von Weltliteratur, indem er einerseits die Literatur auf eine selbstreflexive, kritische Auseinandersetzung mit brisanten Weltproblemen verpflichtet; andererseits relativiert er den kanonischen Zentraltext einer Weltreligion, das religiöse Meisterwerk des Korans, durch Bezug auf das Weltsystem anderer, säkularer Texte. Was er auf diese Weise leistet, könnte geradezu als eine mögliche konstruktive Antwort auf den *clash* der Kulturen gesehen werden, wie er von Samuel Huntington behauptet wird: als Experiment einer »Bearbeitung« (rigider) islamischer Positionen angesichts der zunehmenden Gefahr, daß Fundamentalismus, Traditionalismus und Nationalismus zu einem explosiven Unterfutter des modernen Globalismus und seiner grenzverwischenden Dynamik werden. Das (falsche) Aufschreiben der Koranverse kommt einem Umschreiben gleich, das die Grundfesten der moslemischen Kultur untergräbt: Religiöse Grundsätze werden in die (postmoderne, postkoloniale) Hybridität, Unreinheit und Vermischung von Kulturen eingeflochten. In diesem Sinne ist der »hybride« Raum der Kulturenkonfrontation und -übersetzung bei Rushdie ein kulturell-religiöser Grenzraum, in dem – im Gegensatz zu jeglicher fundamentalistischer Abgrenzung und Abschottung – die konstruktive Möglichkeit zum experimentellen und provozierenden »Überschreiben« religiöser Dogmen im Hinblick auf ihre Öffnung und Internationalisierung freigesetzt wird.

Das »Überschreiben« im Medium literarischer Fiktion führt zu Tabu- und Grenzüberschreitungen, z. B. zu Verstößen gegen das islamische Abbildungsverbot, was sich durch Übersetzung der (Propheten)Worte in (falsche) Schrift und (verbotene) Bilder, etwa in Filme, äußert. Dies führt die Diskussion direkt ins Feld einer Politik der Repräsentation: Der Dichter im Roman (Baal) wie der Dichter des Romans (Rushdie) fordern den Kulturenkonflikt heraus, was in beiden Fällen allerdings über massive Sanktionen politisch beantwortet wird. Der Dichter Baal »wurde zum Tod durch das Schwert verurteilt, das Urteil war unverzüglich zu vollstrecken, und als die Soldaten ihn aus dem Zelt zur Hinrichtungsstätte führten, rief er über die Schulter: ›Huren und Dichter, Mahound. Das sind die Leute, denen du nicht vergeben kannst‹.«[78] Salman Rushdies eigenes Todesverdikt, das hier im Roman selbst vorweggenommen ist, zeigt die Grenzen einer zugespitzten Auseinandersetzung mit kulturellen bzw. religiösen Kernpositionen und Dogmen im Medium der Fiktion – die Grenzen, an denen Weltliteratur unweigerlich ins Feld von Weltpolitik übergreift.

Weltliteratur und das interkulturelle Aushandeln von Differenzen

Das Beispiel dieses literarischen Textes bringt kulturelle Differenzen im Horizont eines Antagonismus zwischen Modernisierung und gleichzeitigem religiösen Fundamentalismus innerhalb derselben Kultur zum Vorschein. Es veranschaulicht die Konzeption einer »*inter*-nationalen« Kultur, die nicht auf einer assimilierenden Vielfalt des Multikulturalismus basiert, sondern auf einer spannungsreichen Artikulation kultureller »Hybridität«, wie sie z. B. durch die mehrfachen kulturellen Zugehörigkeiten bzw. die »Wiedergeburt« indischer Einwanderer in England entsteht. Genau in diesem »inter« – an dem sich Kulturen überschneiden – ist Übersetzung verortet, es ist der »in-between space«[79] liminaler Existenzen. Hier ist kulturelle Bedeutung »im Fluß«: »Die nicht-synchrone Zeitlichkeit globaler und nationaler Kulturen öffnet einen kulturellen Raum – einen dritten Raum –, in dem das Aushandeln inkommensurabler Differenzen eine für Grenzexistenzen typische Spannung hervorruft.«[80] Dieser neue Spannungsraum kultureller Auseinandersetzung (»third space«), der durch Massenmigration und bizarre interethnische Beziehungen geschaffen wird, verschiebt ehemalige Identitäten und hebt eindeutige Differenzbestimmungen (Rasse, Geschlecht, Religion, Klasse usw.) auf: »Es geht um die performative Natur differentieller Identitäten: die Regulierung und das Aushandeln von Räumen, die sich kontinuierlich, in *kontingenter* Weise, ausdehnen, die Grenzen neu ziehen und dabei die Begrenztheit jedes Anspruchs auf ein einziges oder autonomes Zeichen von Differenz – sei es Klasse, Geschlecht oder Rasse – aufdecken. Differenz ist weder das Eine noch das Andere, sondern *etwas anderes darüber hinaus, dazwischen* [...].«[81]

Die neuen Ansätze der Weltliteraturdiskussion im Sinne Homi Bhabhas betonen die Ambivalenzen und Übergangsfunktionen des synkretistischen Kultur-Raums. Sie lassen das Übersetzen in diesem Bereich kultureller Über-Gänge gleichsam aus dem Textbereich heraus- und ins Feld der kulturellen sozialen Praxis hineintreten. Damit stellen sie einerseits den herausgehobenen Stellenwert kultureller Selbstauslegung in Frage, wie er in der Kultursemiotik vorherrschte: Kulturelle Bedeutung wäre nicht mehr – wie bei Clifford Geertz und Victor Turner – in *zentralen* kulturellen Praktiken und Texten zu verorten, sondern eher an den Grenzen, bzw. angesichts des Fehlens markanter Grenzen zwischen den Kulturen, in einer Übergangszone. Andererseits erfährt auch die Metapher vom freien Handelsverkehr eine Herausforderung. Sie steht nicht mehr dafür, daß der Dichter in der »Rolle eines Handelsmanns« kulturelle Bedeutungen wie fertige, konsumierbar gemachte »Waren« (Goethe) in einem vielfältigen Angebot zu Markte trägt.[82] Vielmehr werden kulturelle Bedeutungen – in heutiger Sicht – durch prekäre »borderline negotiations of cultural translation«[83] bestimmt, d. h. bereits im Licht interkultureller Symbolisierungsunterschiede ausgebildet, in Handlungen und Verhandlungen eingebunden und dadurch zur Disposition gestellt. Die Grenzen eines solchen emphatischen Konzepts des »Aushandelns« liegen sicherlich dort, wo Verhandlungsbereitschaft – wie etwa im Fall Rushdie oder Ken Saro-Wiwa – kompromißlos durch Gewalt und Todesurteil ersetzt wird.

Was bedeutet dennoch das Konzept des »Aushandelns« für die Frage der Übersetzung? Statt von einer Einbahnstraße zwischen Ausgangstext und Zieltext ist in allen Versuchen kulturellen und literarischen Übersetzens eher von den Vielgleisigkeiten und Ungleichzeitigkeiten der »cultural hybridities«[84] auszugehen. Hier stößt man nicht nur auf den Interaktionsraum eines »neuen Internationalismus« im Sinne einer vielschichtigen Praxis und Poetik der weltweiten Migration, auf die kulturelle Symbolik, in welche die komplexen historischen Transformationsprozesse der (postkolonialen) Gesellschaften selbst »übersetzt« werden. Hier liegen vor allem auch die Gelenkstellen, an denen globale Multikultur in konkrete historische Örtlichkeit, ins Spezifische (rück)übersetzt werden kann: »Jede transnationale Kulturbetrachtung muß in jeweils lokalen und spezifischen Zusammenhängen dasjenige ›übersetzen‹, was diese transnationale Globalität dezentriert und unterwandert, damit sie den neuen globalen Technologien der ideologischen Übertragung und des kulturellen Konsums nicht auf den Leim geht.«[85] Postkoloniale Übersetzung bedeutet demnach Dezentrierung und Lokalisierung von (gemischten) Kulturen. Sie verläuft quer zu den traditionellen Übersetzungsachsen zwischen verschiedenen, voneinander abgegrenzten Hochkulturen und -literaturen.

Lokalisierung von Kulturen meint dabei mehr als nur komplexe räumliche Zuordnung. Vielmehr geht es um Verortung im Feld der (Selbst-)Artikulation, d. h. der konfliktreichen Verhandlung zwischen unterschiedlichen Stimmen der Einmischung. Texte, Zeichen und

Sprachen sind hier als praxisbezogene Medien für Differenz zu denken, die ausdrücklich von Handelnden und neuen (subalternen) Handlungsansprüchen aus durchkreuzt und umgedeutet werden, ist doch dieser neue »Ort« weitgehend von postkolonialen Völkern aus konstituiert: als Erinnerungsort des Kolonialismus und hierdurch als Ort der Konstruktion des postkolonialen Subjekts, die weitgehend im erinnernden Diskurs geschieht und eben nicht nur durch politisch-ökonomische Prozesse.

Der »postkoloniale« Übersetzungsraum eröffnet sich im Ausgang von inkommensurablen Lebensformen und gebrochenen Bedeutungen.[86] Im Hinblick auf diese komplexe Lage könnte man schließlich auch das Paradigma von »Kultur als Text« an seine Grenzen führen. Mit diesem zählebigen Paradigma konnten die Kulturwissenschaften auf dem gemeinsamen Nenner der Kultursemiotik lange Zeit eine Übersetzbarkeit von Kulturen ineinander behaupten. Kultur *als* Übersetzung ist dagegen ein neues Paradigma, das den Verhandlungscharakter bei der Konstitution und Behauptung von Kulturen betont, den »Handelsverkehr« auf der problematischen Suche nach kultureller Kommensurabilität und zugleich lokal-historischer Rückbindung.

Zur Konkretisierung dieser Überlegungen sei noch einmal auf den Ausgangstext von Amitav Ghosh zurückgegangen. Er verkörpert eine historische Rekonstruktion von der Art einer Geschichtscollage, die einen kontrastiv-narrativen Spannungsbogen herstellt zwischen dem Kosmopolitismus der mittelalterlichen Geschichte sowie den interkulturellen Erfahrungen und Problemen im Verlauf der Rekonstruktion selbst. Es geht um das Auftauchen des historischen Subjekts aus mittelalterlichen Quellen (Briefen, Fragmenten) auf der Bühne der modernen Welt – ein durchaus »postmodernes« Unternehmen. Das historische Subjekt ist gleichsam »subaltern«, ein Sklave, ein bisher Namenloser, vergessen von der Geschichte, ein marginales Wesen, unfähig, sich in die Geschichte einzuschreiben, aus einer Zeit, »da die einzigen Menschen, für die wir uns eine wirklich individuelle humane Existenz vorzustellen vermögen, Leute sind, die Lesen und Schreiben können und die bedeutend sind: diejenigen, die über die Mittel verfügen, sich in die Geschichte einzuschreiben. Der Sklave von MS. H.6 war nichts von all dem.«[87] Untergegangen im Prozeß des Kolonialismus, erscheint dieser Sklave – und das ist das Raffinierte an Ghoshs Darstellung – wie ein Vorläufer der postkolonialen Subjekte, seien es Inder oder Ägypter. Ghosh versucht, durch die Rekonstruktion des Namens des Sklaven, Bomma (aus dem Sanskrit-Hinduistischen Brahma abgeleitet), einen Leitfaden für die Rekonstruktion einer (Lebens)Geschichte zu finden und dem Sklaven einen (namentlichen) Platz in der Weltgeschichte zu verschaffen.[88]

Unter welchem Vorzeichen jedoch wird diese Geschichte aufgefaßt? Es ist die Geschichte der Auf-, ja Zerteilung der Welt; der Vorgang einer »Zersplitterung der Vergangenheit«[89]. Die historischen Abbrüche infolge der Aufrichtung von Trennwänden zwischen den Kulturen und Religionen nach dem Einbruch westlicher Hegemonie versucht Ghoshs Text jedoch über Strategien des Erinnerns wieder zusammenzufügen. Stand der hinduistische Sklave im Mittelalter im Dienst eines jüdischen Herrn (Ben Yiju), der an moslemischer Religion und gleichzeitig an magischen Kulten teilhatte, und geschah dies noch im Zusammenhang einer gleichsam synkretistischen Religiosität bzw. einer wechselseitigen Beeinflussung der Religionen[90] – so stellt sich heute die Globalsituation ähnlich und doch anders dar. Ghosh stößt zwar auf Vergleichbarkeiten zwischen heutigen Globalbeziehungen und dem mittelalterlichen Weltzustand des Handels in seinen Beziehungsnetzen des transkontinentalen Sklavenhandels[91] und in seinem Austausch von Kulturen[92]. Er hebt allerdings als Leitlinie seines »Romans« hervor, daß die bis heute erhebliche Verschärfung der Abgrenzungen zwischen Kulturen und Religionen im Mittelalter noch keine Entsprechung hatte: »Bei geschäftlichen Dingen scheint Ben Yijus Verbindungsnetz auf viele jener Grenzen, die heute als soziale, religiöse und geographische Trennlinien betrachtet werden, keinerlei Rücksicht genommen zu haben.«[93] Was freilich bis in die Gegenwart hinein das Verbindende bleibt, ist die »lange Geschichte des Reisens«[94]. Sie bildet einen gemeinsamen Nenner für die Handelsreisen des mittelalterlichen Sklaven und seines Herrn zwischen Ägypten und Indien, die Reisen des Ethnographen sowie die Pilgerreisen, bis hin zur Arbeitsmigration und zu den Grenzüberschreitungen der Einheimischen als Soldaten und Kriegsteilnehmer in Nachbarländer.

Geschichte als Reise, die verbindet und Differenzen überwindet, dies ist zwar durchaus eine Vorstellung, die bis hin zur gegenwärtigen Reisekultur die Tendenz zu grenzüberschreitender Internationalisierung mit sich führt. Allerdings scheint es mir problematisch, von hier aus eine Metapher von »Kultur als Reise«[95] abzuleiten, wie sie James Clifford mit Blick auf die übergreifende »intercultural connection«[96] als richtungweisendes Gleichnis für komparatistische Forschung (also auch für die Weltliteraturdiskussion) im späten 20. Jahrhundert neu gewichtet. Clifford, der ebenfalls von einem Amitav-Ghosh-Text aus argumentiert (der Kurzgeschichte »The Imam and the Indian«), läuft mit dieser Reisemetapher jedoch Gefahr, gerade die interkulturellen Differenzen auszublenden. Selbst wenn er Reise als »translation term«[97] auffaßt, meint er damit nur globale Vergleichbarkeit. Nicht erfaßt wird hingegen die Frage, wie kulturelle Gegensätze produktiv gemacht werden könnten und sollten. Die Perspektive von »Kultur als Übersetzung« könnte dagegen m. E. weiterführen, da sie die (konfliktvermittelten) Transformationsprozesse im Verlauf interkultureller Kontakte stärker in den Blick rückt. Dazu gehören nicht zuletzt auch die durch eine internationalisierte Medien-, Technologie- und Konsumsphäre ausgelösten Ungleichzeitigkeiten und Widersprüche, die der Erzähler in Ghoshs Text mit dem »Gefühl des Entrücktseins, als hätte ich einen Sprung von einer Epoche zur anderen gemacht«[98], beschreibt. Auch sie sind auf ständige Übersetzungsleistungen angewiesen.

Dies führt schließlich zurück zur Ausgangsfrage: Gibt es eine (gemeinsame) Sprache, in der die Gewinne und Verluste des »geistigen Handelsverkehrs«, also Kosmopolitismus, aber auch Mißverstehen und Ungleichzeitigkeiten, artikuliert und praktisch ausgehandelt werden können? Die Möglichkeit einer solchen Sprache, in der man unterschiedliche kulturelle Erfahrungen anderen vermitteln könnte, stößt in Ghoshs Text auf erhebliche Skepsis, besonders angesichts der Macht einer verallgemeinernden Rhetorik über den Dialog des Besonderen und der Differenzen: »Mir schien, als hätten der Imām und ich an unserer eigenen endgültigen Niederlage mitgewirkt, an der Auflösung des jahrhundertealten Dialogs, der uns verbunden hatte. Wir hatten den unumkehrbaren Triumph der Sprache demonstriert, die all jene anderen verdrängt hat, in denen die Menschen einst über ihre Unterschiede diskutiert hatten [d. h. den Triumph der internationalen Sprache der technologisierten Gewalt – DB]. Wir hatten bestätigt, daß es nicht mehr möglich war, so zu sprechen, wie Ben Yiju oder sein Sklave oder irgendeiner jener Tausenden von Reisenden vielleicht gesprochen hatten, die im Mittelalter den Indischen Ozean überquerten: von Dingen, die richtig waren, oder gut, oder von Gott gewollt. Es wäre einfach absurd gewesen, wenn einer von uns diese Worte benutzt hätte, denn sie gehörten einer demontierten Sprosse auf der aufsteigenden Entwicklungsleiter an. Statt dessen hatten wir beide, um uns verständlich zu machen, ich, ein Student der ›Human‹-Wissenschaft, und er, ein altmodischer Dorf-Imām, auf genau jene Ausdrücke zurückgegriffen, die Weltführer und Staatsmänner auf großen globalen Konferenzen verwenden, die universelle, unwiderstehliche Metaphysik moderner Bedeutung. Tatsächlich hatte er mir folgendes gesagt: ›Ihr solltet nicht tun, was ihr tut, weil ihr sonst keine Kanonen, Panzer und Bomben bekommt.‹ Es war die einzige gemeinsame Sprache, die wir für uns finden konnten.«[99]

Über diese scheinbar einzige gemeinsame und allgemeine Bezugssprache von Militär, Technologie, Wissenschaft, Ökonomie und Konsum hinaus, öffnen neue Konzepte und neue Beispiele der Weltliteratur den Blick für andere Sprach- und Texthorizonte: für die betont mehrdeutigen und verhandelbaren kulturellen Symbolisierungen. Quer zu den Sprachen der globalen Internationalisierung, die eine immer stärkere Angleichung der Lebenswelten zum Ausdruck bringen und zugleich befördern, sind die Differenzierungs- und Differenzleistungen der Literaturen der Welt eine unbequeme Herausforderung. Mit ihrem Vorhaben einer »internationalistischen Gegen-Artikulation«[100] sprengen sie festgefügte Vorstellungen von einer vorgängigen, d. h. (westlich) vordefinierten gemeinsamen Sprache einer universalen Kultur und Literatur. Vielmehr verlangen sie ständige wechselseitige Übersetzungsbemühungen im Weg der Auseinandersetzung über kulturelle Unterschiede, wie sie in den Literaturen selbst ausgetragen und von ihnen aus provoziert werden.

Anmerkungen

1 Amitav Ghosh, *In einem alten Land. Eine Reise in die Vergangenheit des Orients*, aus dem Englischen von Matthias Müller, Reinbek 1995 (engl.: *In an Antique Land*, New York 1993), S. 229.

2 A. a. O., S. 229.

3 Vgl. a. a. O., S. 228f.

4 Samuel P. Huntington, »The Clash of Civilizations?«, in: *Foreign Affairs* (Summer 1993), S. 23–49.

5 A. a. O., S. 23.

6 Vgl. Leo Kreutzer, »›WELTLITERATUR!‹ Weltliteratur? Zur kulturpolitischen Diskussion eines verfänglichen Begriffs«, in: *Welfengarten. Jahrbuch für Essayismus*, Bd. 5., Hannover 1995, S. 213–230.

7 Vgl. Gregor Paul, »Literarische Universalien und der Begriff der Weltliteratur«, in: *IVG. Akten des VIII. Internationalen Germanisten-Kongresses. Tokyo 1990*, München 1991, S. X, S. 153–160.

8 János Riesz, »Weltliteratur zwischen ›Erster‹ und ›Dritter‹ Welt. Die Verantwortung der Vergleichenden Literaturwissenschaft (Komparatistik) heute«, in: *Zeitschrift für Kulturaustausch* 2 (1983), S. 140–148, hier S. 145.

9 Horst Steinmetz, »Weltliteratur. Umriß eines literaturgeschichtlichen Konzepts«, in: *Arcadia* 20 / 1 (1985), S. 2–19, hier S. 15.

10 Vgl. Fawzi Boubia, »Goethes Theorie der Alterität und die Idee der Weltliteratur. Ein Beitrag zur neueren Kulturdebatte«, in: Bernd Thum (Hg.), *Gegenwart als kulturelles Erbe. Ein Beitrag zur Kulturwissenschaft deutschsprachiger Länder*, München 1985, S. 269–301, hier S. 282.

11 A. a. O., S. 285.

12 Vgl. besonders James Clifford / George E. Marcus (Hg.), *Writing Culture*, Berkeley 1986; James Clifford, »Über ethnographische Autorität«, in: Eberhard Berg / Martin Fuchs (Hg.), *Kultur, soziale Praxis, Text. Die Krise der ethnographischen Repräsentation*, Frankfurt am Main 1993, S. 109–157; vgl. Doris Bachmann-Medick, »›Writing Culture‹ – ein Diskurs zwischen Ethnologie und Literaturwissenschaft«, in: *Kea. Zeitschrift für Kulturwissenschaften* 4 (1992), S. 1–20.

13 Vgl. Edward W. Said, *Orientalism*, London 1978.

14 Fredric Jameson, »Third-World Literature in the Era of Multinational Capitalism«, in: *Social Text* 15 (1986), S. 65–88, hier S. 68.

15 A. a. O., S. 69.

16 Aijaz Ahmad, »Jameson's Rhetoric of Otherness and the ›National Allegory‹«, in: ders., *In Theory. Classes, Nations, Literatures*, London / New York 1992, S. 95–122, hier S. 103.

17 Ahmad, »Literary Theory and ›Third World Literature‹: Some Contexts«, in: ders., *In Theory*, S. 43–71, hier S. 45.

18 Vgl. a. a. O., S. 5, 80.

19 Zu letzterer vgl. das postkoloniale Manifest von Ngugi wa Thiong'o, *Decolonising the Mind. The Politics of Language in African Literature*, Nairobi / London / Portsmouth / Harare 1986, bes. S. 27ff.

20 Vgl. Ahmad, *In Theory*, S. 45, 92.

21 Zit. nach Susan Bassnett, *Comparative Literature. A Critical Introduction*, Oxford 1993, S. 74 (»One must look at the world *from Africa*, to be an African writer, not look *upon Africa*, from the world«).

22 Vgl. Ahmad, *In Theory*, S. 15.

23 Vgl. in dieser Hinsicht Barbara Johnsons Absicht, »to transfer the analysis of difference... out of the realm of linguistic universality or deconstructive allegory and into contexts in which difference is very much at issue in the ›real world‹«. (Barbara Johnson, *A World of Difference*, Baltimore 1987, S. 2).

24 Siehe hierzu Horst Turk, »Alienität und Alterität als Schlüsselbegriffe einer Kultursemantik. Zum Fremdheitsbegriff der Übersetzungsforschung«, in: Alois Wierlacher (Hg.), *Kulturthema Fremdheit. Leitbegriffe und Problemfelder kulturwissenschaftlicher Fremdheitsforschung*, München 1993, S. 173–197.

25 Vgl. James Clifford, »Introduction: The Pure Products Go Crazy«, in: ders., *The Predicament of Culture. Twentieth-Century Ethnography, Literature, and Art*, Cambridge 1988, S. 1–17, bes. S. 8, 14. – Zur Hervorhebung kultureller Beziehungsgeflechte anstelle von homogenen, voneinander isolierten Kulturkreisen vgl. auch Eric R. Wolf, *Die Völker ohne Geschichte. Europa und die andere Welt seit 1400*, Frankfurt am Main / New York 1986, S. 17ff.

26 Salman Rushdie, *Scham und Schande. Roman*, München / Zürich 1990 (engl.: *Shame*, London 1983), S. 35; vgl. Sara Suleri, *The Rhetoric of English India*, Chicago / London 1992, S. 188. Vgl. Salman Rushdie, *Heimatländer der Phantasie. Essays und Kritiken 1981–1991*, München 1992 (engl.: London 1991), S. 31, als Kennzeichen für die Situation des britisch-indischen Schriftstellers und britisch-indischer »Identität« überhaupt: »Da wir quer über die Welt getragen wurden, sind auch wir selbst *translated* – übertragene Menschen. Normalerweise wird vorausgesetzt, daß bei der Übersetzung immer etwas verlorengeht; ich halte hartnäckig an der Auffassung fest, daß genauso etwas gewonnen werden kann.«

27 Vgl. Bill Ashcroft / Gareth Griffiths / Helen Tiffin (Hg.), *The Empire Writes Back. Theory and Practice in Post-Colonial Literatures*, London /

New York 1989. – Daß sich Dritte-Welt-Literatur durch eine besondere Bewußtheit im Erfinden von lokalen Taktiken auszeichnet, die als Momente kulturellen Widerstands gegen die globale ökonomische Weltordnung gerichtet werden, dies betont Henry Schwarz, »Provocations Toward a Theory of Third World Literature«, in: *Mississippi Review* 17 / 2 (1989), S. 177–201, hier S. 198.

28 Vgl. John Beverley, »The Margin at the Center. On *Testimonio* (Testimonial Narrative)«, in: *Modern Fiction Studies* (Special Issue: Narratives of Colonial Resistance, hrsg. von Timothy Brennan), 35 / 1 (1989), S. 11–28, hier S. 17.

29 A. a. O., S. 17; Timothy Brennan, »Introduction«, ebenda, S. 6.

30 Vgl. Arjun Appadurai, »Global Ethnoscapes: Notes and Queries for a Transnational Anthropology«, in: Richard G. Fox (Hg.), *Recapturing Anthropology. Working in the Present*, Santa Fe 1991, S. 191–210.

31 Vgl. Arjun Appadurai, »Patriotism and Its Future«, in: *Public Culture* 5 (1993), S. 411–429, hier S. 414.

32 Vgl. Benedict Anderson, *Die Erfindung der Nation. Zur Karriere eines folgenreichen Konzepts*, Frankfurt am Main / New York 1988 (engl.: *Imagined Communities*, London 1983).

33 Vgl. Texte und Filme der »multikulturellen« Metropolen, aber auch anderer Erfahrungsorte imaginativer Identitätskonstruktionen in der Diaspora – so das Beispiel eines ins Innere Afrikas versetzten indischen Paares: »Das alte Paar schien nicht zu wissen, wo es war. Der afrikanische Busch lag vor ihrer Tür; aber sie sprachen kein Französisch, keine afrikanische Sprache, und aus ihrem Benehmen hätte man schließen können, daß der Fluß unten an der Straße der Ganges wäre, mit Tempeln und Priestern und Badetreppen« (V. S. Naipaul, *An der Biegung des großen Flusses*. Roman, München 1993, S. 33).

34 Appadurai, »Patriotism and Its Future«, S. 419.

35 A. a. O., S. 425.

36 A. a. O., S. 427.

37 Homi K. Bhabha, *The Location of Culture*, London / New York 1994, S. 11.

38 A. a. O., S. 12.

39 Vgl. Edward W. Said, »Figures, Configurations, Transfigurations«, in: Jeffrey N. Cox / Larry D. Reynolds (Hg.), *New Historical Study. Essays on Reproducing Texts, Representing History*, Princeton 1993, S. 316–330, hier S. 328 ff.

40 Vgl. Doris Bachmann-Medick, »Kulturelle Texte und interkulturelles (Miß-)Verstehen. Kulturanthropologische Herausforderungen für die interkulturelle Literaturwissenschaft«, in: Alois Wierlacher (Hg.), *Perspektiven und Verfahren interkultureller Germanistik. Akten des I. Kongresses der Gesellschaft für Interkulturelle Germanistik*, München 1987, S. 653–664.

41 Vgl. Ghosh, *In einem alten Land*, S. 44 f.
42 A. a. O., S. 227.
43 A. a. O., S. 229.
44 A. a. O., S. 162 f.
45 A. a. O., S. 163.
46 A. a. O., S. 163.
47 A. a. O., S. 227.
48 A. a. O., S. 228.
49 A. a. O., S. 228.
50 A. a. O., S. 228.
51 Zur Problematik des westorientierten interkulturellen Wettbewerbs vgl. Madhava Prasad, »On the Question of a Theory of (Third World) Literature«, in: *Social Text* 31 / 32 (1992), S. 57–83, hier S. 61: »Of course, there is as yet no space for the colonial subject outside this space of comparison and competition.«
52 Ghosh, *In einem alten Land*, S. 228 f.
53 A. a. O., S. 229.
54 Claude Lévi-Strauss, »Rasse und Kultur«, in: ders., *Der Blick aus der Ferne*, Frankfurt am Main 1993, S. 21–52, hier S. 51 f.
55 A. a. O., S. 51 f. (Hervorhebungen von mir – DB).
56 Clifford Geertz, »The Uses of Diversity«, in: *Michigan Quarterly Review* 25 (1986), S. 105–123, hier S. 121.
57 Zu dieser Ethnozentrismus-Debatte vgl. Geertz, a. a. O., sowie Richard Rorty, »On Ethnocentrism. A Reply to Clifford Geertz«, in: *Michigan Quarterly Review* 25 (1986), S. 524–534. Rorty verteidigt hier einen Anti-Anti-Ethnozentrismus, d. h. einen kontrollierten Ethnozentrismus, der eine Selbstverortung der eigenen Meinung – z. B. eine Argumentation »als Europäer«, »als Christ« – vornimmt.
58 Prasad, »On the Question of a Theory of (Third World) Literature«, S. 77.
59 Appadurai, »Global Ethnoscapes«, S. 205.
60 Vgl. Bhabha, »The Commitment to Theory«, in: ders., *Location of Culture*, S. 19–39, hier S. 34.
61 »The Third Space. Interview with Homi Bhabha«, in: Jonathan Rutherford (Hg.), *Identity. Community, Culture, Difference*, London 1990, S. 207–221, hier S. 211.
62 Bachmann-Medick, »Kulturelle Texte und interkulturelles (Miß-)Verstehen«, S. 661.
63 Vgl. Salman Rushdie, *Die Satanischen Verse*. Roman, Artikel 19 Verlag 1989, S. 425.
64 A. a. O., S. 253.
65 A. a. O., S. 354.
66 A. a. O., S. 355.
67 A. a. O., S. 354.
68 A. a. O., S. 355.

69 A. a. O., S. 354.
70 A. a. O., S. 99.
71 A. a. O., S. 100f.
72 A. a. O., S. 105.
73 A. a. O., S. 109.
74 A. a. O., S. 111.
75 Vgl. a. a. O., S. 212.
76 A. a. O., S. 369.
77 A. a. O., S. 103.
78 A. a. O., S. 392.
79 Vgl. Bhabha, *Location of Culture*, S. 38.
80 Bhabha, »How Newness Enters the World. Postmodern Space, Postcolonial Times and the Trials of Cultural Translation«, in: *Location of Culture*, S. 212–235, hier S. 218.
81 A. a. O., S. 219.
82 Vgl. Goethes Bemerkungen in den »Noten und Abhandlungen« zum *West-Östlichen Divan*: »Damit aber alles, was der Reisende [der Dichter –DB] zurückbringt, den Seinigen schneller behage, übernimmt er die Rolle eines Handelsmanns, der seine Waren gefällig auslegt und sie auf mancherlei Weise angenehm zu machen sucht...« (Johann Wolfgang Goethe, *West-Östlicher Divan. Noten und Abhandlungen, Goethes Werke*, hrsg. von Erich Trunz, Hamburg 1949, Bd. II, S. 127).
83 Bhabha, *Location of Culture*, S. 223.
84 A. a. O., S. 2.
85 A. a. O., S. 241.
86 Vgl. a. a. O., S. 125.
87 Amitav Ghosh, »The Slave of MS. H.6«, in: Partha Chatterjee / Gyanendra Pandey (Hg.), *Subaltern Studies VII. Writings on South Asian History and Society*, Delhi / Oxford / New York 1993, S. 159–220, hier S. 161. Dieser Aufsatz macht die in Ghoshs Buch aufgesplitterte, d. h. von gegenwartsbezogenen Handlungssträngen immer wieder unterbrochene historische Rekonstruktion besser verständlich. Hier argumentiert Ghosh als Ethnohistoriker und legt seine Auswertungen des recherchierten Quellenmaterials dar.
88 Vgl. a. a. O., S. 167, 187.
89 Vgl. Ghosh, *In einem alten Land*, S. 331 (der Satz, in dem diese Formel vorkommt, fehlt in der deutschen Übersetzung).
90 Vgl. a. a. O., S. 252f.
91 Vgl. a. a. O., S. 240.
92 A. a. O., S. 52.
93 A. a. O., S. 269. Daß die Grundeinstellung von Ghoshs Roman überhaupt das »Toleranzpotential« betone, dies heben drei Interpreten hervor, die selbst das interessante Experiment eines gleichsam interkulturellen »Aushandelns« auf der Ebene der Analyse dieses zwischenkulturellen Textes

vorgeführt haben: Moustafa Maher (Kairo) / Ulrich Müller (Salzburg) / Pramod Talgeri (New Delhi), »Eine Reise durch Kulturen und Zeiten: Amitav Ghosh, *In An Antique Land* (1992). ›Essai‹ eines interkulturellen Interpretations-Mosaiks«, in: Götz Hindelang / Eckard Rolf / Werner Zillig (Hg.), *Gebrauch der Sprache.* Festschrift für Franz Hundsnurscher zum 60. Geburtstag, Münster 1995, S. 252–271.

94 Ghosh, *In einem alten Land*, S. 167f.

95 Vgl. James Clifford, »Traveling Cultures«, in: Lawrence Grossberg / Cary Nelson / Paula A. Treichler (Hg.), *Cultural Studies*, New York / London 1992, S. 96–112, hier S. 103 (»Culture *as* travel«).

96 Vgl. James Clifford, »The Transit Lounge of Culture«, in: *Times Literary Supplement* (3. 5. 1991), S. 7–8, hier S. 8.

97 Clifford, »Traveling Cultures«, S. 110.

98 Ghosh, *In einem alten Land*, S. 290.

99 A. a. O., S. 229.

100 Edward W. Said, *Kultur und Imperialismus. Einbildungskraft und Politik im Zeitalter der Macht*, Frankfurt am Main 1994 (engl.: *Culture and Imperialism*, New York 1993), S. 411.

Anhang

Quellennachweise

Phyllis Gorfain, »Spiel und die Unsicherheit des Wissens in Shakespeares *Hamlet* ist eine gekürzte Fassung von: »Play and the Problem of Knowing in *Hamlet*: An Excursion into Interpretive Anthropology«, in: Victor W. Turner / Edward M. Bruner (Hg.), *The Anthropology of Experience*, Urbana / Chicago 1986, S. 207–238

Doris Bachmann-Medick, »Kulturelle Spielräume: Drama und Theater im Licht ethnologischer Ritualforschung«, ist die stark überarbeitete Fassung eines Beitrags in: Erika Fischer-Lichte u. a. (Hg.), *Soziale und theatralische Konventionen als Problem der Dramenübersetzung*, Tübingen 1988, S. 153–177.

Richard Handler / Daniel A. Segal, »Jane Austen und die Darstellung vielstimmiger Wirklichkeiten« (»Jane Austen and the Narration of Multiple Realities«), ist die Neufassung eines Kapitels aus ihrem Buch: *Jane Austen and the Fiction of Culture. An Essay on the Narration of Social Realities*, Tucson 1990, S. 111–134.

Vincent Crapanzano, »Das Dilemma des Hermes: Die verschleierte Unterwanderung der ethnographischen Beschreibung«, erschien unter dem Titel »Hermes' Dilemma: The Masking of Subversion in Ethnographic Description«, in: James Clifford / George E. Marcus (Hg.), *Writing Culture. The Poetics and Politics of Ethnography*, Berkeley 1986, S. 51–76 (wiederabgedr. als Kapitel »Hermes' Dilemma«, in Crapanzanos Buch: *Hermes' Dilemma and Hamlet's Desire. On the Epistemology of Interpretation*, Cambridge / London 1992, S. 43–69).

James Clifford, »Über ethnographische Selbststilisierung: Conrad und Malinowski«, erschien unter dem Titel »On Ethnographic Self-Fashioning: Conrad and Malinowski« in Cliffords Buch: *The Predicament of Culture. Twentieth-Century Ethnography, Literature, and Art*, Cambridge, Mass. 1988, S. 92–113.

Christopher L. Miller, »Lesen mit westlichen Augen: Frankophone Literatur und Anthropologie in Afrika«, ist eine leicht gekürzte Fassung von: »Reading Through Western Eyes«, der Einleitung zu Millers Buch: *Theories of Africans. Francophone Literature and Anthropology in Africa*, Chicago / London 1990, S. 1–30.

Doris Bachmann-Medick, »Multikultur oder kulturelle Differenzen? Neue Konzepte von Weltliteratur und Übersetzung in postkolonialer Perspektive«, ist die leicht veränderte Fassung eines Beitrags, in: *Deutsche Vierteljahrsschrift für Literaturwissenschaft und Geistesgeschichte* 68, 4 (1994), S. 585–612.

Auswahlbibliographie

Literatur und Philosophische Anthropologie

Ahrens, Rüdiger / Antor, Heinz (Hg.), *Text–Culture–Reception. Cross-Cultural Aspects of English Studies*, Heidelberg 1992.

Assmann, Aleida / Harth, Dietrich (Hg.), *Kultur als Lebenswelt und Monument*, Frankfurt am Main 1991.

Assmann, Jan, *Das kulturelle Gedächtnis. Schrift, Erinnerung und politische Identität in frühen Hochkulturen*, München 1992.

Frühwald, Wolfgang u. a., *Geisteswissenschaften heute. Eine Denkschrift*, Frankfurt am Main 1991.

Haverkamp, Anselm, »Die Gerechtigkeit der Texte – *Memoria*: eine ›anthropologische Konstante‹ im Erkenntnisinteresse der Literaturwissenschaften?«, in: ders. / Renate Lachmann (Hg.), *Memoria. Vergessen und Erinnern*, München 1993 (= Poetik und Hermeneutik Bd. 15), S. 17–27.

Iser, Wolfgang, *Das Fiktive und das Imaginäre. Perspektiven literarischer Anthropologie*, Frankfurt am Main 1991.

Lepenies, Wolf, »Anthropologische Tendenzen in der Wissenschaftssoziologie«, in: Biruta Schaller u. a. (Hg.), *Schau unter jeden Stein. Merkwürdiges aus Kultur und Gesellschaft. Festschrift für Dieter Claessens*, Frankfurt am Main / Basel 1981, S. 179–197.

Pfotenhauer, Helmut, *Literarische Anthropologie. Selbstbiographie und ihre Geschichte – am Leitfaden des Leibes*, Stuttgart 1987.

Riedel, Wolfgang, »Anthropologie und Literatur in der deutschen Spätaufklärung. Skizze einer Forschungslandschaft«, in: *Internationales Archiv für Sozialgeschichte der deutschen Literatur*. 6. Sonderh., Tübingen 1994, S. 93–157.

Schings, Hans-Jürgen (Hg.), *Der ganze Mensch. Anthropologie und Literatur im 18. Jahrhundert*, Stuttgart / Weimar 1994.

Literatur und Interpretative Kulturanthropologie

Bassler, Moritz (Hg.), *New Historicism. Literaturgeschichte als Poetik der Kultur*, Frankfurt am Main 1995.

Benson, Paul (Hg.), *Anthropology and Literature*, Urbana / Chicago 1993.
Bloch, Howard R., *Etymologies and Genealogies. A Literary Anthropology of the French Middle Ages*, Chicago 1983.
Böhme, Hartmut, *Hubert Fichte. Riten des Autors und Leben der Literatur*, Stuttgart 1992.
Ders. / Tiling, Nikolaus (Hg.), *Medium und Maske. Die Literatur Hubert Fichtes zwischen den Kulturen*, Stuttgart 1995.
Ders. / Scherpe, Klaus R. (Hg.), *Literatur und Kulturwissenschaften. Positionen, Theorien, Modelle*, Reinbek 1996.
Boon, James A., *Other Tribes, Other Scribes. Symbolic Anthropology in the Comparative Study of Cultures, Histories, Religions, and Texts*, Cambridge 1982.
Boyarin, Jonathan (Hg.), *The Ethnography of Reading*, Berkeley 1992.
Brady, Ivan (Hg.), *Anthropological Poetics*, Savage 1991.
Capetti, Carla, *Writing Chicago. Modernism, Ethnography, and the Novel*, New York 1993.
Daniel, E. Valentine / Peck, Jeffrey M. (Hg.), *Culture / Contexture. Explorations in Anthropology and Literary Studies*, Berkeley 1995.
Flaherty, Gloria, *Shamanism and the Eighteenth Century*, Princeton 1992.
Geertz, Clifford, *Dichte Beschreibung. Beiträge zum Verstehen kultureller Systeme*, Frankfurt am Main 1983.
Ders., *Die künstlichen Wilden. Der Anthropologe als Schriftsteller*, München / Wien 1990 (Frankfurt am Main 1994).
Greenblatt, Stephen, *Verhandlungen mit Shakespeare. Innenansichten der englischen Renaissance*, Berlin 1990
Handler, Richard, »The Dainty and the Hungry Man. Literature und Anthropology in the Work of Edward Sapir«, in: George W. Stocking (Hg.), *Observers Observed. Essays on Ethnographic Fieldwork*, Madison 1983, S. 208–231.
Hauschild, Thomas (Hg.), *Ethnologie und Literatur*, (= *Kea*-Sonderbd. 1) Bremen 1995.
Höhne, Steffen, *Jeremias Gotthelf und Gottfried Keller im Lichte ethnologischer Theorien*, Bern / Stuttgart 1989.
Hunt, Lynn (Hg.), *The New Cultural History*, Berkeley 1989.
Isernhagen, Hartwig, »Culture, Fiction, Literature: Between the New Historicism and Ethnocriticism«, in *Zeitschrift für Anglistik und Amerikanistik* XLI,2 (1993), S. 101–114.
Kaschuba, Wolfgang (Hg.), *Kulturen – Identitäten – Diskurse. Perspektiven Europäischer Ethnologie*, Berlin 1995.
Krupat, Arnold, *Ethnocriticism. Ethnography, History, Literature*, Berkeley / Los Angeles / Oxford 1992.
Krusche, Dietrich / Wierlacher, Alois (Hg.), *Hermeneutik der Fremde*, München 1990.
Matthes, Joachim (Hg.), *Zwischen den Kulturen? Die Sozialwissenschaften

vor dem Problem des Kulturvergleichs (=*Soziale Welt*, Sonderband 8), Göttingen 1992.

Medick, Hans, »Missionare im Ruderboot? Ethnologische Erkenntnisweisen als Herausforderung an die Sozialgeschichte«, in: Alf Lüdtke (Hg.), *Alltagsgeschichte. Zur Rekonstruktion historischer Erfahrungen und Lebensweisen*, Frankfurt am Main / New York 1989, S. 48–84.

Mühlmann, Wilhelm E., *Pfade in die Weltliteratur*, Königstein 1984.

Peterson, Uta Brigitte, *Kulturanthropologische Literaturanalyse. Ein theoretischer Entwurf und seine Anwendung auf Heinrich Manns Roman ›Eugenie oder Die Bürgerzeit‹*, College Park 1988.

Poyatos, Fernando (Hg.), *Literary Anthropology: A New Interdisciplinary Approach to People, Signs and Literature*, Amsterdam 1988.

Rothenberg, Jerome / Rothenberg, Diane (Hg.), *Symposium of the Whole. A Range of Discourse Toward an Ethnopoetics*, Berkeley 1983.

Stellrecht, Irmtraud, »Interpretative Ethnologie: Eine Orientierung«, in: Thomas Schweizer u. a. (Hg.), *Handbuch der Ethnologie (Festschrift für Ulla Johansen)*, Berlin 1993, S. 29–78.

Turk, Horst, »Kulturgeschichtliche und anthropologische Bedingungen des Lachens«, in: Thorsten Unger u. a. (Hg.), *Differente Lachkulturen? Fremde Komik und ihre Übersetzung*, Tübingen 1995, S. 299–317.

Wierlacher, Alois (Hg.), *Kulturthema Fremdheit. Leitbegriffe und Problemfelder kulturwissenschaftlicher Fremdheitsforschung*, München 1993.

Literatur, Theater, Ritual und ethnologische Performance-Theorie

Ashley, Kathleen M. (Hg.), *Victor Turner and the Construction of Cultural Criticism. Between Literature and Anthropology*, Bloomington / Indianapolis 1990.

Balme, Christopher B., »Kulturanthropologie und Theatergeschichtsschreibung: Methoden und Perspektiven«, in: Erika Fischer-Lichte u. a. (Hg.), *Arbeitsfelder der Theaterwissenschaft*, Tübingen 1994, S. 45–57.

Barba, Eugenio, *The Paper Canoe. A Guide to Theatre Anthropology*, London 1995.

Braungart, Wolfgang, *Ritual und Literatur*, Tübingen 1996.

Ders., »Ritual und Literatur. Literaturtheoretische Überlegungen im Blick auf Stefan George«, in: *Sprache und Literatur in Wissenschaft und Unterricht* 69 (1992), S. 2–31.

Chambers, Erve, »Thalia's Revenge. Ethnography and the Theory of Comedy«, in: *American Anthropologist* 91 (1989), S. 589–598.

Fischer-Lichte, Erika / Riley, Josephine / Gissenwehrer, Michael (Hg.), *The Dramatic Touch of Difference. Theatre, Own and Foreign*, Tübingen 1990.

Kittler, Friedrich A., »Über die Sozialisation Wilhelm Meisters«, in:

Gerhard Kaiser / Friedrich A. Kittler (Hg.), *Dichtung als Sozialisationsspiel. Studien zu Goethe und Gottfried Keller*, Göttingen 1978, S. 13–124.

Neumann, Gerhard, »Hungerkünstler und Menschenfresser. Zum Verhältnis von Kunst und kulturellem Ritual im Werk Franz Kafkas«, in: Wolfgang Kittler / Gerhard Neumann (Hg.), *Franz Kafka: Schriftverkehr*, Freiburg 1990, S. 399–432.

Neumann, Michael, *Roman und Ritus. Wilhelm Meisters Lehrjahre*, Frankfurt am Main 1992.

Schechner, Richard, *Theater-Anthropologie. Spiel und Ritual im Kulturvergleich*, Reinbek 1990.

Turner, Victor, *Vom Ritual zum Theater. Der Ernst des menschlichen Spiels*, Frankfurt am Main / New York 1989 (Frankfurt am Main 1995).

Ders., »African Ritual and Western Literature: Is a Comparative Symbology Possible?« (1976), in: ders., *Blazing the Trail. Way Marks in the Exploration of Symbols* (hrsg. von Edith Turner), Tucson / London 1992, S. 66–88.

Ders. / Bruner, Edward, M. (Hg.), *The Anthropology of Experience*, Urbana / Chicago 1986.

Woodbridge, Linda / Berry, Edward (Hg.), *True Rites and Maimed Rites. Ritual and Anti-Ritual in Shakespeare and His Age*, Urbana / Chicago 1992.

Writing Culture. Rhetorik und Repräsentation

Bachmann-Medick, Doris (Hg.), *Übersetzung als Repräsentation fremder Kulturen*, Berlin 1996.

Dies., »›Writing Culture‹ – ein Diskurs zwischen Ethnologie und Literaturwissenschaft«, in: *Kea. Zeitschrift für Kulturwissenschaften* 4 (1992), S. 1–20.

Berg, Eberhard / Fuchs, Martin (Hg.), *Kultur, soziale Praxis, Text. Die Krise der ethnographischen Repräsentation*, Frankfurt am Main 1993.

Bhatti, Anil / Turk, Horst u. a. (Hg.), *Kulturelle Identität? Deutsch-indische Kulturkontakte in Literatur, Politik und Religion*, Berlin 1996.

Clifford, James, *The Predicament of Culture. Twentieth-Century Ethnography, Literature, and Art*, Cambridge / London 1988.

Ders. / Marcus, George E. (Hg.), *Writing Culture. The Poetics and Politics of Ethnography*, Berkeley 1986.

Crapanzano, Vincent, *Hermes' Dilemma and Hamlet's Desire. On the Epistemology of Interpretation*, Cambridge 1992.

Engler, Balz (Hg.), *Writing & Culture*, Tübingen 1990.

Lenz, Günter H., »›Ethnographies‹: American Culture Studies and Postmodern Anthropology«, in: *Prospects* 16 (1991), S. 1–40.

Manganaro, Marc (Hg.), *Modernist Anthropology. From Fieldwork to Text*, Princeton 1990.

Marcus, George E. / Fischer, Michael M. J., *Anthropology as Cultural Critique. An Experimental Moment in the Human Sciences*, Chicago / London 1986.

Nash, Christopher (Hg.), *Narrative in Culture. The Uses of Storytelling in the Sciences, Philosophy, and Literature*, New York 1990.

Turk, Horst, »Schlüsselszenarien: Paradigmen im Reflex literarischen und interkulturellen Verstehens«, in: Doris Bachmann-Medick (Hg.), *Übersetzung als Repräsentation fremder Kulturen*, Berlin 1996.

Postkolonialer Diskurs und Weltliteratur

Ahmad, Aijaz, *In Theory. Classes, Nations, Literatures*, London 1992.

Asad, Talal, »Ethnography, Literature, and Politics: Some Readings and Uses of Salman Rushdie's *The Satanic Verses*«, in: *Cultural Anthropology* 5,3 (1990), S. 239–269.

Ashcroft, Bill / Griffiths, Gareth / Tiffin, Helen (Hg.), *The Empire Writes Back. Theory and Practice in Post-Colonial Literatures*, London / New York 1989.

Bhabha, Homi K., *The Location of Culture*, London / New York 1994.

Jameson, Fredric, »Third-World Literature in the Era of Multinational Capitalism«, in: *Social Text* 15 (1986), S. 65–88.

Kreutzer, Leo, *Literatur und Entwicklung. Studien zu einer Literatur der Ungleichzeitigkeit*, Frankfurt am Main 1989.

Ders., »›WELTLITERATUR!‹ Weltliteratur? Zur kulturpolitischen Diskussion eines verfänglichen Begriffs«, in: *Welfengarten. Jahrbuch für Essayismus* 6 (1996), S. 213–230.

Philipson, Robert, »Literature and Ethnography: Two Views of Manding Initiation Rites«, in: Kofi Anyidoho (Hg.), *Interdisciplinary Dimensions of African Literature* 8 (1982), S. 171–182.

Poltermann, Andreas (Hg.), *Literaturkanon – Medienereignis – Kultureller Text. Formen interkultureller Kommunikation und Übersetzung*, Berlin 1995.

Said, Edward W., *Kultur und Imperialismus. Einbildungskraft und Politik im Zeitalter der Macht*, Frankfurt am Main 1994 (engl. 1993).

Ders. *Orientalism* (1978), Harmondsworth 1991.

Scherpe, Klaus R., »Das Andere verstehen? Mimesis – ein Vermögen beim Umgang mit dem Fremden«, in: *Neue Rundschau* 107 (1996) (Der postkoloniale Blick. Eine neue Weltliteratur?), S. 36–45.

Williams, Patrick / Chrisman, Laura (Hg.), *Colonial Discourse and Post-Colonial Theory. A Reader*, New York 1994.

Über die Autoren

James Clifford ist Professor im »History of Consciousness Program« der University of California in Santa Cruz. Veröffentlichungen u. a.: *Person and Myth. Maurice Leenhardt in the Melanesian World*, Durham / London 1992; (Hg., mit George E. Marcus), *Writing Culture. The Poetics and Politics of Ethnography*, Berkeley 1986; *The Predicament of Culture. Twentieth-Century Ethnography, Literature, and Art*, Cambridge, Mass. / London 1988.

Vincent Crapanzano ist Kulturanthropologe und komparatistischer Literaturwissenschaftler, Professor für Anthropologie an der City-University New York. Veröffentlichungen u. a.: *Tuhami: Portrait of a Moroccan*, Chicago 1980; *Hermes' Dilemma and Hamlet's Desire. On the Epistemology of Interpretation*, Cambridge, Mass. / London 1992; *Waiting: The Whites of South Africa*, New York 1985. Auf deutsch liegt vor: *Die Ḥamadša. Eine ethnopsychiatrische Untersuchung in Marokko*, Stuttgart 1981.

Phyllis Gorfain ist Literaturwissenschaftlerin, Professorin für Englisch am Oberlin-College, Ohio. Sie hat zahlreiche Aufsätze zu Shakespeare, zur Ritualforschung und zu volkskundlichen und literaturanthropologischen Themen veröffentlicht.

Richard Handler ist Professor für Anthropologie an der Universität von Virginia. Veröffentlichungen u. a.: *Nationalism and the Politics of Culture in Quebec*, Wisconsin 1988; (zusammen mit Daniel A. Segal), *Jane Austen and the Fiction of Culture. An Essay on the Narration of Social Realities*, Tucson 1990; (zusammen mit David Schneider), *Schneider on Schneider. The Conversion of the Jews and Other Anthropological Stories*, Durham 1995; Herausgeber der Reihe *History of Anthropology*.

Christopher L. Miller ist Professor im Department of French und im »Program in African and African-American Studies« an der Yale University. Veröffentlichungen u. a.: *Blank Darkness. Africanist Discourse in French*, Chicago / London 1985; *Theories of Africans. Francophone Literature and Anthropology in Africa*, Chicago / London 1990.

Daniel A. Segal ist Professor für Anthropologie am Pitzer College in Claremont, Kalifornien. Veröffentlichungen u. a.: (zusammen mit Richard Handler), *Jane Austen and the Fiction of Culture. An Essay on the Narration of Social Realities*, Tucson 1990; (Hg.), *Crossing Cultures. Essays in the Displacement of Western Civilization*, Tucson 1992; *Europe and Other Myths of History* (im Erscheinen); Herausgeber der Zeitschrift *Cultural Anthropology*.